150
LECTURES

说解汉字一百五十讲

李守奎 王永昌 著

CHINESE
CHARACTER
EXPLANATIONS

陕西师范大学出版总社

图书代号：SK21N1970

### 图书在版编目（CIP）数据

说解汉字一百五十讲 / 李守奎，王永昌著 . — 西安：陕西师范大学出版总社有限公司，2021.12（2023.12 重印）
　　ISBN 978-7-5695-2534-2

　　Ⅰ.①说⋯　Ⅱ.①李⋯②王⋯　Ⅲ.①汉字—通俗读物　Ⅳ.① H12-49

中国版本图书馆 CIP 数据核字（2021）第 213233 号

## 说解汉字一百五十讲
SHUOJIE HANZI YIBAIWUSHI JIANG

李守奎　王永昌　著

| | |
|---|---|
| 出 版 人 | 刘东风 |
| 出版统筹 | 侯海英　曹联养 |
| 责任编辑 | 付玉肖　张爱林　马康伟 |
| 责任校对 | 赵荣芳　王　森 |
| 特邀编辑 | 韩　建　侯瑞华　程　顿　赵相荣 |
| 装帧设计 | 张景春 |
| 出版发行 | 陕西师范大学出版总社<br>（西安市长安南路 199 号　邮编 710062） |
| 网　　址 | http://www.snupg.com |
| 印　　刷 | 陕西龙山海天艺术印务有限公司 |
| 开　　本 | 710mm×1000mm　1/16 |
| 印　　张 | 44 |
| 字　　数 | 570 千 |
| 版　　次 | 2021 年 12 月第 1 版 |
| 印　　次 | 2023 年 12 月第 3 次印刷 |
| 书　　号 | ISBN 978-7-5695-2534-2 |
| 定　　价 | 128.00 元 |

读者购书、书店添货或发现印刷装订问题，请与本公司营销部联系、调换。
电话：（029）85307864　85303629　传真：（029）85303879

国家语委"十三五"科研规划2019年度重点项目
"汉字阐释的理论构建与汉字文化的普及(ZDI135-88)"
普及类成果

# 序

　　从2018年11月到2019年10月,"李守奎说解汉字"在喜马拉雅平台连续播出150期,成为该平台很有影响的文化类节目。这期间,我多次目睹李守奎教授在繁忙的教学科研工作之余,匆匆赶录节目的情景。他能这么花功夫来普及汉字文化,令我感佩不已。该节目播出后,听说有多家出版社与他联系,希望出版讲课书稿,可见这个节目已产生了较大的社会反响。近日,李守奎教授拿来《说解汉字一百五十讲》的样书,让我为该书写个小序,这是我非常乐意做的。

　　汉字作为世界上现存唯一的古典文字系统,发源于中华大地,数千年来记载、传承着博大精深的中华文明,成为凝聚中华民族的最核心的力量,是人类文明发展史上的伟大奇迹。汉字的形体构造和发展演变,不仅与它所记录的汉语密切相关,也客观记载和反映了不同时代的历史和社会情状。从这个意义上说,汉字本身就是一个文化符号系统。通过对汉字形体结构的分析和发展演变的考察,进而揭示汉字符号蕴涵的中华历史文化奥秘,探寻汉字与中华文化的深层关系。这项工作被文字学和历史文化研究学者称之为"汉字的文化阐释"或简称为"汉字阐释","说解汉字"则是"汉字阐释"的通俗表达。

　　在我国,汉字阐释有着深厚悠久的历史传统。东汉许慎所著的《说文解字》可以说是当时汉字阐释的系统实践,此后的文字学研究者在这方面也积累了丰富的材料，体现了古代学者立足于汉字系统所开辟的独特的研究方法和路径，是一份珍贵的文化遗产。

汉字阐释研究既有理论意义又有实践意义。在理论上，总结历代汉字阐释实践经验，探索汉字阐释的对象、主体、原则和方法等基本问题，建构系统的汉字阐释学，有助于指导对汉字进行科学地解读和深入地探研，是汉字理论研究的重要课题。我以为，建构汉字阐释学不仅可以完善汉字学理论体系，也可以为语言学、历史学、人类文化学等学科的发展做出贡献。在实践上，汉字阐释的目的是揭示汉字形体结构及其发展演变与中华历史文化的深层关系。这项工作极为复杂，很容易出现偏差和谬误，需要科学的理论和方法指导。据传宋人王安石说字往往望文生义，以为"波"乃"水之皮"，为世人所讥笑；当今坊间流传的一些读物，"戏说"汉字，也闹出不少类似"王安石说字"的笑话。当前，无论从理论还是实践层面看，汉字阐释研究都需要得到更多的重视和切实的加强。

我所了解的李守奎教授，多年来既关注汉字阐释的理论研究，也重视汉字阐释的实践，并结合自身的理论探索和阐释实践自觉开展汉字文化的普及。《说解汉字一百五十讲》这部书体现了李守奎教授汉字理论研究与阐释实践相结合的追求。著者给这部书定了三个目标：通过讲述汉字故事，成为高中生就能读懂的普及读物；探索汉字构形、演变规律，启迪读者的思考，服务于汉字学与汉字文化学的教学；"以普及的形式讲述学术研究的事儿"，成为"探讨学术问题的著述"。正如李守奎教授所坦言："三个目标都想实现，有点难，也有点贪。"不过，这倒体现出一名学者的理想和情怀，虽然有点儿"难"和"贪"，却值得肯定和期待！

现在看这部书稿，作者"心向往之"的目标，我觉得在很大程度上是实现了。从表达来看，著者以简洁明快、通俗晓畅的口语阐释内涵复杂的古代汉字，使常用字"陌生化"，然后深入浅出，娓娓道来，而又极富内涵，使"陌生化"的汉字变得可亲可爱，这是让古老汉字走近普通听众（读者）的可贵尝试。从内容来看，著者着眼于每个字的构形理据分析，揭示汉字中体现的古人思维、智慧和历史文化背景，并简要精当地描述其形体演变的来龙去脉，要言不烦，内容非常丰富。陈寅恪说"凡解释一字即是作一部文化史"，这部书为此提供了生动的案例。我相信，通过对汉字文化内涵和发展演变的了解，读者会更好地熟悉和掌握汉字的构造、演变和其自身蕴藏的历史文化信息，激发出浓厚的阅读兴趣和探索欲望，更加热爱博大精深的汉字和中华优秀传统文化。这正是实现汉字阐释和文化普及的根本目的所在。从理论和方法来看，这部书结合新出古文字资料和学术界前沿成果，遵循汉字构形与演变的基本理论，运用汉字系统的内在联系，成组说字，彼此印证，并抽绎出若干理论问题和思考题，将古文字释读、汉字阐释、汉字理论和汉字文化普及融会贯通，从而实现对不同层次读者需求的兼顾。著者研究古文字学、汉字理论多年，这支撑起全书的汉字说解。全书150讲构成了一个形散神聚的整体，是汉字阐释理论与方法的一次成功实践。著者所设立的这些有点儿"难"和"贪"的目标到底实现得怎样，我想还是留待阅读本书的读者做出评判吧！

汉字的阐释和汉字的文化普及都是有深远意义的事儿，关于汉字阐释有许多话可说，关于汉字文化普及有许多事要做。李守奎教授作为文字学与古文字研究成就突出的学者，继《汉字为什么这么美》之后，又推出《说解汉字一百五十讲》这一新作，在汉字阐释实践和汉字文化普及方面做出了实实在在的工作，为我们树立了榜样。希望有更多的文字学、古文字学学者能像李守奎教授一样关注这项工作，为读者奉献更多汉字阐释和文化普及类的优秀读物。

黄德宽<br>2021 年 7 月 16 日于清华园

# 说在前面

重要的书一般都有"前言",就是说在前面的话,交代一些与此书相关的重要事情。通俗读物、教学参考弄出个前言,就像老棉袄上面扎着一条领带,不协调。但有些话又不得不说,还得先说。主要有两点:一是这是一部什么样的书?二是此书形成过程很曲折,是众人协作的结果,需要交代明白。

先说第一个问题:想要做成一部什么样的书?

第一,以现代常用字为主要说解对象①,以通俗的方式讲述汉字故事,普及汉字知识的大众读物,力争写成高中生就能读懂的书。

现代汉字阐释的都是音义明确的常用字,不存在所记录语言的考释问题,主要是追溯每一个汉字的前世今生、文字之间的种种关系。通过将我们最熟悉的汉字陌生化,使读者产生好奇心,激发其探索欲,进而使其对汉字的认知达到一个理性思考的高度。

为了这样的目的,体例是以通行简化字为说解主体,涉及的繁体、异体以及与其相关的各种不通行的字也并列在一起。表述语言是接近口语的大白话。

第二,探索汉字构形、演变的规律,启迪思考的教学参考书。

通俗的讲述有利于知识传播,但难以更深入地理性思考。一方面,探索问题不上升到规律、理论的高度,难免会有"只见树木不见森林"之讥;另一方面,汉字学理论如果不能解决具体的问题,就是一个"泡

---

① 每一讲说解的字于开头以"说解汉字"标出,大都分为两部分:通用字放在前面,相关的异体、生僻字放在后面的括号里。

儿"。我们想把汉字学理论与汉字阐释实践结合起来。阐释中尽量淡化理论的色彩，别让读者望而生畏。开头结尾有九讲是一些基本的文字理论，期望读者对汉字有整体的了解。中间大部分是汉字个体的具体阐释，每一讲的最后有理论延伸与思考，让想进一步探索的读者有一个深入了解和研究思考的方向。从这个角度来说，这部书理论与实践相结合，把它当成汉字学与汉字文化学的教学参考书也未尝不可。

这层意思是为大学同学准备的。

第三，探讨学术问题的著述。

学术攻坚与文化普及历来难以两全。一个优秀的学者，就应该立足学术前沿，攻坚克难，占领制高点，弄出些高精尖的创新成果来。纵不能雕龙，也要雕个虫！文化普及是把已有的研究成果以通俗的方式让非研究者能够理解、应用。在普及中搞学术创新，不伦不类，两头不得好。

作为一个研究汉字的学者，即使是做普及读物，在博采众长的基础上，也不可能没有自己的思考和探索。汉字文化积累太厚，研究的角度太多，探索的深度太深，任何一个字，几乎都有说不完的问题。只要坚持从材料出发，就一定会有自己的理解。学术创新虽然不是本书的目标，但在具体的阐释中或多或少有些自己的想法，从某种程度上说，这部书也可以说是以普及的形式讲述学术研究的事，也在做着研究的工作。

脱离学术研究的文化普及不足信，文化普及的前提是深入的学术研究。

期望本书对想研究汉字或者正在研究汉字的同仁们或有小补，不对的地方敬请读者批评指正。

三个目标都想实现，有点难，也有点贪。抱着真诚的愿望去认真地做，所谓虽不能至，心向往之，尽心尽力吧！

再说第二个问题——成书过程。

这部书成书过程复杂，大致分为四个阶段，凝聚了很多人的辛勤汗水。

第一阶段，课堂教学。

2016年，我开始在清华为人文、社科、新闻诸院系的本科生上"汉字与中国文化"大类招生课，就是通俗地讲解汉字，让学生领略汉字的魅力，期望能为人文学院多吸引几个学生，讲解不能太深，点到为止。本书中的一部分内容在课堂上不同程度地讲解过。

第二阶段，喜马拉雅音频播出。

应喜马拉雅音频节目组之邀，自2018年11月至2019年10月，我在喜马拉雅平台播出了150期"李守奎说文解字"。我和节目组共同定下的原则就是普及学术研究成果，传播靠谱的汉字知识。

工作方式是我写出每一讲提纲，王永昌帮助造字插图，上传节目组备用。工作启动阶段，侯建科也协助做了不少工作。收到稿子后节目组派人来录制，我依据提纲口头讲述。最初面对着录音设备不会讲课，经过不断的训练才慢慢适应。这期间，上官紫薇、任雨萌、王钰捷等付出很多，尤其是紫薇，是这款节目的发起者和策划者，贡献尤多。

音频节目播出后，受到了喜爱汉字、崇尚文化的"广大"听众的欢迎[①]，有多家出版社和我联系出版事宜，非常感谢大家的信任。

第三阶段，项目立项与形成书稿。

2019年底，国家语委重点项目"汉字阐释的理论构建与汉字文化的普及"立项，完成项目得有理论建设和汉字阐释的实践性成果，同时要完成一部符合立项设计的书。

但把语音讲稿变成书稿、变成项目成果是很大的工程。看到出版社转给我的录音稿，我真切地感受到自己的口语与书面语差距之大。这怎么能够出书！我改写了几讲，增、删、补、改，几乎要重新写过，比我当初写讲稿提纲时还费时费力，150讲何时是个头！付玉肖编辑给我鼓励，并亲自上阵，对录音稿进行了前期处理，把那些为了弥补思维空档形成的废话以及颠三倒四的地方进行了删除与调整。我在此基础上对文稿进行修改和补充，进度快了不少。完成的草稿交给王永昌进行引文、字形的补充、核实，错误纠正，内容补充等工作。永昌处理完交给玉肖，编辑处理后形成"初定稿"。

此书与音频节目配合，书稿与音频播出的内容如有很大的出入，以

①对于小众的汉字学来说，能有近2万人关注、48万次播放，也算得"广大"了。

书稿为准。

第四阶段，定稿、编制索引、校对、出版。

初定稿完成后，我再审核、调整。主要是知识点、说解汉字与理论思考的通盘考虑，尽量避免重复，尽量设置更合理一些。

书后索引、边栏注释大部分由王永昌博士完成。韩建、程颐、赵相荣、侯瑞华等几位通读全稿，提出了很多宝贵意见。

这些都是明面上的工作，还有许多幕后工作我看不到的就无法一一细说了。

从课堂授课到音频节目，再到书籍出版，所讲的内容虽然有关联，但也有很大的不同，不仅是量的增减，而且是质的变化。

清华大学人文学院的本科教育已经从大类招生转变为"强基计划"的书院式教学，"汉字与中国文化"课程的主要任务已经转变为逐渐掌握汉字研究的材料、学理与方法。这部书对古文字专业初学者或许能有一些参考作用。从讲课出发，绕了一圈，又回到了服务课堂教学。

音频公司与出版社都是文化企业，加上作者构成合作的三方，大家在做一点有意义的文化事上目标一致。了解汉字文化、研究汉字有难度，很难"大众"，不能期望天下人像听小说那样蜂拥而至。用这么多的力量精心做这么一件事，经济效应或许未必划算，但大家都在很认真地做着。

人活着，不仅要努力创造经济价值，还要有自己想干的事儿，还需要精神上的自我认同。我们这些人彼此协作，共同做了一件自我认同的事。

谢谢所有为此书出版付出的朋友们、同学们！

李守奎<br>2020 年 12 月

# 目录

001　第一讲　一个字就是一部文化史
005　第二讲　全世界普遍用字母，中国为什么还用表意字
011　第三讲　汉字的超语言功能
017　第四讲　汉字是中华传统文化的核心
022　第五讲　汉字到底有多难
028　第六讲　说解汉字的原则
033　第七讲　从"人"字说起——直立起来的人
041　第八讲　三人为"众"是怎么来的
049　第九讲　"儿"字里的学问
055　第十讲　"人"和"戈"能组成什么字
059　第十一讲　当"人"字变形时，你还找得到它吗
064　第十二讲　文字间的弱肉强食——"何"与"荷"
068　第十三讲　可、哥、歌
073　第十四讲　什么叫"企图"
078　第十五讲　万物是怎么产生的——"育"与"化"
083　第十六讲　人从山上掉下来是什么字
088　第十七讲　"真"为什么是"颠"的本字
092　第十八讲　爬伏的人

| | | |
|---|---|---|
| 096 | 第十九讲 | 正面而立的人——"大"与"立" |
| 100 | 第二十讲 | 一个字可以有几个本义——夹 |
| 103 | 第二十一讲 | "大"与"小"带来的理论困惑 |
| 109 | 第二十二讲 | 由"亦"到"腋"变化的可能性 |
| 114 | 第二十三讲 | "大"与"胯"之间有联系吗 |
| 119 | 第二十四讲 | 腿部弯曲的"大"是什么字 |
| 123 | 第二十五讲 | 歪斜的"大"是什么字 |
| 127 | 第二十六讲 | 倒过来的"大"是什么字 |
| 132 | 第二十七讲 | 不再是人形的"大"——大火为"赤" |
| 137 | 第二十八讲 | 表意字的分崩离析 |
| 142 | 第二十九讲 | 从古至今"坐"的变化 |
| 148 | 第三十讲 | 古人是怎么跪的 |
| 153 | 第三十一讲 | 古时身份的象征——印 |
| 157 | 第三十二讲 | 仰望中藏着一个下跪的人 |
| 161 | 第三十三讲 | "绝"字里面其实没有"色" |
| 165 | 第三十四讲 | "即"与"既",你用对了吗 |
| 169 | 第三十五讲 | 命,从上级的旨意到上天的旨意 |
| 172 | 第三十六讲 | "卿"的本义竟是坐下来吃东西 |
| 176 | 第三十七讲 | 美食与家乡——"飨"与"乡" |
| 181 | 第三十八讲 | 古代理想的女人是什么样 |
| 186 | 第三十九讲 | "娶"与"妻"透漏的原始娶妻方式 |
| 189 | 第四十讲 | 什么是幸福的婚姻 |
| 192 | 第四十一讲 | 如何才能安宁 |
| 198 | 第四十二讲 | 女人的归宿——"嫁"与"归" |
| 201 | 第四十三讲 | 女性曾经有过的辉煌——姓 |
| 205 | 第四十四讲 | 文字中的女性之美 |
| 209 | 第四十五讲 | 对女性的偏见和误解——"奸"与"妒" |
| 213 | 第四十六讲 | 被伤害的女人——奸 |

| | | |
|---|---|---|
| 217 | 第四十七讲 | 女性之威风——说"威" |
| 222 | 第四十八讲 | "尸"是人的什么动作 |
| 226 | 第四十九讲 | 古人住处透漏的秘密——居 |
| 230 | 第五十讲 | 人怎么会有尾巴 |
| 234 | 第五十一讲 | 揪着尾巴不放——隶 |
| 238 | 第五十二讲 | 小人之腹还是君子之心——属 |
| 243 | 第五十三讲 | "尿"字竟有这么多曲折变化 |
| 247 | 第五十四讲 | 《说文》中的"屎"字在哪里 |
| 252 | 第五十五讲 | 一个"臀"字塑造得有多妖娆 |
| 256 | 第五十六讲 | "卧"中的"臣"藏着多少人际关系 |
| 260 | 第五十七讲 | 照镜子的演变——"监"与鉴 |
| 264 | 第五十八讲 | 仰望天空——望 |
| 269 | 第五十九讲 | 挺拔的人就藏在"挺"里 |
| 274 | 第六十讲 | 视而不见——"见"与"视" |
| 278 | 第六十一讲 | 张开嘴打哈欠的人——欠 |
| 283 | 第六十二讲 | 流口水的汉字——涎 |
| 287 | 第六十三讲 | 家督兄长 |
| 291 | 第六十四讲 | 善于聆听的人更"圣"明 |
| 296 | 第六十五讲 | 古人是怎么跳"舞"的 |
| 302 | 第六十六讲 | 站得高看的远——乘 |
| 305 | 第六十七讲 | 夙兴夜寐的"夙"是怎么来的 |
| 310 | 第六十八讲 | 地里长出来的艺术 |
| 315 | 第六十九讲 | 举起双手戴帽子——"戴"字的变化 |
| 319 | 第七十讲 | 古人是如何描述打架的 |
| 323 | 第七十一讲 | 最初讯问的是什么人——讯 |
| 327 | 第七十二讲 | 去拘捕人——执 |
| 330 | 第七十三讲 | 汉字中诞生的新生命——包 |
| 335 | 第七十四讲 | 有"孕"在"身" |

| | | |
|---|---|---|
| 339 | 第七十五讲 | 从女儿到母亲有哪些不同——母 |
| 343 | 第七十六讲 | 婴儿的出生——育 |
| 347 | 第七十七讲 | 与生育相关的"疏"与"流" |
| 351 | 第七十八讲 | 古人如何用字形表现分娩 |
| 355 | 第七十九讲 | 被误以为与两性有关的字——也、甚、亥 |
| 359 | 第八十讲 | 双胞胎为什么叫"孪生" |
| 364 | 第八十一讲 | 一下生出好多孩子是什么字 |
| 368 | 第八十二讲 | 一个字读懂母亲的伟大 |
| 372 | 第八十三讲 | 古代保姆都做些什么 |
| 376 | 第八十四讲 | 从"教"与"学"看古人对教育的理解 |
| 381 | 第八十五讲 | 什么是孝顺 |
| 385 | 第八十六讲 | 古人抛弃的是什么 |
| 390 | 第八十七讲 | 疾和病哪一个更严重 |
| 394 | 第八十八讲 | "黄"与残疾人 |
| 399 | 第八十九讲 | 大脖子病——"晏"到"瘿" |
| 403 | 第九十讲 | 头发长，年龄长，地位高 |
| 407 | 第九十一讲 | 什么人有三条腿 |
| 411 | 第九十二讲 | 生命的终结 |
| 416 | 第九十三讲 | 与死亡相关的一组字 |
| 420 | 第九十四讲 | 人死后去了哪里 |
| 425 | 第九十五讲 | "畏"字里竟然有可怕的鬼 |
| 429 | 第九十六讲 | 魂魄与梦魇 |
| 433 | 第九十七讲 | 一国之君为什么叫"元首" |
| 438 | 第九十八讲 | 倒过来的头与高高悬起的头 |
| 442 | 第九十九讲 | 枭首示众为什么是斩首示众 |
| 446 | 第一百讲 | 变化多端的"元" |
| 451 | 第一百零一讲 | 宇宙的脑袋——天 |
| 456 | 第一百零二讲 | 这些字都与脖子有关 |

| | | |
|---|---|---|
| 460 | 第一百零三讲 | 心脑并用才有思想吗 |
| 464 | 第一百零四讲 | 面子就是一张皮 |
| 468 | 第一百零五讲 | "页"原来是磕头 |
| 472 | 第一百零六讲 | 微妙的"微"与头发有什么关系 |
| 476 | 第一百零七讲 | 眉毛赋予眼睛的无限可能 |
| 480 | 第一百零八讲 | 剃头也算刑罚吗 |
| 484 | 第一百零九讲 | 从汉字里看古人对头发的重视 |
| 488 | 第一百一十讲 | 美髯公的胡须美在哪里 |
| 492 | 第一百一十一讲 | 美目盼兮——"眼"与"睛" |
| 496 | 第一百一十二讲 | 古人最初认真观察的是什么——"相"与"省" |
| 500 | 第一百一十三讲 | 顾盼生情的眼神 |
| 504 | 第一百一十四讲 | 涕泗横流是一种怎样的体验 |
| 509 | 第一百一十五讲 | 和鼻子有关的字 |
| 513 | 第一百一十六讲 | 这里有你前所未闻的气味 |
| 517 | 第一百一十七讲 | 与肉刑有关的表意字 |
| 521 | 第一百一十八讲 | 能把人绕迷糊的"关联" |
| 525 | 第一百一十九讲 | 嘴巴和耳朵,打开新世界大门的钥匙 |
| 530 | 第一百二十讲 | 耳朵听到的美妙音乐——声 |
| 535 | 第一百二十一讲 | 多功能的大器官——口 |
| 539 | 第一百二十二讲 | 汉字中的大嘴巴是谁 |
| 543 | 第一百二十三讲 | 汉字里那些多嘴的家伙们 |
| 547 | 第一百二十四讲 | 舌头所能尝出的美味——甜 |
| 551 | 第一百二十五讲 | 为什么皇帝的命令叫圣旨 |
| 555 | 第一百二十六讲 | 动物的嘴巴 |
| 558 | 第一百二十七讲 | 谷是山谷吗 |
| 562 | 第一百二十八讲 | 张着嘴说大话——唐 |
| 565 | 第一百二十九讲 | 伸着舌头面向酒坛的"饮" |
| 569 | 第一百三十讲 | 哪些乐器有许多嘴 |

| | | |
|---|---|---|
| 573 | 第一百三十一讲 | 与音义无关的口 |
| 577 | 第一百三十二讲 | 被误解了的"告" |
| 581 | 第一百三十三讲 | "牙"与"齿"有什么不同 |
| 585 | 第一百三十四讲 | 你所不知道的"舌" |
| 589 | 第一百三十五讲 | 君子动手也动口——右 |
| 593 | 第一百三十六讲 | 人的左右手有哪些不同 |
| 598 | 第一百三十七讲 | "史"与"尹"手里拿的是什么 |
| 602 | 第一百三十八讲 | 他们用手在干什么——叔、叟、叚 |
| 607 | 第一百三十九讲 | 有所获得——有、获、得 |
| 612 | 第一百四十讲 | 鱼与熊掌或许可以兼得 |
| 617 | 第一百四十一讲 | 手握大笔——"笔"与"书" |
| 621 | 第一百四十二讲 | 规划出美好世界——画 |
| 625 | 第一百四十三讲 | 手拿棍棒，教人改过 |
| 630 | 第一百四十四讲 | 揪头发打脸——鬥（斗） |
| 635 | 第一百四十五讲 | "拯救"与"奉承"相去有多远 |
| 639 | 第一百四十六讲 | "受"字的变化与启示 |
| 643 | 第一百四十七讲 | 双手举起的是什么 |
| 647 | 第一百四十八讲 | 除了记录语言，汉字还能用来做什么 |
| 651 | 第一百四十九讲 | 我们为什么不"戏说"汉字 |
| 656 | 第一百五十讲 | 汉字未来会怎样 |
| 659 | 附录一 字形材料出处简称表 | |
| 661 | 附录二 音序检字表 | |
| 683 | 后记 | |

第一讲

# 一个字就是一部文化史

[**本讲要点**] 独体为"文",合体为"字",汉字可说可解。汉字很重要,汉字很特别,汉字应用很广泛,汉字文化内涵很丰富,汉字可以从多个角度阐释和解析。

[**说解汉字**] 汕、一、冒、冕、忍、夭、䲴(月)

我常常告诫自己,不论是做事还是做学问,都要"大处着眼,小处着手",我们这里讲汉字也是遵循这个原则。下面用六讲的篇幅,从整体上、宏观上对我们的汉字有一个整体的了解,然后再进入具体的、个别的汉字说解。

汉字不仅可以记录语言,也是可以深入说解的文字。

按照许慎的说法,"文"与"字"是有区别的。独体为"文",合体为"字"。比个例子,"山"字象山形,"水"字象水形,都是整体象形字,这就是"文";"山"与"水"合在一起就是汕头的"汕",这个"汕"就是合体的"字"。有了"文"才有"字","字"是由"文"生出来的。"文"不能分解,只能"说";"字"能够分解成"宀"与"子",所以叫作"解",所以许慎给书取名叫作《说文解字》①。

这个观点极有智慧,极有理论价值。将汉字分为独体的"文"与合体的"字"两大类,奠定了汉字构形的基础,至今都毫不过时。

许慎开创了系统阐释汉字的先河,《说文解字》是千年不朽的经典,但是东汉去今太远,许慎的书很不容易读懂。更重要的是,汉字研究又经过了将近两千年的发展,已经大不同于前。我希望能够立足所处

① 推荐阅读:〔汉〕许慎撰,〔宋〕徐铉校定,愚若注音:《注音版说文解字》,中华书局,2015年;董莲池:《说文解字考正》,作家出版社,2005年。

时代的学术前沿,认真阐释汉字,通俗说解汉字。

为什么要说汉字?我在《讲好每一个汉字故事》[①]中已经扼要讲了汉字值得细细说解的四个理由:重要、广泛、神奇且文化内涵丰富。

### (一)汉字很重要

对于我们个人,学了汉字就算有文化,不学汉字就是文盲。问一个问题:你生活里有哪些东西一天都离不开?文字就是其中之一。

对于生活在这块土地上的远古人类,没有汉字,我们的祖先还得停留在文明的门槛之外,还得停留在洪荒的野蛮社会。

对于我们这个民族,无论是汉民族还是中华民族,没有汉字,就难以凝聚成一个民族共同体。

### (二)汉字使用很广泛

汉字是世界上使用人数最多的文字,达到15亿以上。东亚文化圈的重要共同之处是汉字。

### (三)汉字很神奇

人类文字分为两大类,表意文字系统和表音文字系统[②]。迄今为止,自源的、古老的表意字只有汉字绵延数千年,岿然独存,成为表意字的典型代表,其他都消亡了,成为世界文化之谜。这背后有什么玄机?这可是大问题。

### (四)汉字很文化

考古可以完全证实的汉字历史,最少有3300年[③],实际上要早得多。汉字积累了丰厚的文化,著名学者陈寅恪说:"凡解释一字即是作一部文化史。"[④]汉字里最简单的是"一"字,我问几个问题:

1. 现在我们的文字中有几个"一",为什么?
2. 古代有多少个"一"?你能认识几个?
3. "一"在文字构形里都有什么功能?比如元首的"元",上面那一横有什么功能?站立的"立",下面那一横是"一"吗?
4. "一"这个文字最初是怎么诞生的?是原始刻划,还是计算用的算筹?[⑤]

---

[①] 李守奎:《讲好每一个汉字故事》,《人民日报》2020年3月3日,第10版。
[②] 参见〔瑞士〕费尔迪南·德·索绪尔著,高名凯译:《普通语言学教程》,商务印书馆,1980年,第50—51页。
[③] 在已发现的各种内容比较丰富的古文字资料里,时代最早的是商代后期(约前14—前11世纪)的甲骨文和金文。参见裘锡圭:《文字学概要》,商务印书馆,1988年,第22页。
[④] 沈兼士:《沈兼士学术论文集》,中华书局,1986年,第202页。
[⑤] 参见李守奎:《您认识几个"一"》,《汉字为什么这么美》,陕西师范大学出版总社,2019年,第57—62页。

我们再说一个感冒的"冒"字，你能写对吗？

"冒"的上部不是"日"也不是"曰"，是"冃"字头，中间两画与左右不能连在一起；冠冕堂皇的"冕"字，上面也是"冃"字头。这个"冃"字头就是帽子的象形初文。"冒"与"冕"都是帽子，所以就不能是"日"或者"曰"。

这里涉及两个问题：一方面，汉字的一笔一画都不是任意的，"冒"字上部不是"日"不是"曰"是有道理可说的；另一方面，你写错了，也没人过问，大家可以随便写。为什么呢？

汉字值得研究，也值得说，追求文化享受的人也期望了解得多一些。

有很多朋友想深入了解一下汉字，可一不小心就会被引入歧途。例如，有人用忍耐的"忍"字来颂美中国善于忍耐的文化精神，说心上是刀刃，我们的心连刀刃都能忍，还有什么不能忍？这不是正确的汉字知识，也不是我们的传统文化，是对汉字的曲解。其实"忍"字就是一个从心刃声的形声字，跟刀刃的意义没有关系，不能做过度解读。面向大众的、通俗而严谨的汉字阐释，几乎是能者不为、为者不能，这种局面应该有所改变。

我醉心于汉字研究多年，考释古文字、讲授汉字理论、传播汉字文化，在研究过程中，常常能够获得凿破混沌、涣然冰释般的享受。有些字，自以为了如指掌，熟悉得一目了然，实际上却极有内涵，就像一个相貌平平的木箱，但一旦打开，眼前就会突然一亮，宝贝一堆。例如天空的"天"字，貌似简单，但它为什么是"天"，古人是怎么认识天的，又是怎么通过"天"字去表达对天的认识的？其中有许多奥秘，以后慢慢说。有些字笔画繁多，让人眼花缭乱，一旦层层剥开，原来竟是如此简单，例如《通用规范汉字表》中笔画最多的是鼻子不通气齉声齉气的"齉"字，多达36画，让初学汉字的外国人读写这个字简直是难于上青天。但对于我们来说，过目不忘，手起笔落。因为我们会写鼻子的"鼻"，也会写行囊的"囊"，两个字一组合就成了；因为我们知道，"齉"的意义是鼻子不通气，所以左面是鼻；因为我们知道读音是齉，所以右面是囊，只需改变一下囊的声调就是读音了。

随着社会的进步，我们对文化的需求多样化，有相当一部分人已经不满足于感官的享受，不满足于对事物的一般性了解，而是提升到增长知识与获得智慧的需求。听一首歌很开心，听一段相声很开心，深入地认识几个汉字也很开心，或许会更开心。我给这种"说解汉字"定位为"满足有品位人的文化需求"，虽然没有八卦新闻的轻松，但会有发现的惊喜、思索的快乐、知识的积累和智慧的提升。

最后谈一谈怎么说解汉字。

说解的原则就四个字：不拘一格。有些字我轻轻一点，你就会恍然大悟；有些字峰回路转，曲径通幽，不仅要听音频、看图片，还得思考，不然就难以理解。汉字是视觉符号，语言描述半天不如你看上一眼，所以大家要仔细观察字形。

汉字是一套区别符号，是成系统的。说汉字不能一个一个地说，得一组一组地说。说解汉字也不能就字论字，要渗透一些汉字的理论。我期望每一讲都有一两个知识点，讲清楚几个彼此相关的字。许慎说文字创造时先"近取诸身"，那我们也先讲一讲与人体、人体器官相关的文字。如果大家感兴趣，将来还可以对那些"远取诸物"的文字详细说解。

教师最痛苦的是什么？讲自己不懂的东西；教师最得意的是什么？讲自己最有领悟的东西！教师最快乐的是什么？看到学生悠然神会、欣欣然的眼神！我热爱汉字研究，我把传播正确的汉字知识当作使命，也期望朋友们读后能够有所收获，我能想象得到你那欣欣然的眼神！

[理论延伸与思考] 作为记录语言的符号，汉字比表音文字难写难认是事实；作为文化的符号，汉字有记录语言之外的巨大价值。阐释汉字不单纯是寻找趣味，其本身就是学术研究的一部分。阐释汉字最起码有三个支撑点：材料、理论与方法。对每个字理解的广度、深度、准确度受制于材料是否全面、理论是否符合实际、方法是否切实可行。从现在开始，你可以一边读书，一边审视本书所运用的材料、理论和方法。

第二讲

# 全世界普遍用字母，中国为什么还用表意字

[**本讲要点**] 世界上的文字可以分为表意文字系统和表音文字系统，汉字是表意文字系统的典型代表。除了汉字之外，世界上属于表意系统的古典文字都消失了，只有汉字延续至今，成为人类文化史上的一个"谜"。

[**说解汉字**] 黑、墨、赤

今天说一说汉字之谜。文章标题中的"谜"或"解谜"，常常是一个为了吸引人注意的噱头，我在这里也要说"谜"，但并不是别有用心，刻意造作。这个谜是由著名学者饶宗颐老先生提出来的[①]，它是什么？

古老的、自源的表意系统的文字，持续使用到今天的只有汉字，这是世界文明史、世界文化史上的一个谜。

为什么会形成这个谜？大家各有各的说法。我们从文字与文明之间的关联说起。

文明与野蛮，这是我们日常口语里经常使用的两个词语，但在社会学与人类学中，这是两个术语。文明与野蛮的分界线在哪里？文字是显性标志。有了文字，其他标准不用考虑，就可以确定其已经进入到了文明社会。

没有文字，即便你有很多的城池、礼仪性的建筑、金属制品，等等，你是不是进入了文明社会，别人还会有不同的看法。所以说文字在我们的社会发展史上非常重要。

① 饶宗颐：《符号·初文与字母——汉字树》，上海书店出版社，2000年，第173—189页。

我们追溯历史,经常说到"四大文明古国"。为什么叫四大文明古国?第一是古,第二是他们最早进入了文明社会。这些古国都有古典文字,就是我们刚才说的自己独立创造的文字①,这都有确切的证据。所谓确切的证据,就是考古可以证明,从距今 5000 多年前开始,更准确一点说是距今 5500 年的时候开始,世界各地开始陆续出现文字。

放眼世界,在公元前漫长的时间里有哪些文字?

最早的是西亚两河流域的楔形文字,北非尼罗河流域的古埃及圣书文字,东亚黄河流域的汉字。这三种文字都非常古老,都是自源的,是公认的三大古典文字。另外,还有南亚印度河谷的哈拉帕文字,地中海克里特文字和美洲的玛雅文字,这些也都是古典文字。有学者做过一个字形表,大家如果有兴趣的话,现在可以看一下。

① 印度文明的文字很特别。印度文明早在公元前 2500 年就出现在印度河谷,但 600 年后,这种文明神秘地消失了,残留下来的文字至今无法解读。又过了 1000 多年,到了公元前 5 世纪,这个地区又出现了波罗米文和佉卢文,但前后文字没有承续关系。

几种古典文字的比较
引自董琨:《中国汉字源流》,商务印书馆,1998 年,第 17 页也就是说，在人类社会早期，古典文字陆续出现，有了文字当然就进入了文明社会。

那所说的汉字之谜的谜在哪里？

第一个谜，汉字是什么时候产生的？什么时候成熟的？

就像我们刚才所说的，这不是一个小问题，也不只是汉字的问题，而是我们是否进入了文明社会的问题。这个问题今天探索的人很多，限于材料，多属推测，无法证实。这个谜我们要暂时放一放，等到材料丰富了再去探索，再去证明。

第二个谜，世界其他地方自源的古典文字全部消失了，为什么只有汉字还在使用？

汉字是唯一持续使用至今的古典文字系统，这是世界文明史上独一无二的现象。其他古典文字都消失了，被表音文字取代，我们的汉字为什么能够独立存在？比如说苏美尔文字使用了 3500 年，公元前后消失了；古埃及文字也使用了 4000 年，到了公元 600 年的时候也消失了；出现比较晚的玛雅文字，大约使用了 1600 年，它消失得更快。总之，除了汉字，其他表意字都消失了。

就汉字来说，到今天我们已经至少使用了 3300 多年，而且还在持续地使用着。

| 地域 | 文字 | 时间 | 使用时间 |
| --- | --- | --- | --- |
| 西亚 | 苏美尔文字 | 公元前 3500 年—纪元之交 | 3500 年 |
| 北非 | 古埃及文字 | 公元前 3400 年—公元 600 年 | 4000 年 |
| 东亚 | 汉字 | 公元前 1300 年至今 | 已经 3300 多年 |
| 南美 | 玛雅文字 | 公元元年—公元 1600 年 | 1600 年 |

现代语言学的鼻祖索绪尔就把世界文字分为两大类型，一个是表意文字，一个是表音文字。我们大致还得区分什么是表意文字体系，什么是表音文字体系。看下面这个表：

|  | 甲骨文 | 日文 | 英文 |
|---|---|---|---|
| 黑 |  | くろ | Black |
| 赤 |  | あか | Red |

上表举了两个表示颜色的字："黑"与"赤"。现代汉字的"黑"，大概我们看不出什么了。如果把它追溯到甲骨文时代，就可以看出，这个"黑"字，下面是一个人伸胳膊伸腿，上面是一颗脑袋，脑袋上面还有小点儿。这个字表达的是什么意思呢？据学者的研究，这个字很有可能就是表达墨刑的。什么是"墨刑"呢？就是在人的头上刺青染黑。果真如此，就可以证明商代就有墨刑了。①在古代，"黑"与"墨"本来就是一个字，所以说它是通过字形与这个意义发生这种联系。②

什么是表音文字？比如说日文。日文有 50 音图，日文中这两个字母记录了什么？只记录了"黑"这个字的读音。

至于英文的"black"，大家就更熟悉了。罗马字母中每个字母都是表音的，组合在一起，可以表达这个词的读音和意义，那些字母都代表着一个读音，和意义没有直接的关系。这就是我们所说的表意文字和表音文字的区别。

古典文字有一个共同的特点，都是属于表意文字体系。这个体系里的文字不单只有像刚才说的"黑"那样的表意字，还有借助于表意字去表音的。这就是所谓的假借字，假借字从本质上来说也是一种表音字。另外还有记号字、半表意半表音的形声字，等等。

从构成上来说，表意文字体系比表音文字体系要复杂得多，这是一大特点。

表意文字的数量很大，非常多。不要说古代了，就是现在我们使用的汉字，常用汉字是 3500 个，通用汉字是 8105 个。为什么呢？因为

① 甲骨文中，"黑"字有很多没有点的，"墨刑说"只是一种推测。
② "赤"字详见第三十七讲。

表意字是记录词语的，没有足够的量，就不能够准确地记录语言。①之所以把楔形文字、古埃及文字、古汉字、玛雅文字等都称之为古典文字，就是因为他们最早都属于表意文字体系。②

表音文字就单纯多了，就是为了表音，其数量非常有限，全世界各地表音文字的字母基本上都是在几十个范围之内。比如现在世界各地广泛使用的拉丁字母是 26 个。

全世界自源的古老的表意字，除了汉字，全部都消失了，唯独汉字岿然独存，为什么？这是个谜。西方学者从自身的立场出发，得出的观点是，表意字是一种落后的文字，表音字是先进的文字，文字是进化的，都会从表意字进化到表音字。

如此说来，汉字似乎就是落后的文字。19 世纪末，中国积弱成疾，落后挨打，那些仁人志士们探索着落后挨打的原因，寻求着救国救民的道路。随着西学东渐，西方的学术思想对认识汉字的影响愈发深刻。

中国贫穷、积弱、落后、挨打的原因是什么呢？一部分人把原因归结到汉字的头上。落后是因为我们的文化教育差，民智未开，那么为什么文化教育差呢？是因为我们的汉字太难，汉字是少数有闲钱的贵族才能掌握的，劳苦大众是掌握不了的。那怎么办？大家自然就想到了汉字既然繁难，既然有问题，既然是落后的，汉字就需要改革。

这种思潮从清朝末年就开始出现，到了"五四"时期愈演愈烈。我们大家都非常熟悉的鲁迅先生，他在 1936 年提出一个耸人听闻的论断，就是"汉字不灭，中国必亡"③，把汉字的存废和我们中国的存与亡直接联系起来。

果真如此的话，汉字使用至今就不是谜了，那就是中国人愚昧、中国人保守，中国人落后，那就只能去改革汉字，追赶世界的脚步。果真是如此吗？

20 世纪初，一部分人大骂汉字落后的同时，还有另外一种观点——汉字的存在自有其存在的理由，章太炎、钱穆、饶宗颐等学者对此都有阐述。所谓的"汉字之谜"，就是不同意当时那些主流观点，还得

①现代汉字主要记录词素，所以比古代汉语用字少了很多。
②著名学者周有光老先生曾经用我们中国人的"六书"理论去分析这些古典文字，结论是基本上都能够吻合。参见周有光：《人类文字浅说》，人民文学出版社，2009 年，第 27—30 页。
③鲁迅：《与〈救亡情报〉访员谈话》，参见倪海曙辑：《鲁迅论语文改革》，时代出版社，1949 年。

寻求新的理解。汉字不仅仅是记录语言的，而且具有超语言功能，是中华传统文化的核心，在民族融合与统一过程中起着重要的作用。汉字不能改，一旦改成拼音文字，后果严重，这个谜需要我们立足中国的社会、文化、语言中去深入解读。

事实证明，汉字没有改革，中国不仅没有灭亡，而且日益强大，快速崛起。那么表意汉字持续使用到今天的原因究竟是什么呢？汉字改成拼音文字后果会是如何呢？这个谜底留着我们下面再讲。

[**理论延伸与思考**] 表意文字与表音文字两个系统的区分符合事实。表意文字系统与表音文字系统优劣的判断标准是什么？汉字被人诟病的劣势在哪里？优势是什么？

第三讲

# 汉字的超语言功能

（原题｜汉字背后隐藏着哪些有趣的知识）

[**本讲要点**] 汉字除了记录语言之外，还有其他超语言功能，而且是中华文化的核心，在我们中华民族的形成、融合过程中，以及维护我们中华民族的统一方面，有着重要的作用。

[**说解汉字**] 寇、川、男、女、刖

上一讲说到，西方学者立足于自身表音文字这个特征，得出"文字是记录语言的符号"这么一个结论。比如索绪尔就明确说："语言和文字是两种不同的系统，后者唯一的存在理由就在于表现前者。"①

文字的价值就只是记录语言，表音文字确实就是这样。平心而论，表音文字的一些优点很明显，一个是对语言分析得更加细致、更加精确，再一个就是表音文字体系也更加简单，前文我们说过，表音文字的字符都是几十个。从记录语言的角度，表音文字精确而简单。

如果我们认为文字就是单纯的记录语言的工具，当然是越简单越好。表意文字系统复杂，书写繁难，确实是事实，我们也都得承认。汉字是表意文字体系的代表，不直接记录语音，记录的是词或词素，字形必然繁多，这也是事实。但另一方面，汉字正因为不直接记录语音，所以它具有了表音文字完全没有的其他功能，最突出的就是汉字具有的超语言功能。这个事实越来越被大家清晰地认识到。

汉字具有哪些超语言功能呢？首先，非常重要的就是汉字记录语言的特点。

它不是直接记录语音的，它在不同的方言区里边，甚至在不同的

① [瑞士]费尔迪南·德·索绪尔著，高名凯译：《普通语言学教程》，第47页。

语言里边，语音可以换读。这个怎么讲？语言是听觉的语音与意义的结合，文字是视觉的形体与语言的结合。文字记录语言的方式主要有两种：表音和表意。

表音文字直接记录语音，语音再记录语言。比如我们说出租车，日文"タクシー"就来源于英文"taxi"，不论是"タクシー"还是"taxi"，这些字母都是表示读音的。那么也就是说，它是字母记录语音，语音再和意义发生联系，它们唯一的价值就是记录语音，那么语音改变了，文字和语言也就失联了。

你再想一想，表音字还有什么价值？想不出这些文字的其他价值。而表意字与此大不相同，表意文字是通过记录意义记录语言。我们上一讲讲过"黑"字，画一个脑袋挺大的人，脑袋上涂上黑，是墨刑，墨刑是黑色的，然后就和黑色联系起来。

我们再举一个例子，比如说我们现在看到电视剧里边的抗战片，常常说到日寇，"日"是日本，"寇"肯定是某一类坏人，是什么样的坏人呢？从字形上就能看出一些古人的理解。"寇"字出现得很早，下面是西周金文中的例子：

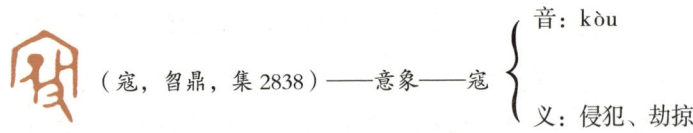

（寇，智鼎，集 2838）——意象——寇 { 音：kòu  义：侵犯、劫掠

上面宝盖儿是房子，房子里左侧是一个人，上面顶着一颗脑袋，右侧是一个人手里拿着一根棒子，棒子冲着人脑袋。大家可以想一想，这会是什么呢？这不就是强盗进了家，拿着棒子要对人侵凌吗？这个"寇"字表达的就是坏人侵入人家施暴，如此你就知道为什么把强盗、侵略者叫"寇"了。

"寇"字由各部分构成一幅整体的"图画"表达这个意象。这个意象记录了一个词，这个词的读音是"kou"，意义是侵犯劫掠。这个字不是直接和读音发生联系，而是和意义发生联系。这点道理并不深奥，我反复强调，是因为这个特点很重要。

正是因为这样，所以汉字就具有了这个特点：读音改变了，意义不变。

我们举个例子，比如说山川的"川"，从上古到中古到现在，不同时代里边，它的读音肯定是不一样的。但不论你怎么读，山川的"川"，都是表示江河，意思从古到今没有变。

再一个是在地域上，山川的"川"在不同的地方可以有不同的读音：同是在北方，北京话读 chuān；我的方言区是晋方言，晋方言读 tsʰuæ；你如果会粤语的话，就会读出另外一个读音；甚至还可以漂洋过海，到了日本，日本也写这个"川"字，完全用日语去读，但还是同一个汉字。不同的时代可以读不同的音，不同的地域可以读不同的音，不同的国家可以读不同的音，语音系统改变了，文字与意义之间的关系还是不变的。

| 历　　史 | 地　　域 |
|---|---|
| 上古——tɕʼĭwən<br>中古——tɕʼĭwen<br>现代——chuān | 普通话——tsʰuan<br>晋方言——tsʰuæ<br>粤方言——tsʰyn<br>日　语——かわ |

汉字记录语言，是简单地记录吗？不是，这时候的汉字就具有了超语言功能。离开原来的读音，变成另外的读音，还可以表达相同的意义。你知道这个特点对我们中华文化、对我们中华民族有多么重要？这个问题先留给你思考，后面我们再一起讨论。

上面说的是汉字记录语言的问题，下面要说的不单纯是记录语言的问题。汉字还记录什么？还有什么功能呢？汉字是历史文化的符号，除了记录语言，很多汉字自身就可以表达那个时代的历史文化，表音字里所有的字母都不具有这样的功能。

比如说"男""女"两个字。

男　　　　　　男　　　　　　女　　　　　　女
合 3457　　　合 3455　　　合 19972　　　合 3301

甲骨文里"男"字一面是田，一面是工具，"力"在甲骨文中就是一种农具，农具和田地结合在一起，那是"男"。那"女"字是怎么写的呢？是抱着膀子、弓着腰跪在那里的一个人。你想一想，文字为什么这样区别"男"与"女"呢？我们难道读不出那个农耕时代的男女分工吗？男耕女织是中国农耕文化的基础，里边虽然没有表达出"女织"来，但是最起码让我们知道男人的社会分工——去田里干活。

你再想一想，假如是游牧民族要造一个"男"的表意字，他会这么写吗？肯定不会，倒可能是弯弓射大雕。

再说"女"字，为什么是这种形象呢？文字表现出一种柔顺的样子。从这里边我们就可以看出甲骨文时代女性的社会地位，以及那个时代对女性的价值判断。这个以后我们再去详细说。

我们再举个例子，大家都知道中国古代有一种"刖刑"，就是砍掉了人的脚。古代的"脚"和我们今天的概念也不完全一样。这个脚有多大？砍到哪里？怎么砍？用什么砍？我们并不知道，词典上说只是"砍掉脚或脚趾"。甲骨文出现了，我们从甲骨文里边找到了这个"刖"字，非常有意思。

合 581　　　　合 6007　　　　合 861　　　　合 6001

甲骨文这一组字繁简不同，但是同一个字。你看那个所谓的"大"，就是抻胳膊抻腿的人，一条腿立着，另一条腿比另一边要短，而且脚也没了。在断腿的位置有一只手拿着一个带齿的东西，带齿的东西是什么？是锯子。干什么呢？把那条腿锯掉，这就是商代的"刖刑"。

从这里我们知道了"刖刑"的操作不是拿个刀，咣一下把人腿砍断，而是用锯子把它锯断，也不是把一只脚锯下来，而是把脚连下肢一起锯掉。读过古书的人都知道，齐国曾实行过酷烈的刑法，导致"屦贱踊贵"[①]，屦就是鞋子，踊就是假肢。腿被锯掉了，鞋子没用了，而假肢贵起来了，就是这种刑法导致的一种后果。这个象形的"刖"，让我们解读出哪些文化呢？

假如我们没有见到过商代的金属锯子，那商代是不是就没有锯子？即便考古上没有发掘出来，文献里边没有记载，但通过这个字形就可以确定商代一定是有金属锯子的。这是我们汉字的超语言功能。

汉字的超语言功能，还在于文学的表达。

这段时间，我们的古典诗词非常"热"，大家都非常喜欢。古典诗词有各种美，"大漠孤烟直，长河落日圆"，美在哪？美在意境。还美在哪？我们说语言是线性的，说完大漠再说孤烟，一个词接着一个词线性排列。古典诗词恰恰不只是一个线性的排列，还有立体的对仗。方块汉字形成视觉形象的奇特效果，我们能直观看到，如大漠对长河、孤烟对落日、直对圆。而这种音乐美、节奏美，这种非线性结构，难道和我们文字没有关系吗？

为什么英文翻译我们的唐诗，就翻译不出这种味道来？因为它根本就不是一种文字，绝对达不到这种效果。所以饶宗颐说："汉字只是部分记音，文字不作言语化，反而结合书画艺术与文学的形文、声文的高度美化，造成汉字这一大树，枝叶葰茂，风华独绝，……"[②]

汉字的超语言功能，还体现在形体美与艺术性。

你想一想，全世界文字那么多，什么文字发展成了一门艺术？成为一个学科？唯有汉字。文字作为艺术、作为书法欣赏是大家熟知的。再想一想，我们生活里很多地方，文字成为蕴含丰富文化的标识或装饰，像中国人民大学的校徽，中间有三个人，那合在一起是一个字——众。有文化的人从这里边品味到很多，没文化的人，就只能视而不见了。

---

[①]《左传·昭公三年》："国之诸市，屦贱踊贵。"
[②] 饶宗颐：《符号·初文与字母——汉字树》，引言第1页。

汉字的超语言功能还在于它不间断地记录我们悠久的历史。

任何文字都可以记录历史，汉字有什么特别的呢？我说的是不间断地记录我们悠久的历史。正是因为汉字表意字的这个系统，从古到今没有发生变化，所以说3000多年前的文字，到今天你不用专业学习都能够认出几个来。我们3000多年的历史都是用文字记录下来的，这在世界上是独一无二的。

汉字还有什么超语言功能？我们说最后一个，也是最大的功能——民族认同的符号。

我们一说到民族，大家都会想到它应该有共同的语言，应该有共同的地域，应该有很多共同点，但语言一般来说是必备的。我们想一想汉语方言分歧之大，大到我们彼此完全听不懂，从语言上很难认同我们都是一伙的。虽然我们听不懂，但当写出汉字来，大家都懂。汉字，让我们有一种心理上的彼此认同。这是汉字超语言功能里边最大的一个功能——中国字是中国文化传承的基础。"殷墟甲骨文距离现在3000多年，3000多年来，汉字结构没有变，这种传承是真正的中华基因。"[①]这是国家层面对汉字的重新定位。

这样想一想，我们所说的汉字之谜基本上就可以解开了。汉字有其独特的存在必要，尤其是汉字是民族认同的符号，在我们中华民族的形成、融合过程中，以及维护我们中华民族的统一方面有着重要作用，这是汉字最大的特点。

这个问题很重大，我们下一次接着再说。

[理论延伸与思考]自清末以来至今，对汉字的认识发生了一百八十度的转变，这种转变的社会原因是什么？

---

① 2014年"六一"前夕，习近平主席在北京市海淀区民族小学看望少年儿童时的讲话。

第四讲

# 汉字是中华传统文化的核心

[**本讲要点**] 汉族是一个文化共同体,这个共同体的文化核心是汉字。废除汉字,会导致汉民族的解体。

[**说解汉字**] 传、统(傳、統)

汉字为什么是中华文化的核心?

前面说过,汉字很复杂,学起来很难。问题是中国人既不愚昧,也不保守,为什么会选择比表音文字繁难的汉字一直使用到今天?

大家都知道,创造表音文字,它需要有一个条件,对语音系统得有准确的了解。我们中国的古人很早就对我们的语音系统了解了,汉代就知道反切,宋代有韵图,完整地表达了汉语的语音系统,就差一套表音符号。就外来的表音文字影响来说,元代的传教士已经把罗马字母带到了中国,中国人对表音文字已经有所见识。我们在很早之前就完全具备了创造拼音文字的这个技术条件。

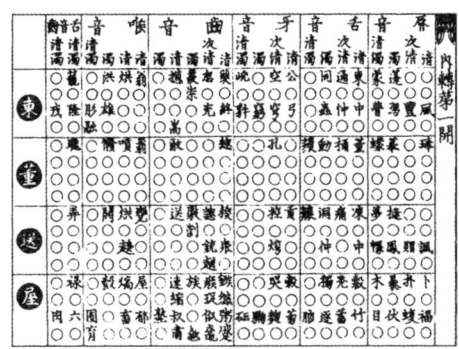

宋代韵图
引自《永禄本韵镜》

有人认为我们中国人保守，事实上我们并不保守。汉唐就不必说了，汉族就是不断融合外来文化的一个共同体。今天吃的葡萄、胡萝卜、土豆、红薯、西红柿、辣椒都是外来的。想想今天我们的衣食住行，哪个不是改革开放的结果？民国初年女性裹小脚，行不露足笑不露齿，坐在轿子里，撩开窗帘的一角，偷偷看外面的世界。现在的你呢？薄衣短裙，乘地铁、坐飞机周游世界。我们进入现代社会，政治、经济、文化方方面面，都发生了翻天覆地的变化，唯独天天使用的汉字没有根本性的变化，一定有其必然的理由。

这个理由就是：汉字不仅仅是记录语言的工具，而且具有超语言的文化功能。

我们先来看两段关于汉字认识的重要论断：

> 汉字已是中国文化的肌理骨干，可以说是整个汉文化构成的因子。

> 造成中华文化核心是汉字，而且成为中国精神文明的旗帜[①]。

谁说的？国学大师饶宗颐。饶先生是真的国学大师。

我们再来看一段：

> 中国字是中国文化传承的标志，殷墟甲骨文距离现在3000多年。3000多年来，汉字结构没有变，这种传承是真正的中华基因。

谁说的？习近平总书记。

我认为，这是对汉字从宏观上的精准把握。我们讲传统文化，需要问三个问题：第一，什么是传统？第二，什么是文化？第三，什么是传统文化？我个人的理解是，文化的核心部分是人类通过学习传授而累积的精神产品的总和，文字记载的文献是最重要的部分，是文化的主体部分。传统文化就是历史悠久、地位重要、不断延续传承的文化，它是一个民族的精神家园。

传统文化有几个特点：古老而流传广泛，具有统领作用。传统传统，

---

[①] 饶宗颐《符号·初文与字母——汉字树》，引言第1页、第174页。

只传不统，昙花一现，谈不上传统。而所谓的传统文化与现代文化一般有一个分界线，以往的是传统，以后的是现代，但是传统可以延续到现代，融入现代。如果按照这样理解，我们想一想在中国的传统文化中，有哪些是重要的传统文化？哪些传了下来？哪些虽然传下来，但是没有了"统"的地位？

儒学是传统思想文化的重要代表，京剧是传统表演艺术的代表，但它们都是传而不统。有人在学，有人在演，有人在看，但是它们已经不具备统领的地位。汉字则是传到今天，统到现在，是传统与现代没有明确分界，既"传"且"统"的文化。①

这样的文化，我们想一想，在我国文化系统里边有多少？

我能想到的，一个是汉字，一个是筷子。筷子可以说是物化的精神。前面讲了传统与现代的分界线，现在我们也常常提现代化，现代化就是由传统进入现代的过程，现代化是否要以毁灭传统为必由之路？

人们越来越清晰地认识到不能那样。我们吃了太多这样的亏。现在人们正在反思，这么大的中国大地，为什么就容不下一个北京的城墙？为什么就容不下几个北京的城楼？为什么就不能在城墙外建新城？非要在城墙内现代化？因为穷，只能拆了西墙补东墙？这并不一定是充分的理由。

历史的选择都有其历史的条件，但不能不时刻反思。现在提倡文化的传承，这里边也有个问题：第一，什么文化是需要传承的？第二，怎么传承？牛耕是传统，北京城里不能有牛耕。裹小脚是传统，美女要露出自然的脚，当然不能守传统。很多传统今天不传、不统、不承，一些似是而非的东西沉渣泛滥，也要警惕。我们传承的是优秀的传统文化。

汉字是地地道道的传统文化，是中国人踏入文明门槛的一个标志。汉字是中华文明的曙光，它让我们的祖先跨过了文明的门槛。自此，世界的东方，日益文明灿烂。为什么让它能够流传下来？还让它具有统领地位，还要沿用至今，继续流传？

① "传"的繁体作"傳"，《说文》："传（傳），遽也。从人专（專）声。"许慎认为"传"是古代驿站专用的车辆，传车的特点就是一站一站地传递。《说文》："统，纪也。从糸充声。""纪"是纲纪。"传统"从文字或词素的角度来说包括两方面的意义：传承与统领。

汉字记录了悠久的历史，狭义的历史是指文字记载以来的成文史，没有文字，就没有历史。一个不知道自己历史的民族，怎么会彼此认同？废弃了汉字，自然会形成识读文献、了解历史的屏障。

汉字自身蕴含着丰富的文化，我们多次讲到"一个汉字就是一部文化史"，关于这部分内容，是我们说文解字这个项目里的重点，在这里我就不详细展开了。

汉字是民族认同的符号。一个民族应当有共同的语言，彼此去交流。中国地域广大，汉族人口众多，方言差别非常大，用汉字书写的书面语，很长时间起到了民族共同语的作用。现在，汉字依旧起着民族认同的作用。山西人与广东人彼此见了面，各说各话，谁也听不懂，但是我们掏出笔来写出来，彼此都懂。

汉字还是我们民族融合的黏合剂。放眼历史，中华民族的发展有两个特点。第一个特点是天下分分合合，但分久必合。就是分别久了，分裂到一定时候一定会统一。第二个特点是，农耕的汉族抵御不了快马大刀的游牧民族，在军事上我们常常处于劣势，被侵略、被占领、被统治。但是这些游牧民族也抵挡不了汉文化对他们的影响，只要他不离开这块土地，就会被汉化、融合，直至消失。陈寅恪说过："北朝胡汉之分，不在种族，而在文化。"①什么胡族汉族，它们的区分，最根本的不是人种的差别，而是文化的差别。放弃胡文化，就汉化了。当然汉文化也吸收融合胡文化，彼此逐渐融合成一个民族共同体。

文化有多么重要？在日本侵略中国的时候，中国在民族危亡的时候，很多人这时候问中国要灭族了吗？中国要灭国了吗？钱穆有非常大的自信，说中国亡不了！为什么？核心关键就是，中国文化不灭，中国就不亡。②

华夏民族是一个文化共同体。汉字，是这种文化共同体的核心标志。

我们做一下比较。表音文字简单，特别适合于单一民族、语言一致的国家。对于地域辽阔、语言多样的国家来说，表音文字存在着一

---

① 陈寅恪：《隋唐制度渊源略论稿》，中华书局，1963年，第41页。
② 钱穆：《国史大纲》引论，商务印书馆，1996年。

个致命的问题,就是它具有离心力,它的特点是合久必分,分了以后就合不起来了。

3000多年前,地中海东岸就出现了表音文字,东西传播演化出了众多的字母文字。传入了欧洲,希腊字母也变出罗马字母和西里尔字母,传入西亚,最著名的就是阿拉伯字母。①使用表音文字的大国,罗马帝国、奥斯曼土耳其帝国、苏联,他们后来都分崩离析了。

即使到后来,在某一个地域里边,有再一次的合并,那是一种文化覆盖另一种文化,不会像中国文化这样,根基不动。我们用著名学者何九盈先生的一段话,为今天讲的内容做一个结语:

> 19世纪末就有人对汉字进行种种不恰当的批评,指责汉字不能拼写口语,要创造出拼写口语、拼写方言的文字,这种主张果真若全面实施,汉民族、汉文化会是一个什么样的局面,不堪设想……文字要忠实于语言,如实拼写反映语言,付出的代价是什么?就是汉民族的解体。②

在今天的现实条件下,汉字是适合我们社会的文字。

[**理论延伸与思考**] 古代的中国人已经具备了创造表音文字的技术条件,但一直坚持使用繁难的汉字,是成熟文化的保守性吗?

---

① 周有光:《人类文字浅说》,人民文学出版社,2009年,第41页。
② 何九盈:《汉字文化学》(第2版),商务印书馆,2016年,第49—50页。

第五讲

# 汉字到底有多难

[本讲要点] 汉字比表音文字难是事实，但难度是有限的，通过一定的技术手段可以把汉字的难度降到最小化。

[说解汉字] 齉、蠹、镶、瓤、曝

前面我们说过，很多人认为汉字是很难的，我也承认汉字难，但是汉字到底有多难？今天我们就一起来讨论讨论这个问题。

按照西方的文字学理论，汉字真的是很难，我们前面也讲过，有些学者认为，汉字难到了要灭国的程度。

相比较西方的拼音字母，我们确实是字形很多。3000余个常用字，6000余个通用字，大字典里边有好几万，而罗马字母只有26个。我们得承认，作为文字符号，汉字确实是难的，尤其是刚入门的时候，那简直就像进入了魔幻世界。但是汉字到底有多难呢？这个问题我们做过认真的研究和分析吗？我们做过实验吗？简单的数字对比有时候会掩盖一些事实的真相。下面，把我的个人理解在这里向大家介绍一下。

第一，汉字有多少字就够了？

我们总说汉字字数多，其实汉字总量多少并不重要，为记录语言，汉字需要用多少个的问题很重要。有学者早就做了统计和研究，通过下面这一组数字，看看汉字出现的概率。[1]

---

[1] 苏培成：《现代汉字学纲要》（第3版），商务印书馆，2014年，第43页。

| 字种数 | 增加字数 | | 合计字数 | 覆盖率 | 欠缺率 |
|---|---|---|---|---|---|
| 1000 | | | 1000 | 90.000% | 10.000% |
| 1000 | + 1400 | = | 2400 | 99.000% | 1.000% |
| 2400 | + 1400 | = | 3800 | 99.900% | 0.100% |
| 3800 | + 1400 | = | 5200 | 99.990% | 0.010% |
| 5200 | + 1400 | = | 6600 | 99.999% | 0.001% |

所以说，就汉字的一般使用来说，2400字达到99%，剩下的所有的字，只占应用的1%。那些字，通过一些技术上的处理，也可以一定程度上避开。总之，有3000多个字基本就够用了。

**第二，汉字有个非常重要的特点，是字与词的一致性，这尤其适合于上古汉语。**

上古汉语中，我们的字记录的单位就是词，那意味着什么呢？你会了字，也就会了词。比如说《春秋》第一年就记载了"郑伯克段于鄢"这么一件事，《左传》中这一篇很多朋友都学过。这里边"郑"是国名，"伯"是爵称，"克"是战胜，"段"是人名，"于"大致相当于我们现在的介词"在"，"鄢"是地名，每一个字都是一个词，所以说我们学习了3000个汉字，就至少掌握了3000个词。①对于现代汉语来说，不仅是3000个词，还有所有的词素了。

假如我们学习了3000个常用字，那么你就掌握了3000个常用词。3000个常用词，我们全部的构词词素也就包含其中了。这就是汉字字与词的一致性。大家可能会问，你讲这个东西干什么呢？哪一种文字不是这样的？

大家最熟悉的外语是英语。英文很简单，使用的字母一共就26个。但是它的特点是什么呢？它是通过字母去记录词素，再通过词素去组成词。

我就问你一个问题，你掌握了1000个如山水草木、鸟兽鱼虫等常

① 一字多用，一个字常常不仅记录一个词。

用字，你肯定会 1000 个汉语的词或者词素，你掌握了 26 个字母，你会了几个英语单词？所以从这个角度来说，我们说汉字到底有多难，你不能只用 26 个字母和我们 3000 个常用汉字做这种简单的比对。

**第三，常用字与常用词结合是非常稳定的。**

现代汉语中常用的单音词大都来源非常古老。天地鬼神、山川草木、牛马龙蛇等，这些文字来源非常古老，即便是字形发生了变化，但是它们与意义的结合是稳固的。所以说我们的语言因文字而具有了延续性。

**第四，汉字的构字部件非常有限。**

汉字不论有多少，它们的构成材料是非常有限的。汉字不是一堆笔画的任意组合，通用字表里有 6000 字，或者有 7000 字，不同的时代通用字也是不一样的。通用字中笔画最多的是"齉"，36 画。而这个 36 画的字，我们可以分解一下，首先可以分解出两个部件来，一个是鼻子的"鼻"，一个行囊的"囊"，只要我们先学会了这两个字，再认识最复杂的"齉"就是几秒钟的事情了。常用字表有 3500 字，笔画最多的是矗立的"矗"，24 画，是三个"直"摞起来，矗立，高高地耸立。我们常用字表中，23 画的字就没有，22 画里边有 3 个，一个是蘸着酱油吃的"蘸"，另两个是金镶玉的"镶"、瓜瓤的"瓤"，从 22 画到 24 画，一共就 4 个字。

如果我们认识这些繁难字之前，认识了鼻子的"鼻"，认识了行囊的"囊"，认识了金属的"金"，认识了"瓜"，这些繁难字就不难认识了。

汉字的构成，不是没有规则的一堆散沙，而是非常有规则、非常有规律的。构字部件非常有限，大概有多少呢？《说文解字》中有 9000 多个字，加上古文重文有 1 万多字，部首是 540 个。这些部首还并不都是已经分解到了不能再分解的构字部件。我们如果把它分解到不能再分解的构字部件，加上一些只作表音的部件，实际上只有 300 多个。现代汉字同样也就是这么300来个。所以,我们认字要先从简单的认起,如果先把这300来个简单的字掌握了,它们再彼此层层组合,就构成了万千的汉字。从这个角度来说,汉字的难度也是可以在一定程度上消解的。①

**第五,汉字是有理据的。**

文字的字形与它记录的音义之间是有联系的。有些理据非常简单,比如说"理据"这两个字,我们分析分析,我们看一看,都是左右结构,一半表意,一半表音。

但因为汉字非常古老,有些理据隐藏得很深。例如刚才说过的"隐藏得很深"中的"隐""得""深"等字,现在是高频常用字,为什么这么写?汉代的学者有些就弄不清楚了,我们想要弄清楚它,确确实实是非常难的。

汉字构形有字理,它可以帮助我们记忆。任何事情都有两面性,探索理据有时候很难,但知道了理据,可以帮助我们认识难字。

通用字表中30画到36画的字只有两个:爨、齉,我们可以说这两个字是难到了极致。我们不要说大家写不出来,字号小了看都看不清楚。"爨"这个字我们现在还在使用。为什么这么写?追溯到小篆,《说文》说了,"爨"就是生火做饭的意思,就是炊爨做饭。这个字上面是什么?是两只手。两只手中间是什么?用许慎的话来说,那是个灶门,灶下面我们想一想,要做饭该往里边放什么?放柴火,就是那个"林"。这里的"林"就是木头,就是柴火。两只手把木头送到灶门里,双手的下面还有个什么呢?火!那得用火把它点着了。

《说文》小篆

这个字这么一讲,我不知道现在你能不能把这个字正确写出来?

①构字部件来源不同,不能一概而论。

我们如果懂得这个字理，再看这个字，大概就没那么难了。

当然这种字理识字法，必须是掌握了一定量的汉字之后，对部分字形繁难但字理简单的字是有效的。对于"日""月""牛""马"这样的字来说，就完全没有效果了，对"隐""得""深"等字理复杂的字也就更不可行了。

关于汉字的难度，我希望能够用实验的方法进行科学的研究，而不是感性的、经验的、任意地说难说易，说是说非。

目前我们对汉字难度的认识，我个人认为可以归纳的结论如下：

结论一，就应用层面，我们不能说汉字不难，表意字系统复杂，数量多，结构难，理据深，这是事实。我们不能爱屋及乌，我们不能说它比26个字母还简单。

结论二，汉字虽然难，但是没有那么夸张，我们不能把汉字妖魔化。汉字数量是可以控制的，结构是可以稳定的，字与词素是统一的，字与大部分词是统一的。

结论三，汉字历史悠久，积累深厚。如果想深入了解，就会有想象不到的难。

例如"庖丁解牛"，这是个成语，读过《庄子》"庖丁解牛"[①]也就知道这个成语的来源。"庖丁"就是厨子，"解"就是分解。厨子分解牛，意思很容易理解。每一个字为什么能够记录它相对应的词呢？这个"解"字的意思是分解、解开。这个字结构是什么呢？左侧是一个"角"，右侧上部是个刀，下面是个牛。试想开始分解牛，怎么分解牛呢？得用刀。"庖丁解牛"这个词例，是对这个"解"字最好的解释。那"丁"呢？庖丁的"丁"是什么意思呢？最初怎么写呢？为什么这样写呢？怎么会变成这个样子呢？一个"丁"字，会牵涉很多很多的问题。

我曾经写过一篇叫作《目不识"丁"》[②]的小文章，就是单谈这个"丁"的，大家有兴趣的话，可以看一看。

---

[①] 参见章启群：《庄子新注》，中华书局，2018年，第81—90页，《庖丁解牛》节选自《养生主》。

[②] 李守奎：《目不识"丁"》，《汉字为什么这么美》，第10—13页。

如果我们不关心历史文化，只是为了应用，3000常用字之外的那些字可以忽略，理据的难也完全可以忽略。

在这里说解汉字想达到两个目的：

第一，把简单的讲难了，从认识的汉字里知道"不知道的知识"，于无声处听惊雷。

第二，把复杂的讲简单了，戳穿难字那些"纸老虎"。

[理论延伸与思考] 语文现代化很重要的一部分内容就是汉字规范，适度的规范可以削弱汉字的难度，过度的规范则会增加汉字的难度，这个标准应该如何把握？

第六讲

# 说解汉字的原则

[**本讲要点**]汉字阐释是为了满足人们了解汉字深层文化的需求，与识字教学关系不大。说解汉字是汉字阐释的通俗说法。汉字阐释需要具备几个基本条件：熟悉《说文》，有古文字研究的基础，有切实可用的解释理论。

[**说解汉字**]衣、裘

首先，我来说说为什么要阐释文字。

人类因为好学深思，不断改变着自我，改变着自然，所以成了万物之灵。人因为好学深思而有学问，有智慧，精神丰满，日日创新。

有的人却把一切都当作自然。为什么穿衣服？夏天遮阳，冬天保暖。夏天坐在阴凉地里为什么还穿衣服？大家都穿。为什么大家都穿？自然就这么穿。

为什么学识字？爹妈让学的。识字干什么？学文化考大学。考大学干什么？找好工作挣大钱。挣大钱干什么？花钱消费结婚生子。生孩子干什么？让孩子认字学文化考大学……

有人很赞美这种人生，抱朴含真，幸福无比，如果都这样，文明就会停滞。但是，世上还有另外一种人，凡事都想问个为什么？正是这些人的共同努力，人类对这个世界了解得越来越全面，越来越深刻，人类自身也越来越进步，创造出日新月异的灿烂世界。

今日之我非昨日之我，不仅仅是年龄比昨天多了一天，更重要的是今天比昨天知道得更多了一点。古训说："苟日新，日日新，又日新。"人类对于自己意识到的存在都会追根溯源，弄清是什么、为什么、能干什么，那些好学深思的人，能够在人们熟视无睹的事物中有新的发现。

汉字，我们再熟悉不过，除了用它传递信息之外，我们还知道什么？对于大部分人来说，能够用它准确传达信息就够了，但对于好学深思的人来说肯定不够。说解文字的目的，就是为了满足好学深思的人对汉字更深入认识的文化需求。

如何更深入地认识汉字？陌生化。

对于任何认识对象，经验让人熟悉，思考让人陌生，陌生了才能创新。人类很早就积累了离不开水的经验，没有水都得死。但水由什么构成？如何作用于人体？这是近代科学才解决的问题。汉字我们太熟悉了，我们先得陌生化。

举个例子，裘皮大衣的"裘"。"裘"是什么？为什么有貂裘没有狗裘、羊裘？"裘"字为什么这样写？裘与皮有什么区别？古代的"裘"和今天的"裘"是不是一样？

取彼狐狸，为公子裘。（《诗经·豳风·七月》）

现代生活中皮衣有三类：一类是毛朝里，一类是毛朝外，一类是没有毛。古代"裘"这种皮衣是什么样的？先看看甲骨文中的"衣"和"裘"字：

衣
合 22622

裘
合 7921

"裘"与"衣"的差别，一个表层有毛，一个表层没有毛。"集腋成裘""皮之不存，毛将焉附"的典故告诉我们貂皮、狐狸皮等优质皮毛做的衣服才是裘，而且裘的毛向外，要让人们看到其名贵，与老羊皮袄完全不同。一个"裘"字,我们不仅了解了古代,也理解了现在,更理解了裘文化的传承。

我在这里阐释汉字坚持几个原则。

原则之一:严把学术关。我们可以普及学术,但不能背离学术,也不能没有学术。有学理、有依据是我们的底线。

原则之二:对汉字要有一个宏观的把握,不能只见树木,不见森林。有人说汉字是落后的文字,应当改革,变成拼音字母文字;有人说汉字是美妙绝伦的文字。到底是好还是坏?如果没有一个基本判断,就没有了基调。所以我前面几讲都是宏观说汉字。如果你对汉字深恶痛绝,听我说解汉字就成了灾难;如果你对汉字知识要求很低,听起来也索然无味;如果你爱一个统一的中华民族,我们就没有理由不爱汉字。

原则之三:理论具体化。如何处理汉字理论与汉字阐释的问题。说文与解字必须有文字理论,我们既不能固守许慎《说文解字》的理论,又不能系统讲理论。总的原则是把理论具体化,让它解决具体的问题,通过具体的例子初步了解一些文字理论。例如"表意字的形声化"听得挺抽象,把甲骨文的"裘"和西周金文的"裘"一比较,就大致明白了。

甲骨文
合 7921

西周金文
大师虘簋,集成 4252.1

甲骨文是象形表意字,到了西周金文就成了从衣、求声的形声字了。当然这个过程是复杂而漫长的。

汉字阐释是主体,也安排了一些理论内容穿插其中。

原则之四:通俗化。这是最大的挑战。讲到什么程度叫通俗,讲到什么程度能够让没有学过汉字学的人也能够听懂,看懂?一个人用语言描述一个视觉形象给一百个人听会有一百种样子。读了《洛神赋》,

每个人心中都有一个自己的洛神，这是文学的魅力。文字是视觉符号，结合具体文字的形体讲其中的道理或许会好一些。

原则之五：争取系统一些。汉字阐释最容易被大家接受的办法是选择一些趣味性强、容易讲清楚的来说，用力小而收效好，但缺点是零零碎碎，单个看像珍珠，总体看像一盘散沙。另一种讲法是用一条思路，把这些零散的汉字解说串成一串儿，全部听完可以得到一条项链或者手链，这就需要有个整体安排，难度比较大。要想二者兼顾，实在是不容易。

汉字那么多，从哪里说起？

说文和解字要一个字一个字地说。汉字成千上万，我们讲哪些字？从与人体相关联的汉字讲起。为什么？

许慎说古人最初造字，近取诸身，远取诸物，依类象形。就人的复杂性来说，人类对自己了解得很少；就人的外形与日常起居来说，人类对自己很早就有非常细致的观察。如果我们对汉字形体做个自然的分类，描绘人体及人体部位的独体字以及由这些字形成的部件所构成的文字，是一个非常庞大的系统，其丰富性无与伦比。天地丘山、草木鱼虫，不论哪一类都难望其项背。

最早系统性阐释汉字的著作就是东汉时期的《说文解字》，首创部首排列法，将9000多字按540个部首排列，部首作为部中字的构字部件，都有表意功能。与人体有关的部首多达65个，占全部的12%。

人体与人体部位的独体字很多，生命力非常旺盛，很多都是最早出现的一批汉字，一直沿用至今，如"大""人""女""儿""口""耳"，等等，这些字的构字能力也特别强大。对这类独体字的把握，从某种意义上说，可以起到以简驭繁的作用。

我的整体思路是先从人的各种姿势说起，站着的、蹲着的、跪着的、爬着的、从高处掉下来的，千姿百态的人构成各种笔画不一的字。讲完整体的人就开始从头到脚说相关的汉字。古人通过观察头部、上体、下身各部分的外形、动作、作用等，创造了很多字。我们大致照着这个次第讲。

  我期望大家能够通过对几百个人体汉字的了解,对汉字有更加明确而深入的认识,激发起对汉字整体的兴趣,掌握汉字阐释的方法,能够分辨取舍是非,提高自己这方面的文化品位。

  最后我要说明的是,虽然强调了学术原则,但并没有完全遵循学术的规则。学术的基本规则是材料要有出处,别人的观点必须注明。我在这里讲汉字,是汉字文化的普及,不是学术创新,也不是学术演讲。所讲内容,是通识性的,是千百年来无数学者共同研究的结果,我在这里择善而从,但无法一一说明。既然不能一一说明,干脆就都不做说明。有些地方我觉得有延伸阅读的必要,就在旁边注明出处,其用意是希望你去翻翻相关的书或文章。

  如果学者朋友们在我的讲说里发现了自己的观点,那就是我认同你的高论,我在这里把你的智慧结晶公之于更多的读者了。在这里向所有为汉字研究做出贡献的学者致以敬意和谢意。当然,取舍也是一种学术能力,书中我个人的一些观点如有不当,或对学者的观点取舍不当,完全由第一作者负责,还请广大读者批评指正。

  [理论延伸与思考] 汉字阐释学如何建构?汉字阐释如何把学术探讨与社会需求结合起来,满足不同的需求?

第七讲

# 从"人"字说起——直立起来的人

[**本讲要点**]古文字"人"像侧立的人。为什么用直立的"人"形表达人这个词？因为直立是人和其他动物区分开来最显性的形体特征。选择侧立的人形，也是受文字符号系统的制约，正立的被"大"给挤占了。楷书由侧立变成正立是受书写系统和求美心理的制约。"人"与"人"组合可以构成不同的字，相从就是"从"，相背就是"北"。

[**说解汉字**]人、大、从、北、背（從）

从现在起，我们就开始一个一个讲汉字，是新的说"文"与解"字"。我们就先从"人"说起。

"人"字我们不能说简单至极，但也是极其简单。一撇一捺，能说什么呢？能说的东西很多。

第一，"人"是个象形字，这个大家都知道，像哪里呢？哪里是胳膊？哪里是腿呢？头，没问题，大家都知道在上面，省略了。

第二，人的姿势很多，人的特征很多，古人造字为什么用直立的"人"来表示人？

第三，把"人"字放在历史的长河里边去看，它古老的字形是一个侧立的人形，这种侧立的人，后来为什么变成了正面站立的人？

第四，"人"可以单独使用，还可以作为构字部件，彼此组合构成新的字。"人"与"人"组合能构成什么字呢？

我们先从第一个问题说起。"人"象的是什么形？或者说，象的是人的什么姿势？楷书里的"人"端端正正，顶天立地。我们生活中常说："你可要好好做人，要对得起那一撇一捺、顶天立地的'人'

字。"这个时候,大家一般都会猜想,"人"字的下部分是两条分开的腿!但是在古文字中,"人"字可不是分开两条腿站立的人,那撇和捺,分别是胳膊和腿。你看一下"人"字的演变过程,从甲骨文、金文到小篆,都是什么形态呢?一个人站在那里,有点弓腰驼背的样子,到了汉代的隶书里边,才成了我们今天的一撇一捺。

甲骨文　　　金文　　　《说文》小篆　　　汉隶
合 7312　　矢令簋,集 4300　　　　　　　武威医简 88 甲

甲骨文的这个"人"字还可以反过来写:

合 6173

先来看一看汉字学、汉字阐释的祖师爷——东汉时期的许慎,他在《说文》中对"人"字是怎么解说的。

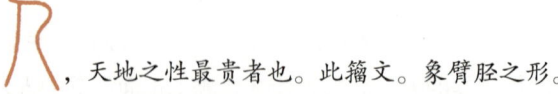

,天地之性最贵者也。此籀文。象臂胫之形。

许慎的解说首先阐释人的意义。人是万物之灵,在万物里面它是独特的。独特在哪呢?我们待会儿说。

第二,这个字形是什么?有胳膊有腿。"臂"就是胳膊,"胫"就是腿。如此说来,这个字形就是一个侧面站立的人的轮廓,而且腿脚还稍微有点弯曲，背还有点驼，好像还没有完全直立。这种站立的姿势非常像大猩猩，这就不免让我们想起了人类的进化图。

尽管我们汉字里面的"人"像大猩猩，但人终究还是站立起来了。那么紧接着问题就是，为什么选择这么一个站立起来的姿势去表达人？

这一定不是任意的。正如许慎所说，人是万物之灵，人与动物的区分是从哪里开始的？就是从站立。我们想一想，天地万物之间，很多很多的动物，能够站立起来的、站立是常态、四肢有明确分工的，除了人之外，你想一想还会有什么动物呢？只有人，没有其他。

所有的动物中，只有人是以站立为常态的，这是与其他动物的分界线。站起来了，发音器官改变了，可以发出更多的声音来了，复杂的语言产生了，于是人类就和其他动物更加明确地区分开来了。所以说"人"字的这两笔，可不要小瞧了，这里边蕴含着丰富的历史文化和对人的本质特征的认识。

当然，古人是不是真想到这些东西了呢？我们不能起死人而问之，但是无论如何，古人的字形表达与今天的认识是吻合的：直立是人类与动物的分界线。

我们还可以从另外一个角度去解释，背有点驼、没有完全站立的姿势，是猿人、类人猿、大猩猩，越往前驼得越厉害。那么这会不会是祖先对我们更古老的祖先遥远的记忆呢？

这个我们不能说没有可能，但是就更无法证实了。求之过深，过度阐释，增加更多的不可信，风险很高。但是汉字里边确确实实存在着一些文字，保留了非常古老的文化，这个我们将来有机会再说。那么对于"人"字，与其这样从各个角度去猜测，还不如从文字是符号的系统，从符号的区别特征的角度去准确把握。

我们换一个角度说。古人为什么不选择正面站立的人形？我们从正面看人，这个区别特征不是更明显吗？

我们文字里边已经有了一个人的正面站立的形象，那就是"大"。"大"字从古到今都是一个伸胳膊伸腿的正面人形，而且很常用。

| 甲骨文 | 金文 | 《说文》小篆 | 汉隶 |
| --- | --- | --- | --- |
| 合 33349 | 大保簋，集 4140 | | 定县竹简 10 |

既然正面人形被"大"占用了，"人"就得避开了。刚才我们说"人"是个侧立的人形，为什么背有点驼呢？如果我们不把它和远古的人类进化过程相联系的话，从符号的区别性上也完全可以解释。

不驼背的人站立起来从侧面看是什么样子？一条直线，象形字表达就是一竖。为什么不用一竖"丨"字来表达人呢？这不也是侧立的人形吗？这一竖也被其他文字占用了。什么字呢？就是缝衣服的针，"针"最早就写成一竖。汉字就是一套彼此区分的符号系统，它们的形体得彼此区分。我们在前面就讲过，汉字的符号性更接近于文字的本质，表意性大都集中在文字的早期阶段。再象形的文字也不是图画，它也受符号系统的约定。

下面我们再说一说侧立的人为什么会变成正立的人？

今天大家看到的楷书，前面已经说过，一般来说都会认为是一个正面站立的人，一撇一捺，这种变化很早就开始了。下面这个图大家可以看一看，是从秦简、汉简到汉碑，这个变化非常的明显。

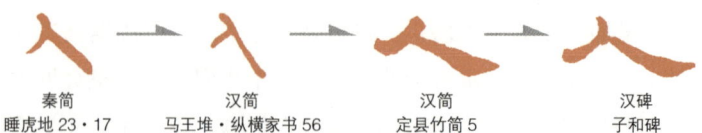

| 秦简 | 汉简 | 汉简 | 汉碑 |
| --- | --- | --- | --- |
| 睡虎地 23·17 | 马王堆·纵横家书 56 | 定县竹简 5 | 子和碑 |

为什么会产生这种变化？为了美。求美是文字演变的动力。

大家可能会问，那侧立的人怎么就不美了，这一撇一捺怎么就美了呢？到了楷书，追求的是文字结构的匀称稳当。大家看一看，是一个单立人单独放那匀称稳当，还是这个一撇一捺的"人"匀称稳当呢？结论不用我说了。

上面我们讲了"人"字构形的道理与字形变化的过程。这种独体字可以作为构字部件或字符构成新字。"人"与很多部件可以组合成新字。

今天我们就讲两个"人"和"人"组合在一起的字。

第一个，两个"人"方向一致，把它们重叠放在那里，是什么字呢？你一定想到了，是"从"。另外一个，两个人相背是什么字呢？两个背靠背的人，没学过古文字的，大概这时候想不到了——那是个东南西北的"北"。

我们先说这个"从"。"从"字出现的时代非常早，在甲骨文里就是前面一个人，后面一个人。一前一后两个人，它可以构成多种关系，后面的人跟随着前面的人，那就是随从，这个意义是从古到今一直使用的常用义。到今天我们还这么说，跟从、随从、顺从，等等，甚至人死了还跟过去，那叫"从葬"。

合 12687

合 12685

"从"还有很多意义，这些意义的共同特征就是方向是顺的，一前一后。大家可能会问，一前一后，可以是前面走我跟着，为什么不能是后面追着前面的走呢？理论上说是可以的，事实上也是这样的。

古书中曾经有记载，说商汤伐夏，夏桀和商汤干起来了，最后夏桀的军队大败，"夏师败绩，汤遂从之"。这个"从"并不是说跟着人家，而是从后面去追赶他，追赶败亡的夏军。

大家可能还会问，两个人一前一后，你从后面的人说是随从，还可以是追赶，为什么就不能从前面的人的角度来说，是前面的人领着后面的人？这个字为什么不能是"帅"？为什么不能是"领"呢？这就是表意字的符号性，符号就是约定，规定的就是这样。如果我们这样思考问题，会更加接近汉字的本质。

　　大家都知道汉字有繁体字和简化字两个系统，大陆、新加坡等都使用简化字，中国香港、中国台湾使用繁体字，很多字都有繁简两种字体。"从"是有繁体字的，会写吗？

　　"從"这个繁体字比我们简化字的"从"可就复杂多了。有双立人，右下还有一个你可能还不认识的部件，把我们认识的这个"从"挤到了右上一角。为什么会这么变化？多出来的东西是什么？这些问题先放下，以后慢慢说。在这里我要说的是，对繁体字或简体字，如果我们没有足够的知识，很容易陷入一个误区，就是简化字是从繁体字简化来的，繁体字一定是比简化字古老。这么想肯定就是以偏概全了。其实有些简化字比繁体字古老，用古老文字中的简单的形体，代替后来产生的复杂的形体，这是文字简化的方法之一。简化是文字变化的规律，商代的文字中就有很多。就"从"字来说，"从"是源头，商代就有，甲骨文基本上都这么写，后来才逐渐加上"彳"、加上"止"、加上"辵"，繁体字"從"比"从"出现得晚。中华人民共和国推行简化字，是用简单的古体代替了复杂的繁体。

　　"从"字我们可以说讲完了，还可以说没讲完。比如说繁体字"從"，这里只是拿出字形，至于说结构是什么，为什么这么写？有机会我们再去细细地说。

　　在北大上过学的同学，对你的校徽是非常熟悉的，"北""大"这两个字是很古老的，都超过了3000年。大家看一看校徽里边能不能找到北大？你如果找到了北大的"北"，你再看看下面图片里边列着的甲骨文的"北"，就明白其结构一脉相承。

合 137 反

北大校徽写的是一个小篆，与甲骨文差别不大。甲骨文的"北"是什么形状？看出来了吗？前面那一个就是我们所说的人，侧立的人，后面的是方向相反侧立的人，这两人合起来是什么特点？从静态的角度来看就是背靠背。

大家想一想，就像我们所说的"从"一样，"从"表达动态，一个人跟随着一个人，或一个人追赶着另外一个人。假如说这个"北"字要是运动的话，会是什么？那就是越走越远，背离、背叛。讲到这里，我们就想到了古书里边把战败叫作"北"。《史记·廉颇蔺相如列传》是我们一般人都很熟悉的。那里边讲了战争用的一个诈术，敌人来了怎么办呢？"详（佯）北不胜"[①]，"详（佯）北"是什么意思呢？就是假装着失败了。这个"北"就是失败。失败、逃跑、逃跑的人都叫作"北"。

追亡逐北，那个"北"就是战败了逃跑的人。战败为什么叫作"北"？我们可以想一想，冲锋是什么样子？是向着敌人冲过去。败逃是什么样子？失败了就要逃命。特点是什么呢？是背对着敌人跑。所以说"北"在这里边表达的是失败、逃离和这些逃离的人。

如果从静态的角度来看，就是两个人背靠背，你想一想，让你画一个人的后背，造一个表意字，怎么能造出后背的"背"呢？画不出来。古人曲折表达，就选择了这个背靠背的"北"，表达后背的"背"，因为它凸显背部。后来这个"北"字用得越来越多，又是失败、逃亡，又是东南西北，又是背靠背，这个职能太多了，容易产生混淆。怎么办呢？就给下面加一个"肉"，成了后背的"背"。下面那个大家不要读成"月"，这个是"肉"。比如说"肝肺肠肚"，左边都是"肉"。加了"肉"，这个字以后就专门表示后背的"背"了。

① 《史记·廉颇蔺相如列传》："匈奴小入，详北不胜，以数千人委之。单于闻之，大率众来入。李牧多为奇阵，张左右翼击之，大破杀匈奴十余万骑。"

语言文字中有一个非常有意思的现象：当一个字非常常用，那么它就非常霸道，它就会把别的意义挤跑，甚至把这个字本来的意义给挤跑了。当这个"北"字用作东南西北的"北"频率太高的时候，把它本来可以表达的后背、背离、背叛的意义都挤到了后背的"背"了，所以到现在我们说背叛、背离，反而不能写成"北叛""北离"了。

到了楷书里面，"北"字左面的"人"已经面目全非了。汉字中象形字的发展方向，从总体上来说是越来越不象形。我们常常说找不到北了，在现在汉字里边，能够找到"北"，但是我们找不到"北"里的"人"。

多个"人"组合在一起是什么字？我们下一次再讲。

[理论延伸与思考]由一个最小功能构形单位构成的文字就是独体字，由两个以上功能构形单位构成的文字就是合体字。"人"是整体象形表意，继续拆分就成了笔画，所以是独体字。"从"与"北"都是由两个表意单位"人"构成，是合体字。早期表意字可以通过字符的方向和位置表意。

第八讲

# 三人为"众"是怎么来的

[**本讲要点**] 语言里"三"表示众多,文字构形里,三个同形构件也表示众多。"衆"从甲骨文日下众人劳作讹变成上部不明所以,到上部截除省略成为简化字的"众",简单而明确。《说文》中的三个人构成的"仈"字另有来源。

[**说解汉字**] 众、森、磊、鑫、聚、集(仈、乑、眾、衆)

我们上一次讲了"人",也讲了"人"与"人"的组合。两个"人"组合在一起,可以是"从",也可以是"北"。那三个"人"组合在一起是什么呢?就是"众"。三人为"众",一目了然,大家都知道。

事不过三,是悠久的文化。有一个很古老的故事,周恭王到外面出游,密康公是他的手下。密康公很有女人缘,有"三女"奔之。"三女奔之"我们在这里姑且理解成三个漂亮女人没有经过婚约就私奔到他这里来了。他的母亲就说了:"这可不行!就是对周王,如此众美都不能够独自全部享有,你算老几?"他母亲称呼他为小丑——"王犹不堪,况尔小丑乎?"所以像你这样的小丑,把这么多美女都集于一身独享,一定要倒霉的。可密康公好色,不把众美女献上去,一年以后就灭亡了。①

这个故事有多少文化内涵,我们且不去管它,所谓的三个美女也不要拘泥地理解为实际数量,"三"就是多,三人就是"众",所说不过是密康公十分好色、过度淫逸罢了。

写一个简化字"众",上面一个"人",下面两个"人",用三

① 徐元诰撰,王树民、沈长云点校:《国语集解》,中华书局,2002年,第9—10页。

个人合成为"众",这是个巧合吗?事实上没有那么多巧合,我们就从不同的角度来看看,这"三人为众"是怎么回事。

首先,我们来看看汉语里边的"三"。汉语里边的"三"自然可以是1、2、3的"3",但更多的时候,在我们的语文词语里边,它却是一个概数,表示的是多。比如说"三人行必有我师焉",并不是说三个人里边就有一个是我的老师,而是在那么一群人里边,一定会有一个我可以以之为师的人。

又比如说大禹,传说是一个勤劳的君王,曾经三过家门而不入,并不是说大禹只回了他的家乡三次,而是多次经过自己的家乡,多次经过自己的家门,就是没时间回家。

三顾茅庐,这个故事谁都知道,到了《三国演义》里边就变成了真事。刘备三次去拜访诸葛亮,这是小说里边的演绎,不是语言里边的真实意义,三顾茅庐就是多次,往返多次。一问三不知,那就是一问你什么也不知道。所以以上所举例子中的"三",都是表示"多"。

语言里边如此,汉字里边也是如此。

在汉字构形中,同一个构形部件,一旦三次重叠起来,那么它的意义大概就是多了。我们看看下面几个字。

一木是"木",二木是"林",三木是"森"。木就是树,那有一棵树,那有一片小树林,那是原始森林,所以"森"就是很多木摞起来。

一个火是"火",两个火就是炎热的"炎",三个火摞起来是"焱",这个字我们今天不常用,意思是什么?肯定是比炎热还要热。

一个石是"石",三个石,那就是"磊"。

有一个字,我们古文献里都很少用,反倒是在人的名字里边很常见,即三个金摞起来——鑫。金是黄金,三个金摞起来是什么意思呢?肯定是金多,它的读音和"金"很近。起这个名的,一定是父母对孩子寄托着将来发财的希望——黄金多多。讲到这里,我们再看这个"众"字,就非常清楚了,一人为"人",二人在前面说了是"从",三个人就是我们的"众",人多就是"众"。牛马成群聚在一起,那叫作"群"。人民在一起,那就叫作"众",所以就有了"群众"这个词。

三人为"众",文字简单,意义明确,这个"众"字在西晋就使用了。书法大家王羲之有一个《服食帖》,其中的"众"字就这么写了。

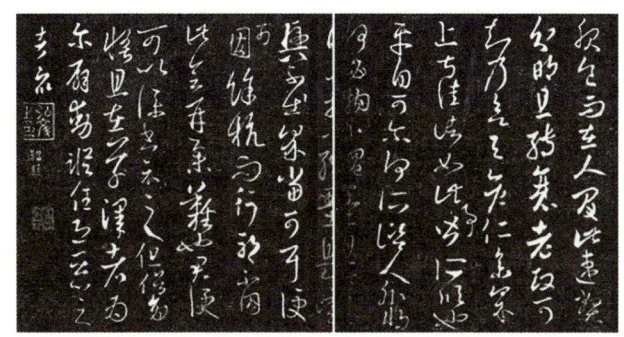

王羲之《服食帖》

那么,这个"众"字还有没有更古老的源头?我们往前推一推,往前找一找。

在上一次讲到的《说文解字》这部书里边,我们找到了一个三个人的字——𠈌,三个人并排地立在那里,什么意思?

许慎说:"𠈌,众(眾)立也。从三人。凡乑之属皆从乑。读若钦崟。"就是众人站立在那里,"从三人"这意思很明白。但是它的读音却与"众"字有很大的差别,为什么呢?这就复杂了。

如果是中国人民大学毕业的同学,看到了小篆的这个字,一定感到很亲切,一定会想到校徽:

校徽里边正是三个人，就是《说文解字》中的那个字。人民当然是众人，三个人合起来就是众人，人民大学用此字作校徽，其文化内涵就可以有所领略了。

"从三人"的意思很明白，本来就是众人的意思，按理说就是"众"字，但《说文》给出的读音是"崟"，与"众"差别很大，怎么回事？

说这个问题，我们得从"众"的繁体字说起。

现在我们一般都只会写简化字，但是繁体字还在使用，一是在书法里使用，一是在古书里边使用，港台也在使用。你会不会写这个"众"字的繁体字？

眾　　　衆

这里有两个繁体"众"字，都是上下结构，第一个"众"上面是网字头或者叫四字头。

首先，这个东西有不同的来源，有的来自"目"，就是眼睛，比如说巴蜀的"蜀"，蜀是一种大眼睛虫子，所以"蜀"上面那个来源于"目"。更多的来源自"网"。

罗网的"罗"、罹难的"罹"，上边的那部分既不是"四"，也不是"目"，就是"网"。"罗"是什么？是捕鸟的网，那怎么捕鸟呢？用网罩住。再看"罩"字，就是下边表示读音，上边是网，鸟被网罩住就罹难了。

还有一个罪过、犯罪的"罪"。什么是"罪"呢？非。我们说是非，"是"是对的，"非"是错的；"是"是好的，"非"是坏的。你人"非"了，变成坏人了，那么就要把你一网打尽。这个以后我们会慢慢地去说。

但不论是目，还是网，它与大众的"众"有什么关系呢？

我们再看看这个繁体字的下部，它有两种写法，我们可以把它进一步追溯到小篆。

，多也。从乑、目，众（乑）意。（《说文》）

大家看一下，上面就是个横目，下面不就是人大校徽中间那三个立着的人吗？是众多的意思。我们说下面是三个人，不论它读音是什么，表示人多我们可以理解。

上面是"目"，表示多的意思，怎么理解？不要说我们理解了，可以说谁都不理解。许慎其实也没有理解，他没办法，就只能这么硬解。

那么我们把下面那三个人再扩展一下。大家想一想，三个人这种写法，在现代汉字里边我们并不是很陌生，例如聚集的"聚"。大家看一看，下面那个是什么东西？

，会也。从乑取声。（《说文》）

"聚"是什么意思呢？就是把众人聚到一起来。只有一个人没法聚，人多了才能聚。所以说，下面就是三个人，这三个人就变成了楷书里边的这种写法，它和我们大众的"众"字下面是同一个部件。三个人成堆是"聚"，三个鸟也是"集"。"聚"与"集"意义非常接近。

"集"也是上下结构，下面是木。上面那部分，没有读过《说文解字》的人，大概不是很清楚——上面是一种鸟。鸟在树上，三个鸟落在一起。众鸟在木上，那是"集"。我曾经说过，认字不能一个一个地认，我们得一串一串地认，把这些彼此有关联的东西放在一起，叫融会贯通、触类旁通。

，群鸟在木上也。从雥从木。（《说文》）

学习总有个循序渐进的过程，随着时间的推移，随着我们积累的丰厚，这种认知的方法会越来越有效。拉拉杂杂说到这里，"聚集"说明白了，这"眾"还没说明白。下面人多，我们懂了，上面是只眼睛还不懂，不懂怎么办？继续找材料，继续去追溯、探寻。我们追溯到甲骨文，甲骨文中上面不是目，不是网，是日，上面是太阳，下面是三个人。

读两条词例。这个对学文字来说，也是最重要的。

合 67　　　　　合 37

王大令众人曰：劦田。其受年。（合 1）

贞，叀小臣令众黍。（合 12）

从这里就可以非常清楚地看到，这个"众"是在田野里边成群劳作的人。讲到这里，我们明白了繁体字"眾"的上面是太阳，太阳底下一堆人干什么呢？这就是古人所说的日出而作，日落而息。就是古人在田野里边劳作。

那么好学深思的朋友可能又会问了，谁不在太阳底下活动呢？这个太阳底下的人为什么一定是劳作的众人，商王和贵族难道不在太阳底下？我们可以这么说，"锄禾日当午，汗滴禾下土"的时候，贵族们在屋子里乘凉呢。

下面我们再说一说，本来表意清晰的甲骨文，怎么会变成表意不清晰的繁体字了呢？

㠯→鼎→𠃬→眾→衆→眾

合1　　智鼎，集2838　　师旂鼎，集2838　　睡虎地·秦律十八种78　武威汉简·士相见11　　汉熹平石经

大家看一看这个"众"字的演变图谱，甲骨文里边很清楚，太阳底下是一堆人。到了金文里边，大部分还是太阳。但是西周金文里边有的就把太阳变得有点像眼睛了。那么再往后，大家就把这种错误的当成正确的了，习非成是，后来反而变成规范字了。到了秦简、汉简就普遍都变成了"目"。这个变化我们称之为"讹变"。

下面三个人并排在一起，这是符合实际的"象形"。但是这个偏旁后来有很多的变化，变得面目全非，为什么会这么变？

你想一想，如果写出三个单立人，并排放在那里边，你看是一种什么感觉？肯定不好看，重复单调，看得人眼花缭乱。为了追求结构的匀称与避免重复，𠇗就成了"乑"。单独成字，就变成了上面一个"人"、下面两个"人"的稳稳当当的"众"。

简化字"众"从哪里来的？

繁体字"眾/衆"的上部，不论是"目"还是"血"，都不能表意，把它省略掉剩下三个人，字形简单，表意明确，所以古人很早就这么简化了。

讲到这里，"众"的繁体、简体我们都可以明白为什么这么写了。剩下的问题是《说文》里的那三个人该怎么办？

这个字从意义来看就是"众"，从读音来看则与"众"没有关系。我一直很困惑。今年请冯胜君教授演讲，这个问题解决了。冯教授的结论是"仦"的读音来自来临的"临"，演变过程非常复杂，文章发

表后我们再去慢慢体会。①

现在看来,《说文》中读为銮的"乑"有两个来源,一个是三人的"众",一个是来临的"临"。但这对我们不专门研究文字的听众来说有点太深奥了,就此止住。

下面我们归拢一下今天讲"众"字所遇到的问题:

1. "三"表示多,三木为"森",三金为"鑫",三人为"众";
2. 字形讹变:"日"讹变为"罒""血";
3. 文字异体:伙——巫(眾)——乑(聚)——众;
4. 不同来源文字的合并:乑——"眾"与"临"。

我在这里边的任务,就是把大家非常熟悉的汉字陌生化,然后我们再重新去认识,得到更深入的知识。有的学者希望通过讲明白汉字的构形帮助大家识字,从总体上来说,这是不现实的,我们完成不了这个任务。

那我们了解这些要干什么呢?我前面已经说过,这是一种文化需求。追根溯源,从相同的字形里看出不同,从不同的部件里看出相同,由知到不知,由不知而知,是一种精神上的享受。

[理论延伸与思考] 作为记录语言的工具,文字应用追求简便,简化是与生俱来的文字演变规律之一,其中截除式省略是常用的简化形式之一。它就是把字形结构中的一部分截除,以剩下的部分代替总体。例如"习",战国文字中是"羽"的截除,音义与"羽"完全相同;现代汉字是"習"的截除,音义与"習"完全相同。《说文》中三人的"伙"截除自古文字中的"临",现代汉字的"众"截除自"眾"。

---

① 冯胜君:《清华简〈命训〉释读掇琐(四则)》,见中国文化遗产研究院编:《出土文献研究(第十七辑)》,中西书局,2018年,第71—72页。

第九讲

# "儿"字里的学问

[**本讲要点**] 简化字"儿"是繁体字"兒"的截除式省略。《说文》中的"儿"就是一个人,与仁人没有关系。"人"写作"儿"形,是为了满足字形结构匀称的美的追求。

[**说解汉字**] 儿、人、飞、非(兒、飛)

前两讲说的都是人,现在还说"人"——一个变形的人。这个字就是"儿"。"儿"字只有两画,能有什么学问?肯定有你不知或不熟悉的学问。

第一,"儿"是个什么字?

第二,简化字"儿"从哪里来的?

第三,"兒"为什么能够简化为"儿"?

"儿"在简化字中是儿子的"儿",《说文》中有"儿"字,而且还是一个部首,部中有"兀""兒""允""兌""充"等字。但《说文》中的"儿"字读音和意义与儿子的"儿"没有关系。

ᚱ,仁人也。古文奇字人也。象形。孔子曰:"在人下,故诘屈。"(《说文》)

许慎所说的意思有三层:

第一,这是"仁人"的表意字,如仁人志士,仁人是符合那个时代道德规范的好人。

第二,它是"人"的"古文奇字",一方面是说与人民的"人"音和义完全相同,另一方面说这个字很少见于实际使用。实际上作为表示好人意思的"儿",从来就没有出现过。

第三,为什么是"仁人"呢,许慎引用了孔子的话加以解释:因为身处下位,双腿弯曲。居下就是谦虚,弯曲身体也是柔顺谦虚,鞠躬、跪拜。满招损,谦受益,谦虚是美德,所以居于下位、弯曲身体的人就是"仁人"了。

许慎给我们提供的最有价值的信息就是:简化字的"儿"在小篆中实际上就是一个"人"字。字形与"人"相近,读音与"人"相同,意义与"人"相通。

至于说这个人就是个好人的专字,听起来好像挺有道理的,但只要了解汉字发展史和先秦思想史,就知道完全不是那么回事。

许慎为了证明简化字的儿形是"仁人",还搬出了孔子。据学者研究,《说文》中引了不少孔子解释文字的话,没有一句是孔子说的。

所以说,简化字的"儿"在古文字中就是一个"人"字。

用这个"儿"构形的文字数量挺多,除了《说文》部中字,还有"兄""先",等等。把它放在历史演变的过程中去考察,根据字形、意义和读音,也可以断定这就是个"人"字,这些字在先秦古文字中大都还没有变形。我们举几个例子看一看:

| 儿 | 兀(元) | 兄 | 先 |
|---|---|---|---|
| 合 7893 | 合 19642 正 | 合 11599 | 合 177 |
| 小臣儿卣,集 5351 | 狈元作父戊卣,集 5278.1 | 齿兄丁觯,集 5338 | 瘣簋,集 4170.1 |

上面这些古文字中的"儿"形人都还是侧立的人。

这种"人"的独特之处就是它们都在上下结构文字中的下部。正因为如此，到了秦汉时期，字形就发生了变化。为什么变化？为了结构匀称。

| 儿 | 兀（元） | 兄 | 先 |
|---|---|---|---|
| ![] | ![] | ![] | ![] |
| 汝阴侯墓竹简·仓颉篇34 | 张家山汉简·奏谳书99 | 马王堆·老子甲后191 | 马王堆·春秋事语7 |
| ![] | ![] | ![] | ![] |
| 苍山画像石题记 | 承安宫鼎 | 汉熹平石经 | 定县竹简34 |

大家试着写成单立人看看。

下面是《说文》中几个字的小篆：

小篆为了结构匀称略有变形而已。许慎没能从字形演变的规律去阐释"人"的这种变化，而是从表意的角度想象其"深刻"含义，走得太远了。

"人"在构形中写在下面，就是简化字"儿"，我们把它叫作"儿形人"。楷书中"人"有多种变形，我们结合前面所讲的内容总结一下有几种了？

独立：人，从、众；

侧面：亻，你、他；

变形：乑，聚、衆；

儿形：儿，兄、先。

"人"因为在文字结构中的位置不同，所以写法不同。

"儿形人"本来并不难理解，经过许慎一说，就把我们给弄糊涂了。

总之，简化字的"儿"，在古文字中就是"人"字，因为处于文字的下部，为了结构匀称，变形成"儿"，并没有深意。不了解汉字的演变过程，容易求之过深。

弄清了《说文解字》中的"儿"不是儿子的"儿"，那简化字儿子的"儿"从哪里来的？

繁体字写作"兒"，小篆如下：

，孺子也。从儿，象小儿头囟未合。（《说文》）

看看字谱：

合 7893　　　　馯从盨，集 4466　　　郭店简·语四 27　　　睡虎地·封诊式 86　　　马王堆·老子乙 225 上

甲骨文、金文中都是人名、地名，战国简以后的例子中都是指婴儿。《说文》解说是对的。

怎么把"兒"变成"儿"？把上部截除。什么时候变成了"儿"？现代。《康熙字典》中还没有这个"儿"字。"兒"与"儿"本来是形、音、义都不相同的两个字，为什么能够变成繁简不同的异体字？

"儿"字的繁体写作"兒"，上部是还没有完全闭合的囟门，下面就是变形的"人"。简化成"儿"有两个条件：一是繁体"兒"字中包含着简化字"儿",简化字是繁体字中的一部分;二是繁体字中变形的"人"一方面在字形上与"人"有区别,另外一方面在文字系统中并不单独使用,去掉了繁体"兒"的囟门,用"变形的人"代替"儿"也不会和其他文字混淆。人们为了书写方便,就把囟门未合的脑袋给省略掉了,这叫作截除式省略,①是简化字的重要途径之一,好多简化字都是这么来的。

上一讲讲过的大众的"众"也是把繁体字的头给截除了。再举一个有趣的例子,飞翔的"飞"和是非的"非",它们是从一个字上截除下来的。

《说文》小篆

非
合 16927

非
合 24892

上部截下来是"飞翔"的"飞",下部的两侧截下来是"是非"的"非"。②明白了吧。

讲到这里,我们就把今天讲的内容再归拢,"儿"字里有什么学问呢?

1. 简化字"儿"字过去不是指儿子的"儿"。
2. "儿"就是一个人,与"仁人"没有关系。
3. "人"写作"儿"形,是为了满足文字结构匀称的美的追求。
4. 简化字"儿"是把繁体字"兒"的上部给截除了。截除式省略是文字简化的常用手段。

我们阐释汉字需要有历史的眼光。同一个"儿"形,放到汉代和文字构形中就是"人",放到简化字里就是"儿"。对待《说文》,我们要取其精华,弃其糟粕。

① 可参看林沄:《古文字学简论》,中华书局,2012年,第89页。
② 《说文》云"非,违也。从飞下翄,取其相背"。从秦汉"非"字的字形、读音以及出土文献中的用法来看,《说文》的说法很有道理。甲骨文中有"非",无"飞","非"与羽翅不类。如何合理解释,还需要再斟酌。参见于省吾:《甲骨文字释林》,中华书局,1976年,第77—78页。

[**理论延伸与思考**]同一个形体记录来源不同、音义不同的词是"同形字",从字形的角度说是同一个"字",从记录不同语言的角度说是两个"字",例如小篆系统中的"兒"与简化字的"儿"。不同的字形记录同一个词,是"异体字"。异体字是一个字还是两个字?从形体上说是两个不同的"字",从记录语言的角度说是同一个"字",例如繁体的"兒"与简化字"儿"是异体字。同形字、异体字都是汉字表层结构与深层结构不同矛盾的体现。

在理解"'儿'与'儿'是不同的字""'儿'与'兒'是同一个字"等表述中,要弄清其中所说的"字"含义的不同。

第十讲

# "人"和"戈"能组成什么字

[**本讲要点**]"人"和"戈"不仅能组成"伐",还能组成"戍"。"戍"是人侧有兵器戈,表示人与兵器共同防守,"伐"是戈穿过人的颈部,表示砍伐。

[**说解汉字**]戈、戍、伐

前面我们讲过了"人"字的变形,也讲过了"人"与"人"的组合,"人"与其他各类东西、各种事物都能组合,组合成各种各样的字。今天我们就讲一讲,"人"与兵器"戈"组成的字。

古代"国之大事,唯祀与戎"。戈是最重要的兵器,代表着战争,人与戈关系密切。

先说一下"戈"这种兵器和"戈"这个字。

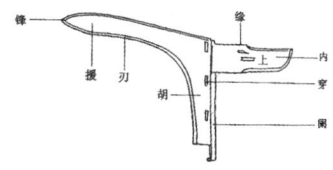

引自《中国出土青铜器全集(河北)》第133页　　引自《中国青铜器(修订本)》第23页

戈是古代最常用的一种兵器。柄很长,戈头用青铜制成,各部分都有专名:援、胡、内、穿。援部出锋,上下开刃。怎么杀人?可以横击,可以勾杀。

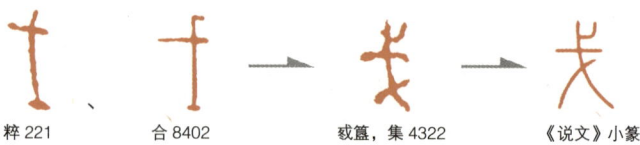

粹 221　　合 8402　　戜簋, 集 4322　　《说文》小篆

"戈"最初就是柲上一个戈头,长的一侧是援,短的一侧是内,戈立在地上。字形逐渐演变,柲越来越弯曲,增加了装饰性笔画,离戈的真实样子越来越远了。

兵器有两大功能:防守与杀人。先说防守。

戍守边疆的"戍",这个字与"戊""戌"只有一点区别。横戊、点戍、戌中空,这些字彼此区别度都很小。

"戍"是什么意思?为什么这样写?大家试着用"戍"组词,看看能组成多少:戍守、戍卫、戍兵、戍卒。

唐诗中凡是说到"戍",都与防守有关。

　　戍鼓断人行,边秋一雁声。(杜甫《月夜忆舍弟》)
　　边镇戍歌连夜动,京城燎火彻明开。(张说《幽州新岁作》)
　　渺渺戍烟孤,茫茫塞草枯。(刘长卿《平蕃曲》)

所以和"戍"相关的,都与军队防守有关。

"戍"字中有人有戈,请看字形:

合 27979　　　彔戜卣, 集 5420.1　　《说文》小篆

一个人,一个戈,战士与武器,戍卫防守。《说文》说:

戍,守边也。从人持戈。

即使看不到人与持戈,人旁边立着一个戈表示防守也是可以理解的。

下面再来看兵器杀人——伐。

"伐"与"戍"的构字部件完全一样,都是"人"和"戈",但是形位不同。"戍"字中的"人"在"戈"的下面,与"戈"不相交,相交就是杀人了。

在汉字中,"人"与"戈"不同的位置组合可以构成不同的关系,造出不同的字。

"伐"的本义就是砍杀。武王伐纣,最核心的就是要杀死纣。"坎坎伐檀兮"是我们熟悉的诗句,伐木就是砍树。请看字谱:

| 合 33020 | 大保簋,集 4140 | 清华简·系年 39 | 睡虎地·日乙 128 | 《说文》小篆 |

戈援在人的颈部,可以砍断,也可以勾杀,像镰刀一样收割敌人的脑袋。如果也用于砍击,砍穿人体那就是伐。甲骨文的"伐",戈刃穿过人的上体,表意很清晰。

到了战国,人与戈就分离了,许慎看到的"伐"早已变形,所以他就说:

伐,击也。从人持戈。(《说文》)

释义"击也"正确,结构分析"从人持戈"与"戍"完全一样。由于"伐"字很早就从击穿人体变成了彼此分离的人和戈,所以许慎就把它说成了人持戈,被杀的人变成了杀人的人。看来许慎已经不太明白依靠构字部件位置表意这种造字方式了。

今天讲的几个字都很简单,"戈"是个象形字,"戍"与"伐"

都是会意字。

有意思的是,两个字构形上古今正好相反:

古文字中就是依靠戈援部分与人体是否相连区别意义。"伐"相连,"戍"不相连。到了隶楷文字变成了:"伐"不相连,"戍"相连。

构字理据乱套了,但文字符号彼此相区别,记录的语言区分是很明确的。由此可见,在实际的应用中,构字理据不发挥什么作用。

今天我们这一讲里边,有两点知识,大家要特别留意。

第一,在早期汉字中,构字部件的位置是可以表达意义的。

第二,前面我们讲过"人"的各种变形,这里又添了一例"戍"字,"戍"字的人就变成了一撇加一点。

[理论延伸与思考]表意字系统中的表意字有平面图画式结构,依靠字符的形体和方位特征表达意义,即使字符完全相同,位置不同,可能就是完全不同的字。例如甲骨文中的"戍"和"伐",现代汉字中这两个字中的部件关系与古文字完全不同。

第十一讲

# 当"人"字变形时，你还找得到它吗

[**本讲要点**] "及"的字形是一只手抓住一条人腿，本义是追赶上，如及格就是追上、达到了标准。"急"字上部不是"刍"，是"及"的变形。"寒"字中的"人"钻进了草堆中，隶变后就找到了。

[**说解汉字**] 及、急、寒（塞）

前面我们讲了许多人与人的变形，比如说"你"字里边有个单立人，大众的"众"中有三个人，聚众的"聚"下面有三个变形的人，兄弟的"兄"下面的人变成了我们今天简化字的"儿"，而戍卫的"戍"，现在变得几乎找不到其中的人了。

"人"在现代汉字中，有些就像捉迷藏一样藏了起来。再讲几个字，找一找藏起来的"人"：一个是及时的"及"，一个是着急的"急"，另一个是寒冷的"寒"。这些字中都有"人"，可"人"在哪儿呢？

先从简单的"及"字说起。

"及"是个非常常用的字，及时、及格、及其，"及"字经常出现。但文字越常用，变化就越大。这个字的笔顺是什么？这个字为什么这样写？在这个字里边，你能否发现藏着的"人"？

"及"不仅是个常用字，也是一个非常常用的构字部件。比如说年级的"级"、极端的"极"、汲水的"汲"、垃圾的"圾"，还有一个我们不太熟悉的负笈北上的"笈"，这个"笈"是书箱子。在这些字里边，"及"全部表示读音，而且表示的读音还非常准确，这在来源古老的形声字里边非常难得。

另外，这个字还是一个常用的词素，没学过语言学的，大概不知道什么叫作词素。词是由词素构成的，词素就是构成词的最小音义单位。比如说学习是由"学"和"习"两个词素构成的，根本是由"根"和"本"两个词素构成的。"及"也可以作为词素经常出现。及格、及时、追及、驷不及舌等，在这些词中"及"都是词素。

及格、及时都是词，是语言的应用单位，这些词由这几个词素构成，词素也是有意义的。明白了词素的意义就更容易理解词的意义，比如说考试及格了，大家都知道什么是及格，什么是不及格。但为什么达到60分就是及格？"及"是什么意思？"格"是什么意思？还可以进一步深入理解。

我们先来看文字的构形，"及"字中有"人"有"又"，从现代汉字看不出，追溯到小篆、古文字就找到了。下面是这个"及"字的演变谱系，从甲骨文到汉代的手写体：

前面一个人，一只手在人的后面，抓住了他的一条腿。什么意思呢？《说文》给我们做了很好的解释：

，逮也。从又从人。（《说文》）

小篆中的"人"已经变得不像人了，但许慎还认得出，并解释其意思是一个人从后面追赶另外一个人，追到了，从后面把他逮住。不论是老鹰捉小鸡的游戏，还是抓捕犯人，追到了是什么样子？表意字怎么去表达？古人的思维是这样：人的后面加一只手，这就表示我追到了，我逮住了。

甲骨文、西周金文中的"及"没有什么变形。小篆为了美观，笔画有点弯曲，到了汉代的俗体字中，为了写得快，就连笔了。我们再仔细观察一下这个楷书的"及"，人在哪里？千万不要把现代汉字里边"及"字中的一撇一捺当作"人"，那是"人"的一笔与"又"的一笔的合成。现代汉字里边这个"人"成了什么样子？是一撇，一横折。这个才是人的变形。

及格中的"及"不仅有读音，也是有意义的。我们刚才说了"及"的意义是追到，就是赶上，也就是达到了。"格"是标准，出格就是超出了标准，及格就是追赶上，达到了标准，好不容易才追上合格的标准，就是及格。

及时，这个时间你需要来到，你赶上这个时候了，这叫作"及时"。至于说"追及"，那就更清楚了，我们追上了叫作"追及"。

驷不及舌，四马驾一辆小车，跑得很快，跑得再快，也追不上你那条舌头，什么意思呢？就是太能说了，刹那之间就能升天入地，说得太不靠谱了。

找到了"及"字里面的人，明白了"及"的意义，理解由"及"构成的词，知识成了趣味。

再看急忙的"急"。

急忙的"急"也是常用字，为什么这么写？

下面从心，着急是一种心情，很好理解。上面是现代汉字的"刍"，刍粮的"刍"，意义是喂牲口的草料。这个字我们现在不怎么使用，但是文人有时候还"刍议"，文绉绉的，文章题目用"刍议"，是谦虚。这个意思和草稿正好可以对上。刍是草料，草就是草，所以刍议、草稿中的"刍"和"草"都表示很粗糙的意思。

"急"字现代有人可能解读为心上长草了，因为"刍"就是草饲料。这种新造理据与最初古人造字时的理据没有任何关系，说好听的叫作旧瓶装新酒，说不好听的就是凭空臆测和杜撰。

这个字其实很简单。

，褊也。从心及声。(《说文》)

"刍"是"及"的变形,最上部的撇和横折是人的变形,"又"变形没有出头,就与"刍"混讹同形了。

至于寒冷的"寒",人藏得就更深了!

大克鼎,集 2836

一个宝盖,那是房子,中间是个人①。人的四边是什么呢?都是草。这个字的构形是房子、草堆、冰和人。下面是天寒地冻,人藏身草中,怎么了?冷!钻到草堆里去取取暖。今天只有流浪狗之类的动物可能如此取暖吧。这种取暖方式与我们今天的生活离得太远了,甚至可以说,距离造字的时代也应该是很远了。这是远古的记忆。

商代的文明已经高度发达,很难想象,商代那些贵族,他们钻到草堆里面去取暖。

说到御寒的方式,大家想一想,从今天往前面推,有哪些变化?今天取暖是用空调,再往前推几十年,不用多,30 年,很多地方用的就是火炉。再往前推,推到远古,是用火堆,没火怎么办呢?就钻到草堆里,这就是寒冷的"寒"。

这个字在《说文解字》里边,解释得还是非常到位的,说"寒"就是冻的意思,就是人在房子里,周围四个草合在一起,很多的草把人围起来。

① "人"形下加"足"在古文字中不改变意义,多与"人"形表意相同,为饰件。

，冻也。从人在宀下,以茻荐覆之,下有仌。(《说文》)

我们在这里重点要讲的就是寒冷的"寒"里边有一个人,这个人经过楷书楷化以后,已经完全看不到了。

这里讲了"寒"字,大家可能脑子里边马上会想到另外一个字,塞北的"塞"。"寒"的上面与"塞"的上面是完全一样的,但是它们的来源完全不同。塞外的"塞"里边从古到今没有人,现代汉字"塞"与"寒"的上部是"同形部件"。

,隔也。从土从寀。(《说文》)

把上面讲的内容归拢归拢,就是字符讹变,字符表意或表音的功能丧失,逐渐成为记号,大部分记号字就是这么形成的。

及时的"及"、着急的"急"、寒冷的"寒"中的"人"变得各不相同,同一个构字部件,为什么会发生这么多的变化?如果我们把前面讲的那几讲结合在一起,这个"人"的变形已经非常多了。

这些变化,喜欢书法的朋友会有更多的体会。为什么会发生这些变化?能不能做进一步的理论提升?希望以后能够把它展开来详细阐述。

[理论延伸与思考] 同形字是表层结构相同,但来源不同、记录的音义不同、深层构形理据不同的"一形二字"字。同形部件是表层结构相同,来源不同的构形部件。同形现象大部分是字形相近,在演变过程中彼此混讹、合并形成的记号字。文字符号要求彼此区别,对同形现象是排斥的,在共时的文字系统中,同形字并不多见。"急"字中的"刍"与"雏"字中的"刍"是同形部件,"寒"字中的"寀"与"塞"字中的"寀"是同形部件。

第十二讲

# 文字间的弱肉强食——"何"与"荷"

[**本讲要点**]古书中"何"有两个常用意义:一个是疑问代词;一个是负担,与负荷的"荷"同义。负担的意义很古老,有更加古老的源头,被荷花的"荷"取代有其条件和机制。

[**说解汉字**]何、荷

有两个字,大家现在都非常熟悉,一个是何才何德的"何",一个是荷花的"荷",这两个字今天不会发生任何的混淆。但这两个字关系非常密切,甚至在应用中彼此很难完全地区分开来。

这得从头说起。我们先说单立"人"和"可"组合的这个"何"的意义是什么。许慎跟我们说了,它是指用肩膀扛着,从人可声,也就是今天担担子的"担":

何,儋也。从人可声。臣铉等曰:儋何,即负何也。借为谁何之何。今俗别作担(擔)荷。非是。(《说文》)

这与我们今天的知识有很大的差别,绝大多数人知道它只是一个疑问代词,但最初它是一个动词,相当于担着。

许慎这么说有证据吗?文学里边是这么使用的吗?读过《诗经》的人,能够想到《曹风》中有一篇叫《候人》:"彼候人兮,何戈与祋。""何戈"就是扛着戈,古文字中有很形象的表现:

合 27150 ①

父乙卣，集 4910

但是这里边还有几个问题，我们一起来思考一下。

第一个问题，为什么扛的是戈？

这个戈，我们前面讲过，是一种兵器，可以扛的东西多了，为什么非要扛个戈呢？古人造字的时候想得很周全细密。打仗是经常的，扛着戈是经常的，这是一种常见的社会图景。而且"戈"与"何"的读音非常近，今天我们可能听着读音不是很近，但是古代它们读音非常近，也就是说这个戈在这里除了表意，还起表音的作用。

第二个问题，本来是一幅很好的图画，一个人肩膀上扛着戈，为什么后来就分离了呢？变成前面是个"人"，后面是个"可"了呢？

这个问题比较复杂，早期的表意字和图画非常相似，基本上是按照现实中人和物的关系去表达的。这样做的话又有几个问题。一是一幅幅画很形象，越形象就越难，这样写字太难了。二是每一幅画都是独立的，假如说我们都这么造字的话，会有无数的字，我们的记忆实际上是负担不了的。文字是一个系统，它需要有自己的构成体系，彼此区分开来即可，不需要那么像，也不需要那么多。三是把它简化成一个人，前面一个"人"后面一个"可"，"可"与"人"大家都非常熟悉，而且这两个字符还都能再衍生出其他文字。

所以，基于这些原因，那些很象形的图画式表意字就分解了，分解成从人、可声这个字。

第三个问题，为什么变成了"何"？

"何"字中除了单立人和那个"口"，就是那个"戈"的变形，这是好理解的，但"口"从哪来的呢？

到了战国时期，表意字要么记号化，要么被形声字取代。"可"

①甲骨文"何"字所荷之物，有的不是"戈"，可能是"柯"的初文，如 𠂉（合 27424）。

字出现很早,战国时常用来记录语气词"何"。那么语气词里边,大部分都要前面加个口,比如"呜呼哀哉",其中的语气词都有"口"。现代汉字中也用加"口"表达疑问语气词,比如说"那"与"哪"。扛物的表意字变成了形声字"何"。

第四个问题,扛着的意义本来由"何"表达,为什么被"荷"给篡位了?

当扛着戈的表意字消失之后,"何"既表示负担的意义,又表示疑问词,都很常用。由于"何"负担太重,文字系统需要重新调整,担子就落在了"荷"字身上。

荷枪实弹的"荷"、负荷的"荷"都是负担的意思,但"荷"本来是荷花的意思:

,芙蕖叶。从艸何声。(《说文》)

"荷"的意义本来是很单纯的,就是我们今天的荷花,十里荷香,"小荷才露尖尖角,早有蜻蜓立上头",这些都是没问题的。但是刚才说的负荷超重、荷枪实弹中的"荷",显然就是担子或扛着担子,这叫作假借。这么一说好像很简单,但是我们要问,"何"为什么自我放弃"负担"的意义,要转借别的字?为何的"何"比荷花的"荷"简单,为什么抛弃了简单的选择了复杂的?有什么道理没有?有什么规律没有?

文字之间也有弱肉强食,彼此竞争,彼此挤压。语气词的"何"非常地强势,使用频率很高,"肩上挑着"这个意义没有它强势,于是就被挤跑了。往哪跑?只能去找另外一个字,或另外造一个字表达自己。

可以假借的同音字是非常多的,比如说我和你的"和",还有黄河的"河",为什么不选择它们呢?为什么非要选这个荷花的"荷"呢?

这里边也有道理。

第一,不能选择比自己强势的字——打不过人家。就是因为没有疑问代词"何"强势,所以"肩上挑着"这个意义被挤跑了,选择一个比自己还强势的"和"或者"河",那不就是自找倒霉吗?所以不可能选择黄河的"河"或者连词"和"。

第二,不能选择太偏僻难写的字。比如说和谐的"和"在繁体字里边写得很复杂——龢①。它自身都不保,选了它等于自杀。这个字的生命力不强,谁愿意写这么复杂的字!

第三,不能选一个意义太复杂的字。人家已经有那么多意义了,你再挤进去,显示不出自己来。

荷花的"荷"常用,意义是很单纯的,除了"荷花"没有别的意思了,再加一个"负担"的意义也累不着,所以就选定它了。

[**理论延伸与思考**] 汉字应用的频率决定汉字字形的演变与文字的分化,应用频率高的引申义或假借义会把应用频率低的本义挤掉,本义或使用频率不够高的意义只好假借其他字或者另造新字表达。

① "和谐"的本字作"龢龤"。

第十三讲

# 可、哥、歌

[**本讲要点**] "可"字的一个源头是"歌"的象形字的简化。可、哥、歌是不同历史时期为同一个词造的不同的字。

[**说解汉字**] 可、哥、欠、歌、诃

上一次讲了人扛着戈的"何",今天,我们再讲一个与"何"字有密切关系的字。古文字中有一个扛着戈、张着嘴的人:

怀 962

合 273 正

这两个字形在甲骨文中是同一个字,只是口的方向不同。我们的理解不一定对,可备一说。这是一个唱歌的"歌"[①]字,为什么呢?

先从"歌"字说起。"歌"字谁都会写,左边是一个哥哥的"哥",右边是一个亏欠的"欠"。左面"哥"的功能大家也都明白,肯定是表示读音;右面这个"欠"在唱歌的"歌"里边是什么功能呢?先看看"欠"的甲骨文。

① 对于这个字,学者们有不同的看法,我在这里也不准备说张先生李先生的不同观点,只说我们理解的。

合 18008

合 7235

这是一个人，跪在那里侧张着一张嘴。你想一想，一个人张开嘴，他可能在干什么？打哈欠，张开大嘴哈气。这正是"欠"字的本意，很形象。

打哈欠是一种出气的方式。在文字构形中，多种多样的出气方式，笼统地说，都用"欠"表达。比如，东风吹的"吹"，把嘴撅起来，形成一个孔道，出去的气是凉的，这叫作"吹"。还有什么可能呢？那就是唱歌。唱歌就是运气的技巧。还有第四种可能，甚至第五种，等等。在这里就只需要知道这个"欠"和唱歌的联系。

"歌"字在《说文》中有两个：

，咏也。从欠哥声。

𧪠，謌或从言。

第一个"歌"，左面是"哥"，表示读音，右面是"欠"，是张大嘴唱歌。还有一个异体字从"言"——謌，我们说从欠是人张着嘴出气，从言是因为歌声与语言密切相关。虽然唱歌和语言的表达有所不同，但歌词毕竟也离不开语言，所以它可以从"言"。如果我们看古文字看得多一点的话，就知道"自作訶钟"中的"訶"就是"歌"：从言，可声。

总结一下上面所说："歌"是个形声字，从"欠"表示意义，张嘴运气；还有个异体字"謌"，从"言"，哥声，古文字还可以写成"訶"。

"哥"字我们可以继续分析。"哥"字是两个"可"摞起来，一直传到今天的楷书，结构也没有变。两个"可"摞起来，怎么就是哥哥呢？从表意的角度我们是没法理解的。"哥"字出现得挺早，但是"兄长"这个意义出现得非常晚，晚到什么时候？大概是唐代才逐渐多起来。它最初是什么意思呢？许慎说：

🐚，声也。从二可。古文以为謌字。（《说文》）

"哥"是声音，古文中当作唱歌的"歌"，歌声不就是声音吗？这样说来，"哥"与"歌"音、义都一样了。关于"哥"表示唱歌的意思，古书里边确实是有用例的。比如睡虎地秦简有"饮食哥乐"（日书甲40），晚至《宋书·乐志一》亦有"前汉有虞公者，善哥，能令梁上尘起"。

为什么两个"可"摞起来能够表达唱歌的"歌"呢？这个我们再做进一步分析，就得问"可"是什么意思？许慎说了：

🐚，肯也。从口丂，丂亦声。（《说文》）

"可"与"肯"都可以表示认同、同意，互训没有问题。说这个字是从口丂声，这个"丂"现在已经不使用，其实就是我们考试的"考"下面那一部分。如果大家看《参考消息》报头题字，"考"写作 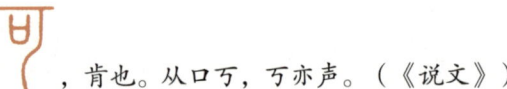，"丂"看得就更清楚了。

许慎说"丂亦声"，就是"丂"也表示读音。深入思考一下，"丂"的读音在古代与"可"的读音差别挺大，用这个"丂"做音符很牵强，这就出问题了，唱歌的"歌"我们懂了，哥哥的"哥"不太懂。一层一层分析，到这个结构简单的"可"字时，不懂。读了《说文解字》后仔细一想，更不懂了。

那么这个时候怎么办？首先要追踪更古老的材料。

怀962　合273正　　　何兄日壬觯，集6429　　　子何爵，集8075

大部分学者认为这也是"何"字。但我们将其中的甲骨文字形与上一讲讲的"何"的甲骨文字形比较一下，可以看到，如果去掉本讲中的2个甲骨文字形上面那个侧张的口，剩下的部分才是"何"。

前两个字形比"何"多了一张口，但我们不能忽视这张嘴。多这张嘴是干什么的？这个人应该是扛着一个戈，在那里唱歌。讲到这里，我就想到了我们这一代人，小时候经常听的一首歌，叫作《打靶归来》，"日落西山红霞飞，战士打靶把营归"，扛着武器唱着歌，古人凯旋时或许也这样吧？肩膀上扛着戈，唱着他们那个时代的军歌，这种可能性不能排除。"以今律古"不一定对，但也不一定不对。对与不对，需要证据。

"歌""舞"一体，联想到我讲的"武"字就是武舞的专字，这个扛着戈唱歌的是不是跳武舞时唱歌的形象呢？有可能！①

说不定的暂时放在那儿。

如果这个字是"歌"字，构形很合理。荷戈张口，会唱歌之意，"戈"兼表读音，"戈"与"歌"读音古今都比较接近。

更重要的是，"可"的来源也可以得到比较合理的解释。"戈"的变形加上"口"的移位，实际上就是从口、戈声的讹变，"戈""可""哥""歌"读音完全相合。

为什么这么说？你再仔细看看上文列出的字形：一个人扛着戈张

① 这是新增加的想法。

着嘴,到下面一个人还是张着嘴,但是扛着那个戈的手省略掉了,扛着的戈变成了向左侧弯下来的线条。这个笔画,就是我们后来"可"的一横和一竖,然后把"口"移位①,在这空的地方加了一个"口",经过截除式省略,就是这个"可"了。

讲到这里,大家大概就明白了,为什么用这么大力气要讲这个"可"。就因为"可"的来源一向说不太清楚,有很多种说法。我们认为,"可"就来源于唱歌的"歌"的本字。

我们把上面讲的梳理梳理。"可"就是来源于"歌"的本字,通过截除式省略就变为了这个"可";"哥"是两个"可"叠加起来,读音、意义最初都一样。

怀 962　　　　　子何爵,集 8075　　　　　《说文》小篆

"可"最初是表意兼表音的字,本义就是歌,语用中更常用的是可以不可以的"可",这种虚词使用频率更高、更强势,所以就把这个字形给占领了。那么唱歌的"歌"该怎么办呢?和我们前面讲的"何"与"荷"的道理一样,它就得想办法另谋出路,创造出"哥""诃""歌""謌"等各种字形来。

当"哥"字被借作兄长之后,人们逐渐忘记了它最初的意义,成了亲属关系的专字,于是就完成了"可""哥""歌"等字的分化。

[理论延伸与思考]"可"字可能有不同的来源,其中一个是负担的表意字上增加"口",另外一个是唱歌的"歌"的表意字的简化和移位。"可""哥""歌",从表示歌声的角度说是古今字,从递变的过程说是分化字,从共时的应用说是不同的字。

这一讲在本书中是最不靠谱的,也请你说说哪些地方证据不充分。

---

① 早期整体象形字离析为部件、部件移位的现象常见,例如战国文字中的"夏"字,人的脚移位到左侧。

第十四讲

# 什么叫"企图"

[**本讲要点**] "企"的字形突出人的脚,本义是踮起脚跟,表达强烈的愿望。表意字部件化之后就被误解为形声字,是"假形声字"。

[**说解汉字**] 企、叶(葉)

这一讲说一说"企图"这个词和"企"这个字。

"企图"这个词,我们今天还经常使用,字书里说企图的意思就是图谋打算。为什么呢?"图"我们懂得,"图"就有图谋的意思,那"企"是什么意思呢?我们翻开一部字典,哪怕是《新华字典》,都有明确的解释,"企"的意思就是踮着脚跟,企足而待,就是踮起脚跟等待。

什么时候我们踮起脚跟?用你的生活经验想一想:一种情况是等人的时候,等一个你非常急切想见的人,还没有人影,这时候踮起脚远望。这种肢体语言表达的是什么意义?渴望。另一种情况是够一个在高处你够不着的东西,这个时候往往也是一种焦虑、急切的心情,是超越现实条件的一种努力。所以说这个"企图"比一般的图谋更用力。

我们中国的哲学讲究中庸,过犹不及,你做大劲儿了,就有问题了,所以说企图从来就不带有太多的好意,企图的后面大都是不该有的。比如企图吃饭、企图穿衣,都不太成话,这是不用企图的,是正当需求,是应该有的。而企图入室盗窃、企图篡位,企图什么什么……其中的企图大部分都是贬义。

那么文字中的"企"又是什么意思呢?为什么这么写?

"企"字上面一个"人",下面一个"止",为什么就是踮起脚跟呢?

为什么不是人骑在脚上呢？我们哄孩子玩，可以把孩子放在脚上晃悠着玩，为什么不是这样呢？

我们往前推，看看更早的字形。如果能推到甲骨文，最好用甲骨文，因为它时代最早。那个时候表意字一般还没有分解破坏。

合 9480　　　　　　　　　　合 18982

甲骨文中的这个字，上面是个"人"，下面这只脚不是人骑在脚上，而是脚长在人的腿上。这样的话，我们就明白这个"企"的意思了：脚掌着地，脚后跟抬起，身体增高。表达的是什么呢？是想看到看不到的东西，想得到得不到的东西。

沿着这个思路，我们再去理解那些由"企"构成的词，大都能够很好地意会了。

有一种羡慕，叫作企慕。这个词我们今天不常使用了，如果你要拽一拽文词的话，还是可以用的。什么是"企慕"呢？那就是比仰慕还要羡慕的羡慕。

有一种图谋，叫作企图。刚才已经说了，这个词最好不要用在我们身上，我们想做事情，不要让人看出来有什么企图。

有一种动物，叫作企鹅。你的脑子里边，是不是已经出现了那种胖胖的、像人一样站立的、摇摇摆摆走路的鹅？它为什么叫企鹅呢？我们可以意会。企鹅行走是直立的，为什么和我们刚才说的踮着脚尖不一样？这与人的认识有关。大多数的鸟行走起来，身体与它的脚都成丁字形，唯独企鹅它是直立的，身体就显得高起来了，人们就觉得它像踮着脚走，所以就把它叫作企鹅了。

把脚尖踮起来，是不是一个很难的动作呢？作为一个动作来说，非常简单。有个词叫作"企踵可待",意思是马上就能实现。与另外一个词可以配对——易如反掌。

这个"企"怎么就变成我们今天这个样子?下面是这个字的字谱,可以看出是怎么一步一步变化的:

合 9480　　癸企爵,集 8060　　龙岗秦简 120　　《说文》小篆　　鲁峻碑

前面我们讲表意字部件化的时候,已经谈到过这个问题了,"企"这个字也部件化了。表意字一旦部件化,它的文字理据就出问题了。

,举踵也。从人止声。(《说文》)

许慎说,"企"的意思是抬高脚后跟,也就是我们今天的踮脚,没问题!字形分析是从人止声,这就出问题了。这个"止",与"企"从古到今的读音都有很大的差别,"止"怎么能是"企"的音符呢!《说文解字》里的不少形声字都需要我们重新去思考。

这一点,段玉裁已经纠正了。[1]是许慎开始就错了,还是在传抄过程中错的,现在已经无从考证了,但有一点是可以确定的,那就是因为"止"与"人"的分离导致人们认识上的错误,我们可以把它称之为"假形声字",[2]所谓"假形声字",就是许慎等说的形声字,并没有真正的音符。

讲到了这儿,这个"企"字,从它的用法,它的构词,以及它怎么由一幅"图画"变成两个部件,大致都说明白了,或许你还会问一些问题。

第一,画一个有脚的人,为什么不是走路的"走"?这个问题,

[1] 〔汉〕许慎撰,〔清〕段玉裁注:《说文解字注》,上海古籍出版社,1988年,第365页。
[2] 李守奎、王永昌:《段玉裁古谐声偏旁分部互用说的文字学观察——兼论汉字中的"假形声字"》,《吉林大学社会科学学报》2018年第1期。

我们只能用文字是一套符号区别系统来解答。那个时代表示走路这个意思的，是用行走的"行"，语言里边用了另外一个符号去表达，和它形成一种所谓的对立关系。

第二，许慎为什么会犯低级错误，把一个不表音的当作表音了？

文字是发展演变的，许慎没有见过商代的甲骨文，他的古文字知识是有限的。表意字的部件化导致理据丢失，而《说文》的体例是每个字都要尽力阐释，犯错误是不可避免的。我们今天的现代汉字之所以找不到它的理据，就是因为这种变化导致它丢失了。

比如说树叶的"叶"，繁体字"葉"，上面一个草字头，中间一个世界的"世"，下面一个木头的"木"，这是树叶的"叶"的繁体字。你再看甲骨文，非常形象，木上面接着叶片。

合 13625

后来上面的枝叶类化成"世"，变成了"枼"：

，楄也。枼，薄也。从木，世声。（《说文》）

像这样的文字，在演变过程中，逐渐都记号化了。

我们可能还会提出问题来，"企"的字形我们明白了，刚才举的那些词的意思我们也明白了，那么今天用得最多的就是"企业"这个词，该怎么理解呢？

在这里就简单地说一说，"企业"这个词是从日语里来的，这个日语从哪里来的呢？

日本人在明治维新那段时间里，他们翻译西方的著作，不像现在广泛使用片假名，直接把语音往那一写就完了。那时候的翻译大部分是用汉字，他们也用汉字词素造了很多这种新词。其实我们今天现代汉语中很多词都是从日本传过来的。

当然我们一定还要追问的话，日本人为什么把我们现在这种以盈利为目的的现代运营方式的组织叫作企业？我没有研究过，我自己瞎猜，是不是这种组织都是企图获利的？你有兴趣也可以查询资料，深入研究，这是另外一门学问。

[**理论延伸与思考**] 理解汉语合成词词义的方法之一是分解词素义，词素义可以追踪到字义。通过层层追溯，我们可以找到企图中"企"的意义与抬起脚后跟的人之间的关系。

第十五讲

# 万物是怎么产生的——"育"与"化"

[**本讲要点**]"子"是婴儿,倒过来的"子"可以是出生过程的婴儿,"育""毓"中都有倒过来的"子"。"人"是成人,婴儿也是倒过来的人,"化"的本义也是生育。

[**说解汉字**]子、云、育、毓、化、生

前几讲讲了"人"字和它的各种变形,但它不论怎么变,还是个"人"字。接下来我们还是讲"人"的变形,但是它变了以后就不再是"人"字,而是另外的一个字了。先从倒过来的"人"说起。

人在什么时候头是朝下倒过来的?第一种情况是人出生的时候,头朝下是顺产,头朝上那就是逆生,逆生是要出人命的。第二种情况,人从高处坠落的时候,不论是山崖,不论是高楼,坠落时由于人的上半身要比下半身重,受地球引力的作用,掉下来的时候都是头朝下,那是很惨的。第三种情况是被人家悬挂起来,在脚上拴个绳子,倒挂起来的时候头冲下。

这三种情况汉字里都有专门的字,今天就先说第一种情况。

表示人出生的词很多,现代汉语有生孩子、生产、生育,古书里边还有"化育",天地之化育,化育的意思就是生育。《周易》里边说"天地感而万物化生"(《咸卦》),"化育"就是这个化生。"化""育""生"都是"生育"的意思。人间万物是从哪里来的?古人在思考这个问题时,他们把天和地想象成一对夫妻,天地和合,生出万物。"天子"最初的意思就是天之子。开个玩笑,如果真是天地交合化育万物,那牛羊猪狗岂不也成为"天子"了?但这话又怎么敢说呢!

思想的问题很复杂,我们留着慢慢去体味。现在我们回到汉字本

身。我们说生育就是生孩子,但是现代汉语中"育"不能够单独使用,不能说"某某育了一个孩子",只能说教育、育婴室、育英学校等,所以很多人认为"育"是哺育、教育的意思。很少有人把这个"育"直接与生孩子联系起来。在讲这个之前,我们先讲一点点小知识——"子"和"倒子"的区别。

儿子的"子",最初的字形像个婴儿,不用追溯到太远,追溯到小篆就非常清楚。"子"的小篆是一个象形字,是脑袋挺大、两手举起的婴儿。

《说文》小篆

上面那个就是圆圆的头,下面只有一只脚,因为小孩裹在褓褓里,有脚也不会走,所以就不突出腿脚了。两只小手举起来,很形象,如果你已经有孩子,或者看见过出生不久的小弟弟小妹妹,你一定会感叹古人造字观察的细致和画简笔画的功力:圆圆的大脑袋,小手举起来,非常可爱。那这个婴儿倒过来是什么样?

肯定是脑袋冲下,两只手也冲下了。小篆生育的"育",上半部分就是脑袋冲下倒过来的一个小孩。这个字还有一个异体字——毓,这个异体的"毓"字在人名里边还可以偶尔看到。

小篆中生育的"育"上半部分就是脑袋冲下倒过来的"子"。为什么呢?

,养子使作善也。从𠫓肉声。《虞书》曰:"教育子。"

，育或从每。（《说文》）

我们在古文字中也找到了这个"毓"字，甲骨文和早期金文中的"毓"字很形象：

屯 469

毓且丁卣，集 5396.2

这个字在甲骨文中还有从"女"、从"母"、从"每"的不同异体：

合 22663

合 27192

女性生了孩子就是母亲了，"母"字就是在"女"的胸部加两点，有人说像哺育婴儿的乳房，合情合理！不论是女性，不论是母亲，她们都是生孩子的主体。我们再看这个生育主体臀部的下面是什么？就是倒过来的婴儿，出生过程中的婴儿，头朝下，那是顺产。那小点是什么呢？这些小点应该就是羊水、血液之类流出来的液体。这简直就是一幅生育图。

为什么《说文》说的那个异体字"毓"左边是个"每"呢？这还得讲一点点小知识——"母"和"每"的关系。"每"其实在最初的时候就是母亲的"母"，只不过比母亲的"母"头上多了一根簪子。在古代，女性头上戴簪子，表示已经成年，叫作"及笄"，所以说这个字表示女性可以生孩子了，与乳房发达的"母"表示生育的主体是一个道理。①

怀孕时胎位很重要，出生时就更加重要了。我们刚才一再说头朝

①造字的时候可能还没有这样的礼制，也不排除是装饰或区别的文字部件的可能。

下是顺产，头朝上是逆产，逆产很危险。在医疗不发达的古代，女人生育是鬼门关，胎儿在降生为人的这个关口上，母亲却是在变成鬼的这个关口上。《左传·郑伯克段于鄢》里边记载着一个故事，说春秋时期郑武公的夫人生了两个儿子，老大就应当是嗣子，又生了一个小儿子，这两个儿子出生时候的状态不一样。老大出生的时候因为是逆生，应该是脚丫子先出来了，就惊着他母亲了，从此以后他的母亲对他深恶痛绝，不仅给他起了个名"寤生"，意思就是难产，还一直努力废弃他的储君地位，想把小儿子扶上位。等到寤生做了国君以后，他的母亲还一直想方设法颠覆他。①这样的母亲虽然是个个例，但我们也足以看到逆生的危害了。

我们明白了"毓"字中这个头朝下的"子"的重要含义。"育"字晚出，但上面的那个倒子表意清晰。明白了这个字，再看化育的"化"。前面说过，化育万物就是生育万物，"化"就是"育"，同义词连用。"化"字与"育"字不仅意义相同，而且在文字的理据上也非常相近。我们看一看，甲骨文中的"化"字：

合 19769

怀 650

前面一个人，后面一个倒过来的人，过去一般就理解成一正一倒表示变化。但是这个字大概最初表达得不会如此抽象。我们怀疑本义还是生孩子，理由有三个。首先，"化"字生育的意义很古老，与"育"是同义词，前面已经说过。第二，从文字构形上说，不论是"女""母""每""人"，她们都是人，都是可以生孩子的人，生出的婴儿也是人。仔细观察一下，甲骨文左侧那个人写得还有点特别，膝盖弯曲，臀部翘起，这可不是一般的变化。这一弯一翘，就成了另外一个字了。是什么字以后再说，意思大都与臀部相关②。第三，生孩

①《左传》隐公元年：初，郑武公娶于申，曰武姜。生庄公及共叔段。庄公寤生，惊姜氏，故名曰"寤生"，遂恶之。爱共叔段，欲立之，亟请于武公，公弗许。及庄公即位，为之请制。公曰："制，岩邑也，虢叔死焉，佗邑唯命。"请京，使居之，谓之京城大叔。

②史墙盘的"毓"字作𣫭。

子本来也是一种变化，从怀孕到生命的诞生，是一个重大的变化，所以"化"字引申出"变化"的意义也合情理。

顺便说一下生育的"生"字。生也有"生孩子"的意思，直到今天还是如此。这个"生"字为什么也有"生育"的意义呢？现代汉字已经想象不出它是个什么了，一看到小篆，我们大致就明白了：

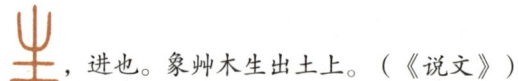，进也。象艸木生出土上。（《说文》）

再看看古文字中的"生"字：

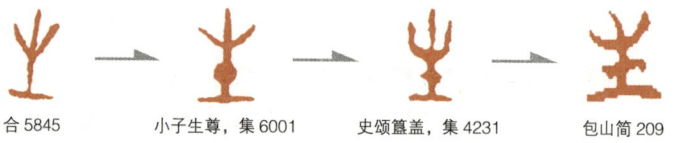

草木从土地上长出来。下面是地面或土，上面是"艸"字的一半——中，古书里边给它一个与"彻"相同的读音，其实它就是"艸"字的省写，也就是"草"字。草木的出生是从地面破土而出，人的出生是与母体分离，主体不同，方式不同，但结果都是出生，二者有相似性。生既可以是草木的出生，也可以隐喻动物、人的出生。

侧立的人可以有各种各样的变化，但是如果变化大了，比如倒过来，就不再是"人"字了，它是什么字呢？我们下一次再讲。

[理论延伸与思考] 字符倒写是早期表意字的重要表意方式之一。倒写比正写要难写，倒写都有其特别的用意。在文字的演变过程中，倒写的意符要么变成一个记号，要么类化为形体相近的同形部件，需要溯源才能探明其构形理据。

## 第十六讲

# 人从山上掉下来是什么字

[**本讲要点**] 早期倒写的人形应当是颠覆之"颠"的本字,"真"应当是颠覆之"颠"的异体字。汉字随着字形的演变,其构形理据逐渐被淹没,需要根据一定的语言文字事实进行溯源阐释。

[**说解汉字**] 阜、殄、真、颠(七)

这一讲提高一点难度,看看甲骨文中的疑难字是怎么认出来的。

生活常识告诉我们,人除了出生时脑袋朝下,从坠崖等高处坠落时也是头朝下。人从高处坠落有几个特征:一,身体姿势是脑袋朝下脚朝上,人体倒过来,方向相反;二,结果是摔下来就没命了。

我们先看一下甲骨文:

合 10405 正　　　　　合 18752　　　　　英 1694

倒人在上一讲的"化"字中讲过了,我们认识。剩下的部分很像台阶,这就是"阜"字的初形,就是现代汉字中的左耳朵偏旁——阝。这个字形作"陀"。

古文字中"阜"有不同的解读。

山
合 6822

山
合 34199

，大陆，山无石者。象形。(《说文》)

还有学者认为这是侧立的山形，有的则认为是台阶的象形，不论是什么，文字中都可以表示山陵、险峻等高而危的意义，这是可以确定的。

讲到这里，"阜"和"倒人"组合在一起构成一幅"图像"，就是一个人头朝下从高处坠落下来。

甲骨文中是怎么用的？

王往逐兕，小臣由㞢马硪，ு王车，子央亦阤。（合 10405 正）

这个甲骨说的是商王打猎时发生的一起交通事故，小臣由所驾驭的马惊了，碰撞了商王的车，车上的子央坠落下来。词例也能讲得通。

这样意义范围就确定了，但其音读如何？究竟记录的是语言里的哪个词？"坠""堕""陨""颠"等都有可能，无法判断。究竟和哪个字的联系更紧密一些呢？我们还得深入分析这个"倒人"。

前面讲"化"字时，说倒人表示头朝下出生的人。这个"倒人"见于《说文》：

匕，变也。从到人。

这里的"到人"就是"倒人"，韵书中读音与"化"相同，它的读音和意义很可能都来自常用字"化"：

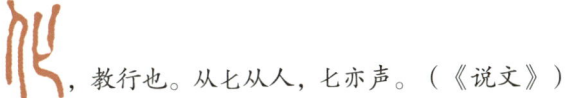，教行也。从七从人，七亦声。（《说文》）

许慎认识"化"字，也知道其所从就是倒人"七"①，于是就把"化"的音和义都转移给"七"，这样做一举两得：没有音义的"七"有了音义，"化"的结构也得到了"合理"的分析。当然我们也不能排除许慎别有依据，只是我们没有看到。

我们沿着一些蛛丝马迹追踪下去可知，所谓"七"，实际上是颠倒之"颠"的本字。

首先，《说文》中有"殄"的古文。

，尽也。从歺㐱声。　　，古文殄如此。

① 注意：这不是匕首的"匕"，也不是数字"七"。

伯真甗，集成870

清竹简·厚父6

古文字形作𠃊，字书隶作"夕"，学者早已指出，这是个"倒人"形，与"七"仅仅是方向不同，就是个头朝下倒过来的人。既然它与"殄"是同一个字，读音应该相同。颠覆的"颠"从真声，"真"字上面从"倒人"，例如西周金文伯真甗中"真"字作𦣴，上面是"倒人"，下面是丁声。

清华简《厚父》中有"真复"，字形作𦣴𧟰，读为"颠覆"，"真"很有可能就是颠覆之"颠"的本字。这里暂且打住，下一讲再详细展开。

至此我们可以归纳了。倒人"七"与"真""颠"读音相近，都可以表达坠落或使坠落（颠覆），这些字中其他部分可以变化更换，唯有"倒人"岿然不动。"倒人"的读音是什么？前引《说文》"殄"字的古文就是"倒人"，也就是说与"殄"的读音一致。"殄""真""颠"的古音十分接近，可能就是同音。

颠覆的"颠"有几个意义与"倒人"密切相关，在"颠倒黑白"中，"颠"的意义是相反，倒人与人方向相反；在"颠覆旧说"中，"颠"的意思是推翻，翻转方向，"倒人"正是翻转方向。

颍考叔取郑伯之旗蝥弧以先登。子都自下射之，颠。《左传·隐公十一年》杜预注："颠，队而死。"

讲到这里，大家想一想甲骨文中这个从阜从"倒人"的字应该是什么字？与前面所说的"坠""堕""陨"字形和读音都没有关系，就与"颠"有着千丝万缕的联系。

而且，《左传》这条词例好像就是为了解释甲骨文的，非常形象的"颠"：人自高处坠落，上半身较重，一定是头朝下着地，就是颠覆之"颠"的本字，从阜，从七，七亦声。

以此为基础，我们可以考释其他古文字，也可以重新阐释被误解的一些字。《说文》中"真"字上面的"倒人"被误解，文字被解析得七零八落，下一讲详细分析。

甲骨文里还有一个字：

合 6065

字形左侧是阜，右侧上部是倒子，下部是丁，在这里"倒子"和"倒人"的功能一样，都是头朝下掉下来，丁表示读音，与伯真甗中的"真"字从丁声相同。

总之，倒人"七"很可能是颠覆之"颠"的本字，甲骨文的"阤"是加了意符"阜"，"真"是加了音符"鼎"，或再加音符"丁"，最初很可能也是颠覆之"颠"的异体。"颠"是为头顶造的专字，所以从页。后来倒人的"七"消失了，"真"挪作它用了，它们表示"颠覆"的意义都合并到"颠"这个字形中去了。

最后再补充一下"化"字中的"倒人"。如果"化"的本义确实是生育，很可能是个纯粹的表意字，就与读音无关了。

[**理论延伸与思考**] 依靠体位表达意义的早期表意字逐渐消失，被其他类型的文字取代。早期倒写的人读音不是化，应当是颠覆之"颠"的本字，加意符"阜"就是甲骨文的"阤"，加音符"鼎"就是古文字中的"真"，它们都是颠覆之"颠"的本字，彼此异体。倒人"七"残留在字书中，"阤"消失了，"真"被假借了，这些字的颠覆意义都假借"颠"表达，这是用假借字合并本字的现象。

第十七讲

# "真"为什么是"颠"的本字

[**本讲要点**] "真"字的本义不是许慎所说的成仙的真人,可能是颠覆之"颠"或珍宝之"珍"的本字。

[**说解汉字**] 真、颠、珍

上一讲已经说到"真"是"颠"的本字,因为内容太多,没有说透,这一讲就单说这个"真"。

"真"是常用字,也是常用词,如真假、真理、真实、真知灼见,等等,意义相对比较单纯。这个字为什么能够表达"真"的意义,字理是什么?简化字上面是"十",下面是"具",十具为什么是"真",完全不能懂,能懂就怪了。

繁体字是"眞",可以分析为匕、目、竖折、撇捺两点,依旧不懂。再追溯到小篆:

,仙人变形而登天也。从匕从目从乚(音隐);八,所乘载也。

,古文真。(《说文》)

许慎把本义说成是得道升天的真人,构形也说得神乎其神,乱七八糟,显然不可信。隐居修炼,得道升天,这种道家的"真人",

战国以后才出现，无法解释更早的文字构形。从文字学上看，许慎阐释的唯一价值就是认出其中的倒人。上一讲讲过倒人"七"就是颠覆的"颠"的本字。

上溯到西周金文，"真"字也有多种形体：

伯真甗，集870

季真鬲，集531

真盘，集10091

这些"真"字，下部彼此不同，可以有不同的解释，但上部是倒人确切无疑。季真鬲的"真"字下面是音符"鼎"，已经得到多数学者的认同。伯真甗下面是"丁"，"丁""鼎"古音非常近，也是音符。① 真盘的字形与小篆最接近，好像是把贝放在丌上（"鼎"的变形）：

这些"真"字在文例中都用作人名，意义不好确定。"真"字在清华简中可以读为"颠"，上讲说到清华简《厚父》中的"真复"字形作：

"真"上面的倒人十分醒目，简文中读为"颠覆"确切无疑。从文字发展的规律说，倒人是颠覆的"颠"的本字，加音符"鼎"成为形声字，"鼎"讹变成"贝"，有文字学的证据。"则""具""败"等字中都有"贝"与"鼎"的纠缠。

再看颠覆的"颠"，本义是头顶，不会是颠覆的"颠"的本字。

① 西周金文中的"真"字有从贝、从鼎两种形体。有学者认为从贝的"真"是珍宝的"珍"的本字。"真"很可能是把从贝、七声的"珍"与从七、鼎声的"颠"合二为一了。

𤲯，顶也。从页真声。（《说文》）

"颠"字在古文字中出现得比较晚，早见于战国时期的鱼颠匕，所从"真"旁上面的倒人有些变形。

鱼颠匕，集 980C

在文献中，"颠"的常用意义分为三组：

第一类是与头顶有关。《诗经·秦风·车邻》："有车邻邻，有马白颠。"这是本义，现在还常说"颠顶"。

第二类是倒置。《楚辞》中有刘向的《九叹·愍命》："今反表以为里兮，颠裳以为衣。"王逸注："颠，倒也。"现在常用的"颠倒"。

第三类是坠落及其引申义。《汉书·五行志中之上》"应泰山之石颠而下"，颜师古注："颠，坠也。"现在常用的有"颠坠""颠扑"等。这类用法最为丰富。

"颠"的第一个"头顶"的意义是本义，"页"旁已经表明了。那颠倒与颠坠两个意义从哪里来？"真"不仅仅是音符，它就是颠覆之"颠"的本字。

综上所讲，颠覆的"颠"，经历了三个阶段：

1. ㇏（夕），"倒人"象形；
2. 𠂤（真），增加音符成形声字；
3. 颠，假借字。

为什么会发生这种变化？第一，倒写很不好写，也很不好看。第二，形声化是汉字发展的方向。第三，"真"本来是颠倒、颠覆，假借作真假的"真"，假借意义更常用，本义被挤跑，假借其他字去表达了，这个道理已经重复讲过好多次了。

结合上一讲讲过的甲骨文，把"真"字放在一个演变的字谱系列里，

会看得更加清楚一些:

伯真甗,集870　季真鬲,集531　清华简·厚父6　｜　真盘,集10091　《说文》小篆

"倒人"与"倒子",表示头朝下坠落,功能相同,从丁声,甲骨文与西周金文一致,表意字上加音符"鼎"符合形声字产生的规律,"鼎"讹变成"贝",也是文字中的常见现象。在这个系列中,"倒人"一直是音义的核心,直到"真"被假借作真假的"真",才和"倒人"脱离了关系。"真"字颠覆、颠倒的意义被挤到了"颠"字里。

"真"字最初与道家的"真人"一点关系也没有,反而有个倒霉的人,不仅没有升天,还从高处坠落到地。

我们在这里着眼于倒人表意,但无法解释西周金文中有些字为什么从"贝"。有学者认为是珍宝的"珍"的本字,从贝表意,上面的倒人是音符。珍,宝也。从玉,㐱声,这个"㐱"就是从倒人变过来的。把真释为珍的初文,很有道理,这就把从"贝"的问题解决了。①

着眼于倒人、真、颠三者形、音、义之间的关系,认为"真"是从"颠"的本字;着眼于文字构形与读音之间的关系,认为"真"是"珍"的本字。是必有一是非,还是此亦一是非,彼亦一是非?抑或另有一是非?说不定两个来源不同的字合并成了"真"。学术研究的快乐就是学者之间彼此启发,共同向着"事实"或"真理"靠近。

[**理论延伸与思考**] 文字讹变与汉代学者的理据重构是文字学中的一个大问题。当今的汉字阐释,一方面要充分利用《说文》提供的有价值信息,另一方面要突破《说文》的藩篱。汉字新阐释该如何进行,是一个从理论到实践都应当有所作为的问题。许慎对"真"的构形分析受制于时代的影响,总体上不可信,但还是提供了有价值的信息。

① 谢明文:《释"颠"字》,《古文字研究(第三十辑)》,中华书局,2014年,第493—498页。

## 第十八讲

# 爬伏的人

[**本讲要点**] "匍匐"所从的"勹"与《说文》所说包裹的"勹"没有关系,"匍匐"所从的"勹"是个俯身向下的人形。古今表示爬行和趴下意义的用字不断发生着变化,读古书时要特别留意其不同之处。

[**说解汉字**] 勹、匍、匐、伏、卧、爬、趴

小时候猜谜语:小时候四条腿,长大了两条腿,老了三条腿。猜一种动物。谜底大家都知道,是"人"。婴儿爬行,手脚并用,所以是四条腿。

"爬"还有另外一种静态的形式,面朝下,四肢着于地或其他支撑面,如《红楼梦》:"晴雯一人在外间屋内爬着。"这个字又写作"趴":趴在那里别动!"趴"这个动作的特点也是俯身向下,面部朝下,与直立对立。

"爬"从爪(手),"趴"从足,二字互补,补齐了这个手脚并用的动作,但这两个字都不见于《说文解字》,尤其是"趴",近代才出现,用例很晚,也就是说汉代以前的古人不用这两个字。这个动作很常见,他们用什么字?古人用的是"匍匐"。

《诗经·大雅·生民》:"诞实匍匐,克岐克嶷,以就口食。"诗中说的是小孩就会手脚并用爬行了。

《汉书·叙传上》:"昔有学步于邯郸者,曾未得其仿佛,又复失其故步,遂匍匐而归耳。"这是"邯郸学步"成语的出处,邯郸步没学成,原来的走路也忘了,只好爬着回去了。现在军训时还会听到"匍匐前进"。

"匍""匐"两个字,《说文》是分着说的:

,手行也。从勹甫声。

,伏地也。从勹畐声。

许慎的意思是"匍"是爬行,"匐"是静态的爬或趴。按照许慎的理解,"匍匐"好像是说小孩爬爬停停的状态。"匍"与"匐"为什么从"勹",《说文》没说,我们得查一查这个"勹":

,裹也。象人曲形,有所包裹。(《说文》)

音义与"匍""匐"也不能密合。进一步追溯,发现古文字中除了包裹的"勹"之外,还有爬伏的"勹":

伯康簋"俌"字所从①,集 4160

这个与《说文》中"勹"同形的"勹"就是俯下身子的人,是"匐"的本字,加上音符"甫"和"畐",就是"匍"和"匐"。

讲训诂的常说连绵词的两个字不能分开讲,"匍匐"也不能分开

① 思考:此处的"勹"是"俯"的本字还是"伏"的本字?

讲,就这个例子而言未必如此。古书中表示"爬伏"意义更多的时候是用"伏",如《礼记·曲礼上》:"寝毋伏。"《诗经·陈风·泽陂》:"寤寐无为,辗转伏枕。"人与狗的行走姿势很不同:直立与爬行;睡觉时的姿势有什么不同?人仰面朝天,狗俯身向下。所以说"伏枕"是不正常的。

"伏"字一侧是人,一侧是犬,大概不是表达犬要伺机咬人,而是人像狗一样趴着——伏。

"伏"的文化意义就是降服、顺服。城濮之战中,晋文公梦到楚王伏在自己身上,子犯解释说是楚伏其罪。① 人像狗一样趴在他人面前,彻底服了。大臣在皇帝面前也得如此,"臣伏惟陛下以至圣之德",一个"伏惟",尽显奴才相,君臣之间这是必须的!

从语音上说,古代"爬"与"匍"很近,"伏"与"匐"很近,爬伏就是匍匐。

俯身、趴、爬共同的特点就是身体弯曲,面部朝下,只是弯曲的程度不同。

再说一个俯身向下的"卧"字。

读唐诗"醉卧沙场君莫笑",听号令"卧倒","卧"的意思我们都能懂。《说文》说:

卧,休也。从人、臣,取其伏也。

这显然是做臣做久了,把伏当作常态了。早期古文字中"卧"与君臣的"臣"没有关系,是一只竖起来的眼睛:

雁监甗"监"字所从,集883

①《左传·僖公二十八年》:"晋侯梦与楚子搏,楚子伏己而盬其脑,是以惧。子犯曰:'吉。我得天,楚伏其罪。吾且柔之矣。'"

"卧"突出两点，一个是俯身，一个是立起来的眼睛。

《孟子·公孙丑下》："坐而言，不应，隐几而卧。""隐几而卧"很像我们今天趴在桌子上打个盹儿，"卧"最早就是这么个动作。因为都是俯身向下，逐渐就和"伏"成了同义词。

南朝梁武帝《书评》："王羲之书，如龙跃天门，虎卧凤阙。"现在说"卧倒"，意思就是趴下，俯卧撑中的"卧"也是手脚并用，这与古代的"卧"有很大的不同。读古书时，这样的差别要特别注意。

把与"爬"相关的几个字梳理一下：

"匍匐"，表示爬行和趴着，是婴儿正常的行为，所从的"勹"就是俯身向下的人。

"卧"，临时休息，身体俯下去，如果一侧脸触几或桌子，眼睛就成了"臣"的样子。

臣
合 20354

"伏"，是人像狗一样趴着，文化意义浓厚。"伏惟"是趴在那儿思考，表谦虚之义，"伏"是态度；对皇帝说自己是"卧惟"是万万不可的，卧是休息。

"爬"与"趴"都是后起形声字。语言变化着，文字也随着变化。

臣
合 217

[理论延伸与思考] 狭义的字际关系是指记录相同或相关的语音和语义的不同文字之间的联系，历时的有古今更替，分化出新，合并同形，等等；共时的有异体字、假借字、同义换读，等等。每一个字都处于一个关系的网络中。研究文字不仅要关注字形，关注字形所记录的音义，还要关注文字在字际关系中的位置。

第十九讲

# 正面而立的人——"大"与"立"

[**本讲要点**] "大"是正面站立的人形,单独使用是抽象意义"大"。在表意字构形中则是站立的人形,大都与大小意义无关。

[**说解汉字**] 大、立、並、普、替

现代汉字"人"来自侧立的人形。"大"才是正面站立的人,它比现代汉字"人"字多了一横,这一横是两只胳膊变成的。

合 33349

正面站立的人为什么是"大"?正面站立,劈开双腿,展开双臂,比侧面直立的人看上去要大。不过,这是虚假的大。与小孩"子"相比,就能够看出古人造字时的巧妙构思:

《说文》小篆

"子"是小孩儿,"大"就是一个成年大人,而且是大男人,这是真大。关于这个问题下一讲再说,今天单讲文字构形中这个正面站立的人。

在文字构形中有的"大"容易找，如"太""夸""奎"，等等，有一些则变得面目全非。先说一个简单的"太"。

"太"最初与"大"是一个字，古书里的"太"，在商周出土文献中都写作"大"。

"太"比"大"多了一点，专门表示程度副词，字形的变化与意义读音的变化相适应，这就是分化。比如说"大好河山"，"大"就是修饰"好"的，意义与程度副词"太"没什么区别。"太好了"就是程度超过了一般的好，构词中还残留着"大""太"相通的痕迹。

下面我们看"立"这个字。

站立的"站"字里有个"立"——立正，"立"的意思就是站立。"立"字的字形中有个站立着的人，追溯到古文字，就变得非常清楚。"立"字从甲骨文到小篆，一脉相承，就是一个人站立在地上：

合 32227　　　　立爵，集 9031　　　　《说文》小篆

许慎说："立，住也。从大立一之上。"完全正确！

楷书把"立"中的"大"分解为点、横、点、丿四笔，这样一来有两个弊端：第一，文字理据丧失了；第二，上部的笔画比三画的"大"还多了一画。把简单的弄复杂了，为什么呢？我们需要与"并"联系起来。

一人是"立"，两人站立在一起是什么字？下面两个都是字书里面有的字：竝、竝，这就是"竝"，现在通用字是"并"。①

合 33113

① "竝"与"并"在《说文》中是两个字，读音也不完全相同。

"並"的甲骨文像两人并肩站立在一条线上,部件不能拆分,是整体象形,字书中隶定作"㚘",是如实反映。到了小篆,就拆分为两个"立"了。

,併也。从二立。

这就把图形部件化了,表意就不那么明显了,楷书隶定成"並",完全记号化了,现在又并入到"并"字中,和"大"形就没有关系了。

礼之可以为国也久矣,与天地并(並)。(《左传·昭公二十六年》)

知道了"並",想到另外一个含有"並"的"普"字。"普"我们经常使用,阳光普照、普天同庆、普遍,等等。《说文》说:

,日无色也。从日从並。

几个太阳并出,只见于神话。什么时候"日无色"?晴空万里,烈日当头,此时太阳普照天下。"並日"好像是曲折表达太阳照射的范围广阔,但事实上不可能有两个太阳。

这个字出现比较晚,还没有在古文字中发现,是否与神话中的"十日并出"有联系,目前还不能确定。古书说"若天之高,若地之普","普"确实可以表示广阔无边的意义。下面讲一个与"普"字形非常接近的字——替。

《说文》小篆中"普"与"替"差别很小:

前面是"普",后面是"替",小篆上面都是"竝",下面有细微差别。但《说文》对"替"的释义是:

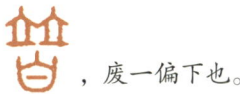,废一偏下也。

"废一偏下也",这几个字谁也读不懂,直到中山王器的"替"字出来才弄明白。

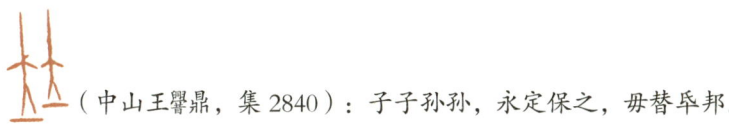(中山王䘮鼎,集2840):子子孙孙,永定保之,毋替厥邦。

这个字的意义肯定是"替",字形是两个"立",但与"竝"的两个"大"并立在一条线上不同,而是二"立"分离,且左侧"立"的位置与右侧"立"相比偏下。至此我们才读懂《说文》的意思,应是"替,废。一偏下也"。"废"是释义,可能脱了个"也"字,应当是"替,废也";"一偏下"是分析字形,一个立偏居在另外一个立的下侧。这就说明许慎看到过写法与"竝"相近但不同的"替",不然做不出正确的字形分析。今本《说文》此处讹变成"竝",真的是"浅人所改"了!

简化字中"並"与"并"合并,但是两个字来源不同,读音也不同,合并之后不仅没有简化了多少,反而遗留下一系列问题,这个合并简化给读古书、搞音韵的人带来不少困惑。这些问题我们以后再说。

[理论延伸与思考]形符构成平面图画式结构,形符主要是依靠字符的形体的形状、方位关系等因素表意,与字符的意义关系不大。"大"在早期表意字中大都是形符。

## 第二十讲

# 一个字可以有几个本义——夹

[**本讲要点**]从文字的构形来看,"夹"可以有"夹持"和"夹辅"等多个本义。

[**说解汉字**]夹、挟、陕（夾）

简化字"夹",只能数笔画,完全记号化了,上溯到繁体字"夾",就与甲骨文一脉相承了:

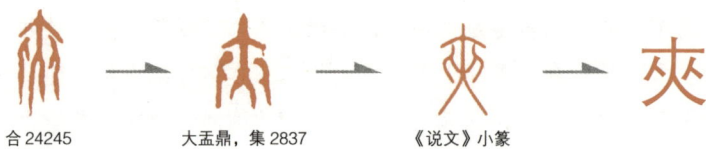

自甲骨文以来,"夾"都是中间一个"大"、腋下两个小一号的人,《说文》说:

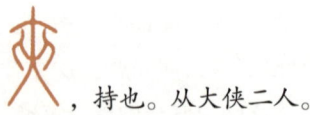,持也。从大侠二人。

许慎所说的"侠",就是夹持的"夹",与大侠没有关系。大人腋窝下有两个人,表达的意义有几种可能?

一、如果中间的人大而壮,两个人很小,那就是"夹持",这个意义直到今天还是常用义，夹起孩子就走，双腋夹物，双腿夹物，等等。这是大人用力，小人受气。

二、中间是个大人物，走路不稳，两面小一点的人该干什么？扶持大人！"夹"的另外一个常用意义就是辅佐、帮助。《左传·僖公四年》："五侯九伯，女实征之，以夹辅周室！"意思是要求地位低一些的诸侯辅佐周王室。这是小人用力，大人受益。

不论是大人夹小孩儿，还是小人辅佐大人，都是两边用力，中间稳固。从夹持、夹辅到常用的夹子，"夹"的意义一以贯之。

腋可以夹，手也可以夹。《诗经·小雅·吉日》："既张我弓，既挟我矢。"这里的"挟"读音还是（jiā），后来意义合并到"夹"字里。

三、辅佐大劲了，中间的大人没有自由了。任何事物都有两面性，辅佐是好事，但被人辅佐大劲了，就成了挟持，那就是"挟（xié）"，读音变了，意义也变了。《水浒传》第三十六回："若是如此来挟我，只是逼宋江性命，我自不如死了。"同理，皇帝被太监、外戚夹辅，也常常被太监、宦官胁迫。"挟"的意义是胁迫，胁迫就是腰部软肋用力，再看看甲骨文中的"夹"字：

中间的那个人还能干什么？过度依赖别人一定会失去自由。

四、"夹"字中两个人的特征是面对面。不用力了，中间部分虚化，"夹"就只成了一种位置关系。《古诗十九首·驱车上东门》："白杨何萧萧，松柏夹广路。"松柏夹道，中间还夹着道，到了夹衣，衣里就什么也不夹了。

传统上讲文字，很喜欢找到一个文字的本义，再沿着引申的脉络探寻词义之间的联系,可以解决大部分问题。但我们也必须承认,造字的时候,一个字形可能与多个意义、甚至与不同的音义之间发生联系,"一字多本义说"值得重视(详见下一讲)。就以"夹"字来说,最初的本义是"夹持"还是"辅助"?从构形上都可以得到合理的解释,不能排除古人造此字时就兼表两个意义。在这个地方较劲,除了和自己过不去没有太多好处!

最后,区别两个形近的字。陕西的"陕",繁体字作"陝",右侧不是"夾",是"夾"。"夹"两侧是人,"夾"两侧是入。据《说文》所说,"陝"是以"夾"为音符的形声字,与"夹"没有关系,简化成"夹",就成了同形字符。

[ 理论延伸与思考 ] 文字学中的本义是指与字形表达的形体或意义有直接关系的意义。"一字多本义"是指造字时用一个字形记录多个意义或多个音义不同的词。夾 这个字形与"夹持""扶持"等意义的联系都是直接的,这两个意义都是所谓的本义。

第二十一讲

# "大"与"小"带来的理论困惑

[**本讲要点**] "大"最早既可以表示具体意义——大人,也可以表示抽象意义大小之大。"小"最初是沙子的象形,在文字构形中有"沙"的形义,也有"沙"的读音,很可能是一形多用。早期文字很少为抽象意义直接造字,抽象意义大都寄生在具体形象上。

[**说解汉字**] 大、夫、小、少、沙

"大"与"小",字形很简单,正像我们前面讲过的"人"一样,简单的字形,往往有更加古老的源头,内涵也更加丰富。"大"与"小"这两个字,涉及汉字理论上"一字多音义"①这个非常重大的问题。先从我们人类的思维说起。

人类思维不仅可以对具体的事物分类、命名,还可以把一些不是具体的性质、特征等抽象出来。为有形的词造字比较容易,比如说:

(草,合6690):茎叶发达。

(木,合32806):根系发达。

颜色、美丑、大小等性质在现实中不能离开具体事物而存在,人

① 汉字字形与音义之间的关系非常错综复杂,汉字中的同一个字形常常可以用来记录汉语中两个或两个以上不同的词,有很多字还具有两种以上不同的读音,我们把这种现象称为"一字多音义"。参看裘锡圭:《文字学概要》,商务印书馆,1988年,第255—257页。

类把它抽象出来命名。比如说白马、黑马，现实生活中有白马、黑马，没有无颜色的马；现实生活中有白马、白猫、白鹅……但没有脱离具体事物的"白"。白与黑是抽象出来的，这个概念只存在于我们的大脑里。人类很早就具备了这种抽象能力。

语言中已经抽象的这些词，文字怎么表达？为抽象的概念造字，怎么造？

一、用一个与抽象意义关联的具体形象表达，比如画一条线表示"一"，两条线是"二"，"三""三"类推。

二、用突出这种性质的具体事物表达，比如"黑"最初可能就是人脸刺墨。

三、用已有字的意义组合表达，比如羊大为"美"、一头大一头小为"尖"，等等。

还有其他手段，但不论什么手段，大都是在具体的形象基础上，曲径通幽地去表达。

回到"大"与"小"，这应该是人类最早分辨的性质之一。先说"大"。

合 20035

合 28012

合 33349

人可以有不同的站姿，也可以从不同的角度观察，头大没脚的是"子"，侧立看见一条腿是"人"，两条腿支撑开是"大"。

与"子""人"相比，"大"不仅是正面站立，而且是张臂押腿，比小孩大，也比并拢站立的人要大，于是就表达出"大"的意义了。这样解释似乎不难理解，但深入思考，也不那么简单。

第一，为什么选择正面站立的人形表示"大"？

世上大的东西很多，天大、地大、山大、树大、大象大，为什么选择人表达"大"?"天大、地大、人亦大"的"三才"之说①系统阐述在春秋之后,但很有可能有着更加悠久的文化传承。中国文化在造字的时代,就给"人"一个大大的位置。我们的文化里有天帝鬼神,但人一直是主体,这种文化影响深远。

第二,从"六书"理论上说,这个字是象形、指事还是会意?

象形造字,需要有形可象,例如日、月、山、水。但是,大、小、好、坏,这些意义是抽象出来的事物的性质,无形可象,不得不用其他手段曲折表达。学者认为画一个张臂抻腿的人表示"大",从形体上说是象形,从意义上说是会意,这里的"会意"是领会其意的意思。可究竟是什么?用"六书"理论说不清。

第三,造字的时候是名词大人之"大",还是形容词大小之"大"?也就是说最初是为了"大人"这个词造的象形字,还是为了大小之"大"这个抽象意义造的字?我个人认为最初是"大人",引申为"大小"。

一、现代方言中大与成年男人之间关系密切。语言中"大"是成年男子,有的方言中称父亲为"大",伯父为"大大"。

二、成年男子是夫,大丈夫,"大"与"夫"古代可以通用。丈夫、大夫中的"夫"是成年男人,甲骨文中"大"与"夫"相通,"大"上面加一横,还是"大"。

夫
合 20166

大甲
合 227

大示
合 14850

人五夫
曶鼎,集 2838

① 《周易·系辞下》:"《易》之为书,广大悉备。有天道焉,有人道焉,有地道焉。兼三才而两之,故六。六者非它也,三才之道也。"《老子》第二十五章:"道大,天大,地大,人亦大。"

"夫甲"即"大甲","夫示"即"大示","五夫"就是五个成年男子。①

三、在文字构形中,"大"都是具体的人,在讲"夹""並"等字时已经讲过。也就是说,最早的时候,"大"与"夫"最初与"月"和"夕"的关系一样,都可以表示大人,也可以表示大小。

"大"不是为抽象意义造的字,抽象意义是从具体意义引申而来的。也就是说"大"最早既是大人的"大",又是大小的"大",形容词"大"应当从名词"大"引申而来。

下面再说"小"。古人画几粒沙子表示"小":

合 630 　　　　　　　　　合 21021

三点、四点都可以,后来分化为"小"与"少"。其中"小"表示形体不大,"少"表示数量不多,都是表示数量不足,最初是一个字,都是抽象意义。

这个字是为抽象意义造的吗?未必!它就是沙子的象形。在文字构形中,"小"或"少"有时就是沙子,例如遗漏的"遗":

中山王䜮方壶,集 9735.1A

双手捧着沙子,沙子从手缝漏下,这就是"遗"。到现在还经常表达"遗漏"这个意思。从形体上看,那些小点表达的就是沙子,只

① 甲骨文中"大"可以用作"夫","夫"可以用作"大","夫甲"就是"大甲",也就是古书中的"太甲"。"大"与"夫"最初就是一个字,后来分化成读音、意义各不相同的两个字,最初可能就是指成年男子。

是在战国文字中类化成了"少"。

这个"小"或"少",还可以表达沙子这个"沙"的读音。西周时周王经常赏赐臣下一些东西,如车、马、兵器,等等。经常赏赐的兵器是戈,戈上带着一个装饰物,类似缨穗,就叫作"彤沙",写作下面的样子:

师道簋,新收 1394

上面是"尾",下面是"小"或"少",读音与"沙"相同。这些小点都是沙子,表示的也是"沙"的读音。

造字的时候,用几个小点表示沙子,有"沙"的读音,也就是象形表意字。沙子很小,同时也表示小,"沙"与"小"很可能与"月"与"夕"的关系也一样。

"大"与"夫"、"小"与"沙"的读音都比较远,不大可能是先造了形容词"大"与"小",然后才产生"成年男人"和"沙子"的音义,很难用"一声之转"去通释。用"一形多音义"的理论解释或许更接近事实。

"大"与"小"字形很简单,"六书"理论说不清。从古文字的实际运用和现代汉字理论来看,这里面蕴含着非常大的一个理论问题——造字初期是否为抽象意义单独造字?

我们认为,"大"与"小"最初是象形表意字,像大人和沙子,同时可以表示抽象的大与小。这符合文字的实际,也符合思维从具体到抽象的规律。

[**理论延伸与思考**] 图画与文字的重要区别之一是文字可以表达

抽象词义。从图画演变到文字有一个漫长的过程，从为具体的有形可象的词造字到为无形可象的抽象词造字也有一个过程。"一形多用"很可能是原始文字的经常现象。性质依附于事物，造一个字既表达事物也表达性质，最初音义可能就不完全相同，随着记录语言的准确性逐渐加强，抽象的性质才逐渐独立。这种理论具有很强的解释力，是语音通转说的反动。但与此同时，在证据不足的情况下滥用，又会流入到另一种无所不通的地步。

第二十二讲

# 由"亦"到"腋"变化的可能性

原题 | 人伸开手臂是什么字

[**本讲要点**]"亦"最早可能是"腋"的本字,但也不能排除是"液"的本字的可能性。"夜"是从夕,亦省声的省声字。"液""腋"等字是后起的形声字。从"亦"到"腋"或"液",经历了漫长的演变过程。

[**说解汉字**]亦、夜、腋、液

腋窝的"腋"变化曲折,经历了三个阶段:

1. 最早的本字:亦。
2. "亦"假借作常用虚词,作为字符造出常用字:夜。
3. 另外造新字:腋。

假如让你为腋窝造一个表意字,该如何造?看看你所想的与古人是否一致?

亦
合6072正

古书中最常见的虚词之一——亦,相当于现代汉语的"也"。但最早表达的意义不是"也"。许慎说:

,人之臂亦也。从大,象两亦之形。凡亦之属皆从亦。(《说文》)

这里说的"亦"就是现在的"腋"。为什么是腋？许慎说，两点是象形，我们观察无论如何也不像。有人说，许慎弄错了，是指事字，与"刃"在刀的刃部加点、"本"在木的根部加横一样，是加指示符号的指事字。可还有人说是象形字，但不是腋窝，而是汗液，是"液"的本字。"六书"本来就是一个分不清的系统，"六书"内的争论可以不管。我们看到的事实是，作为文字，"大"与"亦"的区别就是："亦"比"大"多了两点。

"亦"字现在虽然很少使用了，但读古诗文，尤其是"古文"一定少不了。古汉语中"亦"是个高频字，有很多意义，主要是虚词：

怨不在大，亦不在小。（《尚书·康诰》）

相见时难别亦难，东风无力百花残。（李商隐《无题》）

相见难，分别也难，名诗名句，其中的"亦"也是虚词。

"亦"有构字能力，经常作音符，古人说"奕奕梁山"[①]，现在还说"神采奕奕"，奕，从大，亦声。《孟子》有"弈秋，通国之善弈者也"，弈，从廾，亦声。

把上面所说总结为三点：

1."亦"的本义可能是"腋"，也可能是"液"。

2.古书中的常用义是虚词。

3.构形中经常作音符。

下面我们看看"夜"中的"亦"。

现代汉字"黑夜"的"夜"由几部分构成？都是什么？分不清也说不清。古文字中也是一种比较特殊的结构——省声字。《说文》说：

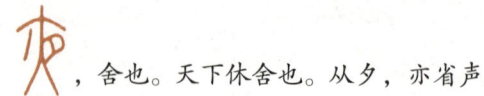，舍也。天下休舍也。从夕，亦省声。

"省声"指的是省略掉音符结构的一部分。例如小篆"夜"字中

---

[①]《诗经·大雅·韩奕》："奕奕梁山，维禹甸之，有俾其道，韩侯受命。""奕奕"，高大貌。

的"亦",省略掉左侧的一点,留出地方。古文字完全可以证明许慎所说的正确性。

效卣,集 5433.2　　　中山王䲨鼎,集 2840　　　泰山刻石

"夕"与"夜"古代读音与意义都相近。"夕"代表意义,也表示读音。①也就是说,过去"夜"与"夕"的音义是一致的,是同源字。同时,"夜"应该是"夕"上加注音符的后起字。

不省形的"夜"古文字中也有,见于楚文字:

包山简 2.113　　　包山简 206

为什么要这么省?为了结构的匀称和书写的简单。"亦"是个音符,把"亦"字右面的一点省掉,把表意的"夕"填入,形成一个方块的"夜"字。

明白了"夜"与"亦"的关系,下面再说"腋"是怎么来的。

"腋"是一个形声字。为什么"亦"被"腋"取代?依旧是弱肉强食的竞争导致。虚词"亦"常用,夜晚的"夜"也常用,只有腋窝的"腋"很少用,造一个复杂一点的专用字偶尔一用,不会给人们书写带来太多的不便。

"亦"被借用作虚词,十分常用,势力超过了本义"腋","腋"这个意义被挤压,就得另谋出路,但又不想完全丧失自我,之后演变的道路曲折而漫长——先有了黑夜的"夜",才造出腋窝的"腋"。这三个字的造字时代显然不同。

① 古音:夜,喻母铎部;夕,邪母铎部。

亦
合 6072 正

夜
师酉簋，集 4288.1

腋
包山简 194

造字是一码事，用字是一码事，根据使用频率，字形与音义之间的关系经常需要重新调整。

以上的推论基于什么根据？许慎的观点是个定点——"亦"是腋窝。大家再看一遍这个字形：

假如当年许慎认为"亦"是液体的"液"的本字，就成了"亦，液也，象汗液形"。我们也能说出一番"亦——夜——液"的"演变规律"来，究竟是"腋"的本字，还是"液"的本字，最好能有充分的证据。我们寻找了，"亦"最初的意义无法确定。

甲骨文中"亦"的用法有两个：一是副词"又"，例如"丁酉雨，己雨，庚亦雨"（合 12715）；二是地名，例如"在亦卜"（合 24247）。既不能证明是腋窝也不能证明是腋窝下的汗液。

至此再纠缠其本义是什么已经没有意义了。

总结一下：

1. "亦"是"腋"的初文，但不排除"亦"是"液"的初文的可能性，两说相较无高下，在没有充分证据的情况下，立新说还不如从旧。

2. "夜"是从夕、亦省声的形声字。

3. "腋"和"液"都是后起的形声字。"腋"字不见于《说文》。

[**理论延伸与思考**] 省声是《说文》中的一种文字类型。把形声字中音符结构的一部分省略掉,就是省声字。古文字中的"夜"就是一个从夕、亦省声的简化形声字。省声字在古文字构形中确实存在,但《说文》中的省声不可全信,例如因为不知道存在"燊"的象形字"燊",把从"燊"声的字说成彼此省声。对省声需要具体问题具体分析。

## 第二十三讲

# "大"与"胯"之间有联系吗

[**本讲要点**] "大"的形体突出胯部,可以表达与胯部相关的意义,例如"奎""泰"等。"亢"与"夸"最初可能都是"胯"的本字,但很早就发生了分化。

[**说解汉字**] 大、夸、奎、亢、胯、跨

我们讲过"大"字与"大人"和"大小"之间的关系,下面再讨论一下"大"与胯部之间的联系。我们再来观察一下这个"大"字。

大
祝禽方鼎,集 1937

大
保方鼎,集 1735

立
父辛觯,集 6297

这几个人有突出的两点:

一是撑开胳膊,结果是露出腋部,加上两点就是"亦",也就是"腋",上一讲刚说过。

二是凸显胯部。这像练武功的蹲马步,或者是跨越障碍物时的动作,不是正常的站立姿势。从字形上看,这是突出胯部的人形。

"大"最早可以表示"胯"的意义,这种猜测,有证据吗?

首先,"胯"字中也有"大"。胯,从肉夸声。其中,"夸"从大。

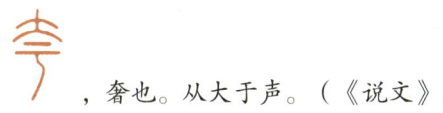，奢也。从大于声。(《说文》)

从"大"的字表示"大"的意思，例如夸夸其谈。"夸"字出现很早，字谱如下：

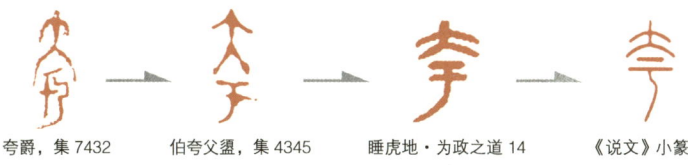

夸爵，集7432　　伯夸父盨，集4345　　睡虎地·为政之道14　　《说文》小篆

"夸"在古书中还可以用作跨越的"跨"：

藩国大者夸州兼郡，连城数十。(《汉书·诸侯王表序》)颜师古注："夸音跨。"

我很怀疑，"夸"最早就是胯部的"胯"的本字，是以象形字"大"表意的。

其次，"大"表示胯部也可以从其他文字构形中得到旁证。

"奎"，从大圭声。《孝经援神契》："奎主文章。"宋均注："奎星屈曲相钩，似文字之画。"后多用"奎"字美称帝王的文章书画或珍藏图书的处所，如称帝王手迹为奎章、奎画，秘书监为奎府，等等。总之"奎"很像民间传说的文曲星，关乎文章书画，作为人名用字是人们对知识文化的渴望。这个字为什么从大？许慎说：

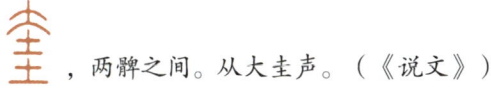，两髀之间。从大圭声。(《说文》)

"两髀之间"就是胯部,段玉裁注:"奎与胯双声。奎宿十六星以像似得名。"①"奎"的本义是胯部,为什么从大?因为"大"突出胯部,是用其形体表意。

我们还可以举出更多的例子,比如泰山的"泰"。

,滑也。从廾从水,大声。(《说文》)

上面从大,泰山就是大山,"大"不仅仅表示"大"的读音和意义,而且表示分开两腿,突出胯部的人,与生育有关,这个我们以后再说。

我们的祖先造字,同一个形体可以表达不同的意义,往往有其丰富的文化内涵。就"大"字而言:

第一,用"大"表示成年男人"夫",很可能指向男权文化。

第二,用大人形表示大小之"大"是对人类在宇宙中的定位。

第三,"大"字与胯部联系起来,不排除与女性成年有关。

人的成长经历从襁褓到爬行再到站立,一步步长大,男孩变成大丈夫,喉结发达,女性变成母亲,胯部丰满。"夫""胯"与"大"有关系,大概不是偶然的。

再给大家补充一个与"大"相关的学术界的前沿问题:"夸"与"亢"的纠缠。

国宝鄂君启节中有一个字:

鄂君启节(摹本),集12113

这个字左侧是舟,右侧从结构上看就是"夸",但释作"舿"字

①《说文解字注》,第492页。"胯部"与"跨越"的关系,是名词和动词的关系,名动相因是汉语中常见的现象,比如说:锄与锄、锁与锁、背与背、指与指、胁与胁等,前面是名词,后面都可以是动词。

书中没有记载,很多学者为此进行了深入的探讨。后来陈剑先生论定是"航",词例、押韵、释字都合,得到了大家的认可。①但"亢"字的构形还是不好理解。

先看看"亢"字字谱:

怀 1502　　效作且辛尊,集 5943　　獄盘,近出二 937　　《东亚钱志》4.64　　楚帛书·甲 7　　鄂君启节(摹本)集 12113

字形演变弄清楚了,上面是人形大,其裆部有一斜笔,这一笔一步步繁化讹变成了"于","亢"就与"夸"同形了。"亢"的本义是什么,下面为什么会变成"于"呢?

,人颈也。从大省,象颈脉形。凡亢之属皆从亢。　　,亢或从页。(《说文》)

引吭高歌,就是伸长脖子高声唱歌。许慎根据晚出的词义推求讹变字形的本义,出问题是正常的。②如果裆部这一斜笔是指示符号,就不应该与人的脖子发生联系,最合理的是表示胯部或裆部。我怀疑"亢"最初就是胯部的象形字:

第一,构形方面。从字形来看,应当是胯部,两髀之间,而不应该是脖子。

第二,读音方面。亢,溪母阳部;夸,溪母鱼部。声同,韵部鱼阳对转,古音很近。

① 陈剑:《试说战国文字中写法特殊的亢和从亢诸字》,见刘钊主编:《出土文献与古文字研究》(第三辑),复旦大学出版社,2010 年,第 152—182 页。

② 如许慎对"真"字的分析解释,参见第十七讲《"真"为什么是"颠"的本字》。

第三，从文字规律来看，"亢"与"夸"可能是异体分化。"亢"和"夸"，一个是指事，一个是形声。两个字产生的时代不一样，应当是变形音化，异体分化。

鄂君启节中的"航"字从夸声，大概不是写错字，而是"亢"与"夸"之间复杂的渊源关系。不过，"亢"与"夸"的分化很早，在应用中很少通用。

总之，在文字构形中，"大"可以表示胯部，加上指事符号就是"胯"的表意字，"亢""夸""胯""跨"等字之间可能是有关系的。"亢"的颈义，大概是假借，不能是本义。

[**理论延伸与思考**] 表意字作为形符表意，与意义之间可以有多种联系，不受其音义的制约。例如"大"的字形突出人腋部，可以作"腋"的形符；突出胯部，就可以表示与胯部相关的意义。形符表意的多样性涉及词义的认知、原始思维方式等多个方面，是个值得关注的问题。

第二十四讲

# 腿部弯曲的"大"是什么字

原题｜什么是"尴尬"

[**本讲要点**]早期表意字形体变形、笔画弯曲可以成为表意方法。"大"形的腿部弯曲，是腿部残疾的表意字。"尴尬"所从不是"九"，是腿部残疾的人"尢"。

[**说解汉字**]尴尬、提携（尢、允、尪、尬、尳尲）

"尴尬"在今天是一个常用词。"尴"和"尬"这两个字既不好写，又不好认，意义也很模糊，古书里都不常见。不知道什么原因，这两个字现在突然火了，张口闭口动不动就尴尬。

这两个字有三个特点。

第一，容易写错。这是个半包围结构，外框是什么？写成"九"就错了！仔细看一看与"九"有什么区别？《汉字规范字典》起名叫作尤字旁——尢。

"尢"旁三笔，比"九"多一笔，比"尤"少一点，四不像，现代汉字中也没有这个字，用作偏旁构成的字也很少。

第二，容易读错。两个字都是形声字，音符分别是"监"和"介"，与"尴""尬"的读音很不相同，一不小心就会读错。秀才识字认半边，一旦读成"监介"，就成笑话了——那可真尴尬了。

第三，意义模糊。什么叫"尴尬"？怎么就尴尬了？说不清也不必难为情，我们都不需要知道那么明白，这叫语言的模糊性。

语言可以模糊，字形不能模糊，为什么非要写成"尢"，一定会有其道理。下面重点说说字典部首里的这个"尤字旁"。

首先古文字中"九"与"尢"没有任何关系。"九"字见《说文》，读音是 wāng：

󰀀，󰀁，曲胫也。从大，象偏曲之形。凡允之属皆从允。

󰀀，古文从㞷。

《说文》中的"允"就是尴尬中的"尢"，单字早就不使用了，对于读古书来说认识不认识无所谓，但对于文字阐释来说，必须认识，因为它参与了文字构形。

"大"是正面站立的人形，这个人的一条腿弯曲起来了。腿弯曲成为常态就成了残疾。"允"就是腿脚有残疾的人，后来写作"尪"。

辛水所多疽与痤人，苦水所多尪与伛人。（《吕氏春秋·尽数》）高诱注："尪，突胸仰向疾也。"

不论是胸部凸起还是腿脚弯曲，都是残疾。残疾人曾经不被关爱，受到歧视和欺凌。古人对残疾人不仅歧视，而且直接将其作为人牲焚烧祭祀。民间文化中有很多以模仿残疾人为笑点的现象。

腿脚有残疾的人有两个特点：一、走路时身体不正；二、残疾人自我感觉很难为情。

"尴尬"的意思到底是什么？大概和对残疾人的歧视与残疾人的不自信有关。

"尴尬（尲尬、尴尬）"一词出现得很早，《说文》中就有，但古人很少使用，汉晋隋唐几乎找不到用例，明清时期口语里才见使用。①

① 《水浒传》《红楼梦》等书里有"尴尬人"，但并不普遍。

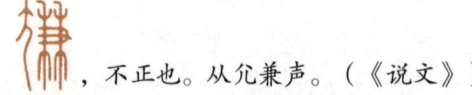，不正也。从允兼声。（《说文》）

，尲尬也。从尢介声。（《说文》）

行走不正引申到行为不正，最后表示处境难为情。

"尴尬"现在突然频繁使用，功能强大，语义泛化，和"囧"字的遭遇有一点像。这是一种文化现象。年轻人为什么爱上了"尴尬"？值得探讨。但绝大多数人不会知道，尴尬背后还涉及对残疾人歧视的文化糟粕。钩沉汉字文化，却钩出深藏在字形中的糟粕，真是尴尬哈！

面对残疾，我们的态度是：

第一，人站不直不等于人品行不正直，不必尴尬。

第二，对有腿脚残疾的人来说，积极治疗，听其自然，有所作为。社会上有好多身残志坚的表率！

第三，任何人对身体残疾的歧视嘲笑都是一种缺德行为。

所以说，腿脚尴尬的人不必尴尬，以"尢"为尴尬是真尴尬！

与此同时，大家对残疾人要关爱，这也是我们的传统美德。《说文》尢部中就有两个怪字：

，尲不能行，为人所引曰尶尲。从尢、从爪，是声。

，尶尲也。从尢、从爪、巂声。

这两个字的意思就是今天的"提携"，"是"与"巂"是表音的，与"提携"二字音义完全相同，剩下的是上面一只手，表示"提携"；左侧一个腿部有残疾的人，这是对残疾人的帮助。直到今天，"提携"一词现在还很常用，依旧是对弱小的扶持与帮助。这才是人类应该有的态度。

对于人来说，腿弯曲了可能就是小儿麻痹症之类的疾病，对于动物来说腿弯曲起来还有其他功能。我们都读过柳宗元的《黔之驴》，驴的本事就是吼几嗓子，尥几蹄子。尥蹄子是食草动物的斗争。"尥"从"尣"，牛马抬起后腿、弯曲、踢人，这就是"尥"。

从弯腿的"尣"的字不多，有的废弃不用，例如表示腿瘸的"尪"；有的被其他表意字符代替，例如"跛"代替"尩"，"提携"代替"尶尬"，等等。《新华字典》就收了"尥""尪""尴""尬"四个字。这个字虽然很有内涵，但就文字区别体系来说，没有存在的意义，俗体字中简化成"尢"，没什么不行，也没什么不好！

[理论延伸与思考] 汉字有多种属性，文化属性是附带的，作为记录语言的符号不是必需的。汉字字形所反映的文化，从今天的价值观出发，既有精华也有糟粕，我们自可有所取舍。作为历史文化现象，首先要做到真实反映，准确理解古人的思想与生活，不要一开始就陷入到文化的价值判断中去，更不能单纯因为文化的价值判断决定文字的取舍。"尶尬"二字所表达的对残疾人关爱的优秀文化内涵更为充分，却不能因此成为通用字，可见存与废主要取决于应用是否方便。

第二十五讲

# 歪斜的"大"是什么字

原题 | 歪斜脑袋的人——仄

[**本讲要点**]"仄"是倾斜的人形的讹变,"矢"是一个人倾侧其头,二者有同源关系,但不是一个字。"昃"字从日从仄,是会意字,同时也是从日仄声的形声字。

[**说解汉字**]仄、昃、矢、吴

前面讲了伸臂劈腿的大形,可以表达很多不同的意义,这个人形假如有意把它写成歪斜的样子,会不会是不同的字呢?会!歪斜的人形就是平仄的"仄","仄"与"平"相对,就是不平。

在讲这个之前,我们按照生活经验,思考一个问题:太阳与人影是什么关系?也就是说人站在太阳底下,我们的人影和太阳彼此之间是什么样的关系?

随着一天中时间的推移,人影的形状是不同的。比如说正午,人站在太阳底下,人是没有影子的,人影与人体重合。过了正午,人的影子就开始出来了,时间越晚,人影越长。所以说到了傍晚的时候,我们站在太阳底下,影子会飘得很远很远,那人影就躺在了地下。有了这样的经验,再看下面的甲骨文:

合 30835

合 12809

太阳、人影,人影不正——太阳西斜,意思是傍晚,这就是"昃"字。

周文王至于日昃不暇食,而宇内亦治。(《汉书·董仲舒传》)

古人一日两餐,日昃不食与废寝忘食都是形容勤奋忙碌,顾不上吃饭,顾不上睡觉。

《说文》也有这个字:

㫼,日在西方时。侧也。从日仄声。《易》曰:"日厢之离。"臣铉等曰:今俗别作昃,非是。

"昃"字上面是"日",下面是"仄",大部分人理解为一般的形声字。我们知道了甲骨文的写法,也就可以推知"仄"的来源和意义了。

学古诗要强调平仄,平平仄仄平,仄仄平平仄,老师告诉我们这个"仄"就是不平。"仄"为什么是不平?

仄,侧倾也。从人在厂下。厌,籀文从矢,矢亦声。(《说文》)

"厂"①是山崖,人在悬崖下面为什么是侧倾?不懂。比较一下"昃"字甲骨文和小篆的不同。

①"厂"与简化字工厂的"厂"不是一个字。《说文》:"厂,山石之厓岩,人可居,象形。"

找到太阳,剩下的部分就是"仄","仄"的本义就是向一侧倾斜的人影。这个字的变化过程是这样的：

战国文字的"大"常常自腰部中断，上肢与下肢分离，如"大"字写作㐁。"大"与"仄"的演变很相似，都是从腰部断开：

拦腰断开的"大"这种异体被历史淘汰了，"仄"的这种写法却成了正体。许慎不知道其来源，误解了字形，还和另外一个歪着头的"矢"字纠缠到一起去了。

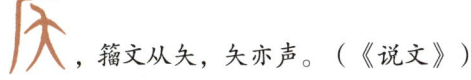，籀文从矢，矢亦声。（《说文》）

夨，倾头也。从大，象形。凡夨之属皆从夨。（《说文》）

"仄"与"夨"读音、意义都很近，一个是倾侧其身，一个是倾侧其头。籀文"仄"变形，用歪头"夨"表示读音，这就成了一个从厂、矢声的形声字。这个籀文在古文字中还没有发现，应该是"仄"

的变形音化。

人影不正是"仄",人头不正是"矢"。这两个字构形能力比较弱,常用字就是"昃"和"吴"。"昃"已经说过,"吴"字的繁体作"吳",歪头加个"口",什么意思,旧说是大声说话,或许就是歪理邪说、吹牛之类的意思吧。

有的古文字学者根据歪头"矢"与歪身"仄"两个字音、义、形之间的联系,把它们当作一个字。我不太同意这种观点。理由有下面几点:

1. 造字的时候是否是异体字,不好确定;

2. 两个字形来源不同,不是同一字形的讹变;

3. 各有其构形功能。"吴""昃"二字的构形中各有其功能。

《说文》将其分为两个字,我们还是应该遵从。"仄"与"矢"是音近义通的同源词,这是完全可以确定的。

[**理论延伸与思考**] 早期表意字的体位可以表达意义,正、斜、倒、反不是任意的,是形体表意的手段。

# 第二十六讲

# 倒过来的"大"是什么字

[**本讲要点**] "逆"所从的"屰"是倒过来的"大",即倒过来的人形。"逆"的常用义是逆反和迎接,意义的核心都是方向相反。"至"字字形表现的是返回地面的矢,即倒矢到达地面,加音符"刀"就是"到",常用义有到达与颠倒,颠倒义加意符人,分化出"倒"。"逆""至""到""倒"都与字形中的倒写相关。

[**说解汉字**] 矢、至、到、倒、逆、迎、送、从(屰)

"大"还没有说解完,继续讲与它关系密切的字"逆"。成语有"倒行逆施","逆"与"倒"是同义词,下面主要讲"逆",顺便把"倒"也说了。先从"倒"字说起,因为它比较简单。

"倒"有两个常用义,一个是倒下,《说文》就是以此为本义。

,仆也。从人到声。

弓不虚发,应声而倒。(《上林赋》)
"倒"还有另外一个常用义:颠倒,反过来。现代汉语声调是四声。
倒之颠之,自公令之。(《诗经·齐风·东方未明》)
"倒"的结构中有音符"到","到"也有两个常用义,一个是一直延续至今的"到达"。

![到字形]，至也。从至刀声。(《说文》)

民到于今称之。(《论语·季氏》)

另外一个古书中常用，音义完全与倒立的"倒"相同。

《墨子·经下》："临鉴而立，景到。""景到"就是"影倒"，影子倒过来，这是讲光学的。

"倒"以"到"为音符，二字古代读音相同，都是端母宵部。"到"字中表意的是"至"。"至"字中有一支倒过来的"矢"。

合 4787　　　　　　合 20546　　　　　　合 23053

"矢"是箭的象形，上面是箭镞，下面是箭尾。打猎射鸟，向着空中发射。射出去的箭一定会返回到达地面。因为箭镞是金属制作，箭尾是羽毛制成，返回时重的一头朝下，箭镞先到达：

合 583 反　　　　　　合 10964

"至"表示倒过来的"矢"抵达地面，很形象。"矢"与"至"的古音也很近，"矢"兼表读音。①

"至"的字形中就包含着"倒过来"与"到达"两个意义。"至"上加个"刀"表示读音，既可以表示到达，也可以表示倒过来。

总之，在"至""到""倒"等字中，倒过来的"矢"是其音义

---

① 矢，书母脂部；至，章母质部。

的核心。

我们再来看"逆"。"叛逆"与"顺从"相对,"逆流而上"与"顺流而下"相对,"逆"与"顺"是反义词,语义的核心是方向相反。

,迎也。从辵屰声。关东曰逆,关西曰迎。(《说文》)

虎贲百人,逆子钊于南门之外。(《书·顾命》)

"逆"的音符"屰"也见于《说文》:

,不顺也。从干下屮。屰之也。

按《说文》的意思,"屰"是顺逆的"逆","逆"是迎接。这两个字被后人给合并了。但许慎对"屰"字形的解释莫名其妙,"屰"在传世古书文献中也不见使用,难以判断是非。幸好古文字中见到了此字。

合 22511

屯 4138

人头朝下,脚朝上。把它正过来就是"大","大"倒过来就是"屰"。

一个成年人头朝下意味着什么?正常的体位是头朝上,与正常的体位相反就是逆。早期汉字中利用表意字的方向表意。在甲骨文中，水纵流是"川"，也是"顺"，水横流就是"灾"。

川　　　　川　　　　　　　灾　　　　灾
合 33357　合 33357　　　　合 17205　合 17199

"屰"是方向相反，叛逆、逆反等都是向着相反的方向运动。迎接也是彼此向相反的方向运动。

虎贲百人，逆子钊于南门之外。（《尚书·顾命》）

从主人的角度来说，逆着客人的方向运动就是迎接，所以叫作"逆"，与客人相同的方向运动就是"送"。"送"与"从"是同源词，"从"的字形就是一人在前，一人随从其后，"送"也是如此，是客人走在前面，主人随在后面。"送"与"从"的古音也很近。①

总结一下，与"大"相反方向的是"屰"。

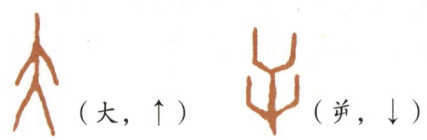

（大，↑）　　　　（屰，↓）

与"从"相反方向的是"逆"。

逆（迎→←）　　送（从→→）

"逆"与"从"相反，"迎"与"送"相反；"逆"与"迎"同源，"从"与"送"同源。②"屰"或"逆"不论是表示相反的方向还是迎接，其语义的核心就是倒过来，这个核心意义通过"屰"表示。

古文字中"大"倒过来就是"屰"，"矢"倒过来还可以表示"矢"，也可以表示到达的"至"。倒过来的"大"与倒过来的"矢"形体很近，

①送，心母东部；从，从母东部。
②相向：从（从母东部），送（心母东部）。相对：逆（疑母铎部），迎（疑母阳部）。

很容易发生混淆，学习古文字时要特别留意。

以上所讲"倒行逆施"中的"倒"和"逆"，这两个字是同义词，都表达方向与正向相反。文字通过形体倒写表意，我们称之为"倒写构形"，这是早期汉字中常见的一种构形方式。①

**【理论延伸与思考】**早期表意字中意符的方向和位置是重要的表达手段。不同的方位就是不同的字符。把文字倒写过来表意就是倒写构形。倒写构形或者是现实生活的反映，或者表达方向相反的意义。倒矢与倒人构成的表意字表达方向相反的意义。

①李守奎：《汉字倒写构形与古文字的释读》，见李守奎：《古文字与古史考：清华简整理研究》，中西书局，2015年，第251—271页。

## 第二十七讲

# 不再是人形的"大"——大火为"赤"

原题 | 燃烧的颜色："赤"

[**本讲要点**] 由上大下火构成的"赤"表达的意义不是烤人,而是颜色"赤"。文字不是由大与火构成的图画式结构,而是"大火"这样的语义组合结构,大火的颜色是"赤"。

[**说解汉字**] 大、火、赤、尖、烎、孨

前面几讲说的是"大"在构形中依靠形体表意。"大"是撑开手臂、露出双腋的人形,所以"腋"的初文"亦"、夹辅的"夹"都从大;"大"是劈开双腿、突出胯部的人,所以"夸""奎"等字从大。下面依旧说"大",这个"大"与我们过去讲的依靠形体表意大不一样。

先来看下面的一个字:

合 3313

麦方鼎,集 2706

上面是"大",下面是"火"。"大"已经讲过,"火"是火苗的象形。这是个什么字呢?

我们先了解古文字学里如下三方面知识。

1. "大"是正面站立的人形,下面的"立""夹""亦"三个字形我们都已经讲过。

第二十七讲　不再是人形的"大"——大火为"赤"　| 133

立　　　　　　　　夹　　　　　　　　亦
合 32227　　　　合 24245　　　　合 6072 正

2. 古代有焚烧人祭祀求雨的记载。①

夏，大旱，公欲焚巫尪。（《左传·僖公二十一年》）

昔者汤克夏而正天下，天大旱，五年不收，汤乃以身祷于桑林……于是翦其发，䲹其手，以身为牺牲，用祈福于上帝。（《吕氏春秋·顺民》）

甲骨文中也有表达焚烧人的字形：

合 9815　　　　合 32296　　　　合 33156

凸胸大肚的残疾人可以被焚烧，抓来的俘虏大概也可以做人牲被焚烧。

（合 12842 正）：贞，燓，有雨。勿燓，亡其雨。

3. 以"火"构形的上下结构的文字中，大都有"炙烤焚烧"的意义。例如，脍炙人口的"炙"是烤肉，焚烧的"焚"就是放火烧林——古代开垦土地的一种方式。

以上三个知识都正确无误。沿着这个思路我们再观察古文字中的

① 裘锡圭：《说卜辞的焚巫尪与作土龙》，见裘锡圭：《裘锡圭学术文集·甲骨文卷》，复旦大学出版社，2015 年，第 194—205 页。

这个字，上面如果是人形"大"，下面是"火"，凭借已有的知识，沿着字形表意的思路，你能得出什么推论？

合 3313

麦方鼎，集 2706

我们首先会想到与上面焚烧人祭祀求雨是一码事，可能还会想到烤全人？火葬？尿了裤子烤裤裆，等等。

从文字构形来说，推测出任何与字形相关的结论都有可能，问题的关键是这个字从来没有记录过这些意义，古人造字时没有想到这些。知识是正确的，思路也没有错，为什么结论不对呢？因为缺了一个关键的知识：形符与义符不同。

汉字构形中意符主要有两类，第一类是依靠形体表意，文字学上叫作"形符"。比如我们讲过的站立的"立"、并肩的"並"。

立
合 32227

並
合 33113

在这两个字里，"大"都是站立的人形，都像是人站在地上。文字学把这种依靠自身形体表意的意符叫作"形符"。

第二类是用字符所记录的意义表意，文字学上叫作"义符"。比如"尖"，一头小一头大，小的那一头尖锐，构形中用的是"大"与"小"所记录的语义。如果是形体表意，上面是沙子，下面是大人，就可能是活埋了。"尖"

是一种中间大、两头小的玩具，"小""大""小"都是义符。现代汉字中还有一定数量的这种表意字，例如"尘""孬"等。

有了形符与义符的知识，再来看《说文》解释"赤"：

，南方色也。从大从火。①

字形结构是上"大"下"火"，所表达的意义与字符的形体及文字构成的图像无关，而是运用字符的意义，构成"大火"文义组合，大火的颜色是赤色，用以表达颜色——赤，这就是义符表意。

合 3313　　　麦方鼎，集 2706　　　《说文》小篆

这个字的词例有赤马（合 29418）、赤乌（师晨鼎，集 2817），都是指颜色，古书文献中更加常见。直到今天还在使用，比如"近朱者赤、近墨者黑"。从事理上说，大火映红了半边天，大火与赤红的联系也是很自然的。

你可能会提出一个疑问，你凭什么说上面是个"大"，下面是"火"，不是用火烤人呢？

文字是记录语言的符号。语言中用这个字记录的就是一种颜色，记录的就是赤色。假如说，语言里边用它记录的就是用火烤人，就像后代吃人的两脚羊，我们就另求别解了。②

我们有记录语言的铁证，有清晰的字谱，有合乎事理的构形理据，

① 《说文解字注》（第 491 页）中改为"从大火"。
② 从甲骨文词例来看，其中一部分有可能就是焚烧人祭祀。不排除甲骨文中这个形体包含形符表意和义符表意两个同形字的可能。

所以可以确定这个字合起来就是大火,大火的颜色就是赤色。

【理论延伸与思考】字符形体相同,性质不同,构成的文字不同,例如,"体"中的"本"如果是音符,"体"就是"笨"的异体;"本"如果是意符,就是"體"的异体。

意符也有两类,形符和义符。依靠形体表意,构成平面文字结构的是形符;依靠字符所记录的语义,语义组合表意的是义符。

第二十八讲

# 表意字的分崩离析

[**本讲要点**] 树叶的"叶"的甲骨文是象形字，后来变成了"蝶"字的右侧"枼"，"世"是从"枼"上截除下来的一部分，所以表达时间的"中叶"与"中世"意义相同。

[**说解汉字**] 伐、叶、世、尘（枼、葉、塵）

表意字的发展从总体上看是表意性越来越弱，象形越来越不象形。

讲汉字的人都喜欢突出汉字的原始表意性，经常说像这个像那个。其实，汉字发展到春秋战国时期，大部分文字已经什么也不像了。

讲"赤"字时，我讲了两种类型的汉字构字部件：形符与义符。根据形符和义符的不同，汉字中的表意字有下列两类：

一、平面构图，如人、伐、叶（葉）

我们讲过的"伐"字，甲骨文中是戈穿过人的颈部，表达杀人的意义。

合 33020

甲骨文中的树叶我们前面讲过（参见第十四讲），非常象形，树木上长了许多叶子。

合 13625

在形符表意字中,文字是一个不可分割的整体,彼此的形体位置也不能随便移动。字符交叉在一起,形状、位置、方向都在表意中起一定的作用,整体就像一幅平面图画,独体的一般称作"象形字",合体的称作"会意字"。它们就像建筑构件构成房子一样,都有固定的位置,固定的方向,彼此交接,不能放错。

**二、义符表意就是字符的意义表意,例如,不好是"孬"**

在义符表意字中,构字部件的意义彼此组合,但部件是完全分离的,从始至终都是彼此分离的,就像桌子和椅子构成桌椅一样。

比较来看,形符表意产生得早,数量多;义符表意产生得晚,数量也少。

平面构图的表意字很形象,但写起来很麻烦,能产性很低,不仅很早就不再创造,而且已有的也被简化、类化、分解,逐渐被取代。日月山水,草木鱼虫,这些典型的象形字早期都像一幅幅简笔画,后来在隶楷系统中已经无形可象,都变成了记号。

文字向记号的方向发展,是总体趋势。早期的独体表意字变成了记号,复杂的被部件化。整体的图形被分解成构字部件,我们可以称之为"部件化"。部件化了的形体,脱离了对位置、方向的依赖,意义不再依靠形体表达,部件的功能主要是区别字形。

但与此同时,表意字还在挣扎着表意,形符转变为义符,理据重构。比较甲骨文的"伐"到小篆的"伐",看看发生了什么变化?

"伐"字在战国文字之后已经变成了"伐",人与戈分离,不仅分不清是杀人还是防卫,而且字符的性质也从形符变成了义符。再看看许慎做了怎样的解释。

,击也。从人持戈。一曰败也。

字形被分解成两个界划清晰的独立部件,阐释也重构了文字的理据,彼此的关系模糊甚至被误解:砍击头颈的意思已经看不出来了。人被杀演变成了人持戈去攻击他人。

再看树叶的"叶"①,甲骨文如下:

合 13625

字形像树上长着枝叶。这个象形字就是"叶"的繁体字"葉"草字头下面的那一部分。

,艸木之叶也。从艸枼声。(《说文》)

① 简体字的"叶"与树叶没有关系,本是"协"的异体字。《说文》:"協,众之同和也。从劦从十。旪,古文协,从曰、十。叶,或从口。"

简化字中"枼"已不用了,但在偏旁中还出现,例如"蝴蝶""碗碟",等等。

看一下"枼"从甲骨文到小篆发生了什么变化:

枝叶相连,变成了完全分离的"木"和"世"两部分。再看看许慎的解释:

,楄也。枼,薄也。从木,世声。(《说文》)

树叶是薄片,书页也是薄片,所以页码的"页"最早写作树叶的"枼",因为"页"形体简单,就同音假借为"枼"或"葉"了。

表意字"枼"中本来没有"世",是表意字部件化之后产生的,再从"枼"中截除下来,就有了"世"。

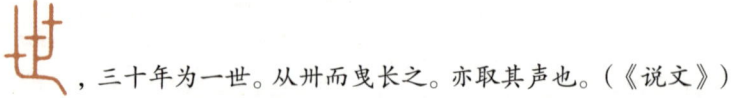

,三十年为一世。从卅而曳长之。亦取其声也。(《说文》)

《说文》"世"字的读音来自"枼",意义来自"卅",情况比较复杂。"世"就是"枼"的异体分化字,它来源于"枼",古音也很近,①意义相通。《尚书·无逸》:"昔在殷王中宗。"孔传:"殷家中世尊其德,故称宗。"其中,"中世"与"中叶"意义相同。

象形的"枼"变得不象形之后,加上意符"艸"分化出"葉",

① 世,书母月部;枼,喻母叶部。

截除下面的"木"分化出"世",自己就隐藏在"牒""碟"等字中了。

树叶写作"葉",书的页码与树叶相似也写作"葉",因为复杂,又被"叶"和"页"给取代了。文字应用追求的是简便,管不了许多理据。

下面这个字也是形符造字改换为义符造字的好例子。

塵
《说文》小篆

一群鹿从土地上奔跑而过,尘土飞扬,这是"尘"字的小篆。

用这么一幅图像,经过人们的想象,曲折表达"尘土"这个意义。字形是如此复杂,表意是如此隐晦,简化成"塵",依旧复杂。所以很早就出现了异体字"尘":小土为尘。① "小"的字形最初是沙粒,"尘"不是土上的沙子,而是用"小"与"土"的字义组合表达的意义——细小的土。这就是文字由形符到义符的转化。

时至今日,我们可以说商周时期依靠形符表意的汉字一个都没有了。"凸""凹"等少数几个很晚才出现,曾被人们称作"字妖",因为它和不象形的楷书系统不协调了。

我们不要再把现代汉字叫作象形字了,汉字早就不依靠象形表意了。

【理论延伸与思考】

象形表意字被取代主要有三种方式:

一、部件化为记号字。

二、增加音符或意符变成形声字。

三、形符变为义符,理据重构。

从总体上看,汉字的表意功能逐渐降低,但并不妨碍其记录语言的功能。

① "尘"最早见于唐代的敦煌变文写本中,印刷物中所见最早的是宋代韵书《集韵》。

## 第二十九讲

# 从古至今"坐"的变化

[**本讲要点**]坐姿古今发生多种变化,"坐"字的演变也经历了很复杂的变化。古文字中的"坐"字中有一个跪坐的人形。秦文字为了结构对称、写成两个跪坐的人形,与"卯"字相近。汉代人不知其来源,改造成汉代的"卯"形,字形、释义皆误。

[**说解汉字**]坐、卯(卩)

现代生活中"坐"的含义是:臀部放在椅子等物体上以支持身体(《新华字典》),坐这个动作因为坐具的不同呈现出多种姿态。坐具有椅子、凳子、席子、坐垫儿,等等。坐姿主要有三种:垂脚坐、盘腿坐和跪坐,其共同点是支撑身体的着力点在臀部。

坐姿与坐具彼此相因,但出现的先后不同。

跪坐中,下肢的胫部与足部着地,臀部与股部落在其上,下肢整体支撑着上身,虽然腿脚辛苦一些,但身体总体上是松懈休闲的状态。这是古人闲居时的姿势,也就是日常姿势。这种坐姿出现最早,传承久远,今天部分日本人还这么坐。这种坐姿与跪差别很小,臀部提离小腿,就成了跪了,以示对人的尊敬。

古人"跪坐"连用。《管子·弟子职》:"先生将食,弟子馔馈。摄衽盥漱,跪坐而馈。"席地而坐,是休闲的状态;跪坐是礼制要求的恭敬状态;与正襟危坐相反,"箕踞"则是傲慢无礼的状态。《史记·田叔列传》:"高祖箕踞骂之。"刘邦起身社会下层,不懂也不守贵族礼节,张开双腿随意坐,像个簸箕,裆部开放,很不礼貌。这是变态的坐。

传统的坐姿总的要求是收敛,好处有三:约束自我,谨慎有节;可以随时耸身表示敬意;还可以随时站起防备。弊端是只有上身得到休息,但下肢太累。

后来从少数民族那里传来一种盘腿坐,古人称之为"胡坐",《后汉书》就有记载。《后汉书·五行志一》:"灵帝好胡服、胡帐、胡床、胡坐。"这种坐姿是腿脚盘曲,臀部、腿部一起支撑身体,腿脚终于解放出来。这种姿势长久不累,一直延续到现在。

垂脚而坐就更舒服了,但坐具得变革成高脚的凳子椅子,这已经到中古了。南唐尉迟偓《中朝故事》:"崇文曰:'君非久在卑位也。'指己座下椅子,谓之曰:'此椅子犹不足与君坐。'"

说了这么多坐具、坐姿,目的就是为了说清楚"跪"与"坐"这个字的渊源流变。如果甲骨文中有"坐"字,形象一定不会是盘腿坐或垂腿坐。

古文字中有个"卩"字:

合 22418

合 20470

从字形上看,这就是我们上面所说的跪坐姿势。小篆变形,许慎就误解成"节"的本字了:

卩,瑞信也。守国者用玉卩,守都鄙者用角卩,使山邦者用虎卩,土邦者用人卩,泽邦者用龙卩,门关者用符卩,货贿用玺卩,道路用旌卩。象相合之形。凡卩之属皆从卩。(《说文》)

这个字究竟是"跪"还是"坐"呢？放到下一讲再说，这一讲先说"坐"。

坐，止也。从土，从留省。土，所止也。此与留同意。

坐，古文坐。（《说文》）

"坐"的小篆讹变，许慎说解迂曲。古文二人站立土边，古今也都没有这种坐姿。

不过，甲骨文有三个形体：

（合 1779 正）：贞，祖辛~于父乙。

（合 5357）：丙寅卜，□贞，王~。

（合 16998 正）：…~惟有害。

这个字曾被释为"宿"，但从字形上看，很像我们所说的"跪坐"

的坐姿。下面是席子,是坐具,上面是跪坐着的一个人,跪坐的人不论男女,所以有学者认为应当是"坐"字。但因为词例不好讲,也没有得到大家的公认。

最早从词例上确认的"坐"字是战国楚简。举一个清华简中的字形和用例:

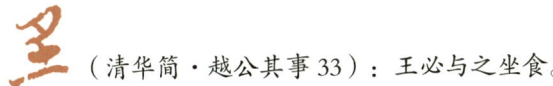(清华简·越公其事33):王必与之坐食。

这是一人在土上独坐。①有学者马上就想到甲骨文释为"宿"的那个字。

上面都是跪坐的人,下面都是坐具。这就为甲骨文释为"坐"提供了字形上的新证据。但席子怎么能变成"土"呢?有学者认为土形是席子的讹变,这样的变化简直匪夷所思。

从时代上说,甲骨文到战国楚文字1000多年,甲骨文应当表现更古老的文化信息。从事理上说,上古质朴,席地而坐,直接坐在土上,随着文明的进步,有了坐具坐席,楚简的"坐"与甲骨文的"坐"时代上颠倒过来才好说通。但事实就摆在这里,难道楚人文字保留了人类更古老的记忆?没有坐具,人们坐在土地上的时代,大概也不会有文字。究竟怎么解释,还需要努力。

到了秦文字那里,为了字形结构的匀称,跪坐的人形变成两个:

① 下面的"土",学者有不同的认识。

为了结构对称,弄得像两人对坐。"坐"字古文中的人讹变得像站立的人,楷书就直接变成了"坐"。

对坐的两个人很像"卯"字:

对坐的两个人与"卯"是完全不同的两个字,但秦汉文字中形体相近,便混同了。汉代的"卯"变形作㝹,《说文》根据汉代的"卯"字改造"坐"字:

《说文》"坐"的篆文不是秦代的文字,是东汉人根据当时的写法篡改的。

说到这里,搞书法的朋友们就要问:汉代人弄错了,我们该怎么办?

第一,将错就错。小篆大都以《说文》为准,错也是古人的错,不是今天写字人的错。

第二,分清时代。假如你写战国文字、写秦文字,就绝对不能用《说文》讹变的字形。

"坐"字的变化很曲折,"坐"字的文化也很丰富,不仅需要从文字学的角度研究,还需要结合文化学去理解。

【理论延伸与思考】文字演变不仅受记录语言的深层结构的制约,也受文字表层结构演变规律的影响。"坐"字的变化表意功能减退,理据逐渐丧失,字形却越来越匀称。从文字的表达上看,追求理据充分,总的发展方向是繁化;从字体的发展方向看,主要是向着简单、美观的方向发展,简化是主流,但也不是全部。"坐"字演变就是多重动力推动的结果。

第三十讲

# 古人是怎么跪的

[**本讲要点**]"卩"最初可能是一形二意,既是"坐",又是"跪",加意符坐具成"坐",加音符"厃"成"危(跪)"的初文。

[**说解汉字**]危、跪(卩、厃)

上一讲说的是"坐",这一讲说"跪"。先说古今"坐"与"跪"的区别。

"跪"与"坐"这两种姿势,现在很容易分辨,双膝作为支撑点就是"跪",不论是跪地还是跪搓板,着力点都在双膝;臀部作为支撑点就是"坐",不论是坐炕席还是坐椅子。

古代的"坐"与"跪"都是双膝支撑,区别在哪里?先秦古人的"坐"是双膝着席,臀部落在腿脚上。"跪"也是双膝着席,耸身上提,臀部离开支撑点,身体前倾,这个姿势很方便磕头行礼。跪这种姿势身体紧张,表示敬畏和尊敬,是一种礼仪,在神灵、祖先面前要跪,在比自己年长的人面前要跪,在地位高的官老爷面前也得跪,在自己敬服的人面前也想跪。

还有一种跪:腰部、臀部和大腿成一条直线,支撑点落在膝部,这就是所谓的"长跪",也叫"跽",有时是一种警戒姿势,随时可以一跃而起。

跪礼可以说源远流长,至今在民间有些地方还在施行。

"坐"与"跪"都是下肢的小腿和脚面着地或着席,两种姿势可以随时转换,坐着抬起臀部就成了跪,跪着落下臀部就成了坐。在礼仪社会，因为这两种姿势各有其文化内涵，古人也不会随便转换，好好坐着突然提臀耸身，那是发生了紧急情况的警戒动作。这种礼仪什么时候形成的，我们并不能确切知道。从文字构形与实际应用的种种蛛丝马迹来看，"跪"与"坐"最初可能没有严格的区分。

今天的"跪"字是怎么来的？分解一下"跪"字。先看《说文》：

跪，拜也。从足，危声。（《说文》）

形声字，很好理解。再分解"危"：

危，在高而惧也。从厂，自卩止之。（《说文》）

李白有诗"危乎高哉"，"危"就是高，站在高处恐惧，恐高症患者更恐惧，这些好理解。所从的"厃"是什么呢？什么叫"自卩止之"？

厃，仰也。从人在厂上。（《说文》）

"厂"是悬崖，人站在悬崖顶上，一是站得高，二是有危险。高与危险是"危"的常用义，从"厃"表意理解了。那"卩"是什么作用呢？上一讲我们已经说过，这是跪坐的人形，究竟是"跪"还是"坐"？

我们再看看下面的甲骨文：

合 22418

合 20470

从字形上看,应该是"跪",臀部离开了支撑它的腿脚。从词例上看也应该是"跪"。

卩于母丙。(明义士《殷虚卜辞》1980)

壬寅卜,殷贞,王卩主父,福。(合2235正乙)

在亡母和祖先面前自然就是"跪"了,也就是说《说文》中的"卩"就是"跪"。

知道了上部"厃"是高危的"危"的本字,也知道了"危"字的下部"卩"是跪坐的"跪"的本字,"危"字就可以重新理解了。

"厃"与"卩"来源不同,意义不同,但字形简单,读音相同或相近,就把两个字合并在一起成了"危",从厃、卩声就是危险的"危";从卩、厃声就是跪坐的"危"。这种类型的汉字不在少数,例如"樊"[①]字。后来,"危"字主要用来表示危险的"危",于是加了一个表意的足旁分化出"跪"字,成为"跪"义的专字了。

我们分清楚了"危"和"跪",却找不到了"坐"。再仔细观察一下上一讲说过的甲骨文中的"坐":

合 1779 正

合 5357

按照我们上面所讲的"跪"与"坐"的区别来观察,上面这个人臀部没有落下,应该是"跪"。

但古人不能只跪不坐。

---

① 李守奎:《〈楚居〉中的樊字及出土楚文献中与樊相关文例的释读》,见李守奎:《古文字与古史考:清华简整理研究》,中西书局,2015年,第40—48页。

"坐"与"跪"体姿相近,如果造表意字,字形也应该相近。在古书中"跪"与"坐"自来纠缠不清,意义可以通用。

先生书策,琴瑟在前,坐而迁之,戒勿越。(《礼记·曲礼上》)孔颖达疏:"坐亦跪也。"

楚简中"危"与"坐"完全一样。包山简中"危山"是一个祭祀的对象,"危"字字形作:

包山简 243

这是一个跪坐的人形,下面是"土",与上一讲所讲的"坐"字完全一样。

清华简中"危"字还有一个独特的字形:

清华简·子产 11

上面是"广",下面就是"坐",当然也可以说是"跪"。①

从读音上来说,"跪"与"坐"古音也比较密切,音理上也可以通转。

从各种迹象来看,"坐"与"跪"最初就是一个字,都是在跪坐的人形上加上其他形式才分化开来。"坐"下面有坐位,"危(跪)"上面有音符,二者的分化是后来演变的。

把这个字形简单而功能复杂的"卩"总结一下。"卩"字最初既是"跪"字,又是"坐"字,后来产生了分化,带坐位的是"坐"字,带音符"广"的是"危(跪)"字。字谱关系如下:

① 清华简《子产》篇中另外一个"危"字作𡊄(简3),变化更加复杂。

合 22418　　清华简·越公其事 33　　睡虎地·秦律十八种 80　　《说文》古文

清华简·子产 11　　《说文》小篆

　　保守地说，"坐"与"跪"即便不是同一个字，也是同形的同源字。小篆的 㔾，因为跪坐的人形讹变得很厉害，很多弯曲的笔画拉直了，就看不出象形的原样了，许慎就把这个跪着的人形误解成了"符节"的"卪"，字形又隶定成"卩"，说解形、音、义都远离了构形本义。

　　"坐"与"跪"的初形"卩"和"月"一样，是同一个形体表示两个相关联的不同音义，还有讨论的空间。

　　古书上说，礼乐治国是从西周开始的，是周公的功劳。出土文献也可以证明西周金文中有拜手稽首之礼，稽首肯定是要跪的，西周时人们肯定认为有区别"跪"与"坐"的必要。跪拜礼源起于什么时候？我们无从详考。如果我们能够证明古文字中"跪"与"坐"不加区分，那么是否可以推测造字的时代还没有跪拜礼呢？

　　对于"跪""坐"同源的现象，可以从语言文字的角度去梳理，也可以从历史文化的角度去思考。

　　【理论延伸与思考】"坐"与"跪"同源。同源字不仅可以追溯语言文字的源流，还可能看到历史文化的变迁。

第三十一讲

# 古时身份的象征——印

[**本讲要点**]印章的"印"与压抑的"抑"最初是同一个字。"印"就是因为压抑而得名。"印刷"就是"印"功能的扩展，活字印刷是对人类文明的重大贡献。《说文》反印为"归"之说不可信。

[**说解汉字**]印、抑（归、爪、卪、卩、卪）

枪杆子、印把子，都是实力的代表，"印"代表着权力，从古到今都十分重要。"印"还关系到中国的四大发明之一——活字印刷术。

《说文》所说的"印"，就是我们所说的印章：

，执政所持信也。从爪从卪。凡印之属皆从印。

为什么"从爪从卪①"就是印章呢？按照许慎的理解，"卪"就是符节，起信用作用，手里抓着符节就是"印"了。我们现在知道了这个"卪"就是古代的"跪"和"坐"字，与手持符节没有关系了，那一只手在上，一个下跪的人在下，怎么就是"印"了呢？《说文》给我们提供了线索。

《说文》中，"印"是个部首，部中只有两个字，另外一个就是压抑的"归（抑）"：

，按也。从反印。　　，俗从手。

① "卩"与"卪"都是跪着的人形的隶定，是异体字。

左
合 137 正

右（又）
合 19876

许慎的意思是"印"字方向反过来就是"压抑"的"归"。①然而，古汉字中除了左手与右手等个别的例外，很少用左右方向作为区别手段，例如"为""祝""令"的甲骨文：

| 为（从爪） | 祝（从兄） | 令（从卩） |
|---|---|---|
| 合 15180 | 合 13399 正 | 合 5045 |
| 合 2953 正 | 合 2650 | 合 3049 |

三个字所从的"爪""兄""卩"都有向左和向右正反不同的写法，构成的文字音义都不会有不同。

《说文》许多部中有与常用字左右方向相反的生僻字，大都不可信。例如上图中的"爪""兄""卩"三字都是部首，在每部的最后，都附有相应的反方向构形：反爪为"丞"、反兄为"㖧"，反卩为"卪"。

我们再看看《说文》的解释：

丞，亦兄也。从反爪，阙。

㖧，拖持也。从反兄，阙。

卪，卩也。阙。（从反卩。）

这里都有"阙"。所谓的"阙"，就是弄不明白，放置在这里不解说了。对于不懂的地方，宁可不说，也不乱说，这就是大家推崇的治学"阙疑"精神。这三个字的意义解说了，构形也解说了，按照《说文》的体例都说了，还阙什么？

第一，阙词例。从古到今这些字未见使用。

第二，阙读音。唐写本《说文》还没有反切注音，现在通行的《说

① "抑"应写作"抑"，"卬"为"印"的讹变，详见下一讲。

文》刻本都有反切注音，那是后人把《唐韵》附加上去了，有些读音恐怕连许慎也不知道。

从古文字的材料看，这些字本来就与"爪""丮""卩"是同一个字，除了写法方向相反外，读音和意义完全一样，非要把它们当作不同的字，只能杜撰出不同的意义和读音。《说文》所说的意义是同一个意义的不同表达，不知道读音，就阙了。唐代以后，好事者就给这些字加上了完全不同的读音。

总之，《说文解字》中以方向正反为区别的那些字大都靠不住，它们大都来自同一个字的异体写法。明白了这些道理，"印"与"归"的关系也就明白了。这个字见于甲骨文，有不同方向的两种写法：

屯 4310

合 8329

正好与《说文》的"印""归"相对应，二字的古音也很近①，证实了二字最初为同一个字。明白了这一层，相关的问题都好理解了。

"印"就是压抑，人已经跪下了，还压着人的脑袋往下按，当然就是压抑、压迫。压抑是为了让他顺服，被压抑会令人很不爽。

印章为什么叫作"印"？印章是干什么用的？古代文书或者信件发送，需要密封，用绳子捆好，在绳子打结处用一块特制的泥封住，在泥上盖上发件人的印章，这叫"封泥"。收件人看到封泥完好，就知道没有被偷看。

封泥及封泥盒

① "抑"和"印"都是影母，韵部质、真对转。有的古音学家根据《唐韵》归入职部不可信。

印章上的字怎么能够印在封泥上呢？用力往泥上按，我们现在还说"按个印"或"按个戳儿"。"按"是"抑"的同义词，就是压抑，古代叫作"抑"，现在叫作"按"。印是通过抑按来发挥作用的，所以就叫作"印"了。

　　"印"到了秦汉时期，完全制度化了，是身份地位的明确标志，不同的职位使用印的材料不同、大小不同、文字不同。印，人活着的时候使用，死后还可以带入墓中，所以墓葬考古中大家最关注印章，一旦发现印章，墓主的名字、身份等就可以确定了。印章到现在也是有严格规定的，个人用的私印不能太大，至于私刻公章，那就违法了。

　　印章这种东西很早就有，但是先秦并不叫作"印"，而是叫作"鉨"，秦汉写作"玺"。然而我们读古书的时候，常常看到先秦古书中说到"印"。

　　《墨子·号令》："守还授其印，尊宠官之。"传说中苏秦挂六国相印，权力大到不可想象。这与我们所见到的出土文献不同，很可能是后代整理《墨子》，用当时的语言和文字转写翻译了。

　　下面我们再来看印章与活字印刷术。

　　活字印刷术用的就是印章的原理。一个字模就是一个单字印章，按照一页古书的大小制成书版，把字模按文义排开，刷上墨，印在纸上；印另外一部书时把这些字模重新排列即可，这就是活字印刷术。这是我国古代四大发明之一，追根溯源，关键是对于"印"的灵活使用。

　　【理论延伸与思考】早期表意字中方位是重要的表意手段，但左右方向一般不构成文字的区别特征，可以任意书写，形成文字异体。小篆字有定形，一些反向书写的异体被当作新字或不识字附存，后人又妄加音读。

　　"印"和"抑"是同源词，最初就是同一个字左右方向相反的异体。

第三十二讲

# 仰望中藏着一个下跪的人

[**本讲要点**]"卬"字形所表达的意义一是高,后来变成"昂";一是抬头,后来变成了"仰"。昂、仰、迎等都是从卬声。抑字中的"卬"是"归"或"印"的讹变,与"卬"的音义没有关系。

[**说解汉字**]卬、仰、昂、迎、抑(归)

群体动物大都能用肢体语言表示群体间的彼此关系,地位低的见到地位高的大都得低下头,甚至躺在地上,不仅表示不反抗,而且进一步表示顺服、恭敬等。上一讲说到"跪"这个动作表示放弃或者无力反抗、顺从或尊敬。仰望的"仰"字中也有一个跪着的人,"仰"与跪着的人形有什么关系?

先说一说"俯视"与"仰望",从高处看低处,登上泰山,一览众山小;坐在紫禁城太和殿的御座上,可以俯视群臣。群臣要想看看皇帝,只能仰望。有一个词现在不怎么使用了——"阶级社会",就非常形象。阶级本来就是像楼梯那样的构造,一级一级,自下而上的层级。我们的社会很早就被分成这样的层级,每个人分布在不同的层级上,这就是社会地位。上进就是往上爬,以求获得更高一点的地位,堕落就是从阶级的上端掉到了底层。阶级是普遍存在的。站在台阶的下面看上面的人,只能是仰望;站在台阶上面看台阶下面的人,必然是俯视。要想不被俯视,不仰望他人,你就得上一个台阶和他平等。

回到文字,"俯"字初文就是一个俯身向下的人形,以后再说。"仰"字是不是也可以画一个仰着身子的人形? 理论上是可以的,但仰头的简笔画不太好画,就用人体关系来表示。

，举也。从人从卬。（《说文》）

"举头望明月，低头思故乡。""举头"用一个词表达就是"仰"。"仰"字从人，和"俯"的道理一样，这是人的动作。从卬，意思是与"卬"的意义有关，这个"卬"的意义是什么？

，望，欲有所庶及也。从匕从卪。《诗》曰："高山卬止。"（《说文》）

《说文》的这种写法见于秦印：

《秦印文字汇编》第 159 页

"卬"的意思是望。为什么是望？没有读懂。引用的诗出自《诗经·小雅·车舝》，今天的传本是"高山仰止，景行行止。""卬"就是"仰"。

"卬"字的构形一直没有得到很好的解决，从战国秦汉的"卬"字来看，许慎说字从"匕"是有依据的，但不好理解。我曾有过一个大胆的猜测，"匕"可能是人的变形。一个站着的人，一个跪着的人，通过两个人的体位关系表意。站着的人，对跪着的人而言是高大；跪着的人，对站着的人而言是仰望，所以"卬"字的常用义有仰望、仰慕等。但是其他古文字字形并不能支持这种猜测。

"卬"字的字形最早见于战国：

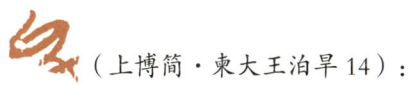（上博简·柬大王泊旱14）：王仰天□而泣。

（上博简·三德15）：仰天事君，严恪必信；俯视地□，务农敬戒。

楚文字不能有效证明上文所提出的左侧是人形的假设。左侧的部件位于"卩"的上部，应当是敬仰的某个对象。左上方一个弯曲的笔画，会是什么呢？①这就是在证据不足的情况下，汉字阐释的不确定性。

一切都有可能，但要成为一说就得有证据，合乎事理。不知就阙，不必乱说。"卬"字的左侧是什么不能完全确定，但右侧是个跪着的人是可以确定的，跪着表示尊敬也是可以确定的。仰视，瞻仰，高山仰止，"仰"从古到今都表示敬意，这也是字形中跪着的人所表达的意义。

"卬""印"形体相近，容易互讹，在古文字中就纠缠不清，给古文字识读带来不少麻烦。在现代汉字中也纠缠不清，给利用偏旁部件识字带来困难。

"抑"字就是识字的陷阱了。"抑"右侧本来是反写的"印——&#xe000;"，太罕见，就把它类化成了"卬"，说白了，就是写错字。

我曾经说过汉字的偏旁系统有时好像故意给人设置陷阱，有意想看"秀才识字认半边"的笑话。"卬"与"印"本来是两个完全不同的字，形、音、义都不同。"抑"与"卬"本来是一个字，应当写作"抑"，不知什么时候就省作"抑"，与"仰""昂""迎"

① 楚文字"卬"字"匕"与"卩"共用笔画。

等字所从的音符完全一样了。①本来"印""卬""卯"等字的区别度就小，这么一搅和就更乱了。现在我们只好硬记，如果按规律推，反而出错了。

今天给大家一些不确定的推测，不是知识，是一种思考汉字理据的方法。

**【理论延伸与思考】** 汉字理据研究实际上是根据一定的线索探寻古人造字的思维，具有一定的不确定性，可以有合理的推测，但"合理"的标准是什么？在字形不明的情况下，不能强不知以为知。"卬"是"仰"的本字，跪着的人可以表示敬意，但其左侧上方是否是人的变形还需要进一步证明。

---

① "昂""仰"等字从"卬"表音，现在韵母还一样；"迎"也是用"卬"表示读音，声母、韵母都不一样了，但都符合语音演变的规律。

## 第三十三讲

# "绝"字里面其实没有"色"

[**本讲要点**]"绝"字与色没有关系,深层理据结构是从刀糸、卩声。"绝"有多个异体,是不同历史时期为同一个词造的不同的字。

[**说解汉字**]绝、色（繼）

现代汉字"绝",我们自然会分析为糸、色两部分。断绝和色有什么关系呢?没关系!"绝"字里面其实没有"色"。"绝色佳人",是说佳人极其美丽,虽然"绝"可以修饰色,但"绝"中却没有"色"。这一点许慎早已知道了。

, 断丝也。从糸从刀从卩。 , 古文绝。象不连体,绝二丝。（《说文》）

先说古文"繼"。《说文》的古文就是战国文字,先来看古文字:

曾5

比较一下差别在哪里?

战国文字中间是一把刀,上下都是丝,刀刃横断其间,丝可能是断绝了。《说文》古文"象不连体",应该是"刀"讹变成了不相联属的两个曲笔,上下也就成了不相连之体了。这就是文字在传抄过程中讹变,根据讹变字形的臆说。

两丝简化,方向反转:

（包山简 249）：举祷于绝无后者。

（郭店简·老子乙 4）：绝学亡忧。

可以确定这一定是"绝"字古文的简化①。还有更简化的,例如郭店简《老子甲》简 1 "绝巧弃利"中的"绝"字作。

这个"绝"字与我们现在使用的"绝"字形上没有直接的关系。现在使用的"绝"字有更加古老的源头:

佣生簋,集 4262.2

金文"绝"字左侧是糸,从字形上看应当是扎住两头的绳子,就像纲目的"纲"一样,是绳索,用作表意偏旁与糸、丝大都可以通用,都是可以联系用的丝线或绳索。用刀断丝和用刀断绳的结果一样,都"绝"了。

比较一下小篆比金文多了什么?

① "蠿"的方向反过来就是"䌃",《说文》或说是"继"字,古文字证明是误解。

左侧都是糸，左上是刀，这两部分等同于金文的"绝"，多出来的是刀下的"卩"。小篆"绝"字中没有绝色美女，但有个下跪的人形，起什么作用？许慎说"从糸从刀从卩"，"从糸从刀"我们已经懂了，"从卩"我们不懂。段玉裁改为："从糸从刀，卩声。"按照许慎对字形的理解，"卩"的读音与"节"相同；按照唐人给出的读音推测古音，"卩"与"绝"确实接近。①

问题来了，我们前面讲过许慎所说的"卩"，古文字中是跪坐的人形，可以是"跪"，可以是"坐"，"跪"或"坐"与"节"的音义有什么关系吗？这个问题我们在下一讲谈"即"时再说。

"绝"字字谱：

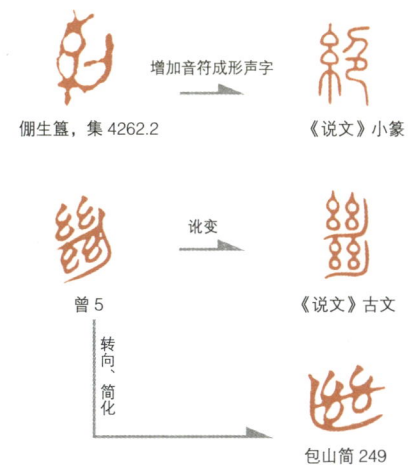

通过"绝"字学到什么知识？

第一，"绝"字中没有"色"。"绝"字的构形是从刀从糸、卩声，繁体字"絕"还可见右上的"刀"。

第二，同一个字，不同的时间，不同的地域会产生很多异体。表

① 卩，精母质部；绝，从母月部。

面上很不一样，但内在理据一样，音义一样。

第三，表层结构与深层结构的矛盾。"绝"有两种分析方法：糸、色两个部件构成左右结构，这是表层结构，与文字理据没有关系。分析成糸、人、巴，同样不可解。就像"表""层"两个字一样，也完全没有文字理据可讲。尸体和"云"合在一起怎么就是"层"？没道理！深层结构必须追溯最初的字形和意义。

讲到这里你或许会问，"绝"中的"色"不是"色"，那"色"怎么写？

᫿᫿᫿᫿᫿᫿᫿᫿᫿᫿᫿᫿᫿᫿᫿᫿᫿᫿᫿᫿，颜气也。从人从卪。凡色之属皆从色。᫿᫿᫿᫿᫿᫿᫿᫿᫿᫿᫿᫿᫿᫿᫿᫿᫿᫿᫿᫿᫿᫿᫿᫿᫿᫿᫿᫿᫿᫿᫿᫿᫿᫿᫿᫿᫿᫿᫿᫿᫿᫿᫿᫿᫿᫿᫿᫿᫿᫿᫿᫿᫿᫿᫿᫿᫿᫿᫿᫿᫿᫿᫿᫿᫿᫿᫿᫿᫿᫿᫿᫿᫿᫿᫿᫿᫿᫿᫿᫿，古文。（《说文》）

"绝"的右侧隶定成"色"，与颜色的"色"完全同形，已经变成一个只有区别功能的记号了。

古文字中的"色"字有多种写法，比较典型的写法是：

清华简·筮法 51

左侧一个爪，右侧一个卪，为什么是"色"？不知道。出土文献中"色"与"印""卬"的关系纠缠不清，目前还没有合理的解释。

【理论延伸与思考】异体字的成因很复杂。在文字缺少规范的时代，书写者就是文字的创造者，根据自己对文字的理解创造异体字的现象普遍存在。有些表意字形体完全不同但构字原理完全相同。用刀斩绳索与用刀割丝线结果一样，都是"绝"。根据文字的构形理据释字有时也能起到一定的作用，把释作"绝"字，主要是根据构形理据做出的判断。

第三十四讲

# "即"与"既",你用对了吗

[**本讲要点**] "即"是凑近食物即将食用。"食"的字形是倒口冲着食物。"既"是食用完之后口部离开食物。"即""食""既"三个字表达了食用的三种时态:即将、正在、完成。

[**说解汉字**] 食、即、既(皀、卩)

"坐"与"跪"本来是区别不大的两种身体姿势,自从"跪"被赋予独特的文化意义之后,"跪"与"坐"界限分明了,但在古文字构形中,却并不怎么区别。前面我们主要讲了屈服的、顺从的、对人尊敬的"跪",今天我们讲一讲舒服的"坐"——坐享美食。

古人对"坐"与"食"都很讲究,孔子就席不正不坐、割不正不食。至于商代人怎么吃饭,具体细节难以确知,但通过出土食器和古汉字构形,我们可以知其大概。

商周最重要的盛食器是簋,有多种形状,其中一种是这个样子:

商代晚期,引自《中国出土青铜器全集·陕西》第52页

簋用来装黍稷等谷物食品,农耕民族自然以谷物为主食。大家看下面这个字。

合 3823

合 9498 反

这个字的下面就是"簋"这种食器,上面应该是装得满满的食物,冒尖了。这个"皀"字见于《说文》:

,谷之馨香也。象嘉谷在裹中之形。匕,所以扱之。或说皀,一粒也。凡皀之属皆从皀。又读若香。

因为字形讹变,文献中也不使用,许慎说解字形、字音都乱哄哄的,让人不知所云。这个字就是"簋"的象形初文,上面装满食物,金文"殷"字的左侧就是"皀",文献中写作"簋"。明白了这个形体是食器里装着食物,下面这些字就好理解了。

合 32995

合 20174

左侧是簋,右侧是跪坐着的人,这是"即"。

,即食也。从皀卩声。(《说文》)

开饭了,见了美食凑上去,准备大快朵颐。开吃了吗?还没有!即将吃。开吃是这个样子:

合914正　　合11483正　　合29783　　合30989

"食"的上部也是倒过来的口,许慎弄错了①。甲骨文的"食"字就很形象了:冲着食物大张其口。"食"在文献中的两个最常用的意义,一是食物,二是吃食物。这两个意义在"食"字构形中都具备了。簋的上部就是食物,口凑上去就是吃食物,那垂下的小点,或许是淌下的口水吧!

吃完了怎么表达?这就是"既然"的"既":

合15967　　　　合6648正

坐的姿势没有变,第一个字形依旧跪坐在食物的前面,但口却转向了相反的方向;第二个字形干脆连身体也转向了。吃饱了,食物不再有吸引力,口不再是凑上去,而是把头转过去,把身子背过去,这就是吃完了。"既"字从用法上看,本义应该是食既,由吃完了引申为穷尽、终了等。这个吃完转身的人就是"旡",《说文》中是个部首,读音与"既"相同。

平时大家写字很容易把"即使"和"既然"两个虚词中的"即"和"既"弄混,讲过这两个字之后大概就能分清楚了:

即使不吃饭,也不觉得饿。

既然吃了饭,就不应该饿。

"即使""即便"等都是假设的条件,后面的事情都还没有做呢,就像"即"字一样,准备开吃还没吃呢;"既然"是已经实现了的条件,已经做完了,就像"既"字一样,吃过了,转头了,完成了。理解文字,

①《说文》:"食,一米也。从皀亼声。或说亼皀也。凡食之属皆从食。"

对理解词义和用法也会有一定的帮助。

汉语语法没有将来时、现在时、过去时这样的时范畴，但汉字努力通过人吃饭的状态把这种时间关系表达出来，也有一定的功效。

最后谈一谈上一讲遗留的问题："卩"的读音。

许慎说"卩"的读音同"节"，是推理得到的。"节"的繁体字是"節"，"節"从即声，"即"从卩声，"卩"的读音自然就与"节"相同了，许慎因此就认为"卩"就是符节的本字。现在我们知道了"卩"不是符节，是跪坐的人形，"即"是会意字，许慎所说的"卩"的读音就很可疑了。

不过，我们也不能怀疑过度。如我们所讲，"卩"也是"坐的"本字，有"坐"的读音，"坐"与"节"的读音确实相近。①许慎在字形解说上常常"以今律古"，表现出过度的"创新性"，但对于文字的意义和读音，大都是有所依据的。

【理论延伸与思考】表意字字形与词义密切相关，语法化的虚词的意义有时也可以追溯到文字。"即"与"既"两个表意字所表达的意义，与"即使""既然"的意义也有关联。

①坐，从母歌部；
节，精母质部。

第三十五讲

# 命，从上级的旨意到上天的旨意

[**本讲要点**]"令"的字形是倒口下面一个跪坐的人，是身在上位的天帝或君长对跪着的人宣布命令。不论是天命还是官命，都是上级的意志。"命"与"令"最初是同一个字。秦汉文字规范以后，天命与县令有了分别，不能写成"天令"和"县命"。

[**说解汉字**]令、命

这一讲依旧与跪着的人有关——"令"与"命"。

"命"与"令"最初就像锁门的"锁"一样，既可以是名词也可以是动词，加口不加口没有什么区别，后来才逐渐分化成两个字。

"命"涉及人意与天意。人道近，天道远，我们先从人意的"令"说起。

，发号也。从亼、卩。（《说文》）

徐锴曰："号令者，集而为之。卩，制也。"这个字的意思是发号施令，为什么？《说文》所说不可信，沿着许慎思路进一步发挥的阐释就更不能相信，得往前追溯。

合 5045

楷伯簋，集 4205

通过上一讲的"食",现在我们已经知道,"令"的上部是一个倒过来的口。"口"有三个方向,正面是"口",侧面是"欠"或"旡"字的上部,倒过来就是所谓的"亼"。①许慎只认识正面的"口",其他方向的都认错了。关于这些不同的"口",我们后面还会详细说。

上面是一张倒过来的口,下面是一个跪着的人,干什么呢?

第一,人的嘴什么时候倒过来?低头的时候。这张倒过来的嘴表示的是:一个身处高位、俯身向下的人吱哩哇啦说话。

第二,对什么人说?跪着的人。跪着是一种身份,地位低,表顺服。"令"正是身份高的人对身份低的人的指示,要求跪着的人实现自己的意志。

这个字是阶级社会的体现。直到今天,在公文系统里,上级给下级的叫作命令、指示,下级给上级汇报叫作报告、请示,下级是不能命令上级的。

在古人的观念里,人意之外还有神的意志、天的意志,做种种占卜算卦,就是为了了解各种神灵的意志。商周时期,人间之上是天庭,天庭里有万物之主宰,周人曾沿袭旧称叫作"帝",笼统地叫作"天"。"天"是有意志的,在人间找个代理,那就是"天子",谁做天子那得有"天命"。天命就是天的命令,得天命就是得到天的命令,符合天的意志。商纣王失天命,周文王得天命,意思就是要改朝换代了。周人的这套天命理论可以证明自己得天下的合法性,对中国历史文化影响深远。

这样一来,"命"被弄得很神秘,连孔子都很少提及:

子罕言利与命与仁。(《论语·子罕》)

每个人都有自己独特的生活轨迹,但很多不是自己能够决定的,把握住自己的命运,谈何容易?凡是不知所以又无可奈何的遭遇,都可以归之于命,但过分强调会产生负面作用。

从文字的使用上,人们总希望弄清楚"命"与"令"的区别,总想分出名词与动词的区别来,其实是枉费心机。不要说上古,就是现在成了双音词的"命令"也分不清:我命令你执行我的命令。"命"与"令"自来就是既可以做动词又可以做名词。

① 上一讲中的"食",许慎也误以为从"亼"。"亼"除了倒口之外,还有其他来源。

"命"与"令"最初就是可以通用的异体字,理由如下:

第一,从文字构形与演变的规律来看,"命"比"令"多一个口,古文字中有许多加口不加口意思一个样,比如所以的"以"、今天的"今",古文字中都可以加上口:

(侯马盟书 156:2):台(以)事其主。

(中山王𦼮鼎,集 2840):至于含(今)。

第二,最初受命的"命"可以写作"令",命令的"令"也可以写作"命"。古文字中并没有严格的区分。

总之,"命"与"令"最初是没有区别的,后来人为加以区别,但分化得不够彻底。

历史在发展,"命"与"令"用法被规范了,文字也就分化了。为了把这个人间的命令与天命区分开来,上天的命令,"天命"的"命"就不再使用"令"字了。人间的官僚,"县令"也就不写成"县命"了。

把"卬"字与"令"字一起考虑,它们的共同点是用体态和体位表达人的级差地位。跪着的人对站着的人只能仰望,站着的人对跪着的人就是高高在上;俯身对跪着的人说话就是"命令",跪着请求上面的人说话就是"请示"。按道理说,"令"字应该有"命令"和"请示"两个意义才符合"授受同辞"的规律。①学者在这方面还在不断探索。

【理论延伸与思考】同源词分化不彻底,会给汉字学习带来困惑,因此需要必要的规范,过度规范又会造成新的学习障碍。"命"与"令"是一字分化,有的意义通用,有的意义彼此不通,学习时需要特别注意规范。在"命令"这个意义上,无论名词还是动词,古今通用。名词、动词的分别,可怜无补费精神。在构词中天命的"命"是名词性的,司令的"令"也是名词性的。奈何?

①杨树达有《施受同辞例》,参见杨树达:《古书疑义举例续补》目录,上海古籍出版社,2007年。本书作者在《汉字为什么这么美》中也谈到了《授受同字》,可参看。

## 第三十六讲

# "卿"的本义竟是坐下来吃东西

[**本讲要点**] "卿"在古书中主要用作卿大夫爵位,卿是大夫的最高级别,即上大夫,后来变成了对臣下的爱称,进一步扩大为对爱人的爱称。"卿"的字形是二人对享美食,是"饗"的本字,后来简化为"飨"。卿大夫的"卿"与请客吃饭的"卿"没有意义关联,仅仅是同音假借。

[**说解汉字**] 卯、卿、飨(饗、嚮)

在现代,"卿"字已经不常用,当代宫廷电视剧看多了,"爱卿"听熟了,"卿"字也起死回生了。

先来说卿大夫的"卿"怎么就变成了卿卿我我的"卿"。

《周礼》天子设六卿:"天官冢宰、地官司徒、春官宗伯、夏官司马、秋官司寇、冬官司空。"什么是"卿"?大夫分三级,卿是上大夫。这些"卿"都是帝王的心腹左右,一人之下、万人之上的大官。因为地位高,用以称呼那些不是卿的人就成了爱称。君王对大臣的称谓,长辈对晚辈的称谓。小说戏曲里经常用"爱卿"。"卿"经历了由大官高爵的称谓到男子之美称。

《史记·孟子荀卿列传》中的"荀卿"就是荀子,为什么叫"卿"呢?司马贞《索隐》:"名况。卿者,时人相尊而号为卿也。"

在家庭关系中,丈夫与妻子也如同君臣关系,丈夫称爱妻为"卿"。《孔雀东南飞》焦仲卿对刘兰芝说:"我自不驱卿,逼迫有阿母。"林觉民《与妻书》开头说"卿卿如晤",很亲切。现在说"卿卿我我"表达的是男欢女爱。

卿的称谓意义越来越淡，情感意义却越来越浓。

"卿"自古及今都在使用，意义用法也比较单纯。"卿"这个字与我们所理解的"卿"这个词有什么关系？除了记录与被记录的关系之外，我们不知道什么了。不仅我们不知道，汉代的许慎也是强不知以为知。

，章也。六卿：天官冢宰、地官司徒、春官宗伯、夏官司马、秋官司寇、冬官司空。从卯皀声。（《说文》）

"卯"这个与现在子丑寅卯的"卯"写法一样的字，是许慎也不认识的一个字：

卯
《说文》小篆

，事之制也。从卩、卩。凡卯之属皆从卯。阙。（《说文》）

"卩"就"阙"了，"卯"就更不明白了，自然也得"阙"。
这个字甲骨文里就有：

合 21069　　　　　　　　合 376

两个人面对面，学者已经指出是相向的"向"。在《说文》中，"卯"这个部首内一共就两个字，另外一个就是"卿"。

认识了甲骨文中两人相向的"卯"，再看两人之间加上食物的"卿"：

合 5236

合 16050

我们有了上面的知识，一看这个字形就知道是二人对享，中间是美食。前一个字形是两个跪坐的人相对着食物，后面一个字形中的两个人还大张着嘴。唐人有诗"两人对酌山花开，一杯一杯复一杯"，又有"绿蚁新醅酒，红泥小火炉。晚来天欲雪，能饮一杯无"，喝酒如此，美食又何尝不是如此呢？仔细观察这个字，有两个特点：第一是二人相向对食，这就是"饗用美食"的"饗"；第二是二人相向，读音又与"方向"的"向"相同，所以可以用来表示"方向"的"向"，后来就成了"嚮"。

"卿"最初是两个人相向享用美食，《说文》所说的职官"卿"是假借义，与"卿"字形相关的本义都被分化出去了。这个"卿"在出土文献里用作宴飨的"饗"，后来又简化为"飨"。与之相关的还有方向的"嚮"和家乡的"鄉"，这一讲主要说宴飨的"卿"。

把这个字释作"卿"，说是宴饗的"饗"的本字，根据是什么？

第一，与小篆字形相近。

第二，构形的系统性，《说文》中的"皀"就是簋盛食物的象形初文，前面讲不即不离的"即"、既然的"既"等字中已经讲过了。

第三，"饗"的本义就是大家一起吃喝，甲骨文正是这个意思。

甲寅卜，彭贞，其卿（饗）多子。（合 27649）

《诗经·小雅·彤弓》："钟鼓既设，一朝飨之。"甲骨文与《诗经》说的都是请客吃饭。

第四，"卿"与"飨"上古的读音是很相近的，都是齿音阳部字。

根据以上知识，我们可以重新分析"卯"与"卿"字的构形，按照《说文》的体例就是：

卯，二人相向也。读若向。

卿，从卯从皀，卯亦声。读若饗。

值得注意的是，在第三十四讲讨论"皀"字时引用《说文》，其中有又音"读若香"。过去我们说"皀"是"簋"的初文大致不错，但也不排除从所盛食物的角度着眼，那就可能有类似"香"的用法。研究古文字的学者可以进一步留意此事。

这一讲的前半部分讲了"卿"字文献中的古今用法，后半部分讲了"卿"的构形本义，二者之间完全断裂，断裂的时代早到汉代以前。文字理据的阐释必须建立在确切的语义基础上。当本义失传或已经分化出去只剩下假借义时，假借义与字形之间就没有了联系，据以分析字理必然会误入歧途。

饗食的"饗"本来就是"卿"字，怎么后来又变成了上面是家乡的"鄉"了呢？下一讲再讲。

**【理论延伸与思考】** 有些字很早就丧失了本义，只剩下常用的假借义及其引申义。这些意义与字形之间没有联系，强作解说会贻误后人。《说文》对"卿"字的解说就是把讹变的字形与假借义牵强附会地联系起来。今天的汉字阐释要尽量避免这类现象的产生。

## 第三十七讲

# 美食与家乡——"飨"与"乡"

原题 | 美食还是家乡好

[**本讲要点**] 在早期文字中,"卿"可以用来表示"乡","乡"字是在"卿"字的基础上经过"变形义化"产生的,"饗"是在"乡"的基础上进一步分化产生。"飨"是"饗"的截除式省略,"乡"是"乡"的截除式省略。

[**说解汉字**] 卿、乡、嚮、饗、飨、乡

上一讲讲了"卿"就是"饗"的本字,上面是家乡的"乡"的繁体,下面是"食",很容易让人想起家乡的美食,其实二者之间没有什么关系。那"饗"字是从哪里来的?这还得从家乡的"乡"字说起。

我们得先认识"乡"的繁体字"乡",就是享用美食的"饗"字的上部。

楷书的"乡"不论是简化字还是繁体字,都弄不清楚为什么是"乡"义。不了解这个字的来源,自然会把繁体"乡"分析成乡、郎两个部分。这仅仅是表层结构,其深层理据与形成过程和"郎"没有一点关系。

"乡"字从"卿"变化而来。

,国离邑,民所封乡也,啬夫别治。封圻之内六乡,六乡治之。从嬰、皂声。(《说文》)

从秦汉文字来看,字形没错,左右是方向相对的"邑":

(《秦印文字汇编》第125页,西乡)

（《增订汉印文字征》第157页，北乡）

"邑"字上面是一个方框，是围起来的城墙的象形，下面是个跪坐的人，表示人居住的城邑。乡也是居民区划，左右从两个邑很有道理。

两个邑构成的"𨛜"字也是一个部首，部中一共三个字，除了部首就是"鄉"和"巷"字。这个"𨛜"字古书里不见使用。"鄉"字出现得很晚，秦始皇统一之前的秦国用"卿"表示乡。

（睡虎地·语书1）：民各有卿俗。

（睡虎地·语书3）：卿俗淫佚之民。

这里的"卿"字肯定用作"鄉"。
仔细看一看"卿"与"鄉"有什么差别？

　　卿　　　　　　　　鄉

"鄉"字是"卿"的变形，把"卯"的上部加上口就成了"𨛜"。"卯"本来表意兼表读音，变成"𨛜"是"变形义化"。
把上面的现象归纳一下：
第一，"卿"与"鄉"读音很近，古代很可能同音。
第二，"卿"可以假借作"鄉"。

第三，"卿"与"鄉"字形相近。

第四，"鄉"字晚出，把相向跪坐的两个人变成反向的两个邑，文字理据与"乡"义更加符合。

第五，"鄉"字产生后，"卿"就不再用作"鄉"了，"卿"与"鄉"完成了分化。

第六，"鄉"字分化出来以后，因为是区划单位，非常常用，功能强大，分化出"饗"，隔断了"饗"与"卿"之间的联系。

第七，"饗"字太复杂，截除省略，简化成"飨"。

第八，"宴飨"太古雅，口语中已经消失，相关的意义用"享"字代替。

"卿"与"鄉"都是常用词，为了区别，把食器簋两侧跪坐的人变成两个邑，"乡"不仅表意更清晰，而且与"卿"有了区分。由"卯"变为"罒"，是变形表意；由"卿"变成"鄉"，是变形义化。汉字为了记录语言更加准确，字形变得越来越复杂，数量越来越多。

第九，"鄉"字使用频率太高，书写的人嫌麻烦，截除掉三分之二就剩下了"乡"。

上一讲和本讲的中心是"卿"，涉及的内容很多，把这两讲的内容归拢一下。

"卿"字的构形理据是两个人相向吃饭，读音与"乡"很近或相同，利用它的构形和读音可以表达很多意义。其常用的意义有四：

第一，二人相向、人心向背中的"向"就是从两人相向这里来的，后来分化出"嚮"。

第二，共享吃饭，分化出"饗"。

第三，假借为卿大夫的"卿"。一直延续至今，含义不断引申。

第四，假借为乡里的乡，分化出"鄉"。

这些都是常用意义，用一个字形表达容易混淆。分化出"鄉"之后，又用它作为构字部件造出新字，这些文字的产生有历史的过程和先后的顺序。"鄉""嚮""饗"这些分化字产生之后，"卿"就剩下"卿大夫"一个常用义及其引申义了。

"卿""鄉""饗""嚮"的分化从记录语言表意上是更为清晰了，但文字系统太复杂了，书写也困难多了。文字使用者自行调整，把"鄉"简化成"乡"，既然有了"乡"，宴饗的"饗"也就简化为"飨"，这个"飨"让人看着别扭，写起来也不简单，干脆用享受的"享"取代好了。至于方向的"嚮"，截除掉复杂的"鄉"就剩下简单的"向"，"向"本来就可以表示方向，截除省略也好，本字取代也好，结果都是简体取代繁体，反正是简化了。

我们现在的文字系统就用"卿""乡""享""向"取代了"卿""鄉""饗""嚮"的区别系统。

把"飨"字理解为乡食，进而联想到家乡的美食，这种旧瓶装新酒是文字游戏的常用把戏，你可别当真！

从第二十九讲讨论"坐"开始，我们一直围绕着"卩"字说解相关的文字。《说文》因为对"卩"字的误解，致使与"卩"相关的文字阐释发生系统性错误。这种形体简单、来源古老、构形能力强的文字对于汉字阐释来说非常重要。

总结一下：《说文》中"卿""鄉""饗""䛍""向"各有其本义。

，章也。六卿：天官冢宰、地官司徒、春官宗伯、夏官司马、秋官司寇、冬官司空。从卯皂声。

，国离邑，民所封乡也，啬夫别治。封圻之内六乡，六乡治之。从䢌皂声。

，乡人饮酒也。从食从鄉，鄉亦声。

，献也。从高省，曰象进孰物形。《孝经》曰："祭则鬼亯之。"

凡亯之属皆从亯。，篆文亯。

向，北出牖也。从宀从口。《诗》曰："塞向墐户。"

从文字演变和应用情况看，各字彼此盘根错节，复杂得很。

【理论延伸与思考】

1.对一些来源古老、构形能力强的文字的误解会造成系统性错误。《说文》由于对"卩"的误解，对从"卩"之字的阐释就全部不可信。

2.汉字中不少新造字都是对原来所使用过的字进行改造的结果。我们讲过"变形音化"，也存在变形义化。改变汉字字形的一部分构成新的表意字符以表意，可以称之为"变形义化"。"卿"变为"乡"就是"变形义化"的结果。

# 第三十八讲
# 古代理想的女人是什么样

[**本讲要点**] 女是弓腰敛臂跪坐的人形，表现出造字时代对女性的审美与价值判断。从女的表意字有安静、顺从、柔弱、美丽、娱乐等义，更充分详细地表达出对女性价值的判断。

[**说解汉字**] 安、如、若、婉、媛、妙、娴、嫋、嫣、婆、娑、好、妆、娱、媸、妩、婉、嫚、嬲

从这一讲开始讲从女构形的文字。

我们这里所说的理想的女人是指汉字构形表现出来的古人的理想，与我们个人的理想无关。这个话题在讲"女""安"诸字时已经有所涉及，"女"字的形体就是柔屈顺从，在这一讲中重点讲几个涉及古代女性审美的字。

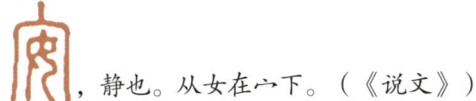，静也。从女在宀下。（《说文》）

"安"字为什么要从女呢？女人要安静柔顺，古人认为是效法天地，亘古不变的真理。《周易》的头两卦就是乾、坤，《系辞》是系统阐释《周易》思想的，据说是孔子所作。"天行健，君子以自强不息；地势坤，君子以厚德载物"，男是乾，应当刚健，运动；女是坤，应当柔顺、安静等，形成一整套天人合一的理论。

女人不仅要静若处子，而且要顺从。

      ，从随也。从女从口。(《说文》)

"如意""如命"中的"如",就是顺从的意义。出土文献中"如"大都是写作"女"。"如"字为什么从"女"?读一读礼书就明白了。礼书上讲女人得"三从":"妇人有三从之义,无专用之道,故未嫁从父,既嫁从夫,夫死从子。"俗语所说"嫁鸡随鸡,嫁狗随狗",顺从是女人应该具有的品德。女人一旦有所作为就被视为大逆不道,牝鸡司晨。武则天临朝,骆宾王写了一篇檄文,把武则天骂了个狗血喷头,很长时间内,其都是坏女人的标本,原因就是背离了顺从之德。

"女"字就可以表示顺从义。"如"与"女"古音很近,出土文献中大都用"女"表示"如",这个"口"最初可能仅仅是区别符号而已,未必就是命令女人的一张嘴。或许是许慎把汉字中不表意的成分也意符化了。

"若"与"如"是同义词,而且是同源词。"若"除了表示"像……一样""如果"等义与"如"同义以外,表达"顺从"也与"如"一样。

不若于道者,天绝之也。(《穀梁传·庄公元年》)范宁注:"若,顺。"

"若"的甲骨文字形作:

合 1285

跪着的人在梳理长长的头发,头发得顺,女人也得顺。

女
合 3301

如
怀 1527

若
合 1285

把"女""如""若"这三个字的字形和读音放在一起就知道，它们同出一源。字形都是取女性的柔顺，读音非常接近[①]，意义也相通，这就是同源词。如此说来，希望女人顺从的文化源远流长。

表示女性柔顺的还有一个"婉"字。

姑慈而从，妇听而婉。（《左传·昭公二十六年》）

女人无专用之道，凡事都不得自专，只有一样必须专一——情感。"嫥"字从女、專（专）声，是专一的"专"的本字。男人三妻四妾，后宫三千，那是成功的标志，女人稍一动心就是荡妇，只能专心守一。

美貌令人愉悦，这是永恒的。我记得年轻时候读一本美学小书，其中说：什么是美？当一个漂亮的姑娘从你面前走过，你就忍不住多看她几眼，这就是美。汉字里表现女子之美的字很多。

妙龄，女少为"妙"。妙龄女郎，人人都以为美；妙龄小伙儿，没人这么说！

女性名字中有两个常用字：姝、姣，都是女性之美。父母给女孩起名，都希望孩子越来越美丽，但直接叫美丽太直白，就得文雅一些，"姝、姣"这两个字我至今在男人的名字中未见使用过。

"娴"是静雅之美。

"嫋嫋素女"，是轻柔的美女。

"婆娑"是柔美的舞姿，自然也是女性的柔姿。

"嫣然一笑"，就只能意会了。

这些字大都不常用，《红楼梦》中有个"姽婳将军"，娴雅漂亮的女将军，"姽婳"二字不仅让人想象不出美，而且很诡异，除了拽文没有什么表现力，难怪现在不使用了。

[①] 女，泥母鱼部；如，日母鱼部；若，日母铎部。娘日二纽归泥，鱼铎对转。

常用的"好"字古书中可以表达美女之美:

鬼侯有子而好,故入之于纣,纣以为恶,醢鬼侯。(《战国策·赵策·鲁仲连义不帝秦》)

女、子合起来是"好",就是漂亮,女子就是女孩子,女孩就好,就漂亮?男孩也漂亮,为什么不用"孖"表示好,为什么有这么多文字、词语来表达女性之美,却很少有专门表达男性容貌之美的?①郎才女貌,这就是我们的价值观。美貌就是女性的价值,而俊、秀、彦、才、德、勇才是评判男性的价值尺度。

女人为了美貌不惜一切。化妆,过去只能是女性的行为,男人傅粉会成为笑谈。

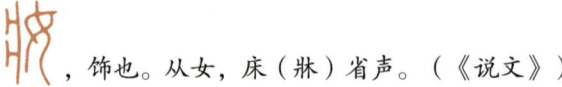,饰也。从女,床(牀)省声。(《说文》)

女人不美,不能让男人爱怜;女人一旦美艳,男人就会争风吃醋互相争斗;好不容易遇到一个一心一意怜爱自己的男人,又成了红颜祸水,误了男人的大事。好色与好德就形成对立,孔子哀叹,吾未见好德如好色者也!于是人们就得树立一个好德的楷模——黄帝。黄帝有妃嫫母,奇丑无比,但是黄帝宠爱。好德超过好色要找一个传说中的人物做楷模,可见现实中好德的确奇缺了。现实中是大量的好色行为。在男权社会里,美貌是供男人消遣取乐的,文字里就表现了出来。

娱乐场所的"娱"字从女,古今娱乐场所都少不了年轻貌美的女性。

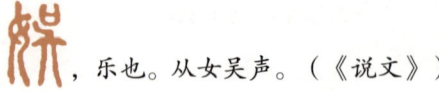,乐也。从女吴声。(《说文》)

汉字中有一个字,很容易让人想到流氓小痞子,那就是"嬲",两男夹一女,意思是纠缠、戏弄。被戏弄的总是女性。

①有学者认为,商代的"好"可能是从女、子声的形声字,与姬、姜一样,是古姓。商人子姓,但也有说不通的地方。

《诗经》里有一个弃妇,自由恋爱,嫁过去三年被丈夫抛弃,发出悲叹:

于嗟女兮,无与士耽。士之耽兮,犹可说也。女之耽兮,不可说也。(《卫风·氓》)

其中的"耽",从耳,本意若是大耳朵的话,诗句意思肯定讲不通。《说文》作"媅",古书中又写作"妉",都从"女",意思是享乐,特指沉溺男女之乐。"耽"就是"媅"或"妉"的假借。所以《诗经》中的弃妇警告:男女之乐是男人的权利,女人陷入其中,就是悲剧。

通过这些文字,我们可以看到古人心目中理想的女人:

品行温顺,情感专一,相貌美丽,令男人心旷神怡。

【理论延伸与思考】汉字文化不仅仅从汉字中发掘文化,还要从文化的角度理解汉字——虽然某些"文化"是糟粕。"女"字及其构形所表达的女性文化观与今天格格不入,但我们据此可以了解那个时代,也可以了解那些汉字的构形理据。汉字的创造者与使用者主要是男性,表达的也是男人的理念。这些观念在古书中表达得更加全面、更加透彻、更加露骨。从汉字中发掘这些"文化",从历史文化的角度看,意义并不大。但是,汉字文化不仅仅从汉字中发掘文化,还要从文化的角度理解汉字。就相貌而言,女人有美有丑,男人也有美有丑,为什么那么多从女的字表示女性相貌体态之美,却没有用汉字表达男性相貌之美,这种现象只能从文化上去理解。

## 第三十九讲

# "娶"与"妻"透漏的原始娶妻方式

[**本讲要点**] 取东西的"取"从耳、从又。部落战争的目的是侵占地盘,掠夺财物和女人,男人被杀掉,取下左耳朵报功,就是"取";把女人掠夺来繁育后代就是"娶","娶"是后起的分化字。"娶"与"妻"的字形可能透漏着原始的抢婚风俗。

[**说解汉字**] 取、娶、妻、聝

"娶"字下面是"女",上面是"取"。凭直感就知道"娶"是个下形上声的形声字。"娶"字甲骨文里就有,是个人名,与娶妻大概不会有直接关系。古书里、出土文献里大都用"取"表达娶,如《周易·咸卦》:"咸,亨,利贞,取女,吉。"出土的楚帛书中也有"取女吉"同样的话。

嫁娶之"娶"字很晚才出现,与甲骨文大概没有传承关系。所以我们就先从"取"字说起。

"取"是个充满血腥的字。左面是耳朵,右面是一只手。这可不是揪耳朵做按摩,是把耳朵割下来拿在手里。

先从人道一点的"取"说起,取猎物的耳朵。

大兽公之,小禽私之,获者取左耳。(《周礼·夏官·大司马》)郑玄注:"得禽兽者取左耳,当以计功。"

打猎是取猎物的耳朵记功,战争记功就是取人的耳朵了。《左传》僖公二十二年有著名的子鱼论战:"且今之勍者,皆吾敌也,虽及胡耇,获则取之,何有于二毛?"

记功用一个就可以，规定用左耳，一颗脑袋上就一个左耳。这个割下来的左耳还有专名、专字"聝"：

，军战断耳也。《春秋传》曰："以为俘聝。"从耳或声。

，聝或从首。（《说文》）

这种尚首功、数军实的制度由来已久。

远古的人类战争冲突，目的很直接，就是领地和女人。对于获胜一方来说，敌方的男人很危险，留着可能会是后患，战场上杀敌割下耳朵记功，这就是"取"；活的捆绑回来做牺牲，这就是"执"。更重要的目的就是把小孩抓回来养大做奴隶，这就是"奴"和"童"；把女人取回来繁育后代，那就是"妻"。

概括一下，战争的两大目的：取男人的左耳；取女人的全部。取男人、取女人，都是获取战利品，所以就用一个字表达，不仅是为了简便，而且蕴含着丰富的文化内涵。

"取"的词义越来越丰富，不仅取左耳、取女人、取币帛、取城郭……凡能拿到的、占领的都可以叫作"取"，就为其中重要的娶媳妇的"取"造了一个专字"娶"。取女是"娶"，娶回来的女人就是妻，说妻是掠夺来的，从"妻"字的构形上也可以看出。

冉父丁罍，集9811.1

女人，长发，一只手抓着头发，干什么呢？有的学者认为就是用手揪着女人的头发，掠夺回来。

"妻"字早见于甲骨文，许慎并没有看到这么古老的字形，他说：

妻，妇与夫齐者也。从女从屮从又。又，持事，妻职也。（《说文》）

有的人不同意妻子是揪着头发抢来的。那为什么不能是一个女人整理头发呢？《木兰诗》"当窗理云鬓，对镜贴花黄"，多美，为什么非要想得那么残酷呢？

不用往远古推，读一读《左传》就知道，息国被灭，息妫就成了楚王的妻子；骊戎被打败，抓获的骊姬就成了晋献公的宠物；陈国国君被杀，媳妇就被战胜者哄抢。抢夺别人的女人为妻好像是那个时代男人的荣耀。

另外，从文字构形上来说，"取""隻（获）"等都是有所取得，说"妻"也是有所获得，符合文字表意的系统性。

掠夺女人为妻，这种说法我认为比较有道理。

【理论延伸与思考】古老的字形和用法蕴含着上古社会文化习俗的信息。"取"表达"娶"以及"妻"字的构形可能蕴含了上古的抢婚风俗。但这个角度的阐释往往证据不够充分，推测的成分更多一些。汉字文化的过度解读会降低可信性，需要谨慎对待。本讲关于"妻"字的解读已经走得有些远了。

第四十讲

# 什么是幸福的婚姻

[**本讲要点**] 媒、妁、婚、姻是形声字,但它们的声旁都被赋予了语言的或文化的意义。

[**说解汉字**] 媒、妁、婚、姻

这个题目很噱头,是喜马拉雅编辑给加的,很像要灌输心灵鸡汤的架势。那就顺便唠叨几句什么是幸福的婚姻。

自己的鞋子穿在自己的脚上,是舒适还是不舒适,只有自己知道。古代幸福的婚姻无非不过郎才女貌、举案齐眉、子孙繁多,等等。婚配是大事,但不是难事。到了物质极其丰富的时代,婚姻反倒成了压力。人们都太忙,忙得连谈恋爱的时间都没有了,去和谁结婚?

结婚成家的成本太高。结婚就是成家,成家就得有个独立的房子。从幼儿园开始学汉字、背单词,学呀学,读完中学上大学,读完大学再考研。读完硕士读博士,博士毕业还要再进博士后流动站。出站了,不流动了,年龄最小三十,还没有稳定的工作,尤其是学人文的,哪里去挣大钱呢?就一线城市的房价,别说买了,租都费劲,拿什么成家?

更重要的是,现在已经到了爱情至上的时代,婚姻对于爱情来说不是必需的,过来人又危言耸听地吓唬人:"婚姻是爱情的坟墓。"弄得有些人得了婚姻恐惧症。听说国外机器人妻子大火,机器人丈夫也快火了,有妻子有丈夫却不用结婚,人类真要彻底自绝于动物了。当有一天人类被机器人配偶来教育和改造,这个世界就是机器人的了,还谈什么性别?谈什么婚姻?趁着婚姻还没有成为世界文化遗产,抓紧完成结婚。幸福的婚姻在哪里呢？

我们的目的是说文解字而已，又回到随笔那些杞人忧天的腔调来，不协调。回到说"婚""姻"这些文字上来。

"媒""妁""婚""姻"，这些文字都是形声字。对形声字的理解，既不能太简单，也不能求之过深。许慎说：

媒，谋也，谋合二姓。从女某声。（《说文》）

妁，酌也，斟酌二姓也。从女勺声。（《说文》）

"谋"与"媒"的音符都是"某"，"酌"与"妁"的音符都是"勺"。训诂上把用同音字解释叫作"声训"。

婚，妇家也。《礼》：娶妇以昏时，妇人阴也，故曰婚。从女从昏，昏亦声。（《说文》）

姻，婿家也。女之所因，故曰姻。从女从因，因亦声。（《说文》）

"婚"的音符"昏"也表意，"姻"的音符"因"也表意。许慎所说的"亦声"就是表意字意符兼表音，是会意兼形声的结构类型，从形声字的角度说，就是形声的声旁兼表意。声旁表意很常见，例如婢女的"婢""娣"（同夫之女弟）"媄"，等等。因为形声字的声旁大都在右面，文字学上把这种声旁表意的现象称之为"右文说"①。

妇人出嫁为什么叫作"婚"？按照许慎的说法，因为妇人是阴物，结婚就得在没有太阳的昏时，所以叫"婚"。这是阴阳思想产生以后的观念，应当在战国之后了，西周以前大概不会有。

联系"娶""妻"二字，如果是抢婚，就好理解了。大白天去抢婚不容易，趁着夜色更加方便。《周易·屯卦六二爻》："屯如邅如，乘马班如，匪寇婚媾。"说的大概就是礼仪化的抢婚仪式，有人骑马而来，是来抢劫的吗？走进了才看清，不是强盗，是来迎婚。这时候的"抢亲"已经是婚礼的仪式了吧。

在这时，婚姻最主要的目的是繁育后代，女性的最大价值就是生育。女性"七出"之首就是无子，不孝有三，无后为大。只要不能生育，不用办理什么手续，可以直接抛弃。而婚礼选择在黄昏的目的也很明

① 参看沈兼士：《右文说在训诂学上之沿革及其推阐》，山西人民出版社，2014年。

确，喝完喜酒直接入洞房，繁衍后代。

什么叫作"姻"，许慎说："姻，婿家也。女之所因，故曰姻。从女从因，因亦声。""因"是依托，"因"是彼此之间的联系。古代婚姻的目的是什么？

一、对于女方来说，嫁了人就有了依托。"因"就是依靠，女性嫁人就是依靠男人。在女性经济不能独立的时代，确实如此。

二、对于家族来说，婚姻是合两姓之好，彼此依托。

读一读古书就知道古代婚姻的政治目的。

重耳流亡到狄，狄伐廧咎如部落，得到美女，送给重耳为妻。到了齐国，齐桓公以宗女妻之。到了秦国，秦穆公以宗女五人妻之，连侄媳妇也在内。

这种婚姻，女性没有任何自由，甚至娶妻的男人也没有自由。政治关系与国家利益是决定因素。结为婚姻，就成为"姻亲"，岳父岳母、大姨子、小舅子等都是姻亲。

当婚姻从繁衍后代、政治目的、经济利益等各种功利中解脱出来，就剩下了情感，一方面变得纯洁而轻灵，另一方面也就没有那么重要了。晋国国君娶了秦国国君的女儿，举行隆重的婚礼，是为了向天下宣告：我们两国好着呢！今天的一对情侣想在一起，而且想长久在一起，就去领了结婚证，还需要举行隆重的婚礼吗？

什么是幸福的婚姻呢？幸福各有其幸福，不幸各有其不幸！

**【理论延伸与思考】** 用同音字解释，目的是解释其音义联系，训诂上叫作"声训"。声旁表意是汉字中的常见现象，训诂上称之为"右文说"。"声训"和"右文说"都有一定的合理性，但必须在符合语言文字规律的前提下才有意义，要防止臆想，以偏概全。《说文》中的"媒"与"妁"是声训，"婚"与"姻"声旁表意。

第四十一讲

# 如何才能安宁

[**本讲要点**]"安"是女性安居在家里,"宁"的本字作"盛","皿"代表食器。"安宁"文字构形中的要素有宀(房子)、女、坐具、食器,具备了生存的必备条件,人的心才能安宁。

[**说解汉字**]安、宁(盛、寍、宆)

第三十八讲已经从古代女性文化的角度说到"安"字,这一讲更深入地分析字形、理据和文化。

"安"字上面一个房子,房子里面一个"女",许慎说:

,静也。从女在宀下。(《说文》)

宾
合 18062

房子里面有个女人为什么就是"安"?

甲骨文中虽然有上"宀"下"女"的字,但经过学者研究,与现在的"安"字没有关系。真正的"安"字是这么写的:

合 5373　　　　　　合 37568

"宀"是房子,"女"是敛臂跪坐的人形,在女的臀部位置多出一横或一撇。这一笔画并不是可有可无,文字中一直延续:

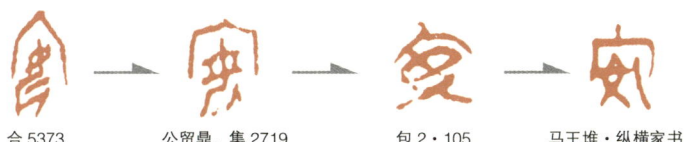

合 5373　　　公貿鼎，集 2719　　　包 2·105　　　马王堆·纵横家书 24

从结构上看，加上这一笔使得文字结构不平衡，并不好看，但从商代一直到汉代如此执着地保留着这一笔，说明它很重要，有来头。有学者认为，那一横是坐具或者指示坐的位置，"安"的文字构形给我们的信息就是一个女性安坐在房子里。

安居，安心，得有房子，"宀"就是房子。

房子的功能除了居住，还有防护。昆虫大部分是雌性威武，雄性弱小。哺乳动物大部分是雌性柔弱，雄性强壮。人类男女也有体质上的差异，随着文明的进步，雄壮不再用来欺负弱小，而是保护弱小。我们祖先造字的时候，或许想到给女性以安全保障。传统的女性观不论多么糟糕，这一点还是应该肯定的。

安坐当然就安静！安坐、安静、安乐，环环相生。

男女都可以安坐，"安"为什么从女，不仅是因为需要保护，而且是社会的分工和审美的需求。造字的时代，我们的祖先早就进入了男耕女织的农业社会，男主外、女主内的社会模式已经定型，房子里是女人的主要活动场所。对于男人来说，房子里有女人就是男有室，可以安心；对于女人来说，女人有了家，也就有所归属，也可以安心了。

静处是一种美，女子静处尤其是一种美，这是传统审美。《还珠格格》中上蹿下跳的小燕子，那是编剧为了迎合现在人们的喜好编出来的，千万别当历史。

"静女其姝""静若处子"，美女就得娴静。"安"字强调女性安坐，其实看看"女"字的构形就知道，对女性的这种价值判断在"女"字中就赤裸裸地表现出来了。

"男"是农具与田地的组合，耕田的是男。而"女"是这样的：

合 3301　　　　　　　　　　合 17108

弓腰、敛手、跪坐，一副柔顺安静的姿态，这就是那个时代理想的女性。安静是男性对女性的审美与价值判断，再给她一个坐垫，安坐在那里显得柔顺娴静。

总之，"安"字从女，是有丰富内涵的。

"安宁"很早就凝结成一个词了。《庄子·天下》："愿天下之安宁，以活民命。""安"和"宁"有什么区别？

今天简化字"宁"这个字形虽然也见于《说文》，但与安宁的"宁"读音意义都没有关系。安宁的"宁"最早写作"盗"。

盗，安也。从宀，心在皿上。人之饮食器，所以安人。（《说文》）

这是安宁的"宁"的本字，也就是"宁"的繁体字的上部。文字由三个部件构成："宀"是房子，"皿"是食器，"心"是心境。房子与食物是让心宁的必备条件。

这个字古书里不用，但出土文献里常用。

（合 13696 正）：贞，盗□。

（史墙盘，集 10175）：申盗天子。

（毛公鼎，集 2841）：汝毋敢妄寍。

（蔡侯申钟，集 210）：余非敢寍忘。

（石鼓文）：天子永寍。

这些"寍"就是我们今天安宁的"宁",毫无问题。

食器在这里代表着食物。人类生存与延续的两个必备条件,食与性。营养够了就能生存,男女不失时婚配就能繁衍。"安"字告诉我们成家了,"宁"字告诉我们家里有吃的。

把"安"与"宁"两个字的构意整合在一起,看看造字时代古人赋予"安宁"的确切内涵:对于男人来说,有房子、有美女、有美食,是为安宁;对于女人来说,成家就有归属,家里有饭吃,也就获得了最基本的安宁。

安宁是一种由生活条件决定的生活状态,古人生存不易,食、色、房这些基本生存条件都落实了,社会也就安宁了。安宁也是一种心态,所以"寍"字从心。安宁对于社会完全是正面价值,所以祈求永宁。对于个人来说,过分安宁就是沉溺享乐,所以古人就说"毋敢荒宁"。

对于我们每一个人来说,既要创造安宁,也要走出安宁。现在倡导的改革、创新,都是放飞不安宁的心,去突破,去作为。

安宁是什么?对于社会来说,繁荣的经济,惠民的政策,充足的食物,男有室,女有家,人人安居乐业,社会就会安宁。对丁我们个人来说,安宁在哪里?豪宅、美女俊男、美食?是,也不是!锦衣玉食可能内心荒凉，箪食瓢饮却能怡然自得。如何在不安宁的环境保持安宁的心，在安宁的环境放飞不安宁的心，需要自己定好位。

至于"宁"如何变成繁体字的"寧"，又如何简化为"宁"，有点复杂。我们把《说文》中与"宁"相关的几个字附在下面：

（宁），安也。从宀，心在皿上。人之饮食器，所以安人。

（寧），愿词也。从丂宁声。

（甯），所愿也。从用，寧省声。

（宁），辨积物也。象形。凡宁之属皆从宁。

"宁"与"寧"出现很早，甲骨文中就有，从用法上看，最初也不会是同一个字，可能读音相同。"甯"是一个典型的讹书错字，汉代的俗体字中把"寧"字中的"皿"和"丂"错误合并成了"用"，楷化后就成正体了，进一步改造就成篆书了。这三个字读音都相同，"安宁"义出土文献多用"宁"，古书多用"寧"。

在繁体字系统中，"宁"的形音义与以上三个字完全不同，但古书里也很少使用，渐渐死去了。另一方面，把"寧"字中间的"心"和"皿"掏空，就成了现代简化字的"宁"，"丁"还可以表示读音的韵母，这就造出一个新的"宁"。字形简单，理据明确，人们喜欢使用，就用它把"寍""寧""甯"都给合并了。这个过程既有简化，又有异体字合并。

因为繁体字的"宁"与简化字的"宁"读音完全不同，怕人们把"佇（仁）立""貯（贮）存"读错，又把繁体字系统中的"宁"简化成了"㝉"。

这种复杂的变化，在音频节目中完全说不清，书面上就可以详细说了。

【理论延伸与思考】汉字简化不仅是字形的简化，更重要的是文字的精简。字形简化、文字合并等会导致文字系统的调整。在繁体字系统中，"寍""寧""甯"是异体字，与"宁"形音义对立。把"寍""寧""甯"简化合并为"宁"之后，类推简化的"拧""狞""咛"等字与"佇""紵""貯"等发生混淆，"宁（zhù）"简化为"㝉"。文字是符号的区别系统，时刻调整，保证明确的区分。

第四十二讲

# 女人的归宿——"嫁"与"归"

[**本讲要点**] 处女的本义是安居的静女，处女出嫁就有了家，夫家才是自己的家，所以出嫁又叫"归"，回到该去的地方去做妇。"妇"的繁体字是"女"与"帚"，"帚"是打扫的工具。从文字上看，处女变成妇的最大差别是少了安处的坐具，多了干活的扫帚。

[**说解汉字**] 嫁、归、妇（歸、婦）

这一讲重点讲三个字：嫁，归，妇。

先说两个女性没有出嫁之前的称谓：处女与闺女。

女性待字闺中，称作"处子"或"处女"。处女美，是庄子笔下的神："藐姑射之山，有神人居焉，肌肤若冰雪，绰约若处子。"处女静，《孙子兵法》里说军队打仗要"静如处子，动如脱兔"。①

处女为什么叫处女？这得从"处"字找答案。

"处"的字形告诉我们，其最初的意义就是安安静静地坐着的一个人，安身、安居，以后再详细说。②"处女"最早的意思与《诗经·邶风·静女》中"静女其姝"的"静女"大致相同。我们在说"女"字的时候就谈到古人对女性的审美取向，"处女"的称谓与"女"字的构形所表现的文化内涵是一致的。处女安居在哪里？闺中。闺中是什么地方？闺是宫中小门，门里面是内眷居处的地方。古代政治文化中防范女性出来干政，更要防范外面的男人进去秽乱春宫，就划定了女性活动的范围——闺内，所以处在闺内的女儿称作"闺女"。闺女离开闺中能去哪里？嫁人，嫁了人自然就不是闺女了，也不是处女了。

出嫁是隆重的事情。据礼书记载，女子十五许嫁，笄而字。十五

①《孙子·九地》："是故始如处女，敌人开户；后如脱兔，敌不及拒。"
②《说文》："処，止也。得几而止。从几从夂。""處，処或从虍声。"其中的夂是尸的讹变。处的古文字字形就是人坐在坐具上。

已经成年可以嫁人了,甲骨文中就有头戴簪子的"女"字,配合出土文物可知,商代女性头上加簪是可以肯定的。

贵族女性在出嫁之前还要取字。"字"就是与名相对应的成人的称呼。现代的小孩小时候叫二狗子、三娃子,大了以后就有大名李有财、王丽华了,与古代名与字相类似。男女一有了字,就意味着可以婚配了。这些都是贵族的讲究,老百姓有个名儿就不错了。

男大当娶,女大当嫁。"娶"字的来源与文化我们已经讲过。女性出嫁,有多种表达,如"徂""适""归""嫁",等等。

自我徂尔,三岁食贫。(《诗经·卫风·氓》)

贫贱有此女,始适还家门。(《孔雀东南飞》)

之子于归,宜其室家。(《诗经·周南·桃夭》)

"徂"与"适"都表示位移,从一个起点移到另外一个目的地,这里专指从闺中到夫家。归的位移方向相反:

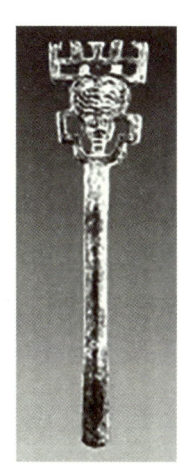

山西忻县连寺沟出土商代青铜人首笄,见夏鼐、刘永生主编:《山西省博物馆馆藏文物精华》,山西人民出版社,1999年,第15页,图24。

**歸**,女嫁也。从止,从妇省,𠂤声。(《说文》)

女子出嫁为什么叫作"归"?归家、归宿这些词牵动人心,我们的身体需要有一个可归之家,我们的心也需要有一个归宿,没有归宿的心永远没有幸福。对于女人,她应该归的地方在哪里?丈夫家。在过去的观念里,女儿就不是自家人,迟早要成为别人家的人。对于这些女性来说,迟早都会归到该去的地方去。这些词现在都不用了,我们现在常用的就是"嫁"。

嫁者,家也。出嫁也叫成家,嫁了,就有家了。①成了家,少女就变成了少妇。"妇"的繁体字"婦"右面是扫帚的"帚":

① "家"与"嫁"的文化内涵可能更加丰富,参看何九盈:《汉字文化学》(第2版),商务印书馆,2016年,第138—145页。

**婦**，服也。从女持帚洒扫也。（《说文》）

妇人的职责就是服服帖帖拿着扫帚打扫卫生。成为人妇，就不能静处成"处女"了，就得夙兴夜寐好好干活了，难怪过去女儿出嫁要哭得死去活来。

"歸"与"婦"中都有一个"帚"，把"帚"的下部截除就剩下一个"彐"，简化的方法是一样的，可以类推。

联系到甲骨文，情况就复杂了。因为这个扫帚的"帚"既可以用作妇女的"妇"，也可以用作归家的"归"。既然如此，"婦"和"歸"就应该是在假借字"帚"上加上意符形成的形声字，但"帚""妇""归"三者的读音古今都不同，而且差得还比较远，怎么会这样呢？汉字文化经常演绎，能够自圆其说就可以沾沾自喜、洋洋得意了。一遇到这种文字学上的硬骨头，大部分人就视而不见或避而不谈了，原因很简单，啃不动！我也不是遇到硬骨头就啃，很多字也说不了，或者说了也说不清。我能做到的是告诉大家，这是问题！你如果喜欢文字学，不妨把这个"帚"字及其构成的文字研究一下。

【理论延伸与思考】简单的文字现象背后，可能隐含着复杂的文字学问题，文字学领域还有很多没有解决的问题。"归"与"妇"右侧都是"帚"的截除式省略，"帚"与"归""妇"的读音都不同，为什么甲骨文中可以记录这两个词，有的学者从读音的角度找证据求"通转"，有的学者则从一字多音义的理论解释。"帚"的音义是个至今都没有彻底解决的问题，很值得用心一做。

第四十三讲

# 女性曾经有过的辉煌——姓

[**本讲要点**] 古老的姓大都从女，可能是母系氏族文化的孑遗。
[**说解汉字**] 姬、姜、妫、姚、嬴、姒

今天讲几个古老的从女的姓氏用字。

先区别一下姓与氏。汉代以前，姓与氏有别，女性称姓，为了婚姻不乱；男性称氏，为了分别宗族。氏是姓的分支。例如，周是姬姓，周文王自然姓姬。他有好多儿子，他们都姓姬。他们被分封到各地，管、蔡、鲁、卫、毛、曹，等等，在各个地方发展壮大，子孙繁多。他们彼此怎么区分？就以自己的封地为氏，氏表明一个家族不断壮大。在周代，男人称氏即可，女性必须称姓，例如蔡姬、鲁姬、曹姬，等等。同姓不婚，女性的姓相同，就知道出自同一个祖宗，不能结为婚姻。

随着氏族不断壮大，不断分裂，到最后就拢不到一起了。汉代虽然也分封诸王，但不能单独立氏，都姓刘，姓与氏就统一了。今天我们的单音词是姓，双音词是姓氏，姓、氏、姓氏没有了分别，成了一码事。

姬、姜、嬴、姚、妫这些古老的姓都从女，为什么？

人类学家认为，人类在发展过程中，曾经经历一个母系氏族社会，以母系血缘为纽带构成部落社群，女性具有统治地位，可以随意选择男性，孩子只知其母不知其父。至今我国西南的一些少数民族还有类似的情形。中国古代是否存在这样一个社会形态？我们的历史早已被整合成以黄帝为始祖的父系社会系统了，很难找到母系社会的踪影，但古老的传说和古老的姓氏用字为我们留下了蛛丝马迹。

古老的姓来源都扑朔迷离。先讲几个传说故事。

夏、商、周合称"三代"，是古人心目中的理想社会，每个朝代都有他们祖先降生的传说。

夏的始祖禹的母亲吞食了薏苡就生下了他，禹的父亲干什么去了？大概也去生孩子去了！

《诗经·商颂·玄鸟》说"天命玄鸟，降而生商"，说的是殷商始祖契的母亲简狄与女伴一起到河中洗澡，看见飞行的燕子落下一颗卵，也就是玄鸟之子，简狄吞下这颗卵，于是就怀孕了，生下来的就是契。契的父亲是谁？不知道。

周的祖先后稷孕育的过程在《诗经》与《史记》中都有记载，说有邰氏之女姜嫄到野外，看到巨人的脚印儿，很喜欢，就踏了上去。这一踏，就怀孕了，生下来的就是后稷。他父亲是谁？不知道。

还有很多类似的故事，共同的特点是后人追溯其远祖，只知其母，不知其父。这些故事就是姓氏的"姓"的文化背景。许慎说：

姓，人所生也。古之神圣母，感天而生子，故称天子。从女从生，生亦声。《春秋传》曰："天子因生以赐姓。"（《说文》）

古代学者把只知其母不知其父变成了神话。为什么叫作"天子"？父亲是天，儿子就是天子。这些天子因出生时候的特征而被上天赐予姓。简狄、姜嫄等都是古之神圣母，神异其说，就是感天而生，这些受命天子就当然不能是人之子。到了后来，知其父的刘邦，他的母亲也得和蛟龙交合才能生出他这个天子来。剥开这些传说的神秘外衣和政治目的，可能就是远古记忆的变异。

姓是怎么来的？最初大概就是以母系部落居住地的地域标志作为这个部落的名称。古姓大都来自母系的居住地域：

姬，黄帝居姬水，以为姓。从女，臣声。（《说文》）
姜，神农居姜水，以为姓。从女，羊声。（《说文》）
姚，虞舜居姚虚，因以为姓，从女，兆声。（《说文》）
妫，虞舜居妫汭，因以为氏。从女，为声。（《说文》）

远古虞舜的传说很多，按照《说文》，虞舜就有姓和氏了，姚为姓，妫为氏。我不太相信，很可能这是两个不同的部落或后人记录同一个部落的不同用字。

嬴，少昊氏之姓也。从女，嬴省声。（《说文》）

嬴也是一个古地名，在东方。《左传》哀公十五年："公孙宿以其兵甲入于嬴。"杜预注："嬴，齐邑。"秦始皇即名嬴政。清华简证明秦人源自东方。①

姒，夏的国姓。按照古人的说法，夏禹的母亲吞食了薏苡而怀孕。薏苡的"苡"与"姒"古代同音。这更是迂曲附会。

周灭商拥有天下，为了显示有德，要"兴灭国"，就是把那些历史上被灭国的后裔找出来分封领地，其中舜的后裔名满，流落民间，被找出来封到陈。妫姓子孙后来就以陈为氏了。

姓可以区别血缘，同姓不婚，这些都是常识。姓起源于什么时候？从文献记载来看，黄帝姬姓，炎帝姜姓，实在古老得很。这种传说有多大的可信度，目前还无法验证。

回到文字上，古书记载殷商是子姓，果真如此，"好"字作为商人的姓氏再合适不过了。但从甲骨文和商代金文中，我们归纳不出商代的姓氏来。商人后裔被周人封在宋，宋氏是商人的后裔。

甲骨文虽然有"姓"字，但与姓氏无关，与"好"字一样，是人的专名。两周金文里姓氏大量出现，与文献记载基本吻合，但有的姓氏先秦与汉代以后的用字很不相同。

"姓"字从女，古姓用字从女，很可能是母系部落在某一个区域活动的痕迹，是母系社会的文化残留或追忆。在母系社会里，女性居统领地位，姓氏用字，或许就是女性曾经辉煌的残存痕迹吧。

①参考李学勤：《清华简关于秦人始源的重要发现》，《光明日报》2011年9月8日第11版。

【理论延伸与思考】"姓"字从女从生，是个形声字，从文字构形上说，很简单。从语言与文化上思考，姓与女性生育有什么关系？"姓"的文字结构和古代婚姻制度有什么关系？"姓"这种称谓什么时候出现的？就都成了问题，需要进一步思考。

第四十四讲

# 文字中的女性之美

原题 | 如何称赞一个美丽的女子

[**本讲要点**] 古文字中美与兂可能都是人头上戴着装饰物的形象，两字构意相同，音义也相同，后来都分化出专表女性之美的"媺""嬔"。"妖"是特别过度的美，古人认为女性过度的美会引发男性的堕落，就把女性之美妖魔化了。

[**说解汉字**] 美、好、微、妖、娆（媺、兂、娳、敫、嬔）

古代称颂美女的方式很多，古诗文中有云鬓青螺、金钗红粉、秋波荡漾、柔情似水，等等，曲尽其妙，读《花间集》中的词，一首首，都是男人眼中的女性之美。戏曲小说中沉鱼落雁、闭月羞花之类的陈词滥调，更是不胜枚举，这些自有人从词汇的角度去研究。我们今天从汉字的角度，看看汉字怎么表现和称赞女性之美。

描写女性之美的文字很多，我们举两个例子：美好、妖娆。

今天最常用的一个词是"美好"，有人说"美"是羊肉的美味，"好"是女色之美：

，甘也。从羊从大。（《说文》）

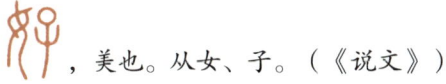，美也。从女、子。（《说文》）

这又回归到食、色上去了。"美"字究竟是羊大味美,还是头戴羽毛或其他舞具跳舞,大家各说各的。女性之美终归是自古及今大家都很关注的,造出"媄"来就没有歧义,一定是专注于女性之美了。①

古文字里确实有用人的形象表示美的,下面是楚简中的字形:

郭店简·老子乙 4

这个字就是微小的"微"中间那一部分——岂,古书中就是"美"字。从字形上看,"美"与"岂"好像是构意相同的异体字:

美
合 33128

岂
合 4593

"美"是正面的人形,头上戴着羽饰,"岂"是侧面的人形,头上戴着的也是羽饰。这种解释很融通。②与"美"一样,"岂"也滋生出加女旁的"娓"。

郭店简·缁衣 1

后来受到微小的"微"的影响,"娓"变成了"媺"。《六书统》:"媄,重文作媺。从女从散。散,少也。一曰少女也。"少女为"媺",与女子为"好"是同一思路。女性年少就是美好,男人老了才是长老。

① 《说文》:"媄,色好也。从女从美,美亦声。"

② 这与我在《汉字为什么这么美》一书中的观点相左,并不是今是而昨非。这目前还说不定。

这就是古人所谓的男女价值。

借着"嫩"字,说一种文字学现象,古文字的失传与《说文》的失收。

文字在演变的过程中,有些被废弃的字逐渐就自然失传了,秦始皇统一文字,一些六国古文字也失传了。有些文字虽然失传了,但在文字构形中还存在,许慎不知其来源,想办法曲解。楚简中的"兇"失传了,许慎就不知道"散"的结构了:

㪚,妙也。从人从支,豈(豈)省声。(《说文》)

此说连处处维护许慎的徐铉都看出来不对头,否定了许慎,但也是一番无端猜测:

豈字从散省。散不应从豈省。盖传写之误,疑从㞢省。㞢,物初生之题尚散也。

《说文》中有一些"省声"并不可靠,读书时需要特别留意。

我们知道了"兇"字,自然就知道了"散,从支,兇声",而不必把它归到人部去了。

上面说的是"美好",下面说"妖娆"。

"妖""娆"二字从女,古人用来描写女性之美。柳永《合欢带》:"身材儿,早是妖娆。算风措,实难描。"到了毛泽东笔下,就成了江山之美了:"须晴日,看红装素裹,分外妖娆。"(《沁园春·雪》)

"妖""娆"字从女,两个字意义有所不同。先说"妖"。

"妖"的意义两类:美丽与可怕的美丽。三国魏曹植有《美女篇》诗:"美女妖且闲,采桑歧路间。""妖"是一种怎样的美丽?汉代学者是这样想的:

媄,巧也。一曰女子笑皃。《诗》曰:"桃之媄媄"。从女芺声。(《说文》)

今天通行的《诗经》中作"桃之夭夭，灼灼其华"，夭夭、妖妖、娭娭说的都是一码事，春桃绽放之美。自古桃花与女性就被人们联想到一起了。

什么叫作"巧"？《诗经·卫风·硕人》："巧笑倩兮，美目盼兮，素以为绚兮。"

总之，"妖"是极言女性之美的字。女性之美，人见人爱，但另一方面，也让人怕。怕什么呢？男人一旦把持不住，沉溺其中，就会误了正事儿。古人以此为男女价值观，认为历史上的妹喜、妲己、褒姒、息妫、骊姬、赵飞燕、杨贵妃等都因为太妖艳，成了红颜祸水。女性既然能够祸害人，进一步就变成了可怕的妖怪。历史书与小说常常把女性的美丽妖魔化。

《左传》庄公十四年："人弃常则妖兴，故有妖。"从《搜神记》到《聊斋志异》，妖怪何其多！画皮多可怕！

"娆"字意义比较单纯，表示女性美丽，与"妖"搭在一起，限制了"妖"字中贬义的呈现，成了单纯的美丽。

提两个问题：

第一，汉字中表现女性之美的字很多，除了上面讲的几个，你还知道哪些？

第二，古代表达女性之美的字很多，但表达女性之丑的字很少。这种不对称是什么原因导致的，蕴含着什么文化含义？

**【理论延伸与思考】** 一些古文字作为单字失传了，但作为部件存在于文字构形中。汉字阐释因不知其来源就会产生曲解。表示美好意义的"岜"消失之后，"敫"的结构就被曲解成了"省声"。"燊"字的上部就是火把的象形，甲骨文中有这个字，后代失传。《说文》就把从"炏"的字都当成了"省声"。莹、营、萤、莺等字其实就是完整的形声字。《说文》中有多少因失收字形而被曲解成省声或省形的字？

# 第四十五讲

# 对女性的偏见和误解——"姦"与"妒"

[**本讲要点**] 力是男性的代表,三力为"劦",同心协力;三女就是"姦",奸佞小人。这些文字构形表达了典型的男尊女卑思想。"嬾""嬲"等字有的后来被"懒""恼"等取代,女性观念的变化在文字上有一定程度的体现。

[**说解汉字**] 佞、嫉、妒、妨、妄、婪(奻、姦、嬾、嬲、劦)

我们讲过古人心目中理想的女性,也讲过古人眼中女性的魅力,这一讲看看有哪些字是否定女性的。

汉字中有很多从女的字是坏字眼儿。

在古人的心目中,女人聚堆儿没好事儿。一女为"女",二女为"奻(nuán)",三女为"姦"。

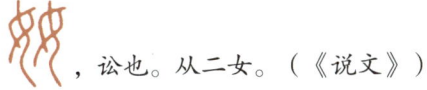,讼也。从二女。(《说文》)

二女在一起,结果就是争吵、控告。《周易》说"二女同居,其志不相得"(《睽卦》),可以为这个字做个注脚。现在闺蜜好友三五成群,相处融洽,古人怎么会如此小心眼儿?二女同居,是指二女共侍一夫,不争风吃醋才怪呢?这得把它放在一夫多妻的文化背景下去理解。电影《大红灯笼高高挂》表现的就是这些女人们如何明争暗斗。

三个人聚在一起就是"众",众志成城,团结起来有力量;三个女人聚在一起就是"姦",姦佞小人,就成了骂人。《说文》里有这个字,这是汉奸的"奸":

🔸,私也。从三女。

三木是"森",三石是"磊",三水为"淼",三金是"鑫",叠三为多,但多并没有不好的意思,三鹿是"麤",三鱼是"鱻",三羊是"羴",也都好理解,三女怎么就成"姦"了呢?古人的观念,唯小人与女子难养,女人为阴物、为细物、为玩物,三女为"姦",是这种蔑视女性文化的集中表现。

要想成为君子,就要远色而贵德,存天理灭人欲。我们常常听见骂人"姦佞小人","佞"也从女,在右下角:

🔸,巧诌高材也。从女,信省。(《说文》)

"佞"字由仁义道德的"仁"和"女"组成,如果表达女性之仁爱多好,可惜不是,意思是口才好,擅长花言巧语、甜言蜜语。女人之佞,不过是讨好男人求点宠爱而已,男人奸佞可就要祸国殃民了,但造字的人把奸佞的恶德还是加给女人了。"佞"字往简单里说,就是一个从女、仁声的形声字,小徐本就是这么说的。不知道是什么人不想让"仁"与"女"有联系,就说是"从女信","信"在哪儿呢?没有,就说"仁"是"信"的省形。徐铉就附会说:"女子之信近于佞也。"更是对女性的进一步污蔑。段玉裁看得比前人真切,这个字就是从女、仁声的形声字,拨乱反正!

懒与勤相对，男人、女人都有懒有勤，但这两个字凸显男尊女卑。

嬾，懈也，怠也。一曰卧也。从女，赖声。（《说文》）

勤，劳也。从力，堇声。（《说文》）

"嬾"字从女，懒惰是女人；"力"是男人使用的农具，构形表意多与男性相关，勤劳是男人。这也太不公平了，后来人们就用心旁替换了"女"，这就是现在使用的"懒"。懒是人的生活态度和生活习惯，男女一样。与"嬾"字相类似的还有恼怒的"恼"，本来也是从女，写作"嬲"，女人心眼小，动不动就恼了。其实小心眼的男人有的是，后来也被从心的"恼"取代了。

嫉妒是人类的恶德之一，心胸狭隘，见不得别人的好。看到别人的长处优点不是为别人喝彩，不是想着努力赶上，而是恨恨不平，恨恨地诅咒。这种气量永远不能成就大事。在"女子无才便是德"的时代，女性的见识受到限制，气量狭小，容易产生这种情绪，有一定的现实依据，但这不是女性的问题，是社会的问题。当今社会，放眼世界，造福人类的巾帼英雄有的是，心胸狭隘的猥琐男也有的是。嫉妒离女人越来越远了！

妨害的"妨"从女，意思就是伤害。女人怎么伤害？在我家乡的方言里，"妨主"是骂人的，主人遇到生病、早亡等不吉利的事，人们会找一个与此关联的原因，会联系到某一个不吉利的人或事情上。引发不吉利的事情就是"妨"。古代对于女人的禁忌有许多，因为女人能够妨人、害人。"祥林嫂，放下吧！"言犹在耳。这种文化纯属扯淡。

妄想，就是无理性地胡乱想，"妄"就是"胡乱"的意思，字也从女。女人容易胡思乱想吗？呵呵！

贪婪是人类又一恶德，恨不得集天下一切美好为己有，权、色、名、利样样不落。

婪，贪也，从女，林声。（《说文》）①

究竟是女性具有贪婪之恶德，还是男性具有贪色之本性？"贪"

① "嫉、妒、妨、妄、婪"都是从女的形声字。

字下面从贝，就是财，是贪婪的对象；"婪"的下面是女，是色，也是贪婪的对象，贪财好色，正是有权男人腐败的根由。造字的时代，女人没有支配经济的权利，能贪婪什么呢？

我们上面说过，力是农具，是男性的代表，我们不妨比较一下：

功勋、劝勉、勤劳、强（勥）劲、勇气的"勇"、胜利的"勝"，这些字都从"力"，哪一个不是对男性的褒奖！男人不能没有力，少力为"劣"，力代表着男人的价值。

三个力合在一起就"劦"，是同心协力；三个女合在一起就是"姦邪"。我们可以说汉字构形中系统地表达了男尊女卑的落后思想。好在这些文化是潜藏着的，汉字使用者不能受此影响。

男尊女卑，文化糟粕。

【理论延伸与思考】 "女"的构形能力很强，从女表意的文字比较系统地反映了古代的女性文化，其中有远古的信息，有对女性的价值判断，也有对女性的污蔑。文字产生于不同的历史时期，累积了不同时代的文化观念，对于了解古代历史文化有一定的作用。但作为记录语言的符号，应用者关注的是所记录的语言，文化隐藏在深层，一般不会被唤起。

## 第四十六讲

# 被伤害的女人——奸

[**本讲要点**] 在我国古代封建社会中,女性社会地位低下,这种现象在一些从女的汉字中也留下了痕迹。

[**说解汉字**] 奸、婬、妾、媿、醜

前面讲过古人认识到贪恋女色带来的灾祸,所以就有存天理灭人欲的主张。男人不但好色改变不了,而且占有欲也十分强烈,怎么解决呢?首先是施行一夫多妻制,男人可以合法拥有多个妻妾;其次是给女性设防,行不露足,笑不露齿,不见陌生男人,更不能被陌生男人触碰,宁可死也要严守礼防。

后来商业经济发达,又有了青楼妓馆,有钱就可以把女性作为泄欲的工具。由于男女不平等,对女人的伤害被当作天经地义的事。今天讲几个伤害女性的字。

伤害女性有种种表现,性伤害很严重,但古人对"奸"的阐释很暧昧。

"奸淫"古今都是贬义词,过去是一种严重的罪行,对女性的惩罚尤其严厉,文字中也有痕迹。

🔴 ,犯婬也。从女从干,干亦声。(《说文》)

按照许慎的意思,"姦"与"奸"这两个字是有区别的,三女的"姦"是自私、奸邪,坏人的恶德;从女从干的"奸"是奸淫的奸。若此,"汉

奸"好像非得写成"汉姦"才正确。

西周时代就有三个女的"姦"了，从女从干的"奸"产生得晚，多见于秦汉文字，可能是后起的分化字。古人在实际使用中不甚区别，简化字用简单的代替复杂的，完全合理。

"奸"字所从的"干"有侵犯的意思，"女干"是女性犯淫，就是做不应该做的事，就是荡妇。"干女"就是侵犯女性，就是流氓，不论什么都是淫乱。许慎既然认为是个会意字，他是怎么想的呢？大概不论男女，犯淫都可以是"奸"。

文明社会，强奸是对女性的严重伤害，是男性所犯的重罪。古代的观念很暧昧，常常是出了事顶多各打五十大板，女人被奸就成了妨人的不洁之物，事后蒙受更多的耻辱。

淫乱的"淫"，就专指女性了。《说文》中有"淫"和"婬"两个字。"淫"从三点水，这个"淫"是淫雨霏霏的"淫"，是过度，没完没了的意思。淫乱的"淫"在《说文》中从女：

婬，私逸也。从女㸒声。

聘则为妻，奔则为妾。《西厢记》过去是淫书，谁看谁就不正经。按照旧道德，崔莺莺就是典型的私逸的婬女。

男人可以去自由恋爱，大不了始乱终弃，浪子回头。女性一旦自由恋爱了，道德上是"婬"，身份上是"妾"，被抛弃是活该。《诗经》中的《氓》叙述的就是这么一位被抛弃女性的悲哀，用自己的亲身经历告诫："吁嗟女兮，无与士耽。"（参看第三十八讲）妾有多悲惨？

妾，有罪女子，给事之得接于君者。从辛从女。《春秋》云："女为人妾。"妾，不娉也。（《说文》）

"妾"象头上戴着刑具,是有罪的奴隶。私逸不仅仅是私奔,"逸"就是越轨,就是超出当时的礼制规范。对于女人来说,怎么做就算不"淫"了呢?

春秋时候宋国国君宋共公的夫人伯姬房子失火,左右侍奉的人让她赶快出来避难,伯姬说:"妇人之义,傅母不在,宵不下堂。"(见《春秋穀梁传·襄公三十年》)最后她就这么被烧死了,这是贞女的典型形象。至于说丈夫死了被迫改嫁,遭到强暴,那就得赶快自杀,这叫贞洁;死得不及时,被强暴了,就成了污物,算不得贞洁了;不死,那就是"婬"了。女人没处讲理!这些不讲理、没人性的文化在"五四"新文化运动时期就被猛烈抨击,鲁迅的《我之节烈观》就很精彩,大家不妨看一看。

女人要三从四德,服服帖帖。尽管白发宫女可能一生都见不到自己的丈夫,但绝对不能对别的男人有非分之想。一旦私逸了,代价是生命,是肉体的折磨,是生不如死的处境。

最后讲一个古人多用、今天不用的"媿"字。

《说文》说羞愧的"愧"有两种写法:

媿,慙也。从女鬼声。 愧,媿或从耻省。

惭愧是做了对不起人的事情之后产生的羞耻之心和自责,是人类的高尚情感,古人怎么会和"女"联系起来呢?

第一,性羞涩是一种美,之所以羞涩,是女性自认为这是不应该有的,这种娇羞在男人眼里就是一种美,像水莲花不胜凉风的娇羞。

第二,奸、佞、妒、妨、嬾、嬌、妄,等等,都是女人的错,女性怎么能不羞愧呢?

"愧"字本来就是从心、鬼声的形声字,非要把"心"理解为"耻省",这就是过度解读了。

古书说"媿"字有时被当作"醜"字用,那是对女性相貌的歧视。

繁体字中"丑"是干支用字,与美丑无关,丑恶的"丑"写作"醜",从鬼,酉声。"媿"是从女,鬼声。两个字中都有"鬼",但功能本来完全不同。"媿"用作"醜",如果不是写错字,就是恶搞。不论是女鬼还是女人像鬼,都很丑,这是一个会意字。"媿"一个字形,所记录的语言完全不同,这在文字学上叫作"同形字"。

男人丑,就叫"圣人不相",孔子是畸形脑袋,晏子是五短身材,都不妨碍男人成为圣人。说女人丑就是伤害,对于这种伤害该如何是好?大家可以一起考虑其中的深层问题!

【理论延伸与思考】 文字分化是为了记录语言更加精确,弊端是字形多,区分细,学习负担重;合并是为了实用便捷,那些读音相同、意义相近的字合并是文字演变过程中常见的现象。分化与合并并行,表达求精确,实用求简便,文字在此矛盾中彼此调适,彼此制约。"奸"与"姦"合并为奸。"媿"一分为二,形声字与"愧"合并,表意字与"丑"合并,文字系统处在不断调整过程中。

第四十七讲

# 女性之威风——说"威"

原题｜厉害的婆婆：威

[**本讲要点**]"威姑"就是威严的婆婆。"威""姑"二字可以简单地理解为形声字，但不排除"威"是"女"与进攻性武器"戌"的组合，"戌"兼表意。"姑"所从的"古"是防御性武器，应当是单纯的表音功能。

[**说解汉字**]威、戌、姑、古

威武、威猛、威风凛凛，一说到"威"，大家一般都会想到阳刚之气，但"威"字里面却是个女，该怎么阐释呢？许慎说：

[威]，姑也。从女从戌。汉律曰："妇告威姑。"（《说文》）

很少人能够读懂，专家也费周折。

第一，什么是"姑"？咱家的姑姑不威风，有事也轮不到姑姑发威。

《尔雅·释亲》："妇称夫之父曰舅，称夫之母曰姑。姑舅在，则曰君舅、君姑。没，则曰先舅、先姑。"为什么婆婆是姑，父亲的姐妹也是姑；公公是舅，母亲的兄弟也是舅？

古代婚姻，同姓不婚，同姓兄弟姐妹称作"堂"，堂兄堂弟、堂姐堂妹。四世同堂，生活在同一堂中，关系多远也不能结婚，不然就是乱伦。异性血亲称作"表"，表姐、表弟，"表"是"外"的意思，不是本族内的。表有姑表、舅表。表亲第二代就可以结婚。《红楼梦》中贾宝玉就和表姐、表妹谈恋爱。如果嫁给了姑表哥，姑姑自然就是婆婆,如果嫁给了舅表哥,舅舅当然就是公公。民间把这种婚姻叫作"亲上加亲"。姑、舅的称谓曲折反映了这种近亲结婚的形式。

从婚姻制度上,我们可以理解"姑"是婆婆。

第二,"威"和"姑"是什么关系?

按照许慎的理解,"威"就是"姑",或者"威"是"姑"特有的品质。举出的例子就是所引律书中的"威姑",也就是厉害的婆婆。婆婆作威作福,儿媳逆来顺受,是那个时代的人伦规范。这么解释构形好像也能说得过去。

但"威姑"是个修饰结构,即使"姑"是婆婆,也不能表明"威"就是专指婆婆的威,更不能说"威"就是"姑",例如威望、威信、威名,难道声望、信誉、名声都成了婆婆的不成?

民不畏威,则大威至。(《老子》)

所谓威者,擅权势而轻重者也。(《韩非子·人主》)

古人经常说"威",天威、王威、权势之"威",很少说到姑之"威"。

第三,许慎凭什么把"威"和"姑"联系起来?

把"威"和"姑"联系起来有两点:其一,"威"字里面有"女";其二,有一个词是"威姑"。这些证据并不充分。古书里除了许慎引用的一个"威姑"之外,"威"字与婆婆就再没有关系了。"威"就是婆婆,或者是婆婆之威,大概是文字学者根据字形杜撰的,不大可信。

第四,"从戌"是什么?

戌,灭也。九月,阳气微,万物毕成,阳下入地也。五行,土生于戊,盛于戌。从戊含一。凡戌之属皆从戌。(《说文》)

阴阳五行,这就更不容易看懂了。小徐本是"从女,戌声",段玉裁相信了。[①]但"威"与"戌"的读音不完全相合。

---

[①]《说文解字注》,第615页。

甲骨文中没有确切的"威"字,这个音义用"畏"或其他字记录,西周之后,就十分常见了,下面是从西周到战国的"威"字:

(虢叔旅钟,集 238):皇考威义(仪)。

(癞簋,集 4170.1):威义(仪)。

西周金文中的"威"字确实由"戌"和"女"构成,后来有的"戌"逐渐简化成了"戈":

(叔向父禹簋,集 4242):秉威义(仪)。

(郏公牼钟,集 149):余畢龏威(畏)忌。

(王孙诰钟,《淅川》第 144 页):威义(仪)。

(上博简·缁衣 16):敬尔威义(仪)。

"威"字或从戌,或从戈。"戌"与"戈"都是兵器。看到这个字,很容易想起卫戍的"戍",结构是人与戈。"威"字的结构与之相似,是"女"与兵器的组合。

我们能不能这样设想,一个男战士扛着枪走过,我们可能不会有强烈的感觉,如果是一个女的扛枪昂首走过,我们大概会惊叹:真威风!毛泽东的诗"飒爽英姿五尺枪"就是颂美不爱红妆爱武装的女性之"威"的。

古代有没有如此威风的女性?最有名的商王武丁的妻子妇好,是一位女将军,英勇善战,死后葬礼极其隆重,活时威武,死后也威风。

当婆婆对儿媳有了绝对权威之后,把这种威风安在婆婆头上,也就不难理解了。

造字时"威"中的兵器为什么是"戌"而不是"戈"?"戌"与"威"读音比较近,兼有表音作用,只是不那么准确,俗体字中可以忽略。

有意思的是,"威"是女与进攻性武器的组合,"姑"是女与防御性武器的组合。"姑"字所从的音符"古"本义是盾的坚固。①

合 21242　　　　　　　　合 23682

"威"与"姑"从构形上看,都从女,另外一个部件都是兵器,这可能是一种巧合,也不排除有一定的意义联系。

现代汉语中,"姑奶奶我……"中的"姑",还有几分威风。女将军之威风,姑婆之专横,"姑奶奶"之撒泼……什么才是女性受人尊敬的威?你懂的!

原题"厉害的婆婆:威"是个噱头,是对"威"字的曲解。我们对"威"字也是从表意的角度推测,可能是另一种曲解。

【理论延伸与思考】探求汉字造字理据是汉字文化阐释的重要内容,但很容易流入主观主义。尤其是平面图画式表意字,它包含多种意义元素,与现实中的多种事物有多种联系。造字者用以表达哪一种事物或哪一种联系,只能根据词义去推测,推测的结果很难是唯一的。

① "古"的上部是盾,加"口"表示坚固。见裘锡圭《说字小记》,《裘锡圭学术文集·金文及其他古文字卷》,复旦大学出版社,2015年,第416—418页。

女与兵器组合，可能是女性的威风，也可能是用兵器威吓软弱的女性，究竟是什么，很难有定论。这种地方往往已经远离了学术探讨。对于"威"字，我们把握下列确切的知识比苦思冥想的理据猜测更重要：它产生于西周中期之后，分化了甲骨文"畏"字的部分音义，在汉代被理解成姑婆之威，反映了汉代礼制中的婆媳关系。

## 第四十八讲

# "尸"是人的什么动作

[**本讲要点**] "尸"的本义是蹲,在跪坐礼仪化之后,蹲踞就成了野蛮无礼。"尸"在出土文献与古书中常用的意义有夷、活人扮演的丧主、死尸等。从字形与音义之间的关系看,与"夷"同源。丧主之义晚出。

[**说解汉字**] 尸、蹲、踞(屍)

现代人一看到"尸"字,心中很不爽,因为它的意义很单纯——尸体。读书多一点就知道成语"尸位素餐","尸"即使不是尸体,也不是什么好话。

古人有姓尸的,战国时期有尸佼,他写的书是《尸子》,姓氏用字肯定不会取义尸体。下面看看古书中是怎么用的。

《庄子·逍遥游》:"庖人虽不治庖,尸、祝不越樽俎而代之矣。"越俎代庖中的"尸"与"祝"都是活人,尸是活死人,活人扮成死人。

《仪礼·士虞礼》:"祝迎尸,一人衰绖奉篚,哭从尸。"郑玄注:"尸,主也。孝子之祭,不见亲之形象,心无所系,立尸而主意焉。"古人太实在了,把鬼神之事弄得和真事儿一样。尸假充被祭祀的死人,这个尸又由谁来充当?

《公羊传》宣公八年有"祭之明日也"语,汉何休注:"祭必有尸者,节神也。礼,天子以卿为尸,诸侯以大夫为尸,卿大夫以下,以孙为尸。"这个"尸"干什么?装扮成死去的人接受祭祀。在其位干什么?什么都不能干,就是活着的"死人"。庖厨太忙,尸能去帮帮忙,涮涮酒器切切肉吗?不能,那样做了就是"越俎代庖"。在这个位子上只能不作为，扮演死人才是本分，这就是尸位。如果别的场合也是如此，那就是"尸位素餐"了。

"尸"到底是什么样的？

，陈也。象卧之形。（《说文》）

"陈"与"卧"都是多义词，"尸"是什么样子依旧不是很清楚。我们看一看"尸"的古老字形：

胡钟，集 260.2　　　　　　师酉簋，集 4288.1

足部支撑身体，臀部下沉，身体前倾，这个动作现在叫作什么？蹲。

蹲的体态是突出臀部。现在什么时候蹲？一是上蹲位的厕所，二是野外久立，稍事休息。

"蹲踞"这个动作古今没有太大的变化，都是脚掌着地，双腿弯曲，臀部下垂而悬空，双膝翘起。这个动作在城市里很少见到，农村的乡间地头很常见。"蹲着"这个动作因为突出臀部，被视为粗俗不雅。宴会上没见过哪个人蹲着，古人也这么认为。

先秦表达"蹲"这个意义的文字有两个："踞"和"蹲"，从用例上看，是同义词。"蹲""踞"也可以连在一起说。

《淮南子·说山训》："窃简而写法律，蹲踞而诵诗书。"诵诗书是雅事，蹲踞是粗鄙，"蹲踞而诵诗书"讽刺"以非礼为礼"，类似后人所说的"婊子门前立牌坊"。

"尸"是蹲着的人，字形上没有什么疑问，但古书里没有当蹲着讲的词例，与"蹲""踞"读音都差得太远，无法把它们联系起来。

在古文字中，"尸"用作东夷的"夷"。夷是古代华夏族以外的部落或民族，东方的叫"东夷"，南方的可以叫"南夷"。"尸"与"夷"古代的读音很近，都是舌音脂部字，一般当作假借字理解就可以了，但研究文化得有深究。

"夷"在古书里有"蹲着"的意义。

原壤夷俟。子曰："幼而不孙弟，长而无述焉，老而不死，是为贼。"以杖叩其胫。（《论语·宪问》）

"夷"就是蹲着。原壤是孔子的故人，居然蹲在那里，孔子十分生气，不仅痛骂，而且上手打人了。

既然"尸"与"夷"读音和意义关系密切，于是有的学者就提出，"尸"字形是蹲着的人，在古文字中表示东夷人，而"夷"又可以表示蹲着，那是不是因为夷人习惯蹲着而称作"尸"或"夷"呢？这就涉及深层文化了：华夏与蛮夷、文明与野蛮。

《淮南子·地形训》："东方有君子之国，西方有形残之尸，寝居直梦，人死为鬼。"这个"形残之尸"应当就是形残之夷，也就是对身体有所伤残的民族，凿齿、割礼、裹脚，世界各地都有形残之民族。

这就越说越玄了。当华夏民族的行为举止进入礼仪文明的时候，边疆其他部落还在延续着远古的习俗，"蹲踞"与夷族的这种关联有可能存在，但不是必然。但有一点可以确定，与"尸"古音可通的"夷"确实可以表示"蹲踞"的意义。

蹲踞为什么就是无礼？传统礼仪文化中，身姿礼仪的基本要求是收敛和约束，尤其是下身，更要收敛。我们想一想讲过的"女"与"坐"的姿势就可以理解了，它们的共同特点是双腿并拢，臀部收起，隐在身体与双足之间，外加衣服严密遮蔽。蹲踞则突出了臀部，箕踞露出了裆部，越暴露就越失礼。而用"尸"作为意符构成的文字，大都与臀部相关，例如"尻""屁""屎""尿"，等等。

那么开头所说的那个扮演受祭者的"尸"能不能是蹲着？大概不能这么想。

《礼记·曲礼》："坐如尸。"《论语·乡党》："寝不尸，居不客。"尸是一种独特的坐姿，这种坐姿一定很累。扮神的时候庄严肃穆，走进寝室就不能这么装了。偶尔来的是客人，长期住在一起就不能当客人待了。

写《礼记》的时代距离造字的时代已经很远了，不会使用"尸"的本义。就像"居"的本义是蹲着，古书里说"孔子闲居"，绝对不能理解为孔子没事就蹲着。"坐如尸"的"尸"，既不是蹲着，也不会是躺着，而是一种独特的坐姿。扮演尸的人的坐姿，独特在哪里呢？这得请礼学家去考证了。许慎所说的"陈也，象卧之形"，根据段玉裁的解释就是丧主的姿势，他们认为大概就是躺在那里吧。

许慎没有弄清楚"尸"的古义，从"尸"的字也难以合理解释，与"卩"一样，就会出现系统性的错误。

最后再回到尸体的"尸"。古书里有用"尸"表示尸体的，后来分化出"屍"，是尸体的"尸"的专字。

总之，蹲着不需要坐具，是最简便的休息方式，也是最原始的休息方式。但因为突出臀部，被视为粗俗不雅，从尸的字也大都粗俗。

蹲着粗俗，尸体可怕，令人生厌。尽管如此，从尸构形的字不少，下面会选择一些常用字说解。

**【理论延伸与思考】** 正确理解来源古老、结构简单、构形能力很强的常用字是汉字阐释的基础和关键。正确理解从"尸"字的前提是对"尸"的构形有准确的理解。

第四十九讲

# 古人住处透漏的秘密——居

[**本讲要点**] "尸"就是蹲踞的人形,"居"是"踞"的本字,"居"字从尸,构形合理。"居"词义演变成居处和居处的地方之后,为其本义别造新字"踞"。"蹲踞"是上古朴实的休闲姿势,进入礼仪社会,"蹲踞"在公开场合成了不礼貌的粗俗举止,刻意为之就是傲慢,分化出"倨"。

[**说解汉字**] 居、踞、倨

古人的住处有宫、宅、家、室等,这些字中都有表示房子的"宀"。住处又叫"居",现在还说民居、故居;在住处居住也叫"居",居住、居民、居家,这些古今一致。"居"的这些用法都很古老。

盘庚迁于殷,民不适有居。(《尚书·盘庚上》)

上古穴居而野处,后世圣人易之以宫室。(《易·系辞下》)

前面讲过,居所从的"尸"是蹲踞着的人形,与住处有什么关系?关系确实比较远,"居"最早说的不是居在哪里,而是怎么居。

居住的"居"最早就是蹲踞的"踞"的本字。

,蹲也。从尸,古者,居从古。　　,俗居,从足。(《说文》)

"尸"本来就是蹲着的人形,从尸表意理所当然,"古"与"居"的读音古代都是见母鱼部,"古"表示读音确定无疑,说成"从尸、古声"简单明了。许慎为什么舍近求远,认为是个表意字?

宋代的徐铉解释说："居从古者，言法古也。"段玉裁等人不相信，认为是"从尸古声"的脱误，痛斥浅人所改。我认为这是两种阐释方法的区别，许慎是从文化的角度阐释，段玉裁是从文字记录语言的角度阐释，不能强分是非。《说文》中不少会意兼形声的字许慎都只强调表意性，不等于许慎不知道它是形声字。

蹲踞得靠双足支持身体，所以"居"前面加了足旁，"居"的俗体"踞"在《说文》足部重出了：

踞，蹲也。从足居声。①

讲"尸"的时候讲过，蹲踞是一种随便的休息姿势，是一种不礼貌的姿势，便利之处是不需要坐具，但与坐比起来，臀部外出，很是张扬。在现代都市生活中，我们很少看到有人蹲着，因为不雅。淑女在人面前不会蹲着，体面的人也不会蹲着。在古代，蹲着就更不允许了，因为蹲着是无礼的行为。

随着礼仪的发展，这种姿势被坐取代了，但"居（踞）"这个词还活着，只不过旧瓶装新酒，内涵已经很不相同了。

《论语》中孔子常对弟子说："居！吾语女。"意思是"坐！我告诉你"。绝对不会是让他们蹲着。这就像我们所说的"火车"一样，火车最初确实用煤火作为动力，车头里面有火。现在的火车里一点火也没有，实际上是电车，但依旧叫"火车"。蹲踞变成了坐，但依旧可以叫作"居"，为了更加明确，又称"闲居"：回家叫闲居，当官叫出仕。

古人闲居的时候可以放松一些，但来人时对自己的放松就是对他人的不敬。所以"踞"可以表示不敬，可以表示傲慢。当"居"的意义演变为坐，傲慢的"居"就变成了"箕踞"，坐在床上或席子上，双腿伸开如簸箕，也就是裆部大开。用这个姿势待客，客人情何以堪！实在是大不敬。

① 段玉裁认为此篆误增（《说文解字注》）。

《史记》是实录，司马迁把发迹底层的汉高祖刘邦描写成粗俗无礼的人，其中就多次说到刘邦的粗俗体态。他召见儒生郦食其，郦食其进来拜见，"沛公方倨床使两女子洗足"，郦食其很生气，揖而不拜，责问刘邦，你如果想聚义兵诛暴秦，就"不宜倨见长者"。刘邦的长处就是能够听得进人话，立即"辍洗，起摄衣，延郦生上座，谢之"。①

这个"倨床"洗足和我们今天坐在床边洗脚的姿势差不多。"倨"就是伸开双腿，露出裆部。"倨"也称作"箕踞"，刘邦动不动就"箕踞骂"。

与郦食其身份差不多的儒生陆贾也有类似遭遇。刘邦得天下后派陆贾到今天的广东赐给南越王印，南越王箕踞见陆贾，一番高论后，南越王"乃蹶然起坐，谢陆生曰：'居蛮夷中久，殊失礼仪。'"。②"箕踞"与"起坐"相对立，前者是傲慢，后者是尊敬。

从这些记载中，我们可以清晰看到蹲踞是很失礼的姿势。

蹲踞就是无礼，无礼就是傲慢，所以后来就用"倨"专门表示傲慢。

，不逊也。从人居声。（《说文》）

古书中所说的"倨傲不恭"，联系起"蹲踞"的姿势就可以真切理解"倨"何以不恭了。

以上所讲都是"居"，蹲踞粗俗不礼貌，那许慎为什么说"居从古"？先秦的学者已经认识到人类的早期是茹毛饮血的状态，后代的儒生把上古理想化了。通过"居"字的解释，看出许慎还是能够认识到文明的进程的。远古时期人们居处多蹲踞，后来才与坐、跪相区别，赋予不同的礼仪与文化内涵。

把这一节内容总结一下。"尸"是蹲踞的人形，突出臀部。"居"是"踞"的本字，意义就是我们现在所说的"蹲"。

①参见《史记·高祖本纪》。
②参见《史记·南越列传》。

**【理论延伸与思考】**汉字阐释有的着眼于表意字形所表达的文化，有的着眼于与语言的关系，这是不同的观察角度，不一定是此是彼非的对立。《说文》说"居"字是"从尸，古者居从古"，与其如段玉裁改作"从尸，古声"不如补成"从尸、古。古者，居从古"，可能更接近许慎的原意。许慎着眼于"蹲踞"与"跪坐"的历史变化，不能怀疑许慎连"古"可以表示读音都不知道，也不必强说"浅人所改"。

## 第五十讲

# 人怎么会有尾巴

[**本讲要点**] "尾"字是人的臀部安装着一条假尾巴,假尾巴用倒过来的毛表达。这个字包含着丰富的文化信息,可能是远古的记忆。

[**说解汉字**] 尾、毛

这一讲我们领略一下"尾"字中蕴含的有趣文化。

小时候看过一部电影,葛优的父亲葛存壮扮演了一个反面人物,讲"马尾巴的功能"的教授。大学课堂讲马尾巴功能这种没用的知识,是"臭老九"的无事生非!我们今天可以在面向全球的喜马拉雅平台讲"尾"字的构形功能,时代进步了!

先来分析现代汉字中的"尾":尸、毛。

首先排除尸体长毛的可能性,不能根据现代汉字的字形和音义系统去解读汉字的构形理据。前面讲过,尸是突出臀部的人形,人臀部怎么会有毛?查一查《说文》。

尾,微也。从到毛在尸后。古人或饰系尾,西南夷亦然。(《说文》)

尾巴和毛确实有关系,但人没有尾巴,"尾"怎么是人安着一个假尾巴呢?许慎解释得很到位。

"尾"所从的是倒毛,不是毛。为什么是倒毛?人的毛发大都是往上长的，挂着个动物尾巴，毛的方向与人体毛发方向相反，这就与人的体毛区别开来了。

寻找接近造字时代的字形，甲骨文中有"尾"字：

合 0136

这个字与许慎所说的"从到（倒）毛在尸后"的"尾"字完全相合。古文字中的"毛"字这样写：

此鼎，集 2821　　　　　召伯毛鬲，集 587

倒过来就是"尾"字中的写法。

人类进化，尾巴弱化消失，只剩下深藏在肉里的尾骨。没有尾巴是部分灵长类动物的重要特征。我小时候听到过有人骂街：你个长尾巴的东西！不长尾巴的是人，长尾巴的是动物，但古人造"尾"字，却是人拖着一条尾巴，什么样的社会生活和思维方式造出这么一个字？远古洪荒，很多现象无从追溯。对于"尾"字的构形理据，汉代学者给我们留下一些可追溯的线索。

尸是突出臀部的人形，倒毛连在人的臀部就是尾巴。这条尾巴显然是附着上去的动物的尾巴。我们想象一下我们的祖先，身后拖着一条假尾巴，头上可能还戴着羽冠，很有风情。原始人类如此装扮也不难理解，但没有证据，就是我们的想象而已。许慎做过调查，给我们提供了证据，说当时的西南夷就是这样。这很像我们现在人类学的调查方法。不论为什么拖着一条假尾巴，确实有这样的族群，"尾"字的构形据此可以得到合理的解释。

我们强调文字是记录语言的，强调表意字与语义之间的对应关系是必要的。但文字的构形理据有时需要突破语义的范围去探索。例如"尾"字的语义是动物躯干末端突出的部分，不会有人带着假尾巴的意义，但"尾"字的构形却蕴含了这样的信息。

另一方面，字形上虽然是人拖着一条假尾巴，但不能认为词义就是如此狭隘，它记录的是"尾"这个词，所有的尾巴都是"尾"。

古人拴一条假尾巴干什么？装饰？跳舞？无论是什么都很原始，造这个"尾"字的时候，我们已经进入到文明时代，我们的祖先还是这样吗？这个字反映的是当时的事实，还是远古的追忆？我们不得而知。如果是实录，那造字的时代就非常早了，我想大概是远古的追忆。人类的这条假尾巴比起其他动物的尾巴来，虽然没有实用价值，但文化内涵可就丰富得很了。

现代汉字为什么把甲骨文、小篆中的倒毛变成了"毛"？

古文字中文字倒写，大都表示特殊的意义，例如"人"倒过来是ϒ（古文"殄"如此，颠覆之"颠"的本字）、"大"倒过来是"屰"（逆）、"子"倒过来是"𠫓"（"弃"的上部）、"首"倒过来是"𥄉"，等等，这些有的已经讲过了，有的以后会讲。倒写书写困难，很难写得像，要想写得像就得把竹简倒过来，这就很麻烦，人们就懒得倒过来写。这种倒写的文字或部件有两条发展途径：一条是越写越不像，变得完全不知道是什么了，也就成了纯粹的记号，只有区别功能，没有表意功能了；另一条就是像"尾"字这样，把倒写的变成正写的，类化成一个大家熟悉的部件，虽然表意模糊了一些，但比起记号来，多少还保留着一些信息。

这种联系还是容易解说一些。

从尾的字有"屈""属"等，从倒毛的字有"隶""肆""肄"等，我们后面还会讲到。

**【理论延伸与思考】** 文字阐释需要结合历史文化，许慎就开了好的先例。"尾"字像人安装着假尾巴，远古如此，汉代时期的西南夷还是如此。

《说文》中有一些部首是从文字部件中分解出来的。倒毛可以构字表意，许慎为什么不设定为部首，确定部首的原则是什么？

第五十一讲

# 揪着尾巴不放——隶

[**本讲要点**]"隶"是"逮"的本字,手中拿着倒毛,倒毛代表尾巴。在构形中"隶"有多个读音,可以与"祟""肆"等通假。

[**说解汉字**]尾、隶、逮、肆、肄(隸、𣜩、𨽻、肄)

尾巴的"尾"从的是倒毛,这个倒毛作为构字部件参与构字,最直观的就是现在的"隶"。

"隶"字有繁体字"隸",但是在《说文》中"隶"与"隸"是形、音、义完全不同的两个字。二者之间的关系是"隸"字中有构字部件——简体的"隶"。

先说简体的"隶"。按照《说文》,这个字是逮捕的"逮"的本字。

🀥 ,及也。从又,从尾省。又,持尾者,从后及之也。(反切:徒耐切)

倒毛就是尾巴,一只手抓住了这条尾巴。动物的尾巴长在身后,被追赶捕捉,最先逮住的就是"尾"。现在的这个"隶"字,古代的读音与逮捕的"逮"完全相同。这个字在古书中很少使用,几乎被废置不用,取代它的就是"逮"。

**逮**，唐逮，及也。从辵隶声。（反切：徒耐切）（《说文》）

反切是古代的注音方式，《说文》的反切是后人把《唐韵》移录上去的，许慎的时代还没有。我们看到"隶"与"逮"的反切完全相同，读音也就完全相同①。字形增加了一个表示在路上运动的"辵"旁，就成了一个形声字。"屰"与"逆"、"曹"与"遭"等都是这样，加上"辵"旁的形声字取代了本字。

从后面抓住人是"及"，从后面抓住尾巴是"逮"，"及"与"逮"都是追上、逮住。"及"侧重的是追上，"逮"侧重的是逮住。"逮捕"就是把人当动物一样抓捕。

讲到这里，又想起"尾"字的构形，原始人为什么带上一条假尾巴？有没有可能是学习蜥蜴，遇到危险时断尾逃脱？原始人最大的敌人应当是猛兽，人在前面跑，猛兽在后面追，咬住假尾巴，前后用力，尾巴就落在了追捕者的口里，猛兽以为捕获到了猎物，人却借机逃跑了。

脑洞大开，想象而已。

下面我们再说"隶"的繁体。

**隸**，附箸也。从隶柰声。（《说文》）

**隷**，篆文隶（隸），从古文之体。（反切：郎计切）臣铉等未详古文所出。（《说文》）

"隶"的繁体字有多个：隸、隷、隶，前两个见于《说文》。按照许慎的意思，字头是古文，后面附着的是篆文。徐铉已经不知古文

①古音在定母月部。

从哪里来的了。

"隶属"是一个词,"隶"和"属"是同义词素。尾巴有附属的特性,后面讲"属"字的时候会详细分析。但揪住尾巴与附着、附属有什么关系,很难说清楚,那就多从语音上去考虑。但这里面的坑就更大了,没有深入研究过古音很难把握得住。按照《说文》所说的声旁就有"柰"和"祟"的不同,这是有来历的。古文字中,"柰"可以简化成"奈",用法就是"祟"。①

(包山简 245):毋有奈(祟)。

"柰""奈""祟""隶""隸"之间是什么关系?非常复杂。在本讲的最后会给想深入思考的朋友提供一些线索。在这里我们可以解决下面几个问题。

第一,"隶"的本义是逮捕的"逮"。"逮"通行之后,"隶"就废掉了。

第二,"隸"的读音和意义与"隶"自中古以来就有很大的差别,是不同的字。

第三,简化字"隶"的来源应当是"隸"的截除式省略,简化方法与"麵"省略为"面"一样。

第四,古今的"隶",是形体相同,但所记录的音义不同的"同形字"。

有的朋友可能会问:这样简化不就与逮捕的"逮"的古文"隶"混同了吗?没关系。文字应用是一个共时区别系统,不会背负太沉重的历史包袱。古书中"逮"取代了"隶",简化字把"隸"简化为"隶",处于不同的文字区别系统。把握系统的转换,无论是读古书,还是现在的应用都不会发生冲突。

揪着尾巴的字找到了,就是"隶",但这个字的读音、构形都还有许多没有弄清楚的地方。我们还得继续揪着尾巴不放,深入下去,就从讲知识过渡到谈学术了。

① 林沄:《读包山楚简札记七则》,林沄:《林沄文集·文字卷》,上海古籍出版社,2019 年,第 101—102 页。

## 【理论延伸与思考】

"隶"的中古音有多个,上古音是什么?古音学家各执一词。出土文献中的"大钟八隶"就是"大钟八肆","隶"一定读为"肆"。"肆"是量词,成组的钟磬,古书里有现成的用例。"肆"字见《说文》:

    ,极陈也。从长、隶声。𨽸,或从髟。(反切:息利切)

通行的"肆"字中显然是把"隶"与"聿"混同为一了。

《说文》中还有一个与"隶""逮"音义全同的"𨽻"字:

    ,及也。从隶枲声。《诗》曰:"𨽻天之未阴雨。"(反切:徒耐切)臣铉等曰:枲非声。未详。

"隶""逮""𨽻"在《说文》中意义全同,所附《唐韵》的读音也全同。徐铉弄不清的"𨽻"为什么与"逮"同音?段玉裁认为是从隶、枲声。那就只能说《唐韵》的反切弄错了。

肄业的"肄"字也从隶,可以与"肆"字通假,读音应当相近。"肄"所从的左侧,应当是"疑"的省声,"疑"的读音与"枲"同在之部,难道也错了?

"𨽻"与"𨽻"是一字异体,但所从的声旁读音并不相同,包山简证明,"奈"可以读为"祟",按现在的古音系统声与韵都不同,却可以通假。究竟是哪里出了问题?

文字的构形与用法多从读音的角度思考,不要过度拘泥在表意上,但古音研究受材料的制约,还有很多问题没有解决,需要谨慎对待。与"隶"相关文字的读音还需要深入研究。

第五十二讲

# 小人之腹还是君子之心——属

[**本讲要点**]"属"的繁体字"屬"中,上部不是"尿",而是"尾"字更古老写法的隶定。"属"的本义是连接依附,取义尾巴连接依附身体。"屈"字从尾,取义哺乳类动物尾巴可以随意弯曲。

[**说解汉字**]尾、属、屈(屬、屈)

今天讲的题目是《小人之腹还是君子之心——属》,这是喜马拉雅编辑给我的一个命题作文,小人之腹、君子之心与"属"有什么关系呢?连我也蒙了。先按我的思路说家属的"属"字。

现代汉字"属"是"尸"与"禹"组合,完全不可理解,形、音、义之间看不到任何联系。

家属的"属"繁体字是"屬",上面是尾巴的"尾",下面是巴蜀的"蜀"。

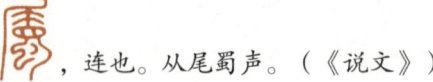,连也。从尾蜀声。(《说文》)

原来"属"字与"尸"没有直接关系,与"禹"没有丝毫关系,"尸"与"禹"都是在讹变过程中产生的两个区别部件。

"蜀"与"属"读音至今都一致,表音很好理解。"属"为什么从"尾"?这得从两方面考虑:第一,"属"最早、最核心的意义是什么?第二,这个最早最核心的词义与"尾"之间的联系是什么?

现代汉语中隶属、附属、家属都是常用词，其中的"属"是什么意思？从北京大学附属医院、清华大学附属中学中的"附属"来看，前者是主体，后者是依附于主体的局部。

"家属"这个词出现也很早，《史记·五宗世家》："有司请废王后修，徙王勃以家属处房陵，上许之。""家属"相对的是"户主"，户主是一户之主，是主体，家属就是依附于户主的家人。孩子老婆是家属，似乎天经地义。

我们再来看尾巴的特点。

尾不是身体的主体，是连接在主体的一部分，在古人眼里就是依附。动物的尾巴虽然是身体不可分割的一部分，但在人类的眼中，处于次要的地位。人没有尾巴活得好好的，类推动物没有尾巴也没什么大不了，尾巴就是个附属物。

动物的尾巴本来是其有机的一部分，说是附属有一点勉强。人的尾巴是人造的，是把动物的尾巴附着在臀部，是真正的附着物。"尾"字，不正是把动物的尾巴附着在人的臀部吗？

"属"的意义是附着，尾的特点是附着，所以"属"就用"尾"表示意义了。

如果有人说"像一条尾巴一样跟着"，我们很不快！但说我们是家属，现在好像没有那么多不快。如果从文字结构上分析，家属是像尾巴一样依附着户主的家人，这会让家属很是不快。有时文化理解得太过深入也会弄出麻烦来。

繁体字"屬"中"尾"的写法与"尾"字不同，这种写法从哪里来的？为什么写成这样？

许慎见过"属"字标准的篆文：

《增订汉印文字征》第390页

但"属"字很早就开始讹变了。

睡虎地·秦律十八种21　　居延新简 E.P.F22：70　　石门颂　　淮源庙碑

这里面有文字演变的知识：

第一，文字构形中保存古老构形。比如"尾"字单字中，倒毛已经变成了"毛"，但在文字构形"屬"中依旧是倒毛的变形，虽然像"尿"，但不是尿。

第二，文字在简化过程中，会把自己不熟悉的构字部件转化成自己熟悉的部件。例如石门颂的"属"字已经看不出从尾蜀声，"尸"下部分很陌生，淮源庙碑干脆把中间部分整合为自己熟悉的"禹"，便于书写和记忆。

尾巴的特点之一是依附，所以就有"属"字，尾巴的另外一个特点是可以自由弯曲，猫蹲在地上，尾巴就弯曲盘绕；牛身上有了牛虻，就弯曲尾巴抽打。"屈"的古文字就是从尾。

，无尾也。从尾出声。（《说文》）

这个字本来应当写作"屩"，《集韵》："屈古作屩。""无尾"就是把尾巴藏起来了。人没有尾巴带上一条就是"尾"，动物有尾巴弯曲藏起来就是"屈"。这尾巴说有就有，说无就无。

保存构字理据的"屬"与"屩"上面都从尾，书写复杂，观感上也是让人眼花缭乱，人们很早就开始简化，汉代就简化得和我们今天差不多一样了。

现在回到小人之腹与君子之心和"属"的关系上来。考证了一番，这个典故出自《左传·昭公二十八年》：

> 冬，梗阳人有狱，魏戊不能断，以狱上。其大宗赂以女乐，魏子将受之。魏戊谓阎没、女宽曰："主以不贿闻于诸侯，若受梗阳人，贿莫甚焉。吾子必谏。"皆许诺。退朝，待于庭。馈入，召之。比置，三叹。既食，使坐。魏子曰："吾闻诸伯叔，谚曰：'唯食忘忧。'吾子置食之间三叹，何也？"同辞而对曰："或赐二小人酒，不夕食。馈之始至，恐其不足，是以叹。中置，自咎曰：'岂将军食之而有不足？'是以再叹。及馈之毕，愿以小人之腹为君子之心，属厌而已。"献子辞梗阳人。

这是一个委婉进谏的故事。部下发现领导贪腐，想进谏，又不敢明说，就弄出个"一吃三叹"的景儿来，最后归结到以我腹比你心，我的肚子吃饱就行，你的心也别太贪了。后来演变成"以小人之心度君子之腹"，变成了以小人低俗猥琐的想法去猜度品德高尚的大人物的心思，这就完全弄反了。语言演变中这种"断章取义"的例子还很多，暂且不管它，回到与本讲有关的"属"字上来。"愿以小人之腹为君子之心"后面紧跟着"属厌而已"四个字，其中的"厌"是吃饱，"属"是什么意思？自来令人困惑，杜预认为与"厌"同义，都是饱腹满足的意思，用今天的话说就是同义词素并列；王念孙说意思是适当，也就是个副词。他们都是根据上下文义做出的推测，似乎都能说得通，但证据又不那么充分。我没有新的证据判断是非，无法用小人之腹度君子之心。编辑很有学问，出了个难题考我，有如下几点可以说明：

第一，"属"字经过溯源，其构形明确，能够"完全释字"。

第二，小人之腹与君子之心和"属厌"有关系，与"属"没有直接关系。

第三，"属厌"中"属"的意义还不能确知。

第四，音频节目为了吸引听众，编辑在题目上下了很大功夫，即使不那么切题，也值得尊重。出书时可以改得更贴切一些，这一讲没有改，也是别有用意！

【理论延伸与思考】有些文字构形中,部件保留着更古老的写法。甲骨文中的"肉"与"夕"字形相近,单字"肉"和构形中"月"与"夕"完全区别开来,但在"多"字中依旧保留了"夕"这种写法,这就像文字构形中的"化石"。"尾"字作为单字很早就把倒毛变成了"毛",但在"属""屈"等字的繁体中还保留了古老的写法。这类现象也值得去归纳。

# 第五十三讲
# "尿"字竟有这么多曲折变化

[**本讲要点**] "尿"在甲骨文中是站立的人撒尿的象形,经过曲折变化,累增繁化成"溺"。"弱"是"溺"的简化,是因文字的一个部件独立而变成的文字。

[**说解汉字**] 尿、溺、弱

我们讲过 "尸"是翘臀蹲着的人形,"尿"字从尸、水会意,也就成了蹲着撒尿,自然是女性小便的方式,很好理解。但《说文》中的"尿"字却不这样写:

,人小便也。从尾从水。(《说文》)

尾巴下出水那该是猫狗撒尿,怎么会是人小便呢?难道人带着一条假尾巴和撒尿还有关系吗?

上面两个不论是从尾还是从尸的"尿",古书中都很少用到,先秦两汉几乎找不到它的踪影,古人不可能完全避开尿不说,用哪一个字记录?溺。

溺,这个字有三个读音:其一,读"弱",即弱水,《山海经》《西游记》中都有;其二,溺水淹死的"溺",现在使用的意义;其三,尿。

《庄子·知北游》中,东郭子问庄子"道"在哪里,庄子回答说"无所不在""在蝼蚁……在屎溺"。《红楼梦》第七回说焦大:"两日没水,得了半碗水,给主子喝,他自己喝马溺。"知道一点文字学知识的人自然就会说这个"溺"字从水弱声,用作"尿"是假借。为什么古人没用既简单又明白的"尿",而用一个既复杂又理据不清的"溺"字呢?原来"溺"才是"尿"的本字,最初的写法很简单,其变化离奇曲折。

先从甲骨文说起:

合 137 正

侧立的人,站着撒尿,尿液用虚线表示,似水非水,非常形象,典型的象形字。起初人们不太敢相信,真能这么像吗?

这个字在战国时期作为文字构件还保存着,如楚文字:

王孙遗者钟,集成 261.2

右上角就是"尿"的象形本字。因为是尿液或撒尿,就在左侧加了一个尸,表示与下体有关;因为尿是液体,就在下部加了一个水,不断累增表意部件,字形越来越复杂,但字理很清晰。

在秦文字中,水旁移到了左侧,站着撒尿的象形部件越来越不像了:

《珍秦斋藏印》9     《珍秦斋藏印》266

这个文字一规范,让它结构匀称,就是"溺"。从文字构形上说,"溺"最初就是由初文"𣲑"一步步演变而来的,所以我们读书时该读"尿"的时候,要十分有底气地去读,不要读成"马溺(nì)"。"溺"用作"尿",是其本形本义,其他用法是假借。

因为甲骨文中那个"尿"的象形字太过形象,很早就不使用了,作为文字部件会发生种种讹变。《说文》中从尾的"尿"字,应该是把尸和站着撒尿的人整合类化成了"尾":

讹变就是写错字。这个错字虽然有许慎的《说文解字》撑腰,但没有通行开来。

"溺"字形复杂,古人嫌它写起来麻烦,于是简化。

郭店简·语丛二 36

把站着撒尿的人形给省略掉了,这就和今天"尿"字的结构完全一样了,上面是蹲着的人,下面是水——自然是尿水。"尿"也终于从站着撒变成了蹲着撒,站着排尿的表意字在这里就消失了。

这个"尿"字的变化太复杂,我们归拢一下:

一、甲骨文中是个站着撒尿的象形字;

二、累增了蹲着的人形和水旁;

三、尸与站着撒尿的人讹变成"尾",就是小篆的𡳇;

四、把站着撒尿的人这个部件省略掉,就是我们现在的"尿",这个字在战国时期就出现了。

最后提一个问题:弱小的"弱"是从哪里来的?

[弱字古文],桡也。上象桡曲,彡象毛氂桡弱也。弱物并,故从二弓。(《说文》)

你读懂了吗?很牵强,显然有问题。

"弱"是秦汉时代才出现的新字,它是"溺"的简化:[图],省略掉水旁,剩下的就是[图]。

左右互相影响类化,左侧的"尸"讹变成"弓"是古文字中常见的现象,"尿"的初文中"人"也类化为"弓"。为了字形的匀称,左侧的"弓"下面也加上了三撇。

【理论延伸与思考】汉字中有一些字形来源自构形中的一部分,我们可以称之为"部件的文字化"。战国以后,来自构形部件的文字数量增加。

"弱"就是由构字部件发展来的字,"非"与"飞"都是"飛"的一部分,[1]这个问题也值得关注。

---

[1] 如"非"来自"飛"的下部,可参看第九讲。

第五十四讲

# 《说文》中的"屎"字在哪里

[**本讲要点**] 不同时代为同一个词造不同的字,就呈现出一个词有"多个本字"的现象。"屎""菌""戾"三个字都是为"屎"造的专字。

[**说解汉字**] 屎、矢（菌、戾）

"屎"字在先秦古书里有,《诗经·大雅·板》:"民之方殿屎,则莫我敢葵?"《庄子·知北游》中的"道在屎溺",上一讲中已经说过。这个"屎"字古书中偶尔一见。

甲骨文中有"屎"字,很多人不相信:

合 13625 正　　　　合 9570　　　　合 31228

蹲着的人形,在其臀部下方有若干小点,这正是蹲着拉屎的形象表达。

贞:翌癸未屎西单田,受有年。（合9572）

所谓的"屎田",有的学者认为就是给田施肥上粪。

从  到"屎",表示粪便的小点变成了"米",也有文字学的依据。例如"粪"字:

合 10956　　　　　　　英 361 正

上部的"米",最初就是垃圾,后来引申为粪便。用许慎所引通人的话说就是"似米非米者,屎也"。

"屎"字一直延续使用,西周、春秋、战国都有,但意义与粪便无关,都是继承或继续的意思。

(逨盘,近出 939):肇屎朕皇祖考服。

（陈侯因𦥑敦,集 4649）:屎𦥑（嗣）桓文。

（清华简·系年 14）:成王屎伐商邑。

甲骨文中的"屎"字很象形,文字演变的谱系也很清晰,但人们都不敢相信,很多古文字工具书把这个字当作迁徙的"徙"。为什么?

第一,词例不能完全证明就是"屎"字,尤其是金文中的"屎"字都是"继承""继续"的意思。

第二,屎尿的"屎"在古书里常用的是"矢"字,如《左传·文公十八年》记载襄仲杀叔仲,"杀而埋之马矢之中";《史记·廉颇蔺相如列传》：廉颇"顷之，三遗矢矣"。"矢"本义是箭矢，例如"无的放矢"，古书假借"矢"为"屎"字。秦汉时期，这个假借字缀上"尸"，既表意又表音，就是屎的专字"屎"：

（马王堆·五十二病方 5）

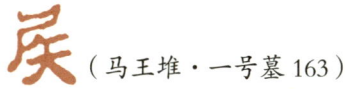（马王堆·一号墓 163）

第三，太相信《说文》。《说文》里没有这个"屎"字，我们不敢绕过《说文》把现在使用的"屎"字与甲骨文等古文字直接挂钩。

排便是日常重要的事情，古人不能例外，文字系统中不应该没有"屎"字，《说文》把它藏在哪里了？你查"尸"部，没有；查"米"部，更没有。它隐藏在第一卷的"艸"部，隶定作"𦳊"。

，粪也。从艸，胃省。（反切：式视切）（《说文》）

"屎"字为什么从艸？不懂。下面那部分确实是"胃"字所从。

，谷府也。从肉；囟，象形。（《说文》）

"囟"是"胃"的象形，胃里包裹着的似米非米的东西是什么？粪也，屎也。"𦳊"这个字罕见，但确实见于秦文字：

菌（睡虎地·封诊式36）：有失伍及菌不来者。

《说文》的这个怪字从哪里来，到哪里去了？虽然我们一头雾水，但还是坚信这才是屎尿的"屎"。既然"菌"是"屎"字，就不敢轻易相信甲骨文的"屎"字了。

由于以上种种原因，多数学者把甲骨文、金文中的"屎"字当作古文字中常见的"屖"字了，情况比较复杂，我曾经写文章详细区别，这里就不重复了。①

师道簋，新收 1394

我们把上面所说的"屎"字梳理出一个谱系，就可以是"屎"字谱：

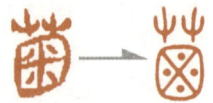
睡虎地·封诊式36　《说文》小篆

① 李守奎：《"屎"与"徙之古文"考》，《古文字与古史考：清华简整理研究》，中西书局，2015年，第172—184页。

第一行是形象的表意字，从甲骨文一直沿袭到现代汉字，但字形上有缺环，缺秦汉字形；意义上的缺环更多，金文中多次出现，但没有用作本义的。

第二行假借字上增加意符成后起本字，完全符合文字应用与演变规律。"屎"是"后起本字",出现得晚,却又消失得早。

第三行所谓的《说文》的正字,来无影去无踪。这大概是秦人的用字。按照许慎的理解,这是本形本字。

结论是什么?"屎"字有不同时代造的多个"本字"。

现在的"屎"字可以溯源到甲骨文。虽然字形上、语义上有缺环,但可以解释。一是"屎"虽然在口语中是一个常用词,但在书面语中一定不常用,不信你调查一下发行量很大的《人民日报》《光明日报》,看看每年能用多少次。二是语言有禁忌,文字也有所避讳。"屎"字是赤裸裸地蹲着拉屎,实在不雅,人们一度回避也可以理解。

**【理论延伸与思考】** 文字学上的本字与本义是造字之初所要表达的意义。一般来说,字形所表达的意义与文字所记录的意义有最直接的关系,就是本字所表达的本义。为同一个词造不同的字,就呈现出一个词有多个本字的现象。后起本字实际上是文字分化现象,假借字加上意符构成专字形成大量的后起本字。

第五十五讲

# 一个"臀"字塑造得有多妖娆

[**本讲要点**]"𠂤"是臀的象形初文,逐渐累增繁化成"臀"。"臀"有很多音义全同的异体字,但大都是历史的堆积。在应用体系中,新字出现,旧字就被淘汰或挪作他用。

[**说解汉字**]臀、殿、臋(𠂤、屍、脽、䐀)

美臀是现代人的时尚,古代很少有人在这方面做文章。不过古人也不太避讳"臀"字。晋文公有个小儿子就叫"黑臀",据说他妈怀他的时候梦见神在他的屁股上点了墨,就取名为"黑臀"了,后来还成为晋国的国君晋成公。黑臀其实就是小孩屁股上的一块记而已,古人故意神异其说罢了。

臀部妖娆是现代人的观念,古人唯恐暴露遮盖不及。这个题目一看就知道是美女编辑们的妙想。不过,从文字学的角度"臀"字确实值得一说。

"臀"字变化极其曲折,但不论多曲折都是可以说清楚的。

下面我们就顺着历史发展脉络,梳理一下"臀"如何从简单形象的字形变成复杂的"臀"。

现代汉字"臀"分为两部分,从肉、殿声。意义单纯,你只要别把"臀部"读成"殿部"就可以了。

古文字中有个常见的"𠂤"字,经常用作师旅的"师",意思就是军队,就是繁体"師"字的左侧。日本学者加藤常贤认为,"𠂤"可以直接释为"臀"之本字,横书作∽形,象人之臀尻,后来立了起来就成了𠂤这个字。①

---

① 参看徐中舒主编:《甲骨文字典》,四川辞书出版社,1989年,第1500页。

"臀"不常用,"師"常用,"臀"被挤出去另外找出路了,也是路漫漫其修远。

第一步,表意字上加意符,会意兼形声。

永盂,集 10322　　　　　史密簋(摹本),近出 489

在这个象形字上增加一个翘臀蹲着的"尸",与"尿"字演变的道理一样,都加上了"尸"。

第二步,在这个臀部的下方又增加了座位或者坐具。

赣史殿壶,集 9718　　　　　内子中殿鼎,集 2517

到了小篆里,这个"臀"已经面目全非,找不到象形初文的影子了,写成了"屍"。

,髀也。从尸下丌居几。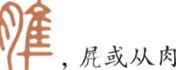,屍或从肉、隼。(《说文》)

,屍或从骨殿声。(《说文》)

"尸下丌居几",不成人话。从晚唐到近代,有许多人想把它说通,不结合古文字怎么可能呢?

上面的那个"丌",实际上就是象形的"𠂤(臀)"的讹变。不是我们脑洞大开,是事实摆在那里。古人即使脑洞大开也无法想到这里,就另外造了新字。

第三步,"殿"是从殳、𡱂声的形声字,在这个字产生之后,造了"臋"和"臀"。"臋"是《说文》的或体,"臀"是现今的用字。臀部是肉包骨,骨、肉都是主要的组织成分,在此处用作意符都合乎理据。"殿"与臀部的初文虽然没有直接关系了,好歹还有深层的关系。

第四步,抛开与象形初文的所有关系,另外新造字。

《说文》的另外一个或体是"脺",从肉,隼声。《说文》卷四还有一个"脽"字：

,屄也。从肉隹声。

比较一下"脺"与"脽"字的小篆：

字形区别很小,意义完全相同。说是一字异体,但读音不同。许慎也许是因为这个原因把它们分成了两字。其实,"隹"有"隼"的读音,不然"進"字该怎么解释呢？①

我们把这个"臀"字的演变过程也做一个图谱——"臀"字谱。

① 《说文》："进,登也。从辵,閵省声。"不可信。

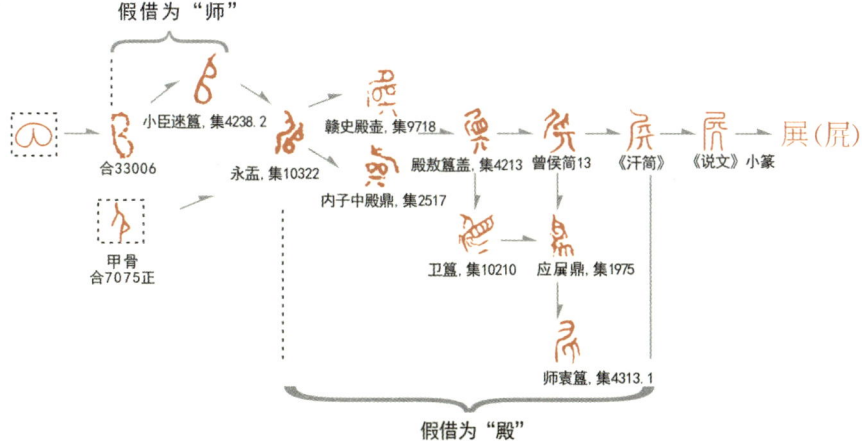

1. "𠂤"演变为"屍"。
2. 繁化为屍声系列的形声字：臀、𦞞。

二字所从的表音符号"殿"，左侧就是我们上面讲的"屍"字，右面是"殳"，许慎说最初的意思是打击的声音，可古书里面没有。或许就是类似屁股打板子吧，噼里啪啦，说打屁股是一种古老的惩罚形式，我同意。①慢慢等证据吧。

"殿"本来就从臀声，"臀"用"殿"表示读音也就很好理解了。只是语音发生变化，现在声韵调都不同了。这种形声字不仅不能表音，简直就是陷阱，故意引导我们走向错误，要小心了。

3. 隹声系列的形声字：䐹、脾。

这两个异体涉及"隹"与"隼"的字形关系与读音问题，你可以进一步思考。

孔乙己问小孩认识几个"回"字，也问一下你：认识几个"臀"字？

𠂤、屍、屁、臀、𦞞、䐹、脾

研究完"臀"字，没有见到妖娆，只见到了复杂。复杂的屁股！题目改成"一个'臀'字变化得有多离奇复杂"似乎更好。

【理论延伸与思考】多个字记录同一个词，这些字彼此异体。一些常用词从古到今产生了大量的异体字。异体字对于记录语言没有什么价值，徒增学习的困扰。所以异体字需要合并，可以精简字数。"臀"字众多的异体字都被淘汰了，不研究文字的演变历史，完全可以不学习。

①《说文》："殿，击声也。从殳，屍声。"

第五十六讲

# "卧"中的"臣"藏着多少人际关系

[**本讲要点**]"卧"本来是形符组成的图画式结构,像人俯身低头的形象,是坐卧休息的象形字。分解为"人"与"臣",理据已经丧失。

[**说解汉字**]卧、臣(臥)

现代汉字"卧"意义很明确,军训时"卧倒"口令一下,大家都四肢落下、肚皮着地了。字形左边是"臣",右边是"卜",字形与这个意义之间能有什么联系呢?我们自然无法理解。再稍往前看一看,《康熙字典》中"卧"字的右面并不是"卜",而是"人"——臥。臣和人组合起来怎么就是"卧"了呢?《说文》有解释:

臥,休也。从人、臣,取其伏也。

"卧"的意思是"休息",似乎能够理解,今天我们还说卧床休息,但从"人"与"臣"怎么就是休息了呢?许慎有自己的一套理解,首先他认为"臣"字就是象"臣"屈服的形状:

臣,牵也。事君也。象屈服之形。(《说文》)

臣要屈服，这我们理解。臣见到君要爬伏在地上，就像电视剧里那样。在此基础上，许慎理解为人像臣那样爬伏着就是卧。如此一来，"卧"字还扯出人际关系——君臣关系来了。

但许慎的解释有三点可疑。

第一，许慎所说的"臣"字"象屈服之形"，怎么看也不像。

第二，古人"卧"这种休息姿势究竟是什么样呢？像臣见君那样爬伏在地就是休息吗？看着都累。

第三，早期文字有用字符间的复杂关系表达具体动作的构形方式吗？

我们先了解一下古书中"卧"的意义。

孟子去齐，宿于昼。有欲为王留行者，坐而言。不应，隐几而卧。客不悦曰："弟子齐宿而后敢言，夫子卧而不听，请勿复敢见矣。"曰："坐。我明语子：昔者鲁缪公无人乎子思之侧，则不能安子思；泄柳、申详无人乎缪公之侧，则不能安其身。子为长者虑，而不及子思。子绝长者乎？长者绝子乎？"（《孟子·公孙丑下》）

这里的"隐几而卧""卧而不听"是什么动作？肯定不能像现在卧床那样躺在那里，不论是肚皮朝上还是肚皮朝下，也不能像臣见了君那样跪爬在那里。

古人说得很明白，"卧"就是爬伏在那里。"隐几而卧"中的"隐"读四声，是"依据、依凭"的意思，类同于我们今天趴在桌子上休息。读了多年的书，这种经历大家都有：中午或课间，趴在桌子上略事休息，姿势是伏下身子，双臂放在桌子上作为支撑，把头放在手臂上，总体上是人体依托桌子，目的是休息休息。这种休息可以叫作"隐桌而卧"，先秦没有桌子，就是"隐几而卧"。

这种姿势与臣子见到君王确实有相似之处，如此说来，许慎所说的人像臣那样趴着就是"卧"，从意义上说还是靠谱的。如果许慎是用比喻的方式解词，则很形象，但如果说是文字构形就太迂曲了。

造字的时候是否就是通过人际关系来表达"卧"？我们得看看更

古老的字形。

出土文献中,"卧"字在汉代以后常见,先秦古文字中多见于构字部件。监督的"监"在《说文》的"卧"部,繁体字"監"上部是"卧",古文字中写法一致。

截除下来就是:

左面是一只立起来的眼睛,右面是一个俯下身子的人。人与眼睛是连在一起的,这是一个象形表意字。俯下身子,突出眼睛,可以是俯视,也可以是休息。

为什么用竖起来的眼睛表示"卧"?

"卧"还可以细分为两种姿势:其一,把头脸都埋伏在桌子上;其二,把脸的一侧贴在桌子上。如果是把脸的一侧贴在桌子上,其中一只眼睛正好就是"臣"的这种形状。我们找到了现实的依据,问题是古人是不是真是这么想的?假如古文字中有这么一个字形:

上面是"卧",竖目下面加一个"几",那就有点"隐几而卧"的意思了。但古人"隐几而卧"是跪坐在几旁,凭几俯身,"监"字上面的"卧"却是站着俯身,休息不了。

古文字中站着的人形与跪着的人形在构字中表意是对立的,后来大都混讹同形了。我很怀疑古文字中有一个"臣"(竖起来的眼睛)和跪坐的"卩"组合在一起的字,那才应该是"卧"。这种猜想得等新材料证明。

从西周金文到小篆,"卧"发生了什么变化?我们比较一下。

第一,立着的眼睛与爬伏的人形彼此相连的平面图画分解成两个部件:臣、人。

第二,臣与爬伏的人都丧失了象形性。

第三,许慎把形符讹变而来的部件当作义符,是理据重构。

总之,"卧"由平面图画结构逐渐记号化,许慎把分解而来的部件当作义符,努力构建讹变字形与意义之间的联系,以君臣关系解释一个动作,迂曲之至。

如果依靠现在的字形"卧"解释理据,又该是什么样的奇思异想呢?

古文字中的"臣"就是一只竖起来的眼睛,与君臣伦理没有关系。"卧"中藏着君臣关系,是人们受文化背景的制约想多了。

【理论延伸与思考】汉字演变使得形符构成的图画结构分解为区别部件,义符化的理据重构带有很大的主观性和任意性。如果从材料出发,就会真实描述文字发展演变的过程;如果从观念出发,就会产生种种奇思妙想。汉字阐释应当尽量全面占有材料。

"卧息"与"俯视"两个意义,一个"卧"难以兼容,"卧"中可能存在文字合并现象,目前这仅是猜测。

第五十七讲

# 照镜子的演变——"监"与"鉴"

[**本讲要点**] 不同的时代有不同的镜子,最初以水为镜,铜器鉴中装上水利用倒影照人,"监"就是使用这种器具的象形字。后来以铜为镜,铜镜也叫"鉴"。

[**说解汉字**] 监、鉴、镜(鑑、鑒)

"以人为镜"这个词语很古老。

魏徵死后,唐太宗说:"以铜为鉴,可正衣冠;以古为鉴,可知兴替;以人为鉴,可明得失。"唐太宗有学问,对《尚书·酒诰》"人无于水监,当于民监"的理解很到位。《尚书》也是引用古代的名言,可见这种思想源远流长。

以人为监、以人为鉴、以人为镜,意思是一样的,"监""鉴""镜"三者是什么关系?我们先从"水监"说起。

"监"是古代的一种水器,如非常有名的有吴王夫差鉴,这个铜器自名就是"监"。

吴王夫差鉴
《中国国家博物馆百年收藏集粹》第164页

"吴王夫差鉴"铭文
集10296

"监"是干什么用的?我们看字形:

屯 779

雁监甋,集 883

颂鼎,集 2827

一个人突出眼睛、俯下身子,下面的那个器皿就是"监",干什么呢?从水中观看自己的倒影。人类最早就是从水里认识自己的面貌的。天天都想看看自己,又不能天天跑到水边去找平静的水面,这种需求就促成了"监"的发明。许慎说:

,临下也。从卧,䘐省声。,古文监从言。(《说文》)

居高临下,往下看,意义是对的。这个字形中的"卧"虽然与卧同形,但音与义大概都没有什么关系,"卧"在这里就是"俯视"的意思,对着水面俯视,看自己的倒影。许慎说"监"下面是"血",血是不能照影的,解释不通,许慎就想出一个省声的解释,太不切合实际了。

,羊凝血也。从血䘐声。(《说文》)

这个"䘐"字古书中都没见使用过,古文字中更没有踪影。造"监"字的时候,根本就没有"䘐",怎么可能是"䘐省声"呢?

再仔细看看下面的"监"字,我们把它当作平面构图:

一个俯视的人形,下面是一个装着水的"监",中间那一点不论是水还是看到的自己的影子,我觉得都比理解成血要好得多。平面构图的表意字,得按图画的意象去理解,不能依据义符间的关系去解读。

监是用铜制作的,铜是金属,所以又增加了一个金字旁,就是"鑑",《说文》金部有这个字。

,大盆也。一曰监诸,可以取明水于月。从金监声。

"监"本来就是个大盆。

把这个左右结构的字换成上下结构,就是"鑒",简化后就是我们经常使用的"鉴"。什么叫"自我鉴定"?对着镜子好好瞅瞅你自己,然后对自己做出判定。"撒泡尿照照你自己"是骂人,背后的文化是什么?人家用铜监照影,你用尿照影,共同点都是照影儿,不同的是凭借物。结论是什么?你可以意会。

我们读《红楼梦》,其中有一个很魔幻的"风月宝鉴",拿出来的分明是一把镜子,并不是一盆水,怎么变了?因为照影的工具很早就发生变化了,我们现在就能看到一些先秦的铜镜。

商代,叶脉纹镜　　　　　　　春秋战国,三龙五兽纹镜
选自王纲怀主编:《中国早期铜镜》,上海古籍出版社,2015年

一面磨光，光可鉴人；一面铸上各种花纹，后来还加上各种祝福的话。这就是镜子。

**镜**，景也。从金竟声。（《说文》）

"景"在这里要读"影"，镜子是照影的。铜镜显然比水监方便。监是古老的镜子，镜是改良的镜子，从功能上来说是一样的，所以它们就成了同义词，有时可以互换，比如说有一部书叫作《韵镜》，又叫《韵鉴》。

现在铜镜都在博物馆或者收藏家手里，我们用的镜子都是玻璃镜，更逼真、轻便、便宜了。镜子都是玻璃的了，怎么从金呢？这就像火车已经用电了还叫火车一样，语言文字最初的理据是造字、造词时代的文化信息，与实际所指可以不同。

人照镜子干什么？看自己的外形。但镜子无法看到自己的内心，也无法看到自己的德行，所以古人提醒：别天天照镜子臭美，要注意他人对你的意见，有则改之，无则加勉。人格的完善远比相貌的完美重要，所以要多"以人为鉴"。

【理论延伸与思考】平面构图的表意字，得按图画的意象去理解，不能按照字符间意义的关系去解读。"监"字上部是"卧"，但在构形中只是俯视的图；下面与"血"同形，但与"血"无关，是水器与人影。这个解说是否可以成立？谈谈你的判断依据。

第五十八讲

# 仰望天空——望

［**本讲要点**］"望"最早就是人顶着一只立起来的眼睛，表示仰首远望。俯视、仰视都用"臣"这只竖起来的眼睛表示，与平视意义相对。人下加横或加土，字形稳定，也可以理解为表意。站在土台上远望，望得更远。加上"月"，可以表示所望的月，又可以表示满月。把"臣"变成"亡"，这是变形音化。

［**说解汉字**］望、朢、𡈼

"望"字的一个知识定点：初文是站立的一个人顶着一只竖起来的眼睛，眺望远方。因为词例卡死了，下面的字形一定是月相"既望"：

（保尊，集6003）：在二月既望。

（保卣，集5415.1）：在二月既望。

这与俯视下方的"卧"形成对立：

雁监甗，集883　　　　　"监"字上半部分

"望"与"卧"分别是人站立顶着一只竖起来的眼和俯身连着一只竖起来的眼。往前追索，我们认识了许多甲骨文：

 　下面从"人"

合6984　　　合547

 　下面从"壬"①

合7222　　　合6188

往后梳理，我们理清了"望"字的发展变化。

（楷伯簋，集4205）：惟九月既望（朢）。

（大师虘簋，集4252.1）：正月既望（朢）。

，月满与日相望（朢），以朝君也。从月从臣从壬。壬，

① "壬"不是"壬"，下一讲详说。"壬"下面从人。

朝廷也。(《说文》)

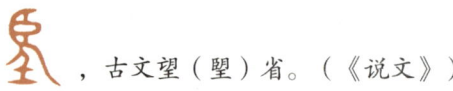，古文望(朢)省。(《说文》)

《说文》古文就是保卣"望"字的变形。

"朢"字就是在"𦣠"的右上方增加了一个"月"，是一个人仰首望月的形象，形音义与金文楷伯簋完全相合。

月亮与这个"朢"字结缘已久。望月怀人，很有诗意。什么时候最容易触动离思？月圆的时候。月亮都圆了，人怎么就不能圆呢？满月总能触发离人团圆的渴望。

今天的"望月"是一个动宾结构，望是人的动作，月是望的对象。古人的思维和我们有所不同，望月是一个整体。你再看一下金文中的字形：望月的人和所望的月构成一幅图景。

从人的角度说，就是远望，月亮够远的了，登高望远、望远镜……从月的角度说，就是月亮，十五的月亮。

"望"为什么是十五的月亮？阴历十五的月亮最圆，这一日就叫"望"。月初是朔，月中是望，月末是晦，一个月，就是月亮的一个轮回：朔、缺、圆、缺、晦，这就是"月"。

明代张路《望月图》
周林生主编：《中国名画名家赏析·明代绘画》，河北教育出版社，2012年，第49页

一个月，就十五的月亮最圆，仰首望月，一幅图景，意义丰富。苏东坡就在望日之夜，月下怀人：明月几时有，把酒问青天……

既然是满月，既然是平面图画，为什么不画一个圆的月亮？那就成了望日了。月在这里的功能是义符，是后加上去的。但它的位置固定，位于眼睛望着的位置，一定程度上也起到形符的作用。把意符区别为形符和义符，有时也不容易。

上面讲的"朢"很形象，但我们不熟悉。读过《说文》的人都知道还有另一个"望"。

望，出亡在外，望其还也。从亡，朢省声。（《说文》）

这个字出现得也比较早。

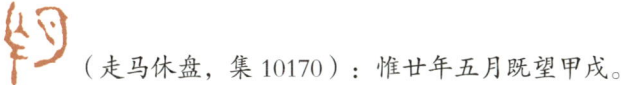（走马休盘，集10170）：惟廿年五月既望甲戌。

（无㠱鼎，集2814）：惟九月既望甲戌。

按照许慎的意思，表达希望的是"望"，月满的是"朢"。这样分别得有证据：第一，得有文字学上的证据；第二，得有所记录语言的证据。结果都没有。

如果没有就是异体字，现在把它们合并为一个，完全合理。为什么把所从的"臣"写成"亡"呢？不仅字形简单了，更重要的是可以表示读音，文字学上叫作"变形音化"。"望"字下面本来从"壬"，变成了"王",不仅字形更稳定匀称,也表示了读音,这也是变形音化。

最后看下"望"字图谱:

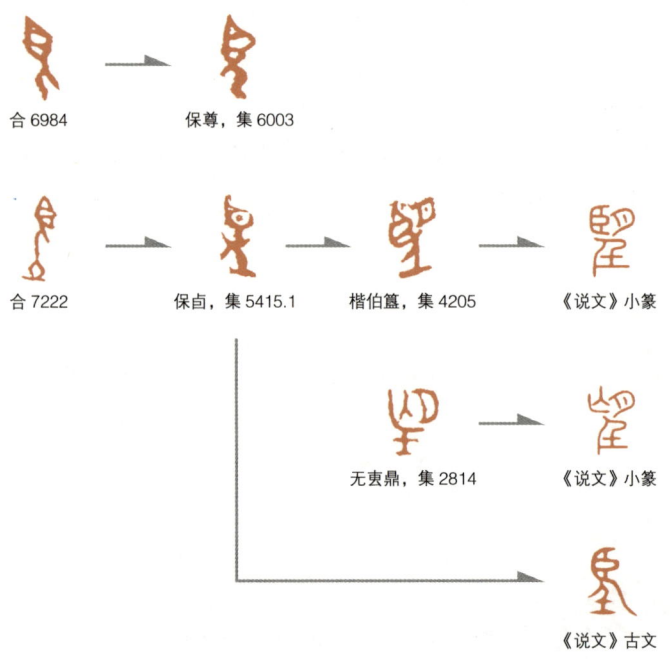

【理论延伸与思考】 变形音化是改变表意字的一部分表示读音,是文字演变过程中常见的现象。"望"字变成"望",其中的"臣"变成了"亡",是变形音化;"望"字下面所从的"壬"变成了"王",也是变形音化。

《说文》说"⿱臣土,古文望(望)省",找到这个古文在"望"字谱中的位置,审查一下许慎的观点,"望"是"望"的省形,对吗?

第五十九讲

# 挺拔的人就藏在"挺"里

[**本讲要点**]古文字中"壬"与"壬"是两个完全不同的字。"廷""呈"等字是壬声;"任""妊"等字是壬声。"壬"可能来自不同文字的部件,音、义都是从母字那里获得的。

[**说解汉字**]壬、壬、廷、呈、望(聖、聽)

现代汉字"廷"右上部分与干支壬寅的"壬"写法上有没有区别?

从历史上看,这个"壬"与"壬"字的形、音、义完全不同。先看《说文》:

**壬**,善也。从人、士。士,事也。一曰象物出地挺生也。

徐铉解释说:"人在土上,壬然而立也。(反切:他鼎切)"

**壬**,位北方也。(反切:如林切)(《说文》)

对于"壬"字,徐铉的说法比许慎的好,也得到了古文字的证实。"壬"与"壬"是形、音、义不同的两个字,只是字形的区别度太小。

我们再往上追溯,"壬"与"壬"差别更大:

金文中"壬"和"工"同形,"𡈼"则复杂得多,由人和土构成。

目前古文字中还没有确切见到单独使用的"𡈼"字。甲骨文中有两个字形:

有学者释作"𡈼",但并没有太多的依据,字形相似而已。

"𡈼"是从哪里来的?既然我们找不到确切的"𡈼",那就把从"𡈼"和"𡈼"声的字找出来分析。

《说文》"𡈼"部四个字:𡈼、徵、望、𦔢①,从古文字来看,这些字最初的构形中都没有"𡈼"。例如前面讲过的"望"字,下面最初也没有"土"。

古文字中经常在下部增加"土"形,有的是为了表意充分,有的只是单纯为了结构稳定匀称。甲骨文"望"字下面加上"土",兼有上述两种功能。挺立在土台上远望,可以望得更远。字形下面加上

① "𦔢"字情况比较复杂,来源不是很明确。

"土"后，就避免了结构上的头重脚轻。这是"壬"的第一个来源。

从"壬"得声的形声字有："廷"系列（如"庭""挺""霆"）、"呈"系列（如"程""逞""郢"）、"聖"系列（如"聽"）。先来看朝廷的"廷"。

甲骨文中就有"廷"字，最初只是廷中立着一个人，西周金文加了"土"。

小盂鼎，集 2839B　　大师虘簋，集 4252.1　　师西簋，集 4291　　秦公簋，集 4315.2　　睡虎地·秦律十八种 197　　《说文》小篆

"廷"最初应当是表意字。建筑物与人之间的小点是什么不太清楚，可能就是尘土的象形。上朝时人多，廷中尘土飞扬？人的旁边最初也没有"土"，后来加上了"土"。到了春秋时期，秦文字中才出现"人"与"土"组合成"壬"的写法。这是"壬"的来源之二。

廷，朝中也。从廴壬声。（反切：特丁切）（《说文》）

再来看圣人的"聖"和"呈"，下面就是"壬"。

聖，通也。从耳呈声。（《说文》）

呈，平也。从口壬声。（《说文》）

我们看看这个"壬"是从哪里来的。

英 1802　　　　　井人妄钟，集 109.2　　　　　《说文》小篆

"聖"最初就是人顶着一个大耳朵，突出耳朵的功能——听，旁边是一张嘴，自然是听人说话了，这个字最初就是"聽"的本字。西周金文在"人"下加了一横，字形更加匀称，最晚战国时期下面又加了一横，这就是小篆"聖"字下面的"壬"的来源。

"呈"字构形不明，很可能就是"聖"字的截除式省略。截除掉"耳"，剩下的就是"呈"，古代读音与"聖"基本相同。如果是这样，"聖""呈""聽"中的"壬"就是同一个来源。这是"壬"字的来源之三。

"望"字下面的"壬"有人挺立在"土"上之像，从"聖"字那里又得到读音。从语言学的角度来说，与"挺"读音相同或相近的字大都有直立而高耸的意思，例如亭亭玉立，一定不是弓腰驼背；再如"冉冉梢头绿，婷婷花下人"，"婷婷"形容美姿容。"亭亭""婷婷"语源也可能是"挺挺"。

从目前的材料来看，这个"壬"最早并不一定独立成字，应当是从表意字中整合、截除出来的，逐渐具有了表音或表意功能。①

讲汉字文化、构形理据，我们要仔细区分"壬"与"壬"。一些工具书中已经混讹得一塌糊涂了，作为字典，还是区分一下为好。但在实际应用中，只要不造成记录语言的混乱，这些区别完全可以忽略。

① 这一讲的内容做了比较大的修改与增补，更多是从学术上探讨"壬"字的来源，与喜马拉雅所讲有很大不同，这种探讨只能是书面形式。

**【理论延伸与思考】**汉字发展到一定阶段,独体表意字不再产生,新造字在已有文字的基础上组合、变化而成,造字的方式发生根本改变。简化产生异体,部件独立成字的现象很普遍。"壬"的来源有可能是部件的文字化。

"呈"的构形自来不明,怀疑它是"聖"字的截除式省略,不妨论证一下,看看这个猜测是否正确。

第六十讲

# 视而不见——"见"与"视"

[**本讲要点**] 现代汉语中"视"与"见"是看的过程与看的结果之间的差异，所以可以"视而不见"。甲骨文中"视"与"见"的字形相近，上部都是"目"，"视"的下部是立人"儿"，"见"的下部是跪人"卩"。"见"是"觐"的本字。

[**说解汉字**] 见、视（眡）

"见"与"视"有什么区别？先试着读一读《说文》：

見，视也。从儿从目。凡见之属皆从见。

这里的"儿"音义与"人"相同，是"人"的变形，与简化字儿孙的"儿"只是同形。

視，瞻也。从见、示。 眡，古文视。 眎，亦古文视。（《说文》）

"见，视也"，互训让我们看不到区别，"视"字"从见、示"更让我糊涂，糊涂了就多读书。

## 第六十讲 视而不见——"见"与"视"

《大学》中有几句讲修身先正心的话："心不在焉,视而不见,听而不闻,食而不知其味。"这种情况你有没有?

"听"与"闻"、"视"与"见"的词义是有差别的。"视"与"听"是行为动作的过程,"见"与"闻"是这种行为的目标和结果。看到了就是"见",听到了就是"闻"。看不一定能看见,就像人生一样,做什么自己就可以决定,能否做成就另说了。像《大学》里所说的那样心不在焉地视听——读书和听课,必然是无成。古书与现代汉字中的"见"与"视"区分得很清楚。

至于"视"字的结构,段玉裁已经说明了,"从见,示声",与一般的"左形右声"结构正好相反。

人们很长时间内没有发现甲骨文中的"视",而只发现了"见"。"视"字从"见",按照习惯性思维,"视"一定晚于"见"。西周何尊(集成 6014)就有形声字 𥄢(睍),"氏"与"示"的表音功能相同。商人最初不区分这两个词吗?如果区分了,那最初是如何表达"视"的?

下面 4 个字形,过去都被当作"见"字。

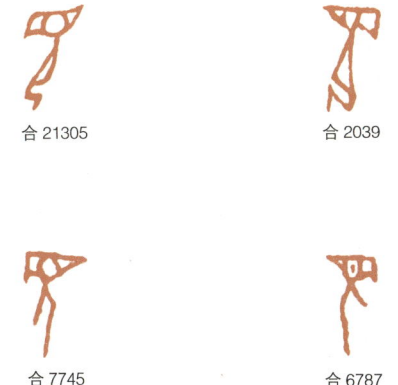

上面两个是跪着的人顶着一个"目",下面两个是站着的人顶着一个"目"。直到楚简大量出土,根据词例才知道,立人的是"视",跪着的人形的是"见"。"视"相当于现在的"看",目的是看见,

站着看肯定比跪着看视野广,所以"视"字从立人。"视而不见"中"视"与"见"分别得很清楚,"视"是看的过程,"见"是看的结果。这两个字就区分开来了。但这种区别很小,古人在应用过程中也有用错的时候。

更深入的一个问题是,"见"为什么下面是个跪着的人?这得换个角度去考虑。"见"最早可能也不是表示看见,而是觐见。

"见"在古代一个常用意义就是拜见、觐见。《曹刿论战》:"十年春,齐师伐我。公将战,曹刿请见。"这个"见"就是觐见。觐见有很复杂的礼仪,《仪礼》十七篇中有《觐礼》,单讲见面的种种礼节,见面跪拜是少不了的。"见"最初就是"觐见"之"见"的本字,后来加了一个表音的"堇"旁。这样形成的形声字很多,以后还会讲到。

下面把这本书中人与眼睛的不同组合构成的表意字总结一下。

眼睛有平视的"目",还有竖起来的"臣";人有侧立的,有匍匐的,有跪着的。不同的眼睛与不同的人形组合在一起表示不同的意义。

"视"与"望"的区别特征是平目与竖目的不同。

"视"与"见"的区别特征是站立的人与跪着的人的区别。

"望"与"监"的区别特征是立着的人与俯身的人的不同。

合 547　　　　　　　　屯 779

早期表意字的区别特征与部件化的《说文》小篆系统有很大的不同。线条的曲直不是表层结构的笔画差异,而是表意手段和文字的区别特征。

**【理论延伸与思考】**一般来说,汉字横写与竖写不构成表意区别,为了适应竹简的宽度,横写较宽的字大都竖起来了,例如,马、犬、豕等动物都嘴朝上、四蹄悬空了。"目"与"臣"这种横竖体位变形构成的文字区别特征比较罕见,值得关注。

第六十一讲

# 张开嘴打哈欠的人——欠

[**本讲要点**]古文字的"欠"是站立的人侧张其口,表示张大口出气或打哈欠。从欠的字表示各种不同的出气、运气方式。正常出入空气是"呼吸",撮口用力是"吹",大口哈气是"歔",病了是"欬(咳)嗽",累了是"喘歇",高兴是"欢欣"。不同的字表达的出气方式很不相同。

[**说解汉字**]食、欠、饮、曰、今、吹、呼、欧、歌、咳、嗽、喘、歇、欢、欣(歙、歔、欬)

前面讲过"望""视""见"是不同的人形与不同形状的眼睛组合表达不同的意义,接下来我们讲讲"人"与"口"的组合。

人张开嘴干什么?主要是吃饭、喝水、说话、呼吸,每一项都不可或缺。造字时,不同的动作用不同形状的口表达,比如吃饭、喝酒是用倒过来的口。

合 11485

食仲走父簋,集 4427

簋上盛满食物,一张倒过来的口冲着食物,那就是"食"——吃食物。

第六十一讲 张开嘴打哈欠的人——欠

合 10405 反

合 22139

合 32345

一个倒过来的"口"和伸出的舌头,再加上下面的"酒(酉)",这就是"猷",后来简化成了"畬",楚人用作王族姓氏,《说文》分成了两个字。

,歠也。从欠畬声。凡猷之属皆从猷。

畬,古文猷,从今食。(《说文》)

畬,酒味苦也。从酉今声。(小徐本《说文》)

自从人发明了取食的餐具之后,就没有这么吃饭、取饮的。联想到第三十五讲的"命"与"令","猷""食"最初是不是也是神灵从上而来就食?造字时肯定有其独特的文化内涵。

说话就是"曰",不说话就是"今"①。把"曰"倒过来,表示相反的意义。

合 6081

合 12820

下面主要讲用嘴出气。

正常的呼吸主要用鼻子,一出一入,出为呼,入为吸,但"呼""吸"二字都从口,原因有二:一是用口出气儿的时候也很多,

① 裘锡圭:《说字小记》,《北京师范学报》(社会科学版),1988年第2期,第10—19页。

二是从口比从鼻字形简单。

文字用侧面的嘴表示特殊的呼吸动作——长长地大口出气。甲骨文中有一个跪坐的人顶着一个侧口的字,文中用作人名。

合 7235　　　　　　　合 18008

这个形体与确知的"欠"有比较大的差别。

马王堆·遣一 237

"欠"在秦文字中构形能力很强。

欲　　　　　　歌　　　　　　歠
睡虎地·秦律十八种 48　睡虎地·日甲 32　睡虎地·日乙 146

这些字有两个特征:第一,口部侧面大开;第二,人是站立的。甲骨文中还有下面一个字形:

屯 942

除去口中的那一点,这个字形与秦文字中的"欠"相合——站立的人侧张其口。但多出的一点是什么？说不清，词例也不能证明一定就是"欠"。①

汉代"欠"的写法与秦文字一致。我们再看几方汉印：

欲　　　　　　　　欧　　　　　　　　歆
《增订汉印文字征》第397页　《增订汉印文字征》第398页　《增订汉印文字征》第398页

，张口气悟也。象气从人上出之形。凡欠之属皆从欠。（《说文》）

秦汉文字中没有一例是《说文》篆文那种古怪的写法。

张大嘴出气最典型的动作就是打哈欠，晚上憋了一肚子浊气，早晨起床后长长呼出。不论"欠"的字形怎么变，其意义一直沿袭着。

"欠"字的这个意义直到今天还在"哈欠"这个词里存在着，汉字就用它来表达与出气相关的意义。"欠"是张大嘴出气儿，与正常的呼吸不同，各种出气儿的动作大都用"欠"表达。

哪些动作与出气关系密切？

1. "吹"与"歔"

吹，出气也。从欠从口。（《说文》）

歔，温吹也。从欠虛声。（《说文》）

吹，撮起嘴唇如管状，用力出气，气流疾而凉；歔，张大嘴从腹腔深处呼气，气流缓而暖。吹之使寒，歔之使暖，自夸揄扬全凭一张嘴。"歔"后来被"呼"取代。

2. 讴歌——欧歌

欧，吐也。从欠区声。（《说文》）

歌，咏也。从欠哥声。（《说文》）

① 这个形体见于西周金文，不能排除是"歆"的简化的可能性。

《隶释·汉三公山碑》:"百姓欧歌,得我惠君。""欧"有吐的意思,也有唱的意思,从构形与表意的系统性来说,唱歌更接近其本义,"欧歌"后来被"讴歌"取代。

唱歌是特别的出气儿,气的大小缓急构成不同的声音。

3. 咳——欬

欬,屰气也。从欠亥声。(《说文》)

气该入不入,逆行反出,这就是咳嗽。"欬"后来被"咳"取代。

4. 喘歇——歂歇

歂,口气引也。从欠耑声。(《说文》)

歇,息也。一曰气越泄。从欠曷声。(《说文》)

你如果干过重体力活儿,就知道什么叫"喘",什么叫"歇"。

5. 叹——歎

歎,吟也。从欠,鸛省声。(《说文》)

一唱三叹(歎),表达悲戚的情感。

6. "欢"与"欣"

这两个字《说文》都有,不用转换为繁体字,两个欠旁还都在。欢、欣与"欠"有什么关系?情感激动时出气儿都不正常,不论是悲戚还是欢欣。

"欠"是一种特殊的出气方式,与"欠"相关的很多字都表示特殊的出气方式。古人对气与出气观察得很细致,气的文化内涵很丰富,可以参看《神秘莫测的"气"》①。

另外,"欠""口""音"作为义符,有时可以通用互补,构成异体字。如果有兴趣可以归纳一下。

【理论延伸与思考】《说文》篆文来源复杂,有些写法与之前文字的实际状况不符,不仅字形选择罕见讹书或草书篆化,而且杜撰理据使其合理化、合法化。《说文》"欠"字作󰀀,人上是气,理据是"象气从人上出之形",字形与理据都出自杜撰。这类现象不是个别的,需要充分关注。

①李守奎:《汉字为什么这么美》,陕西师范大学出版总社,2019年,第141—146页。

第六十二讲

# 流口水的汉字——涎

[**本讲要点**] "涎"是个形声字,意义是口水,古文字中作"㳄",人口淌着口水。"羡""盗"的繁体字作"羨""盜",都从㳄表意,"㳄"简化后与"次"同形。

[**说解汉字**] 涎、羡、盗(㳄、羨、盜、㳄、㳄)

张开嘴可以出气,那就是上一讲讲过的"欠"。张开嘴不仅能够出气,还能淌口水。口水用一个典雅的单音词表达——涎,如"垂涎三尺"。

"涎"是个形声字,从水,延声,这个形声字出现很晚,《说文》中没有。但古人很在乎口水,《说文》中就有三个表达口水的字。

㳄,慕欲口液也。从欠从水。凡㳄之属皆从㳄。㳄,㳄或从侃。

㳄,籀文㳄。(《说文》)

㳄、㳄、㳄,这三个字早就都不用了,后两个可以不去管它,但从"氵"和"欠"的这个"㳄"字在构形中很重要①,不管不行。

① "欠"与"㳄"读音相近,"欠"在"㳄"中兼表读音。

合 8317

合 21181

这两个甲骨文非常形象,一个人侧张大口,侧出的一定是口水。单从字形上看,像咳嗽飞沫喷溅,像口水外出,像吐口水,这些意义都有相应的词:咳嗽——欬,口水——㳄,吐口水——唾,究竟是"欬",是"㳄",还是"唾"?古文字学家认为是"㳄",是吗?留给你去思考。学到这里了,不能什么都信!

人什么时候淌口水?肚子饿的时候想到美食,闻到美味;对别人拥有的美好东西心生向往——羡慕。看看《汉语大词典》给出的解释:

羡慕:爱慕;看见别人有某种长处、好处或有利条件而希望自己也有。

这自然是对的。"羡"是从心底淌出来的口水。我们再看看汉字是怎么表达的。

"羡"的繁体字的下面不是"次",是"㳄"。

羨

上面是一只羊,下面是人淌着口水。

羊在北方是美味,我曾经写过一篇随笔谈吃羊肉的感受。[①]美味让人垂涎欲滴,可美味与你无关,饿着肚子看别人吃,你是什么感受?羡慕。

词语的意义复杂而抽象,汉字表意很形象,有时候,意会理解比背定义还有效。

"羡"字造字很巧妙,口水"㳄"在这里不仅表意,也表读音。《说文》的理解与我们不一样:

① 李守奎:《汉字为什么这么美》,陕西师范大学出版总社,2019年,第124—127页。

𣂑，贪欲也。从次，从羑省。羑呼之羑，文王所拘羑里。

为什么是"羡"呢？因为"羡"的意义与善相关。为什么是善呢？因为和周文王相关。本来用看见羊肉美味就淌口水来表达羡慕挺好理解，为什么许慎却绕了这么大的圈子迂曲强说呢？这就是经师与我们俗人的不同了。经师心目中是道德教化，人见了美味就羡慕，那得多没出息，见了善而心生羡慕才合了经师的心思。这与许慎释"甘"如出一辙。[①]李泽厚释"美"与许慎释"羡"也是相同的用心。我等俗人，有点儿舌尖上的欲望没毛病，但确实不能一直停留在这个层面。

羡慕得有个度，不属于自己的，心里有几分羡慕，努力拼搏，通过正当途径去获得，这样的羡慕具有正面价值。如果羡慕别人的东西，羡慕得过分，心理活动上升为行为，那就成了"盗"。盗是把别人的东西据为己有：

盜，私利物也。从次，次欲皿者。（《说文》）

为什么盗？源头就是对别人的好东西心生羡慕。

对着羊肉淌口水是"羡"，对着器皿淌口水是"盗"。假如这器皿是礼器，那可是大罪。

羡慕不是什么好品德，盗窃就是犯罪。口水要咽到肚子里，不要流出来，小则不雅，中则贪婪，大则坐监狱。

"羡"与"盗"本来是从"㳄"，为什么简化成了"次"，把有趣的表意字变成了莫名其妙的记号字？因为"㳄"我们太陌生，"次"我们很熟悉，至于少那一点简单一些还是次要的。文字演变总是把人们不熟悉的类化成自己熟悉的，容易书写，看着习惯，至于为什么这

[①]《说文》："甘，美也。从口含一。一，道也。"

么写，文字使用者一般不去关心。

我们讲"目"和"臣"时说过，"臣"这只竖起来的眼睛是特殊体位的看。侧过来的口也表示特殊的口部动作。呼吸是平常行为，就用"口"表示；"吹歔"是特殊的动作，就用"欠"表示。"次"字也是同样的道理，流口水不正常，大人流口水就更不正常，所以就用"欠"表示。

表意性很强、理据充分的"次"并不复杂，为什么被复杂的"㳄"给取代了？文字是一个系统，其变化不仅仅受"简化"一条规律支配。"次"是个常用字，"㳄"并不常用，但"㳄"与"次"两个字区别度太低，不常用的形近字也会受到排挤。再说，表意字形声化是形声字大量产生过程中的普遍现象，不足为奇。

【理论延伸与思考】古文字考释需要律例具备，努力完全释字。有一些古文字因为材料不足、词例不明，学者根据与《说文》等字书中文字的相似性给出一个隶定，只是对表层结构的浅层理解，从文字学的角度看，距离"识字"还有很长的距离。脱离语言，单纯依靠字形的"看图识字"，无论是古文字考释还是汉字阐释都应当尽力避免。"次"字古文字的释读还有好多问题没有解决。

第六十三讲

# 家督兄长
原题│爱唠叨的哥哥：兄

[**本讲要点**] 早期古文字中，站着张口的 ᙈ 是训诫弟弟的"兄"，跪着开口的 ᙈ 是祈求鬼神的"祝"。表意字 ᙈ 的前面加上意符"示"，就成了会意兼形声字。区别度增加，部件简化，造成与"兄"同形。ᙈ 前加口就是"呪"，变形移位就是"咒"。

[**说解汉字**] 兄、祝、咒（呪）

《诗经·小雅·常棣》有"凡今之人，莫如兄弟""兄弟阋于墙，外御其务"。作为概念，"兄"与"弟"相对而生。《尔雅·释亲》："男子先生为兄，后生为弟。"

古书里"兄"可以称作"先生"，《仪礼·有司》："其先生之脀，折胁一。"郑玄注："先生，长兄弟。""先生"就是先出生，先出生就年长，年长就有学问，有学问就能当老师。所以"先生"后来是对有学问的人的敬称。

后出生的人是"后生"。《论语·子罕》："后生可畏。""后生"就是比自己出生晚的年轻人。

兄与弟之间的伦理是"悌"，《说文》新附曰："悌，善兄弟也。"先秦直接写成"弟"。"悌"的含义是哥哥得把弟弟当弟弟对待，弟弟得有个弟弟样，也就是哥哥关爱弟弟，弟弟敬爱哥哥。①

"兄"的字形，下面一个人，上面一张口，这该怎么说解？看看许慎的：

① 《太平御览·宗亲部》讲到兄弟，有上、中、下三部分，内容很多，可以参看。推荐阅读版本：（宋）李昉等撰：《太平御览》，中华书局，1960年。

兄，长也。从儿<sup>①</sup>从口。（《说文》）

字形没有问题，甲骨文也是这么写的。

合 2894　　　　　　合 20007

意义也没有问题，兄比弟年长，所以又叫兄长。人顶着一张口怎么就是"兄"呢？这是古代兄的地位。

长兄又叫"家督"。《史记·越王勾践世家》："长男曰：'家有长子曰家督，今弟有罪，大人不遣，乃遣少弟，是吾不肖。'""督"是纠察管理，长子不能督查长辈，主要是对弟弟们进行训诫教导。《尚书》中著名的《康诰》就是以哥哥的口吻教训弟弟的："孟侯，朕其弟，小子封……"下面就是咱爸文王多么英明，你应该如何效法努力，等等，《尚书》中有好几篇是周公对弟弟们的训诫。古时候兄训诫弟弟是其职责，弟弟不好好听从就是不悌、不顺，哪里敢说哥哥唠叨。

现代兄弟伦理发生了重大变化。现在年轻人大部分都没有哥哥，放开二胎，生出弟弟妹妹，才有幸做回兄长。小弟弟如掌上明珠，连父母都舍不得训诫，哥哥说多了就成了唠叨。从这个"兄"字里看出"爱唠叨的哥哥"，完全是现代人的心态：哥哥多帮弟弟做实事，少干涉个人自由，不能多说。

我们在讲"视"与"见"的区别时，讲过下面是站着的人与跪着的人的区别：上面一只眼睛，下面的人站着是"视"，跪着是"见"。上面是"口"，下面站着一个人就是"兄"，如果下面跪着一个人呢？哥哥跪坐在那里和弟弟促膝谈心，这也是现代人的想法，古代要父父子子兄兄弟弟，哥哥得有哥哥样，对弟弟站着说话。

---

① 注意：这里的"儿"要读成"人"，是"人"的变形。

如果下面是一个跪着的人,对谁跪着说话呢?现实生活中,你什么时候跪着说话?进了寺庙在神灵面前许愿——嘴里不说心里也在说。

这就是甲骨文中"祝"的本字。

仅仅依靠人站着与跪着来区别,区别度太小,"祝"前就增加了一个与鬼神有关的"示"旁:

因为增加了部件区别成分,原来形体上的区别就不重要了,跪着的人就类化为常用的"兄"。"祝"和"兄"没有关系,这一点许慎也明白:

祝,祭主赞词者。从示从人口。一曰从兑省。《易》曰:"兑为口为巫。"(《说文》)

这里的"兄"一会儿是"人口",一会儿是"兑省",究竟是什么,许慎也说不定,但敏锐地感觉到它一定不是兄弟的"兄"。结合古文字,我们比许慎理解得更合理一些。

心里有鬼,才跪在鬼神面前求鬼,先烧香上供讨好一番,然后就提出请求。希望发生的事情就是"祝",祝身体健康,祝升官发财……

不希望发生的事情,古人也叫"祝"。

古书中把"诅咒"直接写成"诅祝"。《尚书·无逸》:"民否则厥心违怨,否则厥口诅祝。"这里的"祝"就是祈求鬼神加祸对手。为专干这种事情的人设了一个官,就叫"诅祝",见于《周礼·春官》。

现在我们把祈求好事发生叫作"祝",祈求鬼神加祸对手叫作"咒","祝"与"咒"形、音、义都不相同。实际上,"祝"与"咒"最初是一码事。所谓的"美恶同辞",从语言上说是由一个词分化来的,从文字上说是由同一个字演变来的。

"祝"与"咒"古代读音几乎相同,现代读音还很接近。"祝"与"咒"的意义都是向鬼神祈求实现某种愿望。

下面再列出字谱:

𠤎 → 𠤎 → 𠤎 → 祝 → 祝

合 19890　　合 30726　　合 30799　　《说文》小篆

呪 → 咒

"咒"是在甲骨文𠤎上加了一个意符"口",变形、移位就成了"咒"。

诅咒是很阴毒的行为,明的干不过,就来阴的。语言文字中把它从"祝"中踢出,挺好!

【理论延伸与思考】语言中的"美恶同辞"是语义范围的大小问题。"祝"与"咒"在古人的思维里不甚分别,语言中没有对应的词,文字中也没有对应的字,可能只在语境中区分语用义。文字分化以后反观未分化的词就是"美恶同辞"。"咒"有祝义,也有诅义,是"美恶同辞",后来变成"咒"专表诅咒义。

第六十四讲

# 善于聆听的人更"聖"明

[**本讲要点**]甲骨文中立人顶着眼睛是"视",人顶着耳朵是"听",构意相似。人有耳侧有口,也是"听"字。"听"与"聖"关系密切,听力好是"聪",善于听是"聖","听"与"聖"是一字分化。

[**说解汉字**]圣、听(耴、聖、聽)

比较一下"皇帝聪明"和"皇帝圣明",哪个更合乎圣意?

聪明,耳聪目明,"聪"是耳朵灵,"明"是眼睛亮,由听力与视力引申到智力,总之是个能力问题。皇帝的能力不容置疑,说"皇帝聪明"就是拍马屁拍在了马蹄上。

圣明,一方面是智商高极其聪明,另外一方面是品德极其高尚,这是皇帝爱听的。那怎么做才能圣明呢?先看看这个"圣"字是怎么表达的。

简化字"圣"《说文》中也有,读音是"窟",读音、意义与圣贤的"聖"没有丝毫关系,在元杂剧这种民间文学中用这个"圣"代替了"聖",大概就是为了书写简单而已,从简化字中索解不出任何古代关于"聖"的文化信息。

繁体字"聖",由耳、口、王三个部件构成,在《说文》中是个形声字。

聖,通也。从耳呈声。(《说文》)

从小篆的构形系统来说，没问题。从历史的演变来说，这个形声字是怎么形成的？问题就复杂了。

我们先看一看古文字中"聖"的字形和实际用例：

（史墙盘，集成10175）：宪聖成王。

（郭店简·老子甲16）：音聖（声）之相和也。

（包山简136）：使聖（听）之。

（包山简130）：聖（听）命于柊。

这个"聖"字在出土文献中有"听""声""圣"三种用法，都很常见。①在第五十九讲说解"挺"字的时候，我们讲过"聖"字下面"壬"的来源，现在我们再从表意的角度观察"聖"字的发展。

英1802　　　　　　　　史墙盘，集10175

人顶着一只耳朵，旁边是一张口，干什么呢？听说话。听什么呢？声音。善于听的人就是圣人。"聽""聲""聖"古音都是舌音耕部字，古代读音很近，是用同一个字形表达读音相同、意义彼此关联的词。

为什么说善于听就是"聖人"？

①古文字中，"听"与"聽"是形、音、义完全不同的字。《说文》："听，笑皃。从口斤声。"

文字发明之前，前辈流传下来的知识都是听来的。善于听的人，就能把别人的智慧变成自己的智慧。生活中一定要做一个会听的人，可以不聪，但不能不圣。失聪是自己的事儿，听而不辨是非或偏听偏信就要出乱子了，会导致社会危机。"圣"这个观念就是从"听"引申而来的，逐渐成为道德范畴。

"圣"字上部"耳"与"口"组合起来的"耴"，本来就是一个字，用法与"圣"相同：

合 5313

合 3682

（中山王𧊕鼎，集 2840）：奔走不耴（听）命。

（郭店简·唐虞之道 6）：先圣与后耴（聖）。

甲骨文中一耳两口，更凸显善于听。甲骨文、金文中有个"𦕩"，即"廳"字。也就是说"耴"不仅是个单字，还可以作为字符构字，读音肯定可以读为"听"，这个字应该就是"听"的本字。这个字战国时代还经常使用，到了《说文》就失传了。

甲骨文中还有一个字形，有学者也释作"聽"。

合 18089

"聽"字最初是哪一个？可以做出种种推测，我个人倾向于带人形的"聖"。一个口一个耳，可以是听别人说，重点是听；也可以是说给别人听，重点是说。如果耳下面加个"人"，这就和我们讲过的"视而不见"的"视"表意方式很相近了，突出的是人的耳朵的功能，这样就不会产生歧义了，①理据更充分，表意味道更浓。

这个字的外形，头重脚轻，很不匀称，沿着两条道路发展，一条是减法，把人简化掉，就是匀称的左右结构"耶"。另外一条就是加法，在"人"下加了一横，比较匀称了。再加一横变成"壬"，不仅字形更匀称了，而且还可以表示读音了。我们讲过，人侧立在土上是挺拔的"挺"，读音与"听"很接近。许慎如果知道古代有个"耶"字，就会将"聖"分析为"从耶，从壬。耶亦声，壬亦声"。材料限制了学者的思考。

这个字的演变过程可能如下：

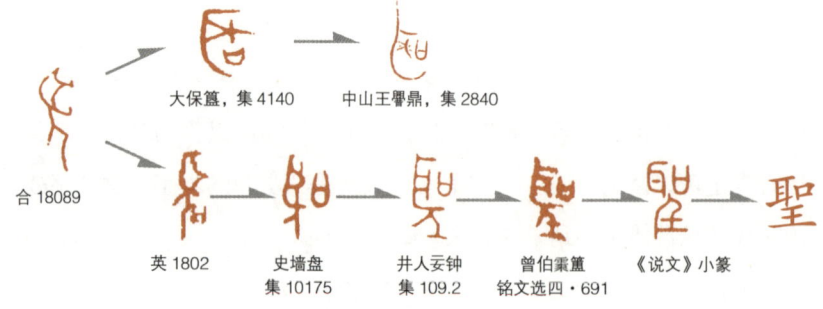

①如果人顶着个耳朵是"听"的初文，就成为和"视"的初文构意相同、平行发展的文字现象，但目前的材料更支持"耶"为初文的意见。

"聖"字的下半部分历经变化：人、壬、王，最后成为"聖"，不仅字的结构匀称,而且每一部分都是我们熟悉的,看着美观,书写便利。

【理论延伸与思考】学者都知道"聽""聲""聖"是同源词。文字记录如何区分语言的分化,需要依靠材料详细分析。甲骨文研究中,有学者把✼释为圣,把✼释为"聽",这种区分的依据是什么?

第六十五讲

# 古人是怎么跳"舞"的

[**本讲要点**]"無"是"舞"的本字,二者最初是繁简字关系。由于"無"的否定词用法使用很频繁,二字用法产生了分工,这是异体分化。简化字"无"是在"夫"字的基础上,通过笔画改变而来,这是变形分化。

[**说解汉字**]舞、无、夫、舛(無、橆、橆、橆、橆)

我们的文化传统很早就限制了肢体语言的应用范围,只能表达礼仪,严格而繁琐,很少在生活中通过跳舞表达情感。很多民族都能歌善舞,汉族的舞却成了少数人的艺术。在很久很久之前,我们大概也有舞蹈昌盛的时代。今天借着讲"舞"字,说说我的想法。

为什么要跳舞?我们习惯于翻古书。

《周礼》是一部记载古代职官的书,为了跳舞,居然设置了好几个专门的职官,有舞师,有乐师,有旄人等,都是掌管舞蹈教育的。古代为什么这样重视跳舞?为了祭祀,为了礼制。

跳舞是庄严神圣的,目的是让鬼神开心,不能跳错了,不然小则被人笑话,大则鬼神降祸。有等级,有礼制,这种舞一般人哪里敢跳?

舞具有多种,有羽毛,有牛尾,有干戈。我们看一看下面这两个甲骨文:

合 15996

合 27891

一个人拿着舞具跳舞,什么舞具?这应该就是《周礼·旄人》中所说的"旄",也就是动物的尾巴。倒毛表示尾巴,我们在说"尾""逮"等字时已经说过。

后一个字形把手形也画出来了,后来就讹变成了"口"。

大盂鼎,集 2837

这就是后来有无的"無"。原本象形的"舞"不仅不象形了,而且被常用词"無"给挤占了,于是就在"無"下加了两只脚。不论什么舞,最重要的是脚上的功夫。理据合理,与"無"有了区别。这个"舞"字西周时期就出现了:

燕侯舞铜泡,集 11861

"無"与"舞"的关系用古文字材料来解说,很简单。"無"是"舞"的本字,被借作否定词之后,另外造了"舞",成为专用字。如果你不想研究文字,读到这里也就够了。

学术史上,"無""无""舞"等关系很复杂,《说文》中有很多相关材料。

第一,《说文》中有两个"無",一个"无"。

一个"無"是在林部的"橆"。

𣎵,丰也。从林、奭。或说规模字。从大、卌,数之积也。林者,木之多也。卌与庶同意。《商书》曰:"庶草繁无(無)。"(《说文》)

徐锴曰:或说奭为规模之模,诸部无(無)者,不审信也。

许慎说这个字的本义是"草木丰茂",字形解说很乱,徐锴又添一乱。这个意义后来加了草字头写作"蕪"——繁芜。

另外一个"無"和"无"是在亡部的"橆"。

橆,亡也。从亡无(無)声。兂,奇字无,通于元者。王育说:"天屈西北为无。"(《说文》)

"橆"字中间多一个"亡"。古书中"亡"有"无"的用法,许慎的意思是说这才是有无的"无"。后面还附了一个我们现在使用的简化字"无",说是"奇字"。这种区别,文字使用者没有接受,都写成"無",也用更简单的"无"。

第二,《说文》中有两个"舞"字,但弄不清"舞"字的来源。

舞,樂也。用足相背,从舛,無声。翌,古文舞从羽、亡。(《说文》)

"舞"字从舛,"舛"字《说文》已经不知其来源了。

舛,对卧也。从夊㐄相背。凡舛之属皆从舛。(《说文》)

根据"舞""乘"等字,我们知道"舛"与"对卧"没有任何关系,就是两只脚。

"無"是手持牛尾,"無"不仅表音,也表意。"舞"的古文"翌"很少用,从羽,亡声,是异体字。羽毛和牛尾都是舞具,都可以做意符。

将各种信息梳理梳理,可以大致理清"無(橆、鷡)""舞""无"等字的来源和彼此的关系。

第一,"無"字的来源。字谱见下:

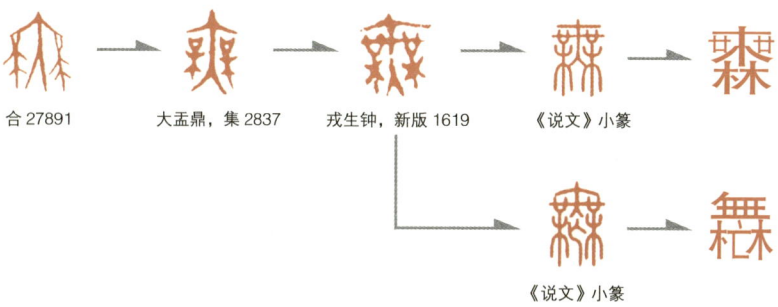

"舞"的本字"無"被借作繁芜的"蕪"或有无的"無",增加音符"亡"构成异体,应用中本无区别,许慎强作分别。"橆"与"鷡"合并为"無"完全合理。

第二,"无"字的来源。字谱见下:

否定词"無"使用频率很高,汉代就假借形体简单、读音相近的"夫",去掉上边的出头就分化出一个专字,这是文字分化的手段之一——变形分化。

第三,"舞"字的来源。字谱见下:

合 27891　　大盂鼎，集 2837　　燕侯舞铜泡，集 11861　　《说文》小篆

清华简·周公之琴舞 1

《说文》古文

"舞"字的演变看着很复杂，实际上不难理解，这里就不解释了。

最后回到开头的话题，我们的生活中为什么少了舞蹈？这得从为什么舞蹈说起。

舞蹈是表达感情的方式，发乎情，动乎性，言之不足歌咏之，歌咏不足，手之舞之，足之蹈之，这样的舞蹈自然是人人爱跳了。一旦进入庙堂，过度礼仪化、程式化，就没了生机。活泼有趣的歌舞令人赏心悦目，但这是王公贵族们的特权。比如海昏侯刘贺的祖母李夫人就是因为善于跳舞而被汉武帝宠幸。《汉书》记载，李夫人本是倡优，他哥哥李延年善歌舞，汉武帝喜欢，李延年便举荐了他妹妹。李夫人妙丽善舞，汉武帝看后招幸。而在多数人的生活中，不被礼仪化的歌舞都被视作淫风而抑制打压。结果就成了士子屋里读书，农人田里种地，能歌善舞的成了倡优戏子，地位低下。我们的生活怎么会有舞呢？现在不同了，舞往高雅走，成了艺术，往民间走，成了健身活动，时代赋予舞新的形式与意义。

**【理论延伸与思考】**大型字书所收字是不同历史时期的增累叠加，其中有很多异体字。文字合并是文字通过系统调整达到简化的目的，异体字合并是最常见的形式。在繁体字系统中，"橆""䯉""无"被合并为"無"；在简化字系统中，全部合并为"无"。合并的结果是淘汰多余的字形，大大减轻了汉字学习的负担。异体字合并的标准是什么？

第六十六讲

# 站得高看得远——乘

[**本讲要点**] 古文字中的"乘"是人站立在开杈的树上,表示登高的意义。古文字"秂"比从木的"乗"晚出,应当是社会发展导致字形的变化。

[**说解汉字**] 乘(乗、秂)

乘风破浪的"乘"是现在的常用字,乘车、乘飞机大都理解为坐车、坐飞机。古书里常用义是登高,《易·同人》:"乘其墉,弗克攻,吉。"

这个字的结构几乎无法分解,如果一定要分解,就是中间一个"禾",把一个"北"分隔成两半。为什么这么写?我们依靠现代汉字理解不了,许慎依靠小篆也理解不了。

乘,覆也。从入、桀。桀,黠也。军法曰乘。秂,古文乘从几。(《说文》)

小篆与古文字形上的区别主要是下部"木"和"几"的不同。按照它们的结构变成相对应的隶书叫作"隶定",今天变成楷书还是沿袭旧称"隶定"。小篆和古文隶定就是:乗、秂。这两个字都见于古代字书。

许慎的字形分析谁能读懂?研究《说文》的纷纷扰扰都在说,都是在那里强说。看看古文字字形:

麦方尊，集6015　　公臣簋，集4186　　师同鼎，集2779　　《说文》小篆

鲁峻碑阴

一个人站在木的顶端。木不是一般的木，是上面开杈的木，方便站立。"乘"是登上高处，站在高处，非常形象。

古文字中的"乘"是平面图画结构，几乎分割不开，腿与人脚连着，站在树上，就像一幅图画。金文中"舛"都还在人的腿上，到了小篆已经弄不清来源，按照当时人们的理解，逐渐部件化了。人与脚分离，脚与木组合，这就成了《说文》所说的"人"和"桀"两部分。现在知道，"乘"与"人""桀"没有任何关系，"桀"只是古文字字形的隶定转写而已。简化成"禾"与"北"，那是在隶变的基础上进一步"楷定"了。

《说文》中"乘"字的古文，"人""舛""几"完全分离，也彻底部件化了。这个字形来源也很早，西周晚期就出现了：

乘父士杉盨，集4437　　鄂君启节，集12112　　《说文》古文

为什么把"木"换成"几"？这或许反映了文明的演进。

传说中的有巢氏就住在树上，现在热带原始森林中的一些原始部落还是如此。住在树上有许多不便，爬树登高就成了日常生活。发展到住宫殿、乘车马的时代，爬树就是草野乡村顽皮孩子的把戏了，这时候的乘主要是乘车。高车大马才气派，但车高了乘就不方便了，上不去，于是就发明了一种类似几的工具，乘车时垫在脚下，登车就容易了。我们现在乘火车有脚踏，乘飞机有扶梯，功能都一样。

"乘"语义的核心是"登高"，相当于我们今天的"登上"。我们看字形就知道，人是站在树杈上，并没有坐。人在战车上保持着站姿。但作为交通工具的车，人们就要追求舒适，大都坐在车上，这样语义就开始向"坐"偏移，很早就开始了。再后来，连船也可以乘了，如李白《赠汪伦》："李白乘舟将欲行，忽闻岸上踏歌声。""乘"与"登高"没有任何关系了。我们今天说乘车、乘飞机，语义也是乘坐，大都不会想到登高这个过程。

站得高看得远是事实，但"乘"字与"看得远"没有关系，这个题目用来讲我们说过的"望"字很合适。

合 6188

合 7222

站在土台上远望。

"乘"的字形是站得高，但语义聚焦在登上、踩踏、凌驾等方面，不仅与"看得远"没有关系，与"站得高"也只是深层理据关系，并不是显性的词义。这个题目改成"登在树巅——乘"，或许更好一些。

**【理论延伸与思考】**汉代学者整理古文文献，把古文字按照隶书的字体转写就是"隶定"，有些隶定保留了古文字的表层结构。"椉"与"𣎵"就是"乘"字小篆及其古文的"隶定"，"乘"是在隶书基础上的"楷定"。

现代整理出土古文字书写的文献，需要用楷书转写古文字，名副其实是楷定。楷定是隶定的仿造。

隶定或楷定可以表达文字的表层结构，但会增加很多异体字。历史上《集韵》字数暴增就与大量收入古文隶定有关。研究求精细，应用求便利，隶定的宽与严需要根据具体的情况决定。

第六十七讲

# 夙兴夜寐的"夙"是怎么来的

[本讲要点] 夙兴夜寐的意思是早早起床，很晚睡觉，表示勤劳。"夙"的甲骨文字形表达的意思是天上月亮还在，人就有所行动，表意显豁。"宿"是房子里人躺在席子上，表示休息和休息的场所，可以简化为"佰"，与"夙"读音相同，可以假借，被误解为一字异体。

[说解汉字] 夙、舛、佰、佰

夙兴夜寐是个古老的成语，出自《诗经·大雅》的《抑》篇："夙兴夜寐，洒扫庭内，维民之章。"古代经常使用，战国人就经常使用。

（上博简·季康子问于孔子10）：是古贤人之居邦家也，夙兴夜寐。

（上博简·弟子问22）：夙兴夜寐以求闻。

"夙兴夜寐"意思很明确，不论做任何事情，都要早早起来，很晚休息，投入足够的时间，才能有所成就。相反的就是昼寝，也就是大白天还睡觉。大家熟知的"朽木不可雕"，就是孔子骂他的弟子宰予的，原因就是天都亮了他还在睡觉。

一天大致可以分为夙、昼、暮、夜几段，每一段还可以细分。"夙"

是一大早,比"朝、晨、旦"都要早一些。这个字现在还能看到一个"夕",《说文》是这样说的:

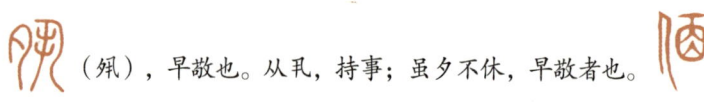

(夙),早敬也。从丮,持事;虽夕不休,早敬者也。

(佣),古文夙,从人、囟。　　(佣),亦古文夙,从人、西。宿从此。

"夙"的时间段在早晨,这一点十分确定。"夕"的意思是暮,也就是傍晚,古今一致,这一点也十分确定。现在说夕阳红、夕阳融融,没有谁想到和早晨发生联系。

许慎面对这两个知识定点,想方设法把它们联系起来,就说出"虽夕不休,早敬者也"的糊涂话。他是否糊涂不知道,我们是糊涂了:晚上不休息,和早晨干什么有什么关系?莫名其妙。

古文字中"夙"字很常见。

合 15357

利簋,集 4131

甲骨文和利簋中都是跪坐的一个人,举起双手,上方是一个"夕",小篆和今天的"夙"就是从这种形体演变而来的。《说文》的字形是有依据的。宋初的学者徐铉等说:"今俗书作夙,讹。"可见写成今天这个样子由来已久。

古文字中还有另外一种写法。

毛公鼎，集2841

师酉簋，集4291

上方不是"夕"，是"月"，把这个字当作一幅图画来看就豁然开朗了。天空悬着一轮明月，人就早早地起来了，双手举起表示有所作为，这不正是"夙兴"吗？那个"夕"本来就是月亮的象形，就是半月，这一点许慎是知道的：

𦝠，莫也。从月半见。（《说文》）

学者深入研究发现，"夕"在古文字中不仅可以表示时间词"夕"，还可以表示天体"月"，一个字在造字的时候就可以表达两个读音、意义不同的词，这可是重要发现。

学者们深入研究，又发现字符功能与不同的汉字结构的关系。例如，"歪"这个会意字由"不"和"正"两部分构成，意义就是不正，"不"和"正"记录的语言意义与"歪"的词义发生联系。"尖"字也是这样。再想一想我们讲过的"伐"与"戍"，字符一样，都是"人"和"戈"，区别在哪里？位置不同，不是"人"与"戈"的意义不同，而是结构不同，像一张平面的画：字符的位置是有意义的。

"夙"字也一样，如果按照我们熟悉的"夕"所记录的语义来理解，就理解不了，如果把它当作天空中悬挂的一轮月亮就恍然大悟了，这就是义符与形符的不同。

至于"夙"字的古文，看一下宿舍的"宿"字的甲骨文就明白了。

屯 2152

房子里面有个人躺在席子上,去掉房子就是《说文》"夙"字的古文。"佰"是"宿"的简化,"佰"是进一步简化。早早起来与躺下睡觉正好相反。这个时候就不能继续思考意义之间的联系了。"夙"与"宿",一个是早早起床工作,一个是按时就寝休息,意义之间没有联系,读音相同,这就是大家所说的假借。

至于师酉簋的"夙"字,跪着的人下面怎么多了一个"女"?没有什么特别,就是一只脚丫子的讹变,是古文字演变的通例。

最后,看一下"夙"和"宿"的字谱。

"夙"字谱:

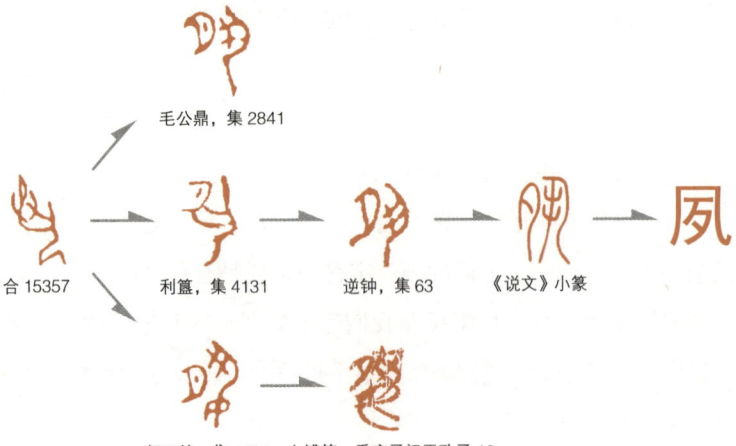

"宿"字谱：

一个小小的"夙"字，蕴含了很多文字学原理。

【理论延伸与思考】形符与义符的区别已多次强调，同一表意部件的性质不同，构形方式也不同。"梦"字中的"夕"是义符，是晚上做梦。"夙"中的"夕"是形符，是月的象形，是清晨悬在天上的月亮，与"夕"的意义——晚上没有直接关系。许慎把"夕"理解为义符就只能曲说误解。

## 第六十八讲

# 地里长出来的艺术

[**本讲要点**] "树"与"艺"最初的意义都是种植植物，是农耕文化的根。"六艺"是礼乐治国的文化之根，也是艺术之根。从根本上说，先秦艺术大都是从农耕文化中诞生的。

[**说解汉字**] 艺、树（埶、蓺、藝、樹）

《孟子·滕文公上》："后稷教民稼穑，树艺五谷。""树艺五谷"就是种植各种庄稼，"树"与"艺"是同义词素并用，按照《说文》，二字意义相关，字形完全不相干。

"樹"的《说文》篆文比籀文"尌"多加了一个"木"。

🅐，生植之总名。从木尌声。🅑，籀文。（《说文》）

从籀文看，应当是手持木表种植意义，"豆"是音符。裘锡圭先生说甲骨文中的 🅒（合 862）、🅓（合 18159）就是"树"的本字。[①]

种植意义的"艺"的本字是"埶"：

🅔，种也。从坴、丮。持亟种之。《书》曰："我埶黍稷。"（《说文》）

---

[①] 裘锡圭：《释"尌"》，《裘锡圭学术文集·甲骨文卷》，复旦大学出版社，2012年，第 504—509 页。

这个字分为左右两部分，右侧从"丮"，常常表示举手劳作的意义；左侧下部有"土"，土上是什么？甲骨文中有一个丮持中或木等植物的字：

合 29250

合 25413

这个字除了见于甲骨文，还见于商代铜器铭文：

埶觚，集 6587

此字释作"艺"有道理。一是从丮与"埶"字合，另外《集韵》说"艺，古作秇"，宋人似乎也见到过类似的"艺"字。

"树"与"埶"意义很近，早期的文字构意也很近，依靠字形和文例都很难区分。例如下面这个字古文字学家多释为"艺"：

合 9555

合 7928 反

第一个字形是在甲骨文"树"字下增加一个"土"，树也得立在土上，有土为什么一定就是"艺"呢？这个土为什么不是树的意符而一定是艺的区别特征呢？

在找不到语音证据的前提下，把从又的释为"树"，从丮的释为"埶"，或许更简便一些。

"树"字的演变很清晰：

合 862　　《说文》籀字　　《说文》小篆

甲骨文以手持木种树，籀文增加音符"豆"成为形声字，小篆再加上木还是形声字，简化字把音符简化为"对"成了半记号字。

"艺"的本义很清楚，就是劳作的人手持植物，种植在土里。从象形的角度说，有的像种树，双手持木；有的像插秧，单手拿着"中"，这时的"中"就不能再理解为"艸"，而是庄稼。

"艺"在出土文献中出现的频率很高，有多种用法，但很少使用本义，大都用作六艺的"艺"，在出土文献中也读为设置的"设"。

为什么会这样？贵族们关心的是诗书礼乐射御，不关心稼穑，《论语》中有一段孔子与弟子的对话：

樊迟请学稼，子曰："吾不如老农。"请学为圃，曰："吾不如老圃。"樊迟出。子曰："小人哉，樊须也！上好礼，则民莫敢不敬；上好义，则民莫敢不服；上好信，则民莫敢不用情。夫如是，则四方之民襁负其子而至矣，焉用稼？"

这就清楚地表达了当时"知识分子"对农事的态度，所以经典中很少会讲到种植。

另一方面，段玉裁认为由"树艺"到"六艺"，是"儒者之于礼乐射御书数，犹农者之树艺也"①。这又似乎在强调种植是农耕文化的根，六艺是读书人的根。中国古代经济上重农，文化上重教，虽然社会的分化导致农与教的分离，但究其根源，传统文化的根脉确实是农耕。

① 《说文解字注》，第 113 页。

"艺"的字形演变谱系也很清楚，我们曾在《字源》中列出多个系列：①

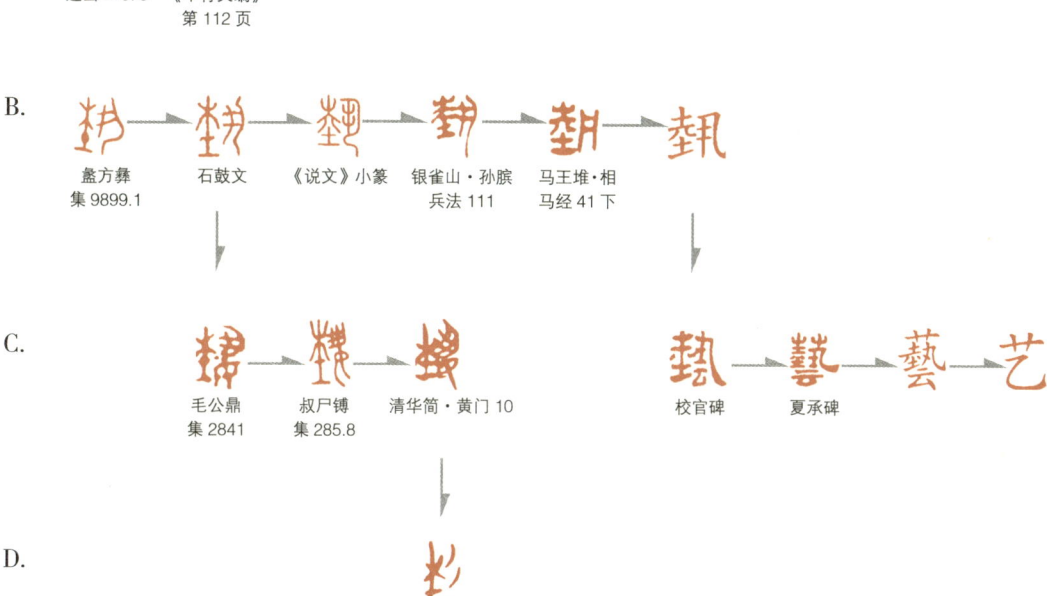

A. 近出二 678 → 《甲骨文编》第112页

B. 盠方彝 集9899.1 → 石鼓文 → 《说文》小篆 → 银雀山·孙膑兵法111 → 马王堆·相马经41下

C. 毛公鼎 集2841 → 叔尸镈 集285.8 → 清华简·黄门10 ； 校官碑 → 夏承碑 → 藝 → 艺

D. 郭店简·语丛二50

这个字谱把"艺"字的发展分为ABCD四类。A类词例还不能证明，并不十分确定，道理上还通。今天的"艺"字是由B类繁化、简化而来。C类在"丮"的腿部增加了"女"，没有太多的道理，被淘汰了。D类简化得不像样，也被淘汰了。

从上面的字谱我们可以看到"艺"不断繁化的过程，留存在字书里有多个：埶、蓺、藝。其中，"埶"见于上引《说文》。

蓺，种莳也。(《玉篇》)
藝，才能也。(《广韵》)

①李学勤主编：《字源》，天津古籍出版社，2012年，第218页。

这三个字，在种植意义上，是一字异体；从产生的时代来说，是古今字。

最早的"艺"是种植木、中之类的植物在土上，很象形，到了小篆就讹变得找不到植物了，于是加上一个"艹"，很好理解。到了汉碑，又在下面加上一个"云"，为什么？"云"与"艺"意义上没有关系，读音也有距离。加上这么一个"云"，虽然结构更加匀称，但字形实在太复杂了，而且理据隐晦，太难了，是真的难！《集韵》的"秋"既简单又理据充分，而且来源古老，为什么就没有流行呢？

文字的废兴不仅受文字内部规律支配，还受文化心理等社会因素的影响。简化字流行于民间，往往被视为俗。写繁体字往往就多了一些更有文化的感觉。

把"藝"简化为"艺"，可以说是一步到位，一下子解决了字形的复杂，也解决了理据不清，这是俗体字的功劳。

【理论延伸与思考】 文字古今演变会产生大量异体，字形简化会出现大量异体，理据增加也会出现大量异体。异体赘余，文字应用系统会自然选择淘汰，文字规范中如何选择和淘汰异体也是一个专门的课题。

第六十九讲

# 举起双手戴帽子——"戴"字的变化

[**本讲要点**] 怪异的"異"是人带着鬼头,鬼是异物,以鬼头作为"異"的意符合乎情理。"戴"字所从的"異"可能另有来源,甲骨文中头戴帽子形可能是它的本字,后来类化为"異"。

[**说解汉字**] 戴、異(异)

关于"戴"字,我在《汉字为什么这么美》中曾经比较详细地说过,[①]牵涉的问题很多,下面简单说一说。

甲骨文里有"戴"字:

合 17992

像一个人双手捧着一种特别的帽子戴在头上。

这个"戴"的象形字在小篆里变成了"异"字的繁体"異",我们先看看《说文》是怎么说的:

,分物得增益曰戴。从異戈声。,籀文戴。

①见《汉字为什么这么美》第38—43页。

，分也。从廾从畀。畀，予也。凡异之属皆从异。

这里我们能够读懂的是从"𢦏声",这个字甲骨文中常见,可以用作"灾",在"哉""载""栽""裁"等字中都是它表音。

"異"的意义如果是"分",与"戴"有什么关系?我们不懂。许慎说"分物得增益曰戴",我们更不懂了。古文字的知识告诉我们,"異"不是"分也",也不是"从廾从畀"。"戴"字有可能也不从"異"。

先说"異"。

人戴上鬼头就与人有了区别,就成为怪物。甲骨文中的"鬼"和"異"是这样写的:

合 17451    合 27349

合 29395

鬼,与人不同。不同在哪里?甲骨文"鬼"字下面是跪坐的人形,上面是鬼头。鬼头与人头不同,与(合 29395)的上部完全相同。鬼头长什么样?没见过。如果把幻觉当真实,那就见得多了,个个异样;如果把幻觉物质化,造一个想象的鬼头戴在头上,那就是"傩"。戴在头上的傩面,或青面獠牙,或牛头马面,都是异乎人样的鬼,翩然起舞,可驱邪祈福。鬼令人敬畏,因为它既能降福,又能施祸。善鬼要请,恶鬼要驱,而这一系列的活动中,那个鬼的面具起着十分重要的作用。从甲骨文、西周金文看,"鬼"与"異"上部完全相同,这个鬼头大概就是傩面。

就这个字形而论,如果没有我们所知的语义引导任意想象,十个人大概会有十个结果。当在构形系统和语义系统中确定了位置,我们的思路也就有了遵循的轨迹。🙵既可以表达过程，也可以表达结果。就过程而言，是把鬼头戴在头上，可以取代"戴"字初文；就结果而言，戴上鬼头就异于人了，即"異"的本字。"異"同时表示"戴"与"異"两个意义，这种可能性是存在的。

"異"与"鬼"的密切关系不仅表现在字形上，语言中也有实例。《史记·屈原贾生列传》："化为异（異）物兮，又何足患！"司马贞《索隐》："谓死而形化为鬼，是为异（異）物。"

人死了变成异物，戴上面具也成了异物，这种异物就是心目中和生活中的"鬼"。古人心中的鬼不一定像我们今天想象的那么可怕，但也绝不会可爱。"異"，简化字作"异"，不仅是为了简化，或许也包含着对鬼头的不喜欢吧。

现在常用的"异"是个简化字，但作为构字部件，繁体的"異"在"翼""冀""戴"等字中还存在，简化得太没有效率！

简化字"异"与繁体字"異"都见于《说文》，是两个不同的字。因为读音相近，古书中"异"也可以当"異"使用，最初可能就是秦汉人对"異"字的简化，但后来"異"通行，"异"就变成一个古董收藏在字书里了。现在又复古，穿越了时空，"异"复活了，"異"反而被当古董收藏，只能在书法作品等特殊场合出现了。

关于"戴"字的来源，有两种可能：

第一，最早🙵（戴）与🙵（異）可能有区别，但字形、读音相近，意义也有关联，加上一个表音成分"𢦒"之后，区别度增加，就全部类化为"異"了。

第二，🙵与🙵是一个字的异体，后来淘汰掉了一个，统一成了"異"。本来就有"戴"和"异"两个意义，后来加上音符"𢦒"，才把"戴"分化出去。

两种说法都有道理，哪个接近事实呢？证据！你如果要判断，就想办法补充证据。

**【理论延伸与思考】** 受材料的限制，很多汉字阐释的结果不是唯一的。同样的材料，同样的方法，应该得出同样的结论。问题出在哪里？这个问题如果不能解决，汉字阐释就难以步入学术的殿堂。

🆎与🆎究竟是不同字类化同形，还是一字异体的合并，目前还不能做明确判断。汉字阐释从材料出发，能说定的说定，说不定的存疑，说不了的就阙。实事求是是学术的根本。

第七十讲

# 古人是如何描述打架的

[**本讲要点**] 斗争的"鬥"甲骨文像二人互相打斗的形状,加不同的音符构成形声字。"鬥"很早就开始类化为"门"。北斗星的"斗",古文字像勺子形状,与打斗没有关系,"鬥"与"斗"合并为同形字。

[**说解汉字**] 斗、鬥、鬭、鬪、鬨(鬩、閧)

"斗"在第 12 版《新华字典》中出现两次:三声的"斗"和四声的"斗",两个同形字的意义完全不同,一个是量器及其相关意义,另一个是对打、搏斗及其相关意义。这一讲单说对打、打架的"斗"。

"打架""打仗"这些词,都是近代才产生的,构词中的"打"我们懂,"架"与"仗"是什么意思?为什么斗殴就是打架?为什么战争就是打仗?这是现代汉语里专门的学问,我不懂,有时候现代的比古代的还难理解。① 我还是讲我熟悉的汉字,看看古人是怎么通过文字表达对打架的理解的。

小儿相斗是打架,邻里相争也是打架,打架规模大到一定程度就是战争了。甲骨文中有"鬥"字:

合 152 正　　　　　合 20231

字形或繁或简,但看得很清楚,是两个人面对面干起来了。有的字形突出竖起来的头发,这种揪着头发不放的打架方式我见过。这个

① 古代留下来的经过选择淘汰,疑难的地方古人大都注释过。近现代一些进入书面语的口语词,来源五花八门,方言、外语等等,是专门的学问。

"鬥"字古人经常使用:

及其壮也,血气方刚,戒之在斗(鬥)。(《论语·季氏》)

虽然西周到秦汉的出土文字中还没有发现,但这个字一直传到东汉,《说文解字》还保留着。

,两士相对,兵杖在后,象斗(鬥)之形。凡斗(鬥)之属皆从斗(鬥)。(《说文》)

许慎知道它是"鬥"字,但没有见过甲骨文,说解字形就不能那么贴切。《说文》中"鬥"是个部首,兄弟阋于墙的"阋"、宋代人后补的"闹",都从鬥,与"门"没有关系。过去的字书里这个部首一直保留着,繁体字中还能够分别:

鬩    鬧

这种象形字写得像很难,写不像就成了记号,什么也看不出来了。人们就给它多加一些区别特征。加个表示读音的"斗",就是"鬦":

孙鬦
《玺汇》1538

加个"斲",就是"鬬",不仅表音,还表意:

睡虎地·法律答问 80

马王堆·老子甲后 412

，遇也。从鬥斲声。（《说文》）

"鬥"与"斗"或"斲"组合在一起，"鬥"写得像不像都无所谓，写成大家习惯的"门"，也能够与其他文字区分开，所以远在战国时代，这些形声字中的"鬥"就都类化成"门"了。

《汉语大字典》中有许多斗争的"鬥"的异体字。

| 鬥 鬭 | 鬪 鬬 | 鬦 閗 | 斗 |
|---|---|---|---|
| 《说文》篆文隶定 | 《玉篇》俗"鬭"字 | 《篇海》俗"鬭"字 | |

这些打架的"斗"分成四个系列：

1. 象形字的隶定：鬥；
2. 从鬥，加上不同音符的形声字：鬭、鬪、鬦；
3. "鬥"讹变为"门"，成为半记号字：鬬、閗；
4. 假借"斗"。

"鬥"是"鬥"，"斗"是"斗"，最初字形与意义完全没有关系，"鬥"是二人打架，"斗"是酒器或量器。只是二字同音，符合假借的原理，就用简单的代替了复杂的。①

"鬥"与"門"除了形体相近外，音、义完全没有关系，在简化字系统中，已经完全混讹同形了。最终的结果是"鬥"消失了，"斗"成了同形字。

① 同音替代是文字简化的重要途径之一。

这个"鬥"字的演变过程中有许多有趣的现象。

第一，甲骨文有"鬥"字，其后的出土文献中却沉没消失了，直到东汉《说文》才又出现。这说明了什么？从商代到汉代，字形链条中断。有时候，不能因为链条中断就不相信。

第二，"閗"字见于《篇海》。《篇海》全名《篇海类编》，是明代的一部字书，可事实上这个字战国时代已经出现了，从战国到明代，字形链条又中断了。但这次可能不是中断后的连续，是不同时代造字巧合。

第三，"鬥"字在战国秦汉的俗体字中已经与"门"字框混同了，但在《说文》《康熙字典》等字书中都与"门"字框有别，这又说明了什么？手写俗体字变化很快，规范体变化很慢。

**【理论延伸与思考】** 类化是文字演变过程中的趋同现象。人们识别与书写文字，会把陌生的改变成熟悉的类似形体，把复杂的改变成简单的类似形体，这是文字演变中的常见现象。类化、简化、合并等概念彼此有交叉，是不同角度的观察，不在同一个系统内。"鬥"在构形中变成"门"，就是形近类化。类化有多种原因和多种形式，可以深入探讨。

第七十一讲

# 最初讯问的是什么人——讯

[**本讲要点**] 西周金文的"讯"像以口审讯一个被反绑着双手的人,意义是俘虏或审问,后字形演变成记号,意义泛化为一般的讯问。繁复的记号字后来被其他形声字取代。

[**说解汉字**] 讯、千（譌、卂）

在司法断案过程中有一个环节是审讯,也可以说审问,"讯"的意思就是问,许慎也是这么理解的：

,问也。从言卂声。　,古文讯从卥。（《说文》）

现代汉语有"讯问""问讯",不仅"讯"与"问"同义词素连用,而且可以颠倒着说,更可以证明没有太大的差别。但语言与文字都是讲究经济原则的,"讯"与"问"最初意义如果完全相同,就没有必要弄出两个来。那"讯"与"问"会有什么区别？这一讲主要说"讯"。

"讯"在古书中有一个不常见的用法——俘虏,主要见于西周时期的文献。读《诗经》的人都熟悉,"执讯获丑""执讯连连"中"执讯"的意思古人注释得很清楚,用今天的话说就是战场上捉活的。这个"执讯"在西周金文中经常出现：

（讯,师同鼎,集 2779）：折首执讯。

（讯，翏生盨，集 4461.1）：折首执讯。

（讯，虢季子白盘，集 10173）：执讯五十。

金文中的"执讯"与文献中的"执讯"相对应，是对死了的。没有文献，怎么敢说这就是"讯"字？既然知道了是"讯"字，为什么这么写就可以进一步解读了。

"折首"就是砍头杀敌，"执讯"就是活捉俘虏，虢季子白盘说的就是捉了 50 个战俘。战俘有两个重要特征：第一是会逃跑，所以就要捆绑起来；第二是活口，通过审讯得到对方的情报，所以要讯问。

再仔细观察一下这个字：双手被扭转到背后，用绳子紧紧捆住。直到现在抓住坏人还是这样处置。前面加个口，这张口是审讯者的，就是讯问；如果是被审讯的战俘的，就突出其能张口，是活口。

总之，战场上捉来的"舌头"要审讯。

司法典狱中对罪犯也要审讯。

（豑簋，集 4215）：王曰：豑，命汝司成周里人及眔诸侯大亚，讯、讼、罚。

审讯、控告、惩罚，环环相扣。

《周礼·秋官·小司寇》："以五刑听万民之狱讼。附于刑，用情讯之。""讯"的对象可以是战俘，也可以是罪犯，这个意义一直延续到现在的"审讯"中。

"讯"很早就泛化为一般的讯问了，《诗经·小雅·正月》："召彼故老,讯之占梦。"《毛传》:"讯,问也。""故老"是经验丰富、值得尊敬的人,这里的"讯"一定是恭敬地讯问,不能是捆绑来审讯。文字构形上表现出来的意义已经消失,对词义没有制约了。

把"讯"字的字谱列出来,从西周到秦汉变化非常突兀:

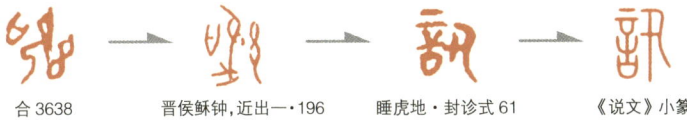

西周之后好像就找不到踪迹了。到了秦代,突然出来一个简化字。那春秋战国时代的"讯"字哪里去了呢?原来被我们误解了。曾侯乙墓出土的竹简中有一个字:

过去释为"繇",后来学者改释为"讯"①,非常正确。商周文字中的"口"变成"言",移位到中间。这个字的人卜没有脚,上与西周文字有别,下与秦文字不同。

西周时期的"讯"字很复杂,战国人也不会明白它为什么这样写,就用形声字替换它,理据明确,字形简单。楚国人写成"訙":

（上博简·相邦之道4）:子贡曰:"吾子之答也何如?"孔子曰:"如讯。"

①郭永秉:《释上博楚简〈平王问郑寿〉的"讯"字》,《古文字研究（第二十七辑）》,中华书局,2008年,第489—493页。

（上博简·姑成家父1）：苦成家父事厉公，为士。宛行正讯，强，以见恶于厉公。

这个字就是《说文》"訊"的古文。第二个字的词例读得不顺，还需要更深入的研究，这里就不细说了。

我们现在使用的"讯"，在秦简中就出现了，"卂"应该是表音的，是什么字？《说文》给出的解释①没有谁相信。我怀疑是"千"字的变形。"讯"与"千"都是齿音真部字，用作音符很合适。但"千"字及字符十分常见，都是在人的腿部加一横，"卂"可能是反写的"千"，区别于古文的"信"。②要想证实，还需要充分的证据。

[**理论延伸与思考**] 表意字的简化加速了文字的记号化，汉字发展到战国时期，基本上终结了形符表意，完成了字符的记号化。形符表意字沿着记号字和形声字两条路线演变，有的被替换。商代和西周的"讯"字是个形符表意的会意字，战国早期的曾国文字中虽然还有残存，但已经记号化了。在秦、楚不同的地域中分别被"讯""訸"等形声字代替。

① 《说文》："卂，疾飞也。从飞而羽不见。"
② "訊"是"許"的变形，六国文字是"信"。

第七十二讲

# 去拘捕人——执

[**本讲要点**] 甲骨文的"执"字是给人的双手戴上刑具。繁体字"執"的左侧是"羍"的变形,是手铐之类的刑具,与幸福的"幸"没有关系;右侧是"丮"的变形,与弹丸的"丸"没有关系。

[**说解汉字**] 执、執、羍、丮

上一讲说到西周金文中的"折首执讯",主要讲了"讯"字,"讯"突出的是可供审讯的俘虏,最初的意义是俘虏和审讯。今天讲"执"。

,捕罪人也。从丮从羍,羍亦声。(《说文》)

我们先把字谱列出来:

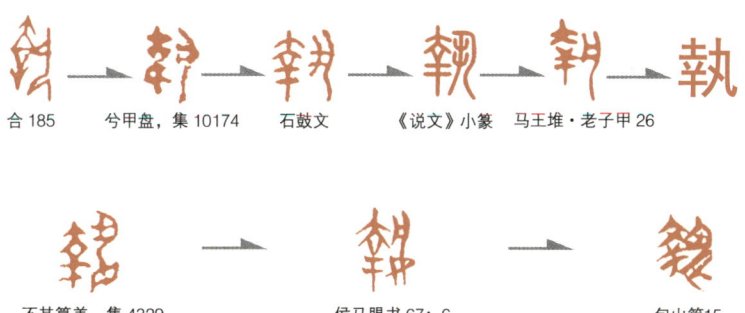

甲骨文中人的双手被刑具铐着。"羍"这种刑具的功能类似今天

的手铐,目前还没有见到出土的实物。"幸"与幸福的"幸"一点关系也没有,只是隶变以后同形。用这个字符构形,大都与罪犯相关,例如"圉""報"。

"执"在文献中一是捉俘虏,二是捉罪犯。《诗经·大雅·常武》:"铺敦淮濆,仍执丑虏。""执丑虏"与"执讯"都是活捉敌人。

(包山简 15):擒执其倌人。

(包山简 135):倚执仆之兄。

包山简是司法文书,其中的"执"都是《说文》所说的"捕罪人也"。词义的重点是拘捕的过程,抓住罪犯,戴上刑具,与"讯"字重点落在捉住审讯是不一样的。

"执"与"讯"最初都与俘虏或罪人有关,后来词义都扩大了,"执事人"在文献中很常见,《尚书》中就有了,就是管事的人,也就是当官的。这里所"执"的是事,大都已经远离罪犯了。

"执"字的演变字谱链条完整。从甲骨文、西周文字、战国文字到秦汉文字,一脉相承,发展脉络很清楚。但"执"字在西周时期有一个异体,在举起手来的人形"丮"的腿部加上一个"女",这个文字也沿袭下来了。战国时期的晋文字、楚文字都这样写。秦始皇统一文字,这个字形被废除了。

这里面有三个有趣的问题:

第一,学者大都认为不其簋盖上是秦文字,"执"字上面有"女",但后来的秦文字都没有"女",反而是六国文字都带有这个"女"。如果单从这个"执"字来说,很难相信它一定是秦国最早的铜器铭文。

第二,加"女"的"执"字在战国时期极其普遍。汉代学者搜罗"古文",不至于见不到,但《说文》古文就是没有收录,是许慎没有见到,还是许慎不加收录?许慎收录古文的原则是什么?

第三,"执"字上面的那个"女"是怎么来的?

和我们讲过的"讯"字比较一下:

讯
晋侯稣钟,近出一·196

讯
不其簋盖,集 4329

执
不其簋盖,集 4329

执
侯马盟书 67:6

晋侯稣钟的"讯",下面是一只脚——止,到了不其簋盖上,脚上移变形成了"女"。不其簋盖"执"字的足部有一个"女",这个"女"可能就是"止"的讹变,到了侯马盟书就向上移动,变成一个"女"了。孙悟空七十二变,还没能用一只脚变出一个女人来,古文字就这么变了。

[**理论延伸与思考**] 文字部件有多个来源,来自意符的部件具有表意功能。如果来自讹变、类化的字符不具有表意功能,从表意的角度来说就是"羡符"——多余的字符。古文字的"执"与"讯",都在人体的腿部加上"女",这个"女"是由"止"讹变而来,在字形中起到使字形匀称的作用,但不表示与"女"相关的任何意义,从表层结构说是饰符,从深层结构说是羡符。

## 第七十三讲

# 汉字中诞生的新生命——包

[**本讲要点**]"包"的本义是包裹着胎儿,"勹"像腹部隆起的孕妇,"巳"像胎儿。"包"是"胞"的本字;"勽"字音义与"包"相同,应当是"包"的异体,但目前还没有发现用例。

[**说解汉字**]包、胞、巳(勹、勽)

人为万物之灵,人类很早就在思索:我们从哪里来?我们到哪里去?古人直观地感受到"气"在生命中的重要性,只要喘气,生命就在运行,一旦断了气,言语、思想、动作等等都消失了,所以认为生命的本质就是"气"。"气"从哪里来?五谷之精。五谷的精气转化为人的精气,人的精气转化为精子,生命的种子播撒在女性的身体里,生命就从无到有。"气"变化为各种脏器肌体,在这身体内还有主宰一切的真气,由小变大,由盛而衰,真气离开身体,躯体就变成了臭肉一堆。真气去哪里了?归到它应该归去的地方——变成鬼,古人说"鬼者,归也"。这是近两年读战国出土文献和古书,看到的古人对生命的领悟。

这种思想对中国文化很重要。从来源上说,牵涉到生命如何长久——既然生命的本源是五谷之气,那就好好吸纳五谷之气,这就是养生的重要性。从去向上说,真气走了,躯体最终也会彻底消失,有些商周墓葬连一点粉化的骨头都没有留下,它们真的都变成了另外的东西,这就牵涉到来世与宗教,这是精细的思考。我们是现实主义者,活得很简单。生命从哪里来?爹妈给的!生命到哪里去?火葬场!简单有简单的好处,思索有思索的快乐。多思考一些,自己的内心就更丰满,对别人、对世界就会有更多的理解,自己也会更通达。

刚才所说的"古人",实际上就是战国古人,更古的古人在文字中是否也留下了他们对生命的理解?文字构形里有一点线索。直观的东西文字容易表达,精微的思想则很难表现。我们只能说,古人尽力了!他们通过字形记录了生命孕育的过程。

我们先从胎儿说起。

同胞、双胞胎中的"胞",大家都很熟悉。胎儿在母亲的肚子里,包裹在胞衣里,出生以后婴儿从胞衣中取出。大家看一下"包裹"的"包"的小篆:

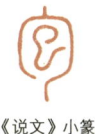

《说文》小篆

睡虎地秦简·封诊式48

包,象人裹妊,巳在中,象子未成形也。元气起于子。子,人所生也。男左行三十,女右行二十,俱立于巳,为夫妇。裹妊于巳,巳为子,十月而生。男起巳至寅,女起巳至申。故男年始寅,女年始申也。凡包之属皆从包。(《说文》)

《说文》说"包"像人包裹着一个未成形的胎儿,非常到位。"包"字从勹,"勹"像孕妇大腹的样子,"巳"像胎儿,大头,腿脚还没有发育出来,蜷曲着身子,"包"字所从的"巳"正是这么一个胎儿,很形象。包裹的"包"正是同胞的"胞"的本字,是个典型的象形字。世上可包的东西太多了:包袱,布包裹衣服;包子,面皮包裹馅儿……凡是像包着胎儿这种形状的都叫"包",文字中从"包"得声的字大部分有这个意思。

"含苞待放"的"苞":花萼包着花瓣。

"吃饱"的"饱":胃里包裹着食物。

"抱住"的"抱":两手把人包住。

"鲍鱼"的"鲍":今天名贵的鲍鱼根本不是鱼,是贝类动物,用壳包着肉。①

本字"包"变成形声字"胞"的原因有两个:第一,"包"的用法太多,需要区别;第二,文字形声化是潮流。胞衣也是肉。自然界的一些动物,胎儿一出生,母亲就把胞衣吃掉了,既补充体力,又免得血腥味儿招来食肉动物。"包"前加个"肉"旁,就成了"胎胞"的"胞"的专字。请注意,千万别把"肉"旁当成"月亮"的"月","肝肺肠肚",都是从"肉"。②从此,人们慢慢习惯了包与胞相区别的用法,就只知道寄包裹、收包裹,忽略了其与"同胞"的"胞"的联系。

"巳"是个干支用字,有丁巳、辰巳等等,是古代最常用的字之一,"祭祀"的"祀"就是用它做音符。干支用字来源古老,很多字确实不知道来源。许慎受阴阳五行思想的影响,连本来认识的字也变成不认识的了,他说:

**ᘐ**,巳也。四月,阳气巳出,阴气巳藏,万物见,成文章,故巳为蛇,象形。(《说文》)

因为有辰龙巳蛇、午马未羊,许慎就说"巳"像蛇虫了。同一个字,在"包"字中说像未成形的胎儿,单独拿出来又说像一条蛇,究竟是什么?我们要判断取舍就得拿出证据。我们认为胎儿的观点是正确的,理由如下:

第一,许慎看到的"巳"是讹变了的字形,古文字上面封口,与"子"上面圆圆的大头一样,是胎儿的头:

①形声字的音符表意是有条件的,不是所有的形声字的音符都可以表意。
②古文字中"肉"与"月"有区别,现在的规范字中已经完全同形。

合 17736

"巳"就是怀在肚子里的月份小一点的胎儿,大脑袋细身子,像个小蝌蚪。

第二,"巳"与"子"的读音在古代非常接近,都是齿音之部字。

第三,"巳"与"子"在古文字中可以通用。甲骨文中,"丁巳"的"巳"可以写作"丁子"。

生命的诞生从什么时候开始?出生,那是人的诞生,就生命而言,它从卵子受精那一刻起就诞生了。中国人算年龄说虚岁自有其道理。周岁是以当年减去出生年,比如2000年出生,今年是2021年,多大了?2021-2000=21岁。假如一个婴儿2009年出生,当年就夭折了,活了几岁?周岁计算法就是2009-2009=0岁,对吗?我们传统文化说虚岁,是对生命诞生的尊重,也是对母亲怀胎十月的尊重,也是对长寿的期望。

最后我们再看一下《说文》中的这四个字:勹、包、勽、胞。

,裹也。象人曲形,有所包裹。凡勹之属皆从勹。

,象人裹妊,巳在中,象子未成形也。

,覆也。从勹覆人。

,儿生里也。从肉从包。

上述文字构形的核心都是"勹",读音完全相同,在包孕胎儿的意义上一致,有学者把它们称为"同文",有一定的道理。

[**理论延伸与思考**]意符在一定的条件下可以通用。上位概念可以涵括下位概念,所以表达上位概念的意符可以替换表示下位概念的意符。"包"是孕妇包孕着胎儿"巳","巳"也是人,所以可以写作"勹",这与"字"与"免"是一字异体的道理一样。①

---

① 参看第七十八讲。没有承续关系。

第七十四讲

# 有"孕"在"身"

[**本讲要点**]"身"像腹部隆起的人,本义是怀孕。甲骨文的"孕"字是身的腹中包裹着子,是表意字。"孕"部件化为"乃""子"两部分后,"乃"被误解为音符,据此确定的古音不可信。

[**说解汉字**] 身、孕

这一讲说"孕"字。

怀孕最直观的视觉特征是什么?肚子隆起。俗语里把孕妇叫作"大肚子"。看看下面这个字:

合 13666 正　　　　合 21731　　　　楷侯簋盖,集 4139

显然是个凸起肚子的人,这就是"身"。

大任有身,生此文王。(《诗经·大雅·大明》)

父曰太公,母曰刘媪。其先刘媪尝息大泽之陂,梦与神遇。是时雷电晦冥,太公往视,则见蛟龙于其上。已而有身,遂产高祖。(《史记·高祖本纪》)

"大任"就是周文王的母亲,刘媪是刘邦的母亲。"有身"就是怀孕。"有身"这个古老的词现在还在口语里使用。"身"的本义也是怀孕,后来词义扩大，指整个身体。

"怀孕"现在又叫"妊娠"，妊娠反应，就是怀孕后的反应。"妊"和"娠"古代都可以单独使用，现在是同义合成，都是从女的形声字。女性是怀孕的主体，从"女"理所当然。"妊""娠"古代的读音与"身"都很相近，意义相通，它们是同源词。

怀孕就是肚子里有了胎儿。上一讲我们讲了生命的诞生——"包"与"胞"，从文字的表达来看，就是人肚子包裹着一个没有完全成人形的胎儿，把孪生的兄弟或姊妹称作"同胞"，很形象。

"胞"所从的"巳"与"始"是同源词。"巳"是未成形的胎儿，是生命之始。古人把腹中的孩子叫作"巳"，着眼于他是子；又把他叫作"胎"，古书上说"不杀胎"，就是指胎儿，着眼于他是人之初始。"胎"从肉、台声，"开始"的"始"也从台声，"胎"与"始"古代的读音是一样的，而"始"与"巳"的读音古代非常相近。"胎"与"胞"都着眼在生命之始，着眼点在肚子里的胎儿。

月份大了，长出胳膊来了就是"子"，胎儿或婴儿"子"腿的功能还很弱，所以就不表现"子"的双腿。看看甲骨文中的这个字：

合 21071

英 494 反

字形像一个人，肚子里有个子，与怀孕的"孕"最接近。

（诅楚文）：刑戮孕妇。

从文字上看,"孕""包"都是人怀着孩子,区别只是孩子的形状,但两个字读音不同,意义也不同。"孕"着眼点是怀孕的主体,所以又叫"孕妇",没有"胞妇"。

"孕"字见于《说文》,古今意义没有什么变化,但读音比较复杂:

,裹子也。从子从几。(《说文》)

许慎虽然没有看出上面是一个变形的"人",但知道不是"乃",不是一个形声字,上古读什么,很难确切知道。段玉裁研究古音,根据中古音与谐声字认为"乃"应当是表音的声旁,《说文》"从子从几"错了,应当是"从子乃声"。

现在知道,"乃"实际上是甲骨文"身"的简化,也可以看作"人"形的讹变。如此,"孕"最初的读音和"乃"就没有关系。"孕"后来的读音与乃声字也有很大的不同,今天读 yùn,与"奶""芳""仍""扔""礽"等有很大的不同。就文字的发展来看,前面不是"乃",后面与乃声字读音不同,怎么就能确定"孕"就是乃声了呢?看来"孕"的古音可能不会是段玉裁说的那么简单。

段玉裁所说的形声字"孕",不是真的形声字,我把它叫作"假形声字"。"孕"的古音可以重新考虑。

[理论延伸与思考]
套用古书的注释方式:
胞、苞、抱,包也。
巳、子、胎,始也。
身、妊、娠,孕也。

以上每一组字音义之间都有联系。从"孕"字字形与读音的演变来看，这个字"以证切"的读音未必可靠。我很怀疑它最初是从身从巳、身亦声的会意兼形声字，与身、妊、娠同源。这样就绕过了字形的误导，绕过了中古读音，上古音舌音真部读为现代汉语的"孕（yùn）"就没有问题了。这是一个猜想，但还得解释中古的"以证切"是从哪里来的，如何变成了今天的读音，这就得求教音韵学家了。

第七十五讲

# 从女儿到母亲有哪些不同——母

[**本讲要点**]甲骨文中,"女"一形多义,后来的"女""母""毋"都可以表达。"母"与"每"最初的音义相同,都可以表示母亲。"母"与"毋"最初的音义也一样,都可以表示母亲与否定词,后来分化为不同的字。

[**说解汉字**]女、母、每

从女儿到母亲有哪些变化?从表意字的角度看,可以表现为"女"和"母"有哪些不同。

第三十八讲分析过"女"字的文化内涵,突出的是女性的柔顺。女人生了孩子就做了母亲,由女性到母亲有哪些看得见的形式标志?

生理变化上,做了母亲突出的变化是具备了哺乳功能,乳房储满了甘甜的乳汁,那是婴儿最美好的营养来源。下面是甲骨文中的"女"与"母":

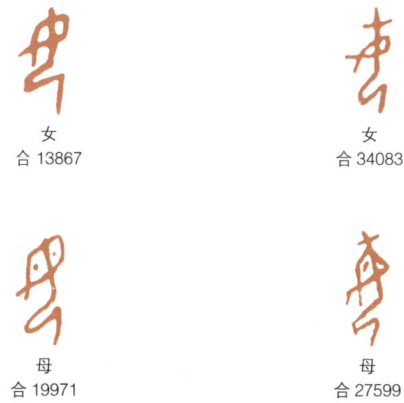

女
合 13867

女
合 34083

母
合 19971

母
合 27599

"母"在胸部的位置比"女"多了两点,有学者说这两点儿代表乳房。有的学者不同意,说右面的一点点在后背上,怎么能是乳房呢?这两点仅仅是和"女"字区别开来的符号而已。我想这是把一个问题的两个方面给对立起来了。从与现实生活联系的角度来说,两点像乳房,合情合理。至于说右面的一点在"女"字的背部,那是为了文字的结构匀称,文字不是图画,不完全受真实性的制约。从文字是符号的区别系统来说,两点起区别作用,是区别特征。两个方面的阐释并不矛盾。

"母"字到了小篆就变成了这样:

,牧也。从女,象裹子形。一曰象乳子也。(《说文》)

因为小篆的笔画系统中没有点,点都变成了线条。汉代已经弄不清楚了,许慎说"象裹子形",又说"象乳子",弄得后来的学者纷纷扰扰,纠缠在到底像什么的讨论上,很没意思。

"母"只是突出乳房,"乳"就是哺乳的象形了,这个字我们后面会详细地讲。

生理变化外,还会有发型变化。过去的时代发型关乎礼制,女性婚前、婚后不同,丈夫死了以后又不同。这种文化起源于什么时候?汉字是否能够提供一些信息?这就说到了"每"。

"每"和"母"最初就是一个字,读音相同,意义也相同。

每
合 28680

每
合 28410

每
合 29185

母
合 19971

母
合 27599

每一个词的意义都有许多区别特征被认知,每一个区别特征都可能成为字形所表达的意义,这就成为异体字产生的基础。女性成为母亲,有身体上的改变,也有发型装饰之类的区别,文字表达不同的特征就形成不同的异体。"母"与"女"的区别可以突出乳房,也可以用头部发型,如加一根簪子、改变一下发型等等。"每"与"母"最初就是异体字,音义的区别是逐渐形成的。

"毋"经常用作否定副词,有祈使的语气,例如"苟富贵,毋相忘";也用作姓氏。在战国文字中"毋"就是"母"字的简化——把两点连成了一笔,用法相同,两个形体都可以用作"母亲"的"母",也都可以用作否定副词"毋",区别也是后起的。

"女"与"母"很早在形、音、义各方面都区别得很清楚了,我们今天更是区分得细致,没结婚的叫"少女",结了婚的叫"少妇",生了孩子的才叫"母亲"。在礼法森严的时代,没结婚就成了母亲那是天大的丑闻,出过很多人间悲剧。这种文化是从什么时候开始的?是自古就有的吗?从古文字中透露出的信息推测,远古时代我们的祖先并不如此。

证据之一是甲骨文中"女"与"母"的关系不像后来截然有别。商王室祭祀的对象女庚、女丁等显然不会是一般的女,而是母辈,都得读成"母庚""母丁"等。"女"可以用作"母",这种语言现象的背后有什么文化信息?关于汉字产生的时代,我们现在还没有足够的证据做出明确的判断,但一定比商代甲骨文早得多,那个时候大概还没有形成"万恶淫为首"之类的观念，也没有相应的礼制，可能是一个只知其母不知其父的时代，女性到了成年做母亲是自然的事情。

还有一种语言现象也可以说明这一层意思。前面说过，"母"是生育后乳房突出的母亲，"乳"是母亲正在哺乳，从语言分化的角度说，"母"与"乳"作为同源词非常合理，但语言中不是这样的。"乳"与"女"古代读音更近，"母"与"每"古代读音相同或相近。如果"女"与"乳"是同源词，更可以说明远古时代对女性生育、哺乳的崇尚。

前面说"女"与"母"在甲骨文中有通用的现象，这种现象有多种可能性：文字书写层面的，文字记录语言层面的，文化层面的，等等，不能说定，但是由"母"分化出"每"，"母"又分化出"毋"，这个结论可以确定。

[理论延伸与思考] 文字在一定的时代、一定的条件下分化。目前对文字分化的描写大都停留在形音义关系的笼统描写上。文字分化关涉到文字系统的调整。"母"分化出"每"，"母"又分化出"毋"，这个结论是确定的，但分化的条件是什么？分化的节点在什么时候？"母"的读音什么时候从之部转入鱼部？文字分化之后，文字系统发生了什么变化？综合考虑，有文章可做。有兴趣研究汉字的朋友可以进一步深入思考。

第七十六讲

# 婴儿的出生——育

[**本讲要点**]甲骨文中的"毓"是生育的"育"的本字，由母亲、倒子与液滴组成，像母亲生育，是平面图画结构。在这里倒子表示顺产。"育"是晚出的形声字，与"毓"构成异体。

[**说解汉字**]育、毓（去）

由怀孕讲到出生，表意字都有充分的表达。婴儿的出生就是生育，用一个字表达就是"育"。

十月怀胎，一朝分娩，胎儿变成了婴儿，这是与母体分离的开始，这是在人间的开始。一声啼哭，响彻天地，这是自主呼吸的开始。做过父母的人都知道这份惊喜，无论用什么华丽的语言赞美这一刻都不过分。我们的文字很形象地记录了这个过程。

生育的"育"，上面的偏旁一般叫不出名字，我们就把它叫作"育字头"，下面是"肉"还是"月"？字形上看不出。《说文》说：

，养子使作善也。从去肉声。《虞书》曰："教育子。"

，育或从每。

先来解决这个"育字头"。查查《说文》，有这个字：

，不顺忽出也。从到子。《易》曰："突如其来如。"不孝子突出，不容于内也。凡𠫓之属皆从𠫓。，或从到古文子，即《易》突字。

这里面有很丰富的信息，可以提炼出我们想知道的几点：
第一，"育字头"是倒过来的"子"，大家比较一下。

"子"是头与手朝上，"𠫓"正好倒过来，也就是"倒子"。
第二，"𠫓"的读音与突然的"突"一样。根据许慎所说，我们知道了它的读音。
第三，"倒子"的意思是不顺从的胎儿，不在肚子里好好待着，突如其来，这说的好像是流产。"倒子"是不顺之子，也就是不孝之子。可怜的孩子，刚一出世就得背上不孝的罪名。
第四，这个"倒子"——"𠫓"也有一个异体，就是"育"字异体"毓"的右半部分。
我们知道了"育字头"所描绘的事物，知道了它的读音，也知道了它和异体"毓"字的关系。但是，按照许慎的解释，不顺之子或不孝之子和"养子使作善"有什么关系呢？我们还是不懂。南唐的徐锴也不懂，但自以为懂了，说：
𠫓，不顺子也。不顺子亦教之，况顺者乎？
这样牵强附会地理解，谁都能"懂"，谁都会说。我常说，读《说文》读不懂不要硬读，要从许慎的思路里走出来。非要找出许慎正确的理由来，只能是以讹传讹。依靠传统的文字学，我们大概也就能理解到这种水平了。今天我们之所以还敢阐释汉字，是因为我们掌握了新材料——古文字。

甲骨文和西周金文中的"毓"字很形象：

屯 469

毓祖丁卣，集 5396

这是一幅生育图。"女"是指生育的女性，在她臀部的下面有一个头朝下的"子"，是正在出生的婴儿，"子"下小点儿是流出来的羊水和血液。

这个字在甲骨文中还有从"母"、从"每"的不同异体。

合 22663

合 27192

《说文》或体

不论是"女"、是"母"还是"每"，都是生育的主体。

生育时胎位非常重要，头朝下，是顺产；头朝上，是逆产。逆产是要人命的。在医疗不发达的古代，女人生育是鬼门关，胎儿在降生为人的关口上，母亲在变成鬼的关口上。春秋时期郑庄公就是因为逆生，惊着了他母亲，他母亲从此对他深恶痛绝，不仅起名为"寤生"（"寤生"就是逆着生的意思），而且一直努力废弃他做太子、颠覆他做国君。这样的母亲虽然是个例，但也足以见得逆生的危害了。

对于生育来说，胎儿头冲下、双臂贴身、两脚并拢是顺产，不仅是正常的，也是人们祈求的，怎么会是不顺子呢？如果一定要贴上"孝"与"不孝"的标签，这才是"孝"。用倒过来的"子"表达生育很贴切。许慎理解成忤逆之子正好弄反了。大家可能会问，许慎是大学问家，怎么连这样的知识也没有呢？造字的时代，对生育有崇敬之心，观察得很细，表达得很准确。到了汉代，那些经师们连庖厨都不进，哪里还进产房，不知道也正常，但也不排除是许慎作为经师，为了宣扬经义教化，故意曲解。因为不知道"倒子"表达的是生育，许慎误以为是养育，就生出一系列我们理解不了的解释来。

"肉"为什么可以表达"育"的读音？这是古音学研究的内容。我们查查古音表，懂得一点音理的也就认同了。"育"是喻母觉部，"肉"是日母屋部，读音比较近，可以找到通转的证据。古音学是一门专门的学问，说解了这么多的汉字，你大概已经明白古音在文字研究中的重要性了。如果想研究汉字就必须学习音韵学，了解古音，不然连形声字都辨别不了，更不用说深入地研究了。

至于许慎引书与今天的不同，那是文献学的重要内容，在这里可以暂时放一放。

至此我们明白了"毓"字是母亲生育的过程，"倒子"是出生过程中的婴儿，异体"毓"字的右面是出生过程中的婴儿和血水。

生育神圣，母亲伟大！

[理论延伸与思考]汉字阐释不可避免地带有主观性，受到阐释者的知识背景、思维习惯和阐释目的等因素的制约。汉字阐释的学术化就是把主观性限定在学理允许的范围内。"育"字的本义是生育，其中的"倒子"是顺产婴儿的象形。许慎把"育"的本义理解为教育，把"倒子"阐释为不是顺产的不孝子，是由其经学家的身份决定的。

形声字"育"产生很晚，见于汉代出土文献，汉代人还经常使用表意字"毓"，异体并存。这类形声字看不到演化的痕迹，它们是怎么产生的？

## 第七十七讲
# 与生育相关的"疏"与"流"

[**本讲要点**]"疏"的意义是通,从㐬,疋声,意义与生育相关。"流"所从的"㐬"读音和意义都与生育相关。"充"很可能是"㐬"的变体。

[**说解汉字**]疏、流、充(㐬、㐬)

上一讲讲了生育的"育",我们再回顾一下甲骨文的字形:

合 22663

合 27192

这个字就是"毓",是个象形字,左侧是母亲,右侧是出生过程中的婴儿和羊水。右侧隶变以后就成了"㐬"和"充",作为字符比较常见,我们熟悉的有"疏""流""琉",古书、字书里还有"旒""锍""梳"等等。

《说文》中有"流"与"疏",因为许慎不太知道"㐬"是什么,解释也就不得要领。

,水行也,从沝、㐬。㐬,突忽也。,篆文从水。

**疏**，通也。从㐬从疋，疋亦声。

按照许慎的理解，"倒子"形的"㐬"与上一讲说的"𠫓"是同一个字，指不孝子突如其来。水流与突忽有什么关系呢？难得的是许慎把"疏"与"流"和生育联系在一起考虑了。

"倒子"字形上是"子"的倒写，与"屰"是"大"的倒写一样，从书写上说是不顺，但在表意字中表达的是顺，这是生活经验的真实表现。明白了生产过程中头朝下才是顺产，再来理解流通的"流"和疏通的"疏"就容易多了。

疏通的"疏"与我们常见的左形右声不同，表音的音符在左侧，"疋"的读音与"疏"一样。"疏"的表意部分"㐬"是指婴儿出生，由此可以知道"疏"的常用意义是"通"：

夫天地成而聚于高，归物于下。疏为川谷，以导其气。(《国语·周语下》)

韦昭注："疏，通也。"形体明确了，意义明确了，思考二者的关系就会有固定的路径：

疏 → 通

这里面蕴含着对生育顺利的祈盼。所谓难产就是生产不通畅，胎儿被卡住或被憋住。胎儿的头朝下和羊水一起出来，自然就是顺产，自然会通畅。"疏，通也"，这个意义古今没有太大的变化。生育需要通畅，关乎母子的安危，关乎新生命的诞生。

我们再来看"流"字。

"流"的意思是液体的流动，"从水"很好理解，右面这个部件我们已经明白是指生育，那生育与"流"之间是什么关系？我们再来看一看甲骨文中的"毓"字：

合 27192

"㐬"下面的小点，就是流出的体液。古人用生育时流出体液表达"流"这个动词。

"流"与"毓"古代的读音也有密切的关系。"流"是来母幽部字，"毓"是喻母觉部字，学过古音的都知道它们的声是舌音，韵是对转。也就是说，"毓"这个字最初很可能既表示生育的"育"，又表示流动的"流"。后来用水旁替换掉女或母，就成了"流"，"㐬"就变成了一个音符，在"流""琉""旒""锍"等字中都表示读音了。

"㐬"在古文字中不见单独使用，《说文》作为"㐬"的或体附录。《集韵》收录了这个字："力求切，音留。与旒同。旌旗之旒也。"读音与"流"相同，应当有所依据。

"㐬"的变形就是"充"。"充"与"㐬"的差别只有一笔，这一笔在甲骨文中可有可无。①

合 32763         合 22622

下面三点的变成了"㐬"，两点的变成了"充"。不仅有字形上的依据，还有语音上的证据：

，长也。高也。从儿，育省声。（《说文》）

① "㐬""充""亢"这三个部件区别度比较小。"充"与"㐬"只有一笔之差，"㐬"与"亢"也只有一点之差，在现代汉字中要注意区别，别写错了。

许慎说"育省声",与我们认为"㐬""充"都来自"毓"的判断一致。有的语音学家把它归入冬部更合乎实际。

《说文》认为"㐬"与"倒子"是一个字,它的读音应该来自"毓"才对,但许慎给出的读音却是"突",这个读音是哪里来的?不知道!这就需要更加深入地研究了。

"流"与"疏"意义之间有联系,通才能流。"流通""疏通",这两个字都与"通"组合成词,不是巧合,而是意义之间的关联。

古人通过生育的过程表达一些常用词,是对新生命诞生的崇敬,说得更深远、更文化,就是生育崇拜。

[理论延伸与思考] 文字记录语言,语言的基本单位是音义结合的符号,阐释文字构形既要从表意的角度思考,也要从表音的角度思考。学习汉字,必须了解古音。"疏"与"毓"中的"㐬"是意义之间的联系,"毓"与"流"是音和义之间都有联系,"㐬""毓""充"是形与音之间的联系。离开语言,不仅不能正确理解文字的构形,更无法理解字际关系与文字演变。

# 第七十八讲
# 古人如何用字形表现分娩

[**本讲要点**]"免"字的初文表示分娩,上面是分开的双腿,下面是人——免(娩);或者上面是分开的双腿,下面是子——字。

"字"中包含着两个字:上面是建筑物的宝盖的"字",从宀子,子亦声,是"子"的异体;上面是分开的双腿的宀的"字",是"免"的异体。

[**说解汉字**]免、娩、字、挽、宀

甲骨文中有占卜生育的,其中有一片是因为商王武丁的妻子妇好快要生了,占问生男还是生女。

合 14002 正

经过一系列的占卜仪式,武丁得出结论:丁日(例如丁巳、丁亥之类的日子)生育就是男孩;庚日(例如庚子、庚辰之类的日子)生也很吉利。三十一天后的甲日,孩子出生了,既不是丁日,也不是庚日,果然不是男孩,而是女孩。①

①甲申卜,㱿贞:妇好娩,男?王占曰,其唯丁娩,男。其唯庚娩,引吉。三旬又一日甲寅娩,不男,唯女。

这片甲骨上多次出现表达生育的一个字，在其他甲骨文中也多次出现。这个表达孩子出生的字很常见：

合 14002 正　　　　　合 13965

这个字有"冥""娩"等不同的释读，但意义是分娩，大家的意见基本一致。为什么是分娩？先由词例确定意义，然后再分析字形：上面像产妇的两条腿，中间的小方框是婴儿的头顶或者产妇的生殖器，下面是助产的两只手，掰开产妇的双腿。我相信这就是"分娩"之"娩"最初的表意字，曾经有过论证。①

"分娩"的"娩"，《说文》写作"挽"。"子"是生育的对象，"女"是生育的主体，在表达生育意义时，"子"与"女"都可以做意符。《说文》中有用"免"做偏旁的字，例如"勉励"的"勉"、"冠冕堂皇"的"冕"等，但是没有独立的"免"字，从这些字中我们可以拆分出"免"字：

其实这个字在战国文字中就出现了，写成下面的样子：

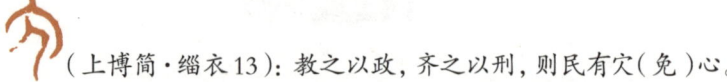（上博简·缁衣13）：教之以政，齐之以刑，则民有灾（免）心。

《礼记》中的《缁衣》现在还在，对读之后可以确定，这个字就是"免"字。上面的偏旁与表示房子的"宀"写法不太一样。

这个字与小篆"免"之间的联系很容易发现，把它理解为两腿之

① 李守奎：《汉字为什么这么美》，陕西师范大学出版总社，2019年，第18—25页。

间一个人——正在出生的人，不难理解，"包"字的异体"勹"可以作为旁证。"免除"的"免"在战国文字中还有另外一种写法：

（郭店简·六德28）：袒免，为宗族也，为朋友亦然。

这个字从词例上也可以确定就是"免"，但从字形的外部结构上说就是"字"。

把这些字列成一个谱系：

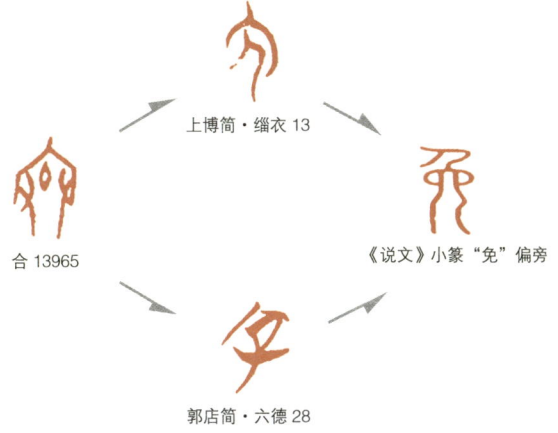

免除之"免"的本义就是分娩的"娩"，古书中就是这么用的：
将免者以告，公令医守之。（《国语·越语上》）

"分娩"这个词很好，生育时双腿得分开，母与子得分开，所以叫"分娩"。分开的两腿之间，不论是婴儿的头顶还是"子"或"人"，都是新出生的人。也就是说，今天的宝盖头"宀"有两个来源：一个是房子的象形，读音失传了；一个是产妇的双腿，读音留下来了，意义失传了。字书中宝盖头"宀"的古今读音都与"免"很接近。

上面说了"免""娩""挽"的来源和关系，牵涉到"文字"的"字"，"字"的生育意义从哪里来？

宝盖头下面一个"子",就是"字",表示生育。秦代还这么使用,睡虎地秦简中就有这个"字":

字 (《睡虎地·封诊式86》):又令隶妾数字者,诊甲前血出及痛狀。

这个"字"字,在这里肯定是生育的意思,双腿之间的"人"是出生的人,双腿与"子"组合表示生育就更加贴切了。

"字"一方面有与今天一致的读音,例如金文中的"百字千孙"就是"百子千孙",另一方面又有"免"的读音。同一个文字记录了两个或两个以上完全不同的词,这就是同形字。

"字"与"免"都有生育的意义,其中可能有更复杂的字际关系,我们在这里暂时放一放。

[**理论延伸与思考**] 同形字与同形字符。形体相同,记录的词来源不同、音义不同、构形理据不同的字是同形字。形体相同,来源不同、构形功能不同的字符是同形字符。"宀"在"家"与古文字"免"中是同形字符,古文字中的"字",是分别表示子与免的同形字。

第七十九讲

# 被误以为与两性有关的字——
# 也、甚、亥

[**本讲要点**]"也"是语气词专字,"甚"字构形不明,"亥"可能与"豕"字有关。可以确定的是,这些字与两性没有关系。

[**说解汉字**]也、甚、亥

谈汉字文化的大都喜欢讲性文化、生殖崇拜之类,大概是因为自觉有趣,也能够激起听众或读者的好奇心,有看点,更容易普及。我曾经读过一篇说"日"的文章,博引旁征,证明"日"是女性生殖器,方言里"日你娘"也可以证明与生殖器有关云云,洋洋洒洒好几千字,学问也有,创新也有,但就是不符合事实。大道至简,太阳从早到晚都是圆的,月亮有时圆有时缺,画一个圆表示太阳,画一个半圆表示月亮,里面太空阔不好看,加一点既字形丰满,又能和其他圆区分开来,就这么简单。想太多了并不好。

把文字往两性关系上扯的风气很早就开始了,《说文》中就有一些。我们举几个例子。

"之乎者也"的"也"字成了现今学者批评许慎的典型例证。

,女阴也。象形。 ,秦刻石也字。(《说文》)

女阴就是女性生殖器,真不知道许慎是怎么看出来的。至今还有

个别学者相信《说文》。"也"字的演变谱系现在已经很明确了：

郭店简·成之闻之 35　　秦刻石　　《秦汉魏晋篆隶字形表》第 895 页　　《说文》小篆

"也"字最早见于战国文字，上面一个口，下面一弯曲笔画。"口"字上面的横画可以出头，是古文字的常见现象，秦文字用这个异体字做正体字，在手写俗体字中横画向下弯曲。《说文》小篆是把这个形体整齐化的结果，可以说这个小篆字形是汉代学者创造的。

有学者把"也"和"它"混为一谈。"也"是"也"，"它"是"它"，两码事情，读音相近，字形无关，不要乱扯。

"也"从来都是个语气词。"口"上加一横是"曰"，"口"下加一笔是语气词"也"，都是在"口"上加区别符号，不能想歪了。当然，许慎之所以这样思考，背后还有更深刻的阴阳学说的文化背景，这里就不细说了。

下面再说甚至的"甚"。

　　，尤安乐也。从甘，从匹，耦也。　　，古文甚。（《说文》）

上面的"甘"是美食①，下面的"匹"是匹配的佳偶，有美食和美女或靓男，所以"尤安乐也"。许慎是经学大师，一定对《孟子》的"食色，性也"很熟悉。这是中国文化中罕见的对两性关系予以充分肯定的见解，这个观点一向被学者赞赏，但"甚"字并不能表达这个思想。"甚"字见于古文字：

① 《说文》："甘：美也。从口含一。一，道也。"

晋侯对盨，新收 853

包山简 158

上面确实是"甘"，像口中含着某种东西，很可能是甜美的食物。"甘"与"含"读音很近，应该同源。下面是什么？不知道，但肯定不是"匹"。"甘"可以表示读音，如果也表示意义，就是美味。"甚"表达的充其量只有吃货的快乐，并没有两性的快乐，许慎想得太多了。

《说文》全书的最后一个字是"亥"，辛亥革命的"亥"。

，荄也。十月，微阳起，接盛阴。从二，二，古文上字。一人男，一人女也。从乙，象褢子咳咳之形。《春秋传》曰："亥有二首六身。"凡亥之属皆从亥。　，古文亥为豕，与豕同。亥而生子，复从一起。

这是一套阴阳五行理论。十二地支，子、丑、寅、卯、辰、巳、午、未、申、酉、戌、亥，第一个是"子"，最后一个是"亥"，"亥"完了又是"子"，为什么这样呢？许慎认为"亥"字的字形可以说明问题。"亥"的篆文下面是两个人，一男一女，阴阳交合，前面的就怀孕鼓起肚子来了。亥时交合怀孕，下一个时段就是子的诞生，就又回到了子。从汉代的思想体系和所见的文字系统来看，这是非常美妙的阐释。但许慎所列的古文"亥"就没法用这一套解释。把"亥"字放在历史的演变中观察，完全不是那么回事。

牙 → 豸 → 豖 → 亥

合 11883　　井侯方彝，集 9893　　包山简 27　　睡虎地·日乙 231

直到秦简之前，根本就没有"人"的踪影，更不要说男人和怀孕的女人了。"亥"最初是什么？许慎说是豕，也不一定对。我们已经无法确切知道，但一定不会是阴阳交合和怀孕。

同一个字，一会儿是阴阳交合生子，一会儿是一只猪，太随意了。

在中国文化中，两性关系有明与暗两条线。明的正统文化，是"万恶淫为首"，道貌岸然，把德与色对立起来，避开色，压抑色。暗的一面则无处不在，遍地开花，什么"光棍儿""双十一"，最初无不是男性生殖器的隐喻。单就语言来说，与生殖器和两性关系相关的词语非常多，鲁迅写过《论"他妈的"》，其实"他妈的"是省略，前面还可以加一个字，就是"X他妈的"，后面补齐了就是"他妈那个X"，这是一种怎样的文化心态，实在值得研究。

当今社会，两性关系已经失去了神秘感，拿汉字的这点"文化"做噱头，实在没有必要了。

[理论延伸与思考]学术研究不能迁就趣味。解读汉字中的性文化、生殖崇拜源远流长，《说文》已经开了先河，但很多都是牵强附会、有意曲解。

# 第八十讲
# 双胞胎为什么叫"孪生"

[本讲要点]

第一,简化字"孪"上面不是"亦",二者形、音、义都没有关系。

第二,"䜌"的古文就是古文字中的"𤔔"。联系的"联"和治乱的"𤔔"读音相近,古书里有通用的情况,许慎就把它们当作一个字了。

第三,认识一个古文字"联"。

第四,"孿生"就是连着生。上部的"䜌"最初就是"联"字,表示读音也表示意义。

[说解汉字] 孪、联(䜌、䋰、聯)、𤔔

人类生育,大部分都是一胎一子,偶尔可以生双胞胎,叫作"孪生"。"孪"字的繁体是"孿",《说文》:

,一乳两子也。从子䜌声。

许慎说得很明白,一次生产两个婴儿。音符"䜌"不单独使用,但在文字构形中很常见,如䜌、欒、䜌、變、鸞等等,这些字读音一致,"䜌"表示读音确定无疑。简化后上部成了"亦",是一个记号,很像"亦",但与"亦"还稍稍有一点区别:"亦"中间是两竖,"亦"中间是一撇一竖钩。在上下结构中,作为部件,二者很容易混淆。

亦：峦、栾、銮、娈、鸾、恋

亦：奕、弈、帝

如果把"孪"理解为一般的形声字，讲到这里就可以结束了。但如果仔细一推敲，远不是如此简单。《说文》：

，乱也。一曰治也。一曰不绝也。从言、丝。，古文䜌。

许慎列出三个意义，令我们无所适从。这种做法表面看来是作者心无定见，无所适从，但实际上最客观而有用。不能确定，异说并存，比武断一说要好，最起码提供了很多信息。究竟哪一说靠谱，我们通过新材料重新审视一下。

我们先说"䜌"的意义为什么是"乱"。

"䜌"字的《说文》古文见于战国文字，全部读为"乱"：

上博简·亘先8　　　　清华简·殷高宗问于三寿12

比较一下：

《说文》"䜌"的古文其实就是战国文字的"亂"字，难怪解释为"乱也""治也"。"亂"既可以表示乱，也可以表示治，这是大家熟知的。

再来看其意义为什么是"不绝也"。

"䜌"这个字在古文字中经常出现,有姓氏和娈、銮、蛮等很多种用法。

即簋,集 4250

秦公簋,集 4315.1

仔细观察金文的"䜌"与小篆的"䜌"有什么不同:

小篆"䜌"中"言"的两边是"糸",合起来是"絲"。但金文"䜌"两边的"糸"与"言"紧紧连在一起。不要小看这种差别,丝连在一起与"联"字有关。"联"的繁体是"聯",《说文》篆文是:

,连也。从耳,耳连于颊也;从丝,丝连不绝也。

但秦篆不是这样写的,右面的"丝"上面有一横连着:

《秦印文字汇编》第 231 页

字形上面都是丝连在一起的,学者早已指出这个字就是联系的"联"的本字。从耳从䜌、䜌亦声就是"联",《说文》篆文把"䜌"

简化成了"丝"。古玺中有下面两个字：

联
《玺汇》2389

恋
《玺汇》0386

从心、絲声就是"恋"。讲到这里，你已经认识了古文字中的"絲"，在这个基础上再思考一下古文字"䜌"字的结构。

第一，去掉"言"，就是"絲"，这就是《说文》所说的连接不绝——"不绝也"。

第二，"言"中间的横画，既是"言"的笔画，又是"絲"的笔画，这叫作借笔。一身二职，彼此互借。古文字中借笔很常见，现代汉字中也有，例如"羲"字。①

第三，"䜌"就是在"联"的本字"絲"上加了个表音的"言"，应当是从絲、言声，最初就是联系的"联"的异体字。

明白了"䜌"字，再来看"孿"字，自然就会理解得更深入。

一、"䜌"表示读音，上面已经讲过。

二、"䜌"表示意义，就是连续不断，"孪生"就是接连不断地出生。

简化字变成"孪"，一切都不存在了，只剩下与其他文字形体上的区别。从表达的角度看，损失了；从书写的角度看，便利了。

汉字中有许多字符不仅表音也表意，有的是古人造字时的有意安

① "羲"字由"義"和"兮"两部分构成，其中"義"的一提与"兮"的一笔共用。

排，有的是文字发展的结果。古人很早就发现了这个问题，因为汉字的音符大都在右面，所以就把音符表意的现象称为"右文说"。"右文说"是有条件的，不是所有的音符都表意，大家可以看沈兼士的《右文说在训诂学上之沿革及其推阐》。

[**理论延伸与思考**]学术研究忌武断。《说文》中有一些一字多义或一字多音现象，与其说许慎难以取舍，不如说其有意异说并存。这种严谨的治学态度比武断抉择要好很多。《说文》给"孿"列出的三个意义，保存的一个古文，目前通过古文字材料都能够得到合理解释。

## 第八十一讲

# 一下生出好多孩子是什么字

[**本讲要点**] "潺",从水,孱声。音符"孱"上面从"尸",下面从三个子,字形是一育多胎,本义是弱小。《说文》把"孱"的引申义当成了本义。

[**说解汉字**] 孱、潺(孨、僝)

潺潺流水,字虽然难写了一点,但很雅致,也很有意境。"潺"是形声字,从水,孱声。音符"孱"上面从"尸",下面从三个子,古书里时见使用。现在南方方言里有"孱头"一词,是指胆小懦弱的人。

,迮也。一曰呻吟也。从孨在尸下。(《说文》)

"迮"就是今天狭窄的"窄"字,这个字的意义大都在小、弱这个范围内。宋代的徐铉知道该字不会与尸体有关,就说:"尸者,屋也。"为什么呢?

第一,因为"屋"字上面是尸,所以尸就成了屋。
第二,屋子里有一堆孩子,屋子就显得迫迮狭小了。
这种研究方法实在要不得。问题出在哪里呢?
第一,以《说文》为标准,不管《说文》的依据是否正确。
第二,不顾及文字构形的系统性,"尸"字及用作字符的"尸"

没有当"屋子"讲的。

第三，不顾及文字的历史演变，古文字"屋"的上部与"尸"没有任何关系。这一点我们不能苛求古人，宋初的学者所见古文字很少。

第四，任意联想。看到"屋"上面是"尸"，"尸"就成了"屋"，那"尻"字上面也是"尸"，"尸"岂不也就成了"尻"？

这种汉字的阐释没有学术性，但容易吸引眼球，至今不衰，甚至愈演愈烈！

我们今天怎么研究？

第一步，审核字形是否有问题。

（马王堆·春秋事语74）：朝夕自孱，日以有几也。

（《增订汉印文字征》第656页）

第二步，审核"孱"字的音义。

翻开《汉语大词典》，"孱"有多个读音，第一个读音是chán，义项与用例最多。

1. 窄小。

2. 谨小慎微。

《大戴礼记·曾子立事》："君子博学而孱守之，微言而笃行之。行必先人，言必后人。君子终身守此悒悒。"卢辩注："孱，小貌，不务大。"

3. 怯懦；怯弱。

《韩非子·外储说左下》："钜者，齐之居士；孱者，魏之居士。"陈奇猷《集释》："孱者，盖谓怯弱者。"

4. 衰弱；瘦弱。

宋陆游《九月一日夜读诗稿有感走笔作歌》："力孱气馁心自知，妄取虚名有惭色。"

5. 低劣；浅陋。

《新唐书·奸臣传上·李林甫》："因以杨国忠代为御史大夫，林甫薄国忠材孱，无所畏，又以贵妃故善之。"

《汉语大词典》按照本义和引申义的时代顺序排列义项。我们发现，第一个意义"窄小"根本就没有词例，哪里来的？就是从《说文》来的。《汉语大词典》也是把《说文》奉为圭臬，不顾语言的事实。

概括而言，"孱"字的意义就是弱小，在不同的语境中有不同的侧重，这是语言的事实。

第三步，考察文字构件的功能。

"尸"是突出臀部的人形，可以表示生育的主体，例如"生育"的"育（毓）"的异体：

史墙盘，集 10175

"子"可以是生育的对象，比如我们讲过的"免"：

郭店简·六德 28      睡虎地·封诊式 86

讲到这里，"孱"的本义就可以做有依据、合乎情理的阐释了。

，弱小也。从尸孨。（《说文》）

翘臀的人显然是产妇，臀部下面是三个子，"三"表示多，生一个孩子是"免"，生两个孩子是"孪"，生多个孩子是"孱"。"孱"在文献里没有多胞胎之类的用法，但文献中的意义与多胞胎密切相关。一胎生多子，孩子必然弱小，在古代成活率很低，绝对不是好事。"孱弱""孱头"等都从这多胞胎而来，合情合理。文献中的弱小、怯弱、瘦弱、低劣等意义都是其引申，更容易理解。

字形是明确的，构字部件的功能与构字方式是有依据的，所记录的词义是文献中真实存在的，字形所表达的意义与所记录的词义之间的联系是合理的，这样的阐释或许才接近事实。许慎弄错了"孱"的本义，《汉语大词典》沿袭了这种错误。

最后说一下"孱"字所从的"孨"（zhuǎn）。

，谨也。从三子。凡孨之属皆从孨。读若翦。（《说文》）

这个字与"孱"形、音、义都很接近，很可能就是繁简不同的一个字。古代的学者已经指明了二者之间通用的关系。

《说文》人部还有从人、孨声的"僝"字，应该是"孱"的讹变。古文字中"尸"与"人"相近，经常混讹。

[理论延伸与思考] 使用字书、辞书也要谨慎。文字所记录的词的本义是与文字构形所表达的意义有直接联系的词义，也就是造字者要记录的意义。在应用中随着语境的变化产生相关的引申义。《说文》是一部探讨汉字本义与字形之间联系的书，但有一些不准确或错误的地方，词典编纂不能完全照搬。

## 第八十二讲

# 一个字读懂母亲的伟大

[**本讲要点**]甲骨文"乳"是象形字,像一幅哺乳图,可以表达哺乳、乳房、乳汁等意义。小篆"乳"右侧所从是母亲人形的讹变。

[**说解汉字**]乳(乙)

"乳"就是哺乳的象形字:

合 22246

母亲将孩子揽在怀里,孩子张口冲着乳房,很象形,也很温馨。这就是题目所说的母亲之伟大。母亲搂着孩子哺乳,这幅图景与语言中哪些意义可能会发生联系?可能性很多,我们举出一些容易理解的:

哺乳,喂奶。《史记·大宛列传》:"昆莫生弃于野,乌嗛肉蜚①其上,狼往乳之。"

乳房。《山海经·海外西经》:"刑天与帝至此争神,帝断其首,葬之常羊之山。乃以乳为目,以脐为口,操干戚以舞。"现在还说"袒胸露乳"。

乳汁。《史记·张丞相列传》:"苍之免相后,老,口中无齿,食乳,女子为乳母。"现在有"乳制品"。

上一讲讲到"字"的本义,这些意义中,哪个与字形有直接联系?

① "蜚"通"飞",乌鸦嘴里叼着肉飞在他的上方。

哪个是本义？没有必要苦思冥想费斟酌，按我的理解就是"一字多本义"。

在这一讲，我们不仅要从"乳"字看到母亲的伟大，还要理解文字演变的复杂性。这个字到后来发生了剧烈变化，不同地域有着不同的演变路线。

一条演变线路是秦汉文字：

右侧是人的变形，左侧是母亲的手，与人形分离了。这种变化就生出了阐释上的是非。

乳，人及鸟生子曰乳，兽曰产。从孚从乙。乙者，玄鸟也。《明堂月令》："玄鸟至之日，祠于高禖，以请子。"故乳从乙。请子必以乙至之日者，乙，春分来，秋分去，开生之候鸟，帝少昊司分之官也。（《说文》）

乙，玄鸟也。齐鲁谓之乙。取其鸣自呼。象形。凡乙之属皆从乙。（《说文》）

，乙或从鸟。徐锴曰："此与甲乙之乙相类，其形举，首下曲，与甲乙字少异。"（《说文》）

玄鸟就是燕子。许慎把左侧当成"孚"，也就是孵小鸡的"孵"，把右侧人形当成了燕子的象形，又和远古的神话祭祀相联系，弄出一堆"文化"来，算是旧瓶装新酒吧。

另外一条演变的道路就是六国文字：

跪坐的人形简化成了一笔，张口的孩子繁化成"口"和"子"两部分。右下侧的两点是合文符号，这里得读成"孺子"，这变化也实在太大了。这个字在清华简《楚居》里也出现过：

清华简·楚居 11

《说文》古文

令狐君嗣子壶
集 9719

《楚居》是我执笔整理的，当时我释读为"嗣"，理由有三点：

第一，《说文》"嗣"字的古文作，字形与简文非常像；

第二，金文中有个字（令狐君嗣子壶），过去大家一般认为是"嗣子"合文。

第三，语言中有"嗣子"这个词：

赵孟曰："黄池之役，先主与吴王有质，曰：'好恶同之。'今

越围吴，嗣子不废旧业而敌之。"杜预注："嗣子，襄子自谓。"（《左传·哀公二十年》）

"嗣子"在古书中很常见，承嗣即位之子就是"嗣子"。总之，当时自我感觉释读为"嗣子"挺放心的。在此之前，已经有学者认出了楚文字中的"乳"字，我留意不够。后来有学者纠正，说不是"嗣"，应该是"乳房"的"乳"，读为"孺子"，证据更充分，读得也更加顺畅。"令狐君嗣子壶"也得改读为"令狐君孺子壶"了。

表意字最初大都像一幅图画，后来逐渐部件化、笔画化，象形的"图画"变形类化为大家熟悉的部件。例如，甲骨文中那个张口吃奶的孩子变成了口和子，跪坐的人形简化成弯曲的笔画，《说文》还把它列为部首，成了一个意符"乙"。

根据讹变后的表意字去分析所表达的意义，肯定不靠谱，进一步探讨"文化"，就更不靠谱了。

另外，古文字的考释是个不断修正的过程。

[**理论延伸与思考**] 一个字形与多个意义发生直接联系，就是一字多本义。常见的一字多本义是读音相同、意义不同但彼此联系，有的词性不同。"乳"的初文像一幅哺乳图，哺乳、乳房与字形都有直接联系，词性上名词、动词有别，都是"乳"的本义。

## 第八十三讲

# 古代保姆都做些什么

[**本讲要点**] "保"字的早期构形是大人背负小孩,本义是照顾小孩,这个意义一直延续到今天的"保育、保姆"等词中。"保"字在《说文》中有多个异体,是简化和繁化交互作用的结果。

[**说解汉字**] 生、保

人类有许多特别之处,其中之一就是刚生育出来的孩子十分孱弱,除了哭与吃喝拉撒,什么也不会。生育下孩子,得乳、得保、得养、得教,从婴儿到成人太难了,这得依次来。

我们讲过"育"的本义就是生育。"生"小篆写作 𡳾,土上长出草来,是草木出生,"育"是人出生,在"生育"中这两个字用的都是本义。上一讲说过"乳"字最初像一幅哺乳图,哺乳的器官叫作"乳",器官里的乳汁也叫"乳",给婴儿哺乳这个动作也叫"乳",这些意义都与文字的字形有联系,都是本义。母乳是有限的,婴儿吃过一段母乳之后就得养了,繁体字是"養",从食、羊声。"食"是食物,"羊"不仅表音,也是具体的营养食物。随着婴儿的成长,"乳"越来越少,"养"越来越多。养育孩子不能只是给吃的,还得照看,这就是"保"。《说文》:

𠈃,养也。从人,从采省。采,古文孚。𠈃,古文保。

𠈃,古文保不省。①

① "保"和"孚"的音义都有纠缠,以后我们再详细说。

我们可以列出这个字的演变谱系：

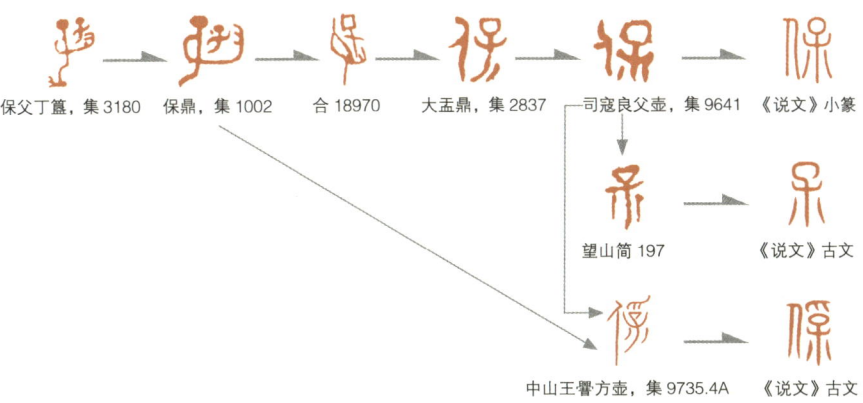

保鼎中的"保"是一幅负子图，反手把孩子背在背上。这个动作生活里极其常见。过去子女多，十来岁的哥哥姐姐就得照看一两岁的弟弟妹妹了，抱不动，就得像"保"字这样，借助背部的力量背。大家可能会问，字形分明就是我们所说的"背孩子"的"背"，为什么是"保"而不是"背"？有三方面的理由：

第一，古代以单音节词为主，与现在区分意义的方式不同，背小孩是"保"，背东西是"负"，后背、背离是"背"，意义各有分工。

第二，用词的时代性不同。不同时代的常用词不同，用后背背东西这个意义，先秦两汉主要用"负"表达，"背"的背负意义晚出，逐渐取代"负"。

第三，最重要的是文字谱系各成系列，就像上面的"保"字谱一样，这个字一定是"保"。"背"和"负"也有自己的谱系，这都有文字学上的依据。

"保"最初的字形是一幅平面图，背孩子的大人有头有脚，反背的手臂与人体不分离，而且位于孩子的下方，这是现实生活的真实反映。后来发生简化、分解、移位、繁化等一系列变化，到了大盂鼎中，"保"

就成了下面这个样子：

头没了、脚没了、手没了，就剩下一个人和子，还有一条与人体分离的手臂。如此简化，为的是书写简便。如果不追溯源头，根本就不知道右下方的线条表达的是什么。

写字的人不管它是什么，看到结构不匀称，就又在对称的位置上加一笔：

这种繁化为的是字形美观。由此文字结构中就多出一个"子"下多两撇的形体，文字系统里又没有这个形体。省掉人旁也可以表示"保"，这就是《说文》的第一个古文，这个简化字见于楚简：

《说文》第二个古文上面有一只手：

将最早的"保"字中的"手"分解下来,再从下部移位到上部,这就变成了"孚"。"孚"与"保"都是唇音幽部字,正好还可以表示读音。字像画儿一样去画,很难,把它分解成大家熟悉的构字部件就容易多了。整体象形字的分解是表意字演变的规律之一。

背着孩子就是照顾孩子,"保"与"负"进行了分工,"负"主要表达背负,"保"主要表达照顾孩子。古代太子有太保照顾、太师教育,后来有钱人家的孩子有保姆照看、家庭教师教育,古今一脉相承,其中"保"的意义都沿袭着"保"的古老本义。至于保护、保卫、保守等等,都是这个本义的引申义。

"保""养"造字的本义是就幼儿而说的,不能只养不保,更不能只保不养。保养之恩有时候大于生育之恩。父母忙,孩子从小跟着"保"——太保、保姆长大,"保"之情就浓于"育"之恩了。但愿 这幅字图中,背负孩子的是父母,而不总是保姆。

[理论延伸与思考]文字的表层结构在区别明确、使用便利、结构美观之间寻求平衡。一个字表层结构的简化是为了书写便利,繁化是为了结构匀称美观。保字由 变成 是简化,由 变成 是繁化,由 变为 又是简化。虽然简化是主流方向,但繁化也存在。认为一个字没有自身结构上的繁化的观点是错误的。

第八十四讲

# 从"教"与"学"看古人对教育的理解

[**本讲要点**] "教"与"学"是授受关系,最初是同一个字,后来逐渐区分,加上音符"臼"的就是"学"。简化后从爻声的是"教",从臼声的是"学"。

[**说解汉字**] 教、学、爻(教、效、孝、教、教、臼、學、斈、敩)

孩子一天天大了,就不能让他自然发展了,想哭就哭,不行!想吃就吃,不行!想让背就背,不行!得让他社会化,也就是按照大人的愿望、社会的需求来塑造他,这就是教育。怎么教育呢?传统的说法是棍棒之下出孝子:

,上所施下所效也。从攴从孝。凡教之属皆从教。,古文教。,亦古文教。(《说文》)

什么是"攴"?就是现代汉字中的"攵"旁,就是"鞭扑天下"的"扑",就是打人打马的棍棒。这是"教"的工具和手段。教谁?子,就是小孩儿。《说文》说"从攴从孝",有人就把"孝"误解为"孝",孝就成了"教"的目的。

棍棒是真的，出孝子是假的！用不着了解古文字，只要熟悉小篆就知道"教"里没有"孝"！段玉裁就怕人们给弄错了，在"从攴爻"下强调说："爻见子部，效也。"也就是效仿的意思。这个字文字学上隶定作"敎"，简化字写作"教"，真成了"棍棒之下出孝子"了。

"教"字中有三个部件：攴、子、爻。"攴"是教育的工具和手段，"子"是教学对象，"爻"是读音，这是可以肯定的。有人说"爻"是教学的内容——八卦，因为《周易》里有阴阳爻。这就涉及什么是爻、爻辞产生的时代等一系列问题。

《周易》六十四卦，每卦六爻，爻分阴阳。"爻"为什么叫作"爻"？《系辞》说："爻也者，效天下之动者也。"许慎分析字形说：

，交也。象《易》六爻头交也。（《说文》）

他们都说得对，字形像交叉，读音与"交""效"都很近。其实，"爻"与筹算有密切关系。古代占卜有两大系统：一个是龟卜，主要靠看兆纹判断吉凶；一种是筮占，主要靠算数判断吉凶。《易》，不论是《归藏》《连山》还是《周易》，都是用数算。出土器物中我们见到的西周时期的卦都是用数字组成的，不是阴阳爻。数字是算出来的，怎么算出来的？用筹。筹算的"筹"就是一些小草棍，蓍草就是专门用于算卦的算筹。我曾经说过，汉字数字从一到十，除了九，都是用算筹摆出的形状，廿、卅也是。①这个"爻"也是相交的算筹，所以它既可以表达"交叉"的"交"，也可以表达算卦的"爻"。如果把它理解为摆弄算筹，说是教学的内容也说得过去。"数"是六艺之一，自然在教学的范围之内。

"教"字有很多异体，演变过程也很清楚：

① 李守奎：《汉字为什么这么美》陕西师范大学出版总社，2019年，第79—82页。

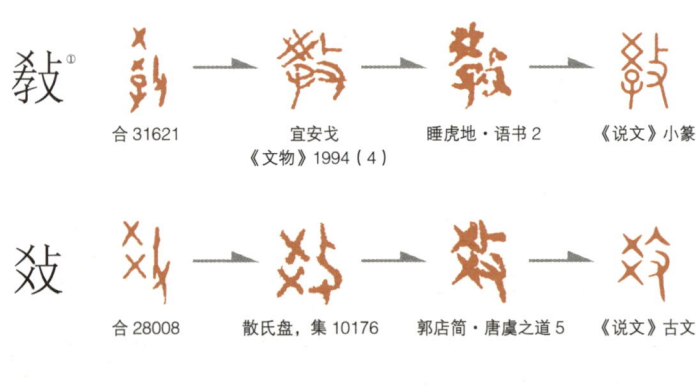

《说文》古文的"𢼵"从言，构形很好理解，与郭店简中的"𢼵"可以互证。

"𢽻"与"𡥈"都是"教"的简化，一个省掉了"子"，一个省掉了"攴"，它们都是异体字。

教学相长，上所施是"教"，下所效是"学"，"教"与"学"是施受双方的行为。早期语言里有"授受同辞"，例如，给人东西是"授"，接受东西也是"受"。"学"与"教"也是这种关系，意义相通。

《墨子·鲁问》："鲁人有因子墨子而学其子者。"这里的"学"显然是教的意思。文字里的区别是后起的，语言里并没有形式上的不同。

学者区分甲骨文中的"教"与"学"，把下列字形当作"学"：

① 郭店简𦥑（语丛一 43）所从的"攴"变形，常被误解为"殳"。

合 8304　　　　　　　合 27712　　　　　　　合 3511

从构形上看，第一个字形从爻声，显然应该是"教"的异体。加上音符"臼"①，分化出"学"字。

合 27712　　　静簋，集成 4273　　　睡虎地·秦律十八种 111　　　《说文》小篆

战国文字中"教"与"学"有明确的区分：

郭店简·老子甲 12　　　　　　　郭店简·老子乙 4

一个从子爻声，一个从子臼声，字形简单，区别清晰，也符合形声字发展的规律。"學"字正好是这两个字的糅合。可这两个字没有被秦系文字系统所接受，秦始皇把它们都废除了，还是用复杂的"教學"。

我们再来看《说文》中的"学"：

，觉悟也。从教从冂。冂，尚矇也。臼声。，篆文斅省。

"學"是篆文，"斅"就有可能是籀文或者古文。"斅"字确实见于战国文字：

① 《说文》："臼，叉手也。从𠂇、彐。（反切：居玉切）。"

（中山王嚳鼎，集 2840）：越人修敩（教）备信。

比"教"字多了一个音符"臼"，注意，这是两只手，与"臼"字不同。"敩"正好是"教"与"学"两个字的糅合。"敩"字有两个读音，一个与"教"相近，意思就是教，另一个读音就是"学"，意义也是学。《礼记》讲"教学相长"，引用古书说"敩学半"，就得读为"教学半"。古文献书写时"敩"很可能是合文，读为"教学"。

在文字构形中，"学"一直纠缠着"教"，表面上很复杂，究其实质，就是语言中"授受同辞"逐渐分化在文字中的表现。

[理论延伸与思考]授予与接受在早期语言中大都用同一个词表达，这就是授受同辞。随着语言的分化，文字也发生分化，但在分化过程中，有时会纠缠不清。"教"与"学"的诸多异体与纠缠不清就表现了这种分化的复杂性。

第八十五讲

# 什么是孝顺

[**本讲要点**] "孝"字构形是孩子扶持老人，通过老人与孩子的位置表达人伦关系。"顺"字是像川流一样畅达不拥堵。孝顺就是不仅有生活上的照顾，还要在心理上多关爱。

[**说解汉字**] 子、老、孝、顺、川（灾）

什么是孝顺？这个题目太大，我们这里只讲汉字所表达的"孝"。《说文》：

，善事父母者。从老省，从子。子承老也。

也就是说，"孝"中有老、有子。

我们来看看"老"与"子"字形上的关系。先看"子"字：

合 20035　　　　　合补 11147

头发随着人的年龄而变化。"子"是小孩儿，头发还没长出来，是个大大的秃头。见过婴儿的人都能体会到这个简笔画的传神：大大的脑袋，举着两只小手。"子"一般没有头发，即便有，也是向上长的短发，上面的奶毛若有若无。第二个"子"的构形是囟门还没有合上的脑袋上有短发。

再看"老"字：

合 20293　　　　　　　　　　史季良父壶，集 9713

"老"像一个老人，拄着拐杖，头发很长，看不到脑袋，只见头发，很夸张。后来那个拐杖变得像个倒写的人，就是小篆的"匕"，读音是"化"。

语言的组合很有意思，"老"与"子"组合在一起是"老子"。语言中的"老子"有两个："子"读成三声，是道家的开山之祖"老子"；"子"轻读，"老子"就是父亲的称呼。在文字里，"老"与"子"组合成一个字，既不是思想家也不是父亲，表达的是儿子与老子的关系，那就是"孝"。大家看一下西周金文中的"孝"字，简直就是一幅父慈子孝图：

孝卣，集 5733　　　　　　追簋，集 4219　　　　　　《说文》小篆

这时"孝"字中的"老"已经省去了拐杖，替换成了"子"。

"孝"字中的"老"是孝的对象，"子"是尽孝的主体。老人手中的拐杖换成了"子"："老"轻轻抚摸着"子"的头，很慈爱；"子"比拐杖还好使，扶持着"老"。这就是造字的人理解的孝。

孝不能没有子，不孝有三，无后为大。对于祖先来说，自己有了儿子才是孝；对于父亲来说，子顺从与协助老子是孝。"孝"字在甲骨文中至今没有发现，可是商代金文已经有"孝"字。商代与周代的社会制度不尽相同，商人以兄终弟及制度为常，所以"孝"的地位可能还没有提得那么高。到了西周以后的宗法社会，"孝"逐渐被提到"百善孝为先"的高度，"孝"字的使用频率也大大提高了。三千多年以来，"孝"一直是我们传统文化的核心价值观，不同的时代有不同的内涵。今天的"孝"肯定与过去的"孝"不同，但敬老养老是永恒不变的。

什么是孝顺？看图学说话：扶着老子散散步，就算是孝子了。

孝子的反义就是逆子。什么是逆？就是不顺。我们讲过"逆"字的构形，本来写作"屰"。头朝上脚在下、撑开四肢是"大"，指大人。这个大人却头朝下、脚朝上，都过了叛逆期了还这样，逆过分了：

大
合 5034

屰
合 12450

在"孝子""逆子"里，"逆"与"孝"构成反义；在语言应用里，"逆"更多与"顺"构成反义，如逆来顺受、顺境逆境等等。

什么是顺？

，理也。从页从川。（《说文》）

"川"与"顺"读音相近，意义也相近，如川流不息、顺顺畅畅、流淌不息。一旦横流就成灾，堵塞了也成灾①：

① 水火无情，灾之大者。《说文》中"灾"有很多异体：燖，天火曰烖，从火戈声；烖，或从宀、火；灾，古文从才；灾，籀文从巛。

合 17207

合 36569

上面是甲骨文中的两个"灾"字,一个是横流的水,一个是川的中间堵了一个"才",表音兼表意。出土文献中"顺"的音义大都用"川"表示。"顺"就是沿着自然途径流淌的水,顺流而下就能到达大海。脑袋里想得顺了,那大概就是"理"了,顺理就成章了。《说文》中"顺,理也"是后起的引申意义。

凡事都要往顺里走,对待老人也是如此。老人说想吃点儿红烧肉,你说胆固醇高;老人说想吃点儿野菜,你非说那是兔子吃的不适合人类。你说得都对,但老人的快乐也就没有了。

逆子,就是什么都和老子作对的龟儿子。

我们这里是就文字说孝顺,在伦理学上,孝与顺的内涵远比这个要丰富。

[理论延伸与思考]《说文》中的形声字包括形旁和声旁两部分,形旁部分省略就是省形。省形的目的主要有两个:一是简化,书写便利;二是匀称,结构美观。古文字中从"老"的字大部分省去左下角的"匕",在此空位加上音符,主要是为了结构匀称。

第八十六讲

# 古人抛弃的是什么

原题｜不孝就得抛弃吗

[**本讲要点**] "粪"的本义是该抛弃的垃圾，不是粪便。"弃"的构形是弃婴。弃婴是生产力和避孕水平低下的社会条件下的产物。

[**说解汉字**] 粪、糞、弃（棄）

什么东西需要抛弃？垃圾。古人也是这么想的。我们先来看一下很熟悉的"粪"字。米共组合是简化字，米田共组成的繁体"糞"是讹变字。小篆是这么写的：

，弃除也。从廾推華弃采也。官溥说：似米而非米者，矢字。（《说文》）

这个字表达的是双手捧着长柄箕，上面的东西像米却不是米，许慎认同官溥的说法，认为那是粪便，"矢"是"屎"的假借字。其实这就是垃圾，粪便没有必要装进簸箕里。

孔子骂睡懒觉的学生"朽木不可雕也，粪土之墙不可杇也"，意思是他们就像粪土之墙沾不上涂料一样没法教育。"粪土之墙"不是挂着粪的墙，而是挂着灰尘的墙。

甲骨文的"粪"字很形象：

花园东 498

双手捧着簸箕,簸箕里外都是垃圾。"粪"就是灰尘、垃圾,即人在清扫垃圾和倒垃圾。这些我在《汉字为什么这么美》一书中都说过。①

下面是和"粪"构形非常接近的一个小篆字形,比较一下差别在哪里。

下部完全一样,只是"粪"字上面的垃圾换成一个刚刚生下来的孩子。这就是"弃"。

,捐也。从廾推華弃之,从𠫓。𠫓,逆子也。,古文弃。

,籀文弃。(小徐本《说文》)

弃什么呢?孩子。为什么抛弃他呢?因为他不孝。怎么不孝呢?因为他突如其来。《说文》倒子"𠫓"的读音就是"突":

①《汉字为什么这么美》第108—110页。

𠫓,不顺忽出也。从到子。《易》曰:"突如其来如。"不孝子突出，不容于内也。凡去之属皆从去。，或从到古文子，即《易》突字。

我们在讲生育的"育（毓）"时特别强调，生孩子的时候，头朝下是顺产，否则便是逆生，但绝对不是不孝的逆子，正在出生的孩子哪里有什么孝与不孝？但"弃"字构形中抛弃的确实是孩子，观察籒篆前段的倒子下面还有小点：

但是从㐬的"弃"字古文字中从来没有见过，《说文》中的籒文才是繁体"棄"字的来源。

古文字字形也可以证明：

合 8451　　　　散氏盘，集 10176　　　　《说文》籒文

"㐬""去""子"都是被抛弃的孩子。既然不是不孝的逆子，

那为什么要抛弃呢?

在远古社会,婴儿的成活率很低。牛、羊生下来很快就能站立,站起来就能跑,就这样还常常小命不保。人刚生下来非常脆弱,除了哭,什么也不会,母亲一离开,很快就得死。究其原因,一方面是自然繁殖,没有节育,孩子生得很多;另一方面是物质贫乏,医疗没有,婴儿死亡率很高,有时活下来也养不起,"抛弃"的"弃"就是这种现实的反映。

《周易·离卦》中有一段爻辞:

突如其来如,焚(偾)如,死如,弃如。

有学者指出,这是说一个婴儿从生到死再到被抛弃的过程。"突如"是说婴儿流产,孩子来到人间,但很快僵硬了,死了,就得抛弃了。

"棄"字就是双手捧着一个簸箕,簸箕上面是一个子或倒子。要干什么呢?像倒垃圾一样把他弃掉。为什么呢?死了。我怀疑棄字中的小点和蠹字中的小点一样,都是垃圾。"弃"是上古时期生产力低下、婴儿成活率低的真实反映,没必要进行孝与不孝的道德绑架。

"棄"字在商代就简化成我们今天的这个样子了:

听完这一讲,有以下几点收获:

第一,"弃"的本义是抛弃死婴。

第二,成语"突如其来"最初用来描述孩子出生的过程,而且专指婴儿的流产。

这些知识了解了就可以了,千万不能乱用。成语有约定俗成的固定意义,有些和最初表达的意义差距很大。妻子生下个宝宝,你惊喜地说"突如其来",那就得挨揍了。

[**理论延伸与思考**]在不同的地域,汉字传承有不同的特色。楚文字继承了商代甲骨文"弃"的写法。秦文字继承了西周籀文的写法。《说文》字头来源不一,不全部是秦文字。"弃"的字头从㐬,目前还不知其来源。

第八十七讲

# 疾和病哪一个更严重

[**本讲要点**] "疒"的甲骨文像人躺在床上生病。甲骨文的"疾"字是人受箭伤的表意字。"病"字晚出。文献词义中"疾"与"病"有病情上的轻重之分,"疾"是小病,"病"是重病。

[**说解汉字**] 疾、病(疒)

说疾病之前,先得说病字旁"疒"。"疒"除了"疾""病"两个字,常用的还有很多,如瘟疫、疼痛、疤痕、痊瘳(愈)等等,《说文》中就有102个,《汉语大字典》中就更多了。这些字都和疾病有关,由此可见这个"疒"一定会和疾病有关。《说文》:

疒,倚也。人有疾病,象倚箸之形。凡疒之属皆从疒。

许慎也知道这个字形应当与疾病有关,他可能没见过更古老的字形,但硬是从这个小篆的字形中看出一个倚靠的人形。我们没有这样的眼力!

这个"疒"字中确实有一个人。甲骨文"疒"字如下:

合 21045　　　合 12671 正　　　合 8549　　　合 13652

为了方便在竹简上书写，宽一点的汉字都给竖起来了，如"马""豕"等字都四蹄腾空，现实中却是四足落地的。

将"疒"放平就变成下面的样子：

下面是一张床，床上躺着一个人，人的周边还有小点。这人怎么了？病倒了。那小点可能是虚弱的汗水。

这个字怎么变成小篆的字形？

左面的床基本上是原样，人体部分与"爿"的竖笔合并成共用笔画，手臂扬起变直，就成了"疒"。为什么这么变化？腾出一个空位，好安顿其他构字部件。

甲骨文中"疒"确实有"疾病"的意义：

贞：王其疒目。（合 456 正）

贞：王弗疒目。（合 456 正）

有疒首。（合 13616）

疒齿。（合 13661）

这个字的意思肯定是人生病了。但它究竟是"疾"还是"病"的初文，学者有不同意见。

甲骨文中另有"疾"字：

合 21052　　　　　　　合 21054

人的腋下有一支斜飞过来的矢，看起来并没有接触人体，更没有穿过。所受应该是轻伤。"矢"表意兼表读音。①

，病也。从疒矢声。，古文疾。，籀文疾。（《说文》）

"疾"字谱系明确：

合 21052　　　　　　　　　毛公鼎，集 2841B

否叔卣，《新金文编》第 1041 页　　邓尹疾鼎，集 2234.1　　《说文》古文　　《说文》小篆

受箭伤的表意字西周之后就消失了。形声字"疾"一直沿用至今。《说文》中"疾"的籀文其实是"智"字，是个假借字。

"病"出现得很晚，战国时期才偶尔一见。

---

① 疾，从母质部；矢，书母脂部。韵部对转。

清华简·保训3

"疒",《说文》所附《唐韵》的读音是女厄切,这个读音从哪里来的?不知道。这个读音与"疾"比较近,①甲骨文的"疾首"又有文献中的"痛心疾首"印证,"疒"是"疾"的异体有一定的可能性,但是甲骨文中已经有了"疾"的表意字;如果"疒"是"病","疾""病"两个字就都有了源头。②

从文字构形上看,这个躺在床上的人不是感冒,可能是患了重病。

**病**,疾加也。从疒丙声。(《说文》)

《左传·僖公二十八年》:"魏犫伤于胸。公欲杀之,而爱其材。使问,且视之。病,将杀之。"杨伯峻注:"病谓伤甚。言若其伤甚重,则将杀之。"

我们知道"疾"是受轻伤,人还站着,"病"比"疾"更严重,躺下了。这只是从构形上的猜测,并没有确凿的证据。"疒"究竟是"疾"还是"病",就等着新材料去证明吧。我们可以确知的是,在文字构形中,它可以表达与疾病相关的意义。

[**理论延伸与思考**] 汉字可以通过构形分析知道它的意义,这一点与通过记录语音来表达语义的表音字很不相同。"疒"在古文字中的音读不很明确,与"疾"和"病"等字的对应关系也不明确,从文字记录语言的角度看,并不能确知其所记录的语言,但在文字构形中表达疾病的意义十分明确。古文字考释"看图识字"被人嘲笑,但看图释义是可行的。

① 疒,泥母质部;疾,从母质部。
② 学者或以为从矢的"疾"表示快速,如疾风劲雨的"疾",人躺在床上的是疾病的"疾"。

## 第八十八讲

# "黄"与残疾人

[**本讲要点**] "黄"的构形是大腹凸胸的残疾人,商代作为求雨祭祀中被焚烧的人牲。"尪"与"黄"古代读音相近,用法相通,可以假借。

[**说解汉字**] 黄、尪

在中国文化中,黄占有非常独特的位置:历史教科书上有黄帝,被我们奉为人文初祖;五行中的五色,青赤白黑黄配东南西北中,黄色最尊贵,为帝王专用;自然界贵金属之一黄金是黄色;等等。这个"黄"字最初表达的是什么?

黄,地之色也。从田从炗,炗亦声。炗,古文光。凡黄之属皆从黄。夵,古文黄。(《说文》)

这是五行的说法。因为五行金木水火土中的"土"属黄,田是土,所以就从"黄"字里找出一个"田"来。

要想破解"黄"字,得认真读一读裘锡圭先生的一篇文章——《说卜辞的焚巫尪与作土龙》。

古代天旱要举行祭祀：

夏，大旱，公欲焚巫尪。（《左传·僖公二十一年》）

《礼记》中把"焚"改成了"暴晒"：

岁旱，穆公召县子而问然，曰："天久不雨，吾欲暴尪而奚若？"曰："天久不雨，而暴人之疾子，虐，毋乃不可与！"郑玄注："尪者面乡天，觊天哀而雨之。"（《檀弓下》）

据古人所说，被焚的"尪"是得了"突胸仰向疾"的残疾人。

甲骨文中有一种求雨的祭祀：

贞：燓，业雨。

勿燓，无其雨。（合12842正）

这个字形有多种写法：

合1121正　　　　合32288　　　　合31829

这是一种祭祀，下面是火，上面是一个大肚子的人。这种祭祀就是把这种人活活烧死，目的就是求雨。这个字及其词例与《左传》的"大旱，焚巫尪"高度吻合。

火上面的那个被焚烧的人就是巫尪，也就是《礼记》中的"尪"。

现在认出了"尪"，但甲骨文字形上与"尪"却没有关联，《说文》：

，尪，曲胫也。从大，象偏曲之形。凡尢之属皆从尢。

，古文，从坣。

尩是跛脚的残疾人,与甲骨文中的这个"尩"差别很大。经过深入研究发现,甲骨文中的这个字是"黄":

(合 32509):甲戌贞,令灵以在它求黄,得。

(合 32905):乙丑贞,惟奚令求黄。

(合 595 正):黄尹。

(合 22195):黄。

(合 553):癸丑卜,宁贞,令羽、章以黄执□。

从用法上看,上面的各种形体是同一个字。"黄"字就是一个大肚子的人。肚子鼓成这样,又不是孕妇,一定是有病。"尩"也是残疾人,读音与"黄"非常接近。到这里,我们就知道了古书中的"尩"就是甲骨文中的"黄"。古代大旱求雨焚烧的人有哪些特征?

甲骨文:黄,大肚子。

《说文》:尩,腿部有残疾。

故训旧注:尩,突胸仰向。这应该是"黄"的特征。

残疾的位置不同,但都是残疾人。"尩"可能是"黄"的假借,求雨只用像"黄"那样突胸仰向的残疾人。古人焚烧这种残疾人求雨有种种解释，未必可信，我们就不深究了。

大肚子人的上面后来加了一个"口"：

师器父鼎，集成 2727

为什么呢？是因为这种残疾人突胸仰向、张口向天，还是焚烧时大声呼叫以惊动天？从文化上也可以有种种解读，多是想象。从文字学上可以确定的是，这个"口"是后加的。看一下"黄"的字谱：

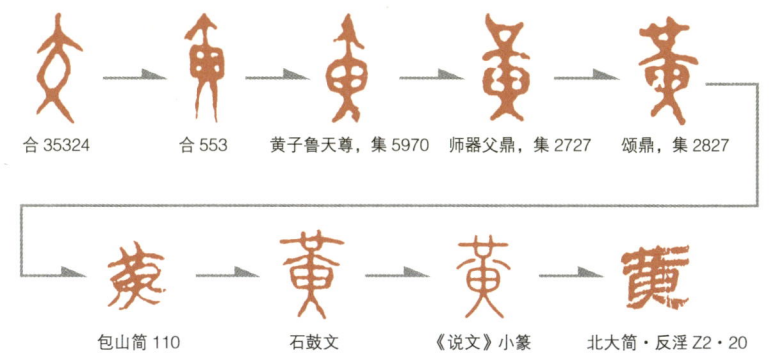

"黄"本来是大肚子病人，肚子成为圆圈，空隙处加点或变横是文字演变的通例。西周时期，在头顶上加了一个"口"，后来为了保持上下结构的匀称，两面出头，就出来一个"廿"。《说文》小篆把人的两条臂膀从人体分离，但隶书并没有沿袭这个错误。

在甲骨文的"黄"与"蔑"字解读之前，谁也不知道"黄"的本义和构形。

[**理论延伸与思考**]文字加饰符是为了表层结构的匀称美观,是文字演变过程中比较普遍的现象。饰符的辨识十分重要,辨识不当就会把饰件当作意符曲解。"黄"字中间的"田"是大腹中间加饰符"—",上部的"廿"是"口"的讹变。

## 第八十九讲

# 大脖子病——"晏"与"瘿"

[**本讲要点**]甲骨文中"颈"的表意字 是人的颈部加指示符号。大脖子病"瘿"的表意字 是在"女"的颈部加象形意符。这两个字构形相近,读音相同,后来都演变为"晏"。

[**说解汉字**]颈、婴、瘿(晏)

"宴""偃"等字中都有个"晏",现在不使用,但在构形中很常见,来源复杂,内涵丰富。

,安也。从女、日。《诗》曰:"以晏父母。"(《说文》)

"女"与"日"合起来怎么就是"晏"?解释不通,我们也理解不了。要想深入了解,得读冯胜君教授的文章《试说东周文字中部分"婴"及从"婴"之字的声符——兼释甲骨文中的"瘿"和"颈"》。

从古文字看,"晏"可能是从日,安省声。

郭店简·五行 40

上博简·競公瘧 12

这个字就是"晏",下面不是"女",是省掉宝盖头的"安",

在古文字中很常见。这个问题比较简单。古文字里还有另外写法不同的"晏",例如小燕子的"燕"写作"鷃":

上博简·孔子诗论 16

所从的"晏"上面不是"日",字形右侧是"女"。

另外,古文字中的"婴"的下面也不是"女",写法与"晏"相同:

王子婴次炉,集 10386

"燕"字与"婴"字都有这个"女",而"晏"和"婴"的读音在古代是可以通假的,例如《诗经》里"燕燕于飞"(《邶风·燕燕》)的"燕燕",马王堆汉墓帛书就写成"婴婴"。

燕国是古国,国名"燕"在战国时并不写成小燕子的"燕",而是"郾"。燕国和齐国分别将其写作:

《玺汇》3857

《玺汇》1965

下面不是"女",是人的下肢上加个"女",有大量的例子,几乎没有例外。

楚国将"燕"写作:

（包山简 145）：燕客邓余善。

把这些信息综合在一起，首先可以确定，这类"旻"上面肯定不是"日"，上下求索，找到甲骨文中相应的字，得出下面的结论：

合 190　　　"婴"之下部　　　　　
　　　　　王子婴次炉，集 10386

解决了"旻"的字形来源，我们看看它表达什么意义。有一种妇女容易患上的病，就是"瘿"，俗称大脖子病，是缺碘导致的地方病。《说文》：

瘿，颈瘤也。从疒婴声。

古玺写作：

《玺汇》2269　　　　　《玺汇》2091

表意初文再加上意符，就像"牡""暮"等一样，完全符合表意字形成的规律。

那燕国和齐国下面从人上面加"女"的是什么字呢？这个字在甲骨文中找到了线索。

疾？，御于妣己眔妣庚。（英藏 97 正）

人颈部画个圈儿，可以表示颈部这个部位，构形原理与古文字中的"股""肱"等相同。"颈"是一个形声字,秦文字中才出现。这个字上下都繁化就是"晏"。

圆圈变成"日",古文字很常见;腿上加个"女",古文字中也很常见。例如曾经讲过的"执"字:

𢖺或许也可以表示与"颈"读音很近的大脖子病"瘿"。𢖺与𢖺在构形上有太多的一致性:

第一,人与女都是人,作为意符有时可以通用。

第二,都在颈部标识一个圆圈。

第三,都可以做燕国之"燕"的音符,后来都变成了"晏"。

把这些信息整合在一起,不能排除二者最初就是同一个字,既可以表示颈,也可以表示瘿。

[理论延伸与思考]合并与分化是文字演变过程中的常见现象。合并是把来源不同的两个或两个以上的字合并成一个字,例如简化字把"後"与"后"合并为"后"。分化是同一个字分化为两个以上的字,例如"月"与"夕"、"母"与"毋"最初就是一个字,后来分化为音义不同的字。这两种现象对立,理论上很好区分,但在具体问题上有时纠缠不清。如果认为甲骨文的𢖺与𢖺是一字异体,就是一字分化;如果认为从女是"瘿",从人是"颈",最后都变成了"晏",就是合并。如何确定分化与合并的标准?

第九十讲

# 头发长，年龄长，地位高

[**本讲要点**] 早期汉字通过头发表达年龄。"子"没有头发，"长"头上飘着长发，"老"人形顶着长发。

[**说解汉字**] 子、长、老

头发随着人的年龄而变化。前面我们讲过"老"与"子"字形上的关系。下面是一组与头发相关的字形：

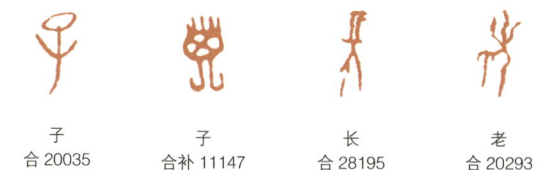

"子"是小孩儿，头发还没长出来，是个大大的秃头。"子"一般很少有头发，即便有，也是向上长的短短奶毛。"长"字头顶的长发弯向一侧，只有足够长才能这样飘飘扬扬。"老"字省掉了头部，只剩下头发，长得夸张。

甲骨文中"长"有拄拐杖的和不拄拐杖的两种。

"长"字的字谱：

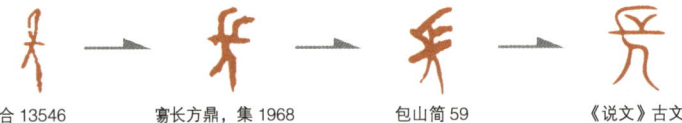

合 13546　　　寰长方鼎，集 1968　　　包山简 59　　　《说文》古文

"长"字下面是"兀"，兀就是元，就是头，头上顶着什么？有学者认为是长发，这样比较好理解一些。"长"字有两个读音，长大、年长的"长（zhǎng）"，头发长的"长（cháng）"。用头发长的长者表达"长大"和"长"还算说得通。如果看《说文》的解释，我们就得崩溃了：

，久远也。从兀从匕。兀者，高远意也。久则变化。亾声。

ㄕ者，倒亾也。凡长之属皆从长。　　，古文长。　　，亦古文长。

许慎根据讹变的字形说解，非要把不懂的东西说成很懂，行不通。我们读不懂《说文》也不要硬读。

"老"字的字谱：

合 20293　　史季良父壶，集 9713 中山王響方壶，集 9735.4B　　《说文》小篆

拄着拐杖，头发很长，这就是老人的形象。后来那个拐杖变得像个倒写的人，就是《说文》篆文的"匕"，读音是"化"。这些我们在说解"孝"字时已经说过了。

从"老"表意的字大都与年纪有关。无论是简体"寿"还是繁体"壽"

都看不出"老"来了,但只要看看小篆就明白了:

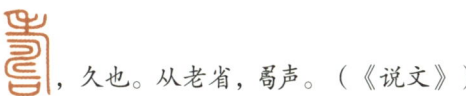,久也。从老省,匋声。(《说文》)

汉字中"寿"字能写出百寿图,也就是说能写出一百种"寿"字来,其实就是表音的音符、表意的意符和装饰的饰符三种部件的组合与变形,没什么神奇。至于耆老的"耆"、耇老的"耇"、耄耋之年的"耄耋",都是不同程度的"老"。

"长"与"老"意义很近,文字上表意方法一致,区别就在头发上。文字是一个系统,造字者既要将与现实生活吻合的形义联系起来,又要满足符号系统的彼此区别。从这两个角度理解文字,就容易想通一些问题。

大家可能会问:人越老头发不是越少吗,怎么用头发去表示老人?今天的人寿命长,活八九十岁才算得上老,头发当然少了。唐朝盛世,丰衣足食,尚且是"人生七十古来稀"。在我小时候的家乡,过了六十的丧事就是喜丧。在医疗水平极低、战争频繁的上古时代,人的寿命很短,等不到头发脱落就成了老人。

我们把文字中有关头发的事儿归拢归拢。

(1)婴儿没有头发或者头发很短。

𢀖是光头,一目了然。"儿"的繁体字是"兒",也没有头发,囟门还没有合上。

,孺子也。从儿,象小儿头囟未合。(《说文》)

"儿"的上面既不是"臼",也不是"臼",而是婴儿囟门没有合上的象形。

总的来说，我们今天使用的文字中，"儿"与"子"都没有头发。①人长，头发也长；头发长，年纪就长。

（2）长：虽然拄着小拐杖，年龄也大了，头发也长了，成为长者，但还没有达到很老的程度。

（3）老：头发又发生了变化，竖起来了，不像"长"的头发那样飘飘扬扬。"长"与"老"虽然都可以表达年老，但是应该说，"长"比"老"还要年轻，"老"比"长"年纪还要更大。

在古代，年龄常常和知识相关，和地位相关。在没有文字或文字不够普及的时代，知识经验都在老人的头脑中，崇尚文化的民族尊敬老人是必然的。中国有悠久的崇老文化。

[理论延伸与思考] 表意字表意不是孤立的，是一个彼此联系又彼此区别的系统。一组一组地阐释汉字比一个一个地说解更有说服力，也更有效率。汉字中头发的有无、长短与形状是年龄的区别特征，通过比较，一方面可以了解汉字的构形理据，另一方面可以了解古人对不同年龄的理解。

① 甲骨文和西周金文中有囟门上长头发的"子"，后来被淘汰了。

第九十一讲

# 什么人有三条腿

[**本讲要点**] "长""老""考"词义的共同点是年纪大,字形的共同点是都拄着手杖。"考"与"老"字形相近、读音相近、意义相近,是一字分化。

[**说解汉字**] 长、老、考

儿时猜谜语:小时候四条腿,长大了两条腿,老了三条腿,猜一种动物。一旦猜不出,看护小孩的母亲或姐姐就会循循善诱地解说:是人,小时候爬,手脚都得用,长大了就用两条腿走,老了拄条拐杖就成了三条腿。我们对人的最早认识就是这么开始的。我们的祖先早就认识到了这些。大家看一看上一讲讲过的几个字形:

长　　　　　长　　　　　老　　　　　老
合 17055 正　合 28195　　合 20293　　合 23715

"长老"是一个词,指老年人。从文字上看,"长"与"老"都是老年人,共同的特点是有头发。"长"与"老"的头发,我们上一讲已经讲过,是文字的区别特征,下面就是两个字共同的部分——手拄着拐杖,果然是三条腿。这两个字不断演变,到了《说文》小篆,"长"已经是面目全非了。如果没有见过甲骨文,问你下面这个字形为什么是"长",我们恐怕无言以对。

许慎根据小篆的构形系统对表层结构进行分解,分出三部分:上面是倒写的"亡",表示读音,下面是"兀","兀"的中间是"匕"。"兀"的意思是高远,"匕"的意义是变化,字形是高远变化。"长"有长久之意,字形与意义对接,这就是《说文》的阐释:

,久远也。从兀从匕。兀者,高远意也。久则变化。亾声。

厂者,倒亾也。凡长之属皆从长。 ,古文长。 ,亦古文长。

与甲骨文比较,你会得出什么样的阐释?

第一,倒"亡""兀""匕"的理解统统不对。倒"亡"是长长的头发,"兀"是拄着拐杖的人形,"匕"是拐杖。

"长"字谱系:

合 17055 正　　氒羌钟,左侧为"立"旁　　峄山碑　　《说文》小篆

第二,"长"的本义是年长与年长的人。

《论语·先进》:"以吾一日长乎尔,毋吾以也。"《庄子·大宗师》:"子之年长矣,而色若孺子,何也?"少长咸集,年长的人;师长,年龄大有学问的人;县长,有地位的人。这是一个完整的语义系统。

根据现有的材料和理论,"长"的初文是个象形表意字,像拄着拐杖的人,本义是年长或年长的人。年长寿命就长,长短的"长"是引申义。

上面重点说了"长"字,下面再说一说这条拐杖的变化。

在"长"与"老"中,拐杖由杖形变成了"匕"。这不是匕首的"匕",《说文》中的读音是变化的"化",是一个部首。

与拐杖相关的还有"考"字。

"老"和"考"两个字中都有老人和拐杖:

,考也。七十曰老。从人、毛、匕。言须发变白也。(《说文》)

,老也。从老省,丂声。(《说文》)

差别就是这条拐杖。从甲骨文来看,"长"和"老"拄的拐杖是一条直棍,"考"字后起,金文"考"中的拐杖是"丂"。"丂"是什么?学者大都认为是伐柯的"柯",就是树杈子。"丂"也可以表示读音。

我们捋一捋"考"与"老"的关系。

相同或相近之处:

第一,字形中都有"老","老"表示的意义相同。

第二,"考"与"老"是同义词,可以互训。

第三,"考"与"老"古代的读音很近,都是幽部字,声母分别为溪母、来母,通用的例子非常多。

不同之处:

考
申簋盖,集成 4267

第一，所拄的杖有直棍形和树杈形的差别。

第二，"考"字比"老"字晚出。

第三，字形有了分别，读音有了分别，意义也有了分别。

用现在的文字学理论来说，这是很典型的文字分化。

许慎在给"六书"中的"转注"下定义时用的就是"考"与"老"这个例子："转注者，建类一首，同意相受，考老是也。"《说文》全书中除了这一个例子外，再也没有标明哪个是转注字，这就成了千古谜案，学者们纷纷扰扰，各自立说，耗费了大量的人力物力。

从文字发展的角度看，"老"与"考"最初就是异体字，年长可以称作"老"，也可以称作"考"，如《孟子》"老吾老以及人之老"、《诗经》"周王寿考"（《大雅·棫朴》）。后来有了区分，没死就是"老"，死了就是"考"。读音有小小的变化，字形也有小小的变化，就成了两个字。

许慎究竟是从哪个角度说的，字形？音义？文字分化？都有可能。弄清楚"考""老"之间的关系很重要，没有必要陷入许慎给后人挖的泥坑里去。《说文》的"转注"是讨论字际关系的，不是讨论文字结构的，在单字的构形分析里当然见不到"转注"。

这第三条腿——拐杖引发出来的问题可真多。

［理论延伸与思考］转注是"六书"理论中的难题，众说纷纭。汉字有种种现象和规律，可以从多个角度探讨和研究，在定义不明、例证极少的情况下，探讨这个概念的确切内涵与外延是不可能的事情。学术研究没有必要猜谜，但作为学术史，确实有探求明白的必要。新的文字理论放弃"转注"之类的概念是最好的选择。

第九十二讲

# 生命的终结

[**本讲要点**]"歺"与死亡相关,"死"由歺和人构成,就是人成了歺。古人对死亡的理解与我们不同,肉体上的灵魂没了就是死亡,但灵魂还会回来,到庙堂,进坟墓,所以要藏好尸体。"葬"的语源就是藏。

[**说解汉字**]死、葬、亡、丧、歺

什么是生命?生命从哪里来,到哪里去?今天我们学习了生物,了解了一点医学,好像懂了,实际上我们什么也不懂。见过死亡过程的人,会对生命多一份直感和敬畏。喘着一口气,体温与表情还在。突然,喘息停止,表情消失,生命终结,只剩下僵硬的肉体。你的直感是这剩下的肉体与生命无关,生命跑掉了,扔下肉体不管了。这种直感是祖先崇拜、人鬼祭祀的源头。

灵与肉结合在一起,灵魂统治着肉体,灵魂离开肉体而去,那就是死了。

🖹,澌也,人所离也。从歺从人。凡死之属皆从死。🖹,古文死如此。(《说文》)

"死"字出现得很早,可以列出清晰的字谱:

合20051　　大盂鼎，集2837　　清华简·系年90　　《说文》小篆

所从的"歺"构字能力很强，"殇""殪""殍""殃"等等都与死亡相关。①许慎说"歺"是一块残骨：

，剔骨之残也。从半冎。凡歺之属皆从歺。读若櫱岸之櫱。

，古文歺。（《说文》）

"歺"早见于甲骨文，但后来就不怎么使用了：

合18805　　　　　合22134

"歺"究竟是什么？众说纷纭，不能确知，暂且放一放。为什么消失了？被谁取代了？也不能确知。既然没有我们信得过的好说法，就姑且相信旧说，相信它与死亡相关。人变成它，就是"死"。

许慎说"死"的语源是澌，也就是消亡。

"死"又称作亡，死亡。

时日曷丧，予及汝皆亡。（《尚书·汤誓》）

"死"又称"丧"。

武王既丧，管叔及其群弟乃流言于国。（《尚书·金縢》）

"丧"与"亡"读音相近，意义相通，用作死亡的意义都是假借。"丧"

① "餐"字曾经被简化为"歺"，从文字学上说未尝不可，但在情感上无法接受：我们的餐，怎么能是一块尸骨呢！

的本字是"桒","亡"的本义是锋芒的"芒",共同的语源都是"无"。无就是没有,什么没有了?肉体上的灵魂没有了。

许慎对"死"的字形分析不一定对,但对"死"的文化解读是对的。"死""丧""亡"共同的特点是消亡。古人不认为人死如灯灭,在他们看来,死仅仅是肉体上的灵魂的消亡,灵魂是永在的。

灵魂去哪儿了?这是一个大问题。

周人认为灵魂到了天上,辅佐上帝,从上面看着下面。这些在天上的祖先有时要跑到人间来视察,子孙在人间做得好就保佑降福,做得不好就惩罚降祸。人间的天子及其子孙们造了庙,摆好祭品,迎接先祖,就其目的来说,往好里说是敬祖,往功利上想与贿赂差不多。

剩下的肉体该怎么办?到地下去享受阴间的快乐。那就得把尸体收藏好。下面重点讲一讲这个"葬"字。

"葬"在甲骨文中有很多繁简不一的异体,举两个有代表性的例子:

合 17171

 →
合 22415　　　　中山王䜭兆域图

上面的字形很形象。墓椁中,一个人躺在棺床上,"爿(丬)"是床的象形,读音与"葬"相近,兼表读音。

下面的字形代表死亡的残骨在床上,这个字一直沿用到战国。中山王䜭兆域图的虽然讹变严重,但还能确认。

葬是大事，使用频率高，各地造的异体字也多。楚国将其写成从死戕声：

包山简 91　　　　　　　　包山简 91

秦国将其写成从死从茻：

睡虎地·日甲 42　　《说文》小篆　　鲁峻碑

《说文》对"葬"的解读很有意思：

葬，藏也。从死在茻中；一其中，所以荐之。《易》曰："古之葬者，厚衣之以薪。"

第一，构形部件有三个：死、一、茻，构成安葬图。把死人放在垫子上，用草包裹，还引经据典地证明。其实《说文》小篆是秦文字，中间那一横虽然确实有依据，但未必表意。这和秦文字的"兵"字一样，那一横并不表意。东汉时就写得和今天一样了。

第二，这个"葬"字所表达的文化应该是比甲骨文还古老的葬俗。甲骨文的"葬"字中已经有棺木和棺床了，小篆的"葬"还处在"厚衣之以薪"的阶段。问题是甲骨文到战国文字有𣦵、戕等字，都与裹着草的"葬"没有直接的联系，这个保留更古老习俗的"葬"字只见于秦文字，无法往上追溯。我们猜想：这会不会是秦人的旧俗？

人生而死，死而葬，为了追求另外一个世界的幸福，给未来世界准备了大量的财富。葬，藏也，不仅藏人，还藏物，弄得修坟守坟成为职业，盗墓挖掘也成了致富的捷径。

对于生命的终结，道家认为是归真，所以不主张厚葬，来自自然，回归自然。

[**理论延伸与思考**]战国时期汉字呈现明显的地域差异，大都可以追溯到共同的源头。但是有些地域文字来源不明，可能是材料留存有限，可能是后期创造，但也不排除可能有更古老的源头。秦文字"葬"所表达的葬俗很古老，有可能是秦人对本族葬俗的遥远记忆。

## 第九十三讲

# 与死亡相关的一组字

[**本讲要点**]"牺"与"牲"的本义是用于祭祀的牛羊等祭品,它们为了人类的幸福献出了自己的生命。人为了崇高的目的献出生命也叫牺牲。人为了某种目的献出生命的单音词叫作"殉",为道牺牲叫殉道,为情而死叫殉情。牺牲的目的更加崇高。

[说解汉字] 殉、牺、牲、犠

对于死亡,不论是什么时代都有很多称谓。现在的一些说法:

逝世、去世——庄重。

牺牲、殉职——尊敬。

死、死亡——通语。

驾鹤西游、归西——隐晦。

老了、走了、没了——忌讳。

蹬腿了、嗝屁了——粗俗。

不同的色彩,不同的场合,现代汉语主要用合成词和熟语等去表达,通过解读词素意义可以体会彼此的不同。古代汉语以单音词为主,词与字对应,只能通过字形的分析得其大概。

年龄不同:夭(殀、夭折)、殇。

地位不同:《礼记·曲礼下》:"天子死曰崩,诸侯死曰薨,大夫曰卒,士曰不禄,庶人曰死。"

人生的终点:老、终、临终、卒、殍。

在现实的空间消失:亡、没、殁、灭。

新的起点：逝、徂、殂。

这些对死亡的不同表达有着丰富的文化内涵，大部分都是通过隐喻实现。从文字构形的角度说，只有一部分从"歺（歹）"从"死"的字在构形上表明与死亡相关，如殀、殇、殚、殁、殂。但这些字大部分晚至秦汉才出现，有的更晚。

"歹（歺）"不论是死人残骨还是其他什么与死人相关的东西，有一点可以确定，就是与死亡相关；至于它究竟是什么，既然材料不足证，深究也不会有结果，那就暂时放一放。文字阐释是有条件的，条件不具备，就不能阐释，硬说就等于胡说。

上面这些关于死的古今词语与文字大都容易理解。下面来说一个特殊的"殉"字。特殊在哪里？

第一，先秦文献中常见，但《说文》中没有。"殉"在先秦是个常用词，先秦没有见到专字，秦汉也没有见到，那它是什么时候出现的？

第二，现在常说的殉道、殉职、殉情，意思我们大致都懂，但其中的"殉"是什么意思，大部分人不一定懂。

"殉"最早是指殉葬或殉葬的人。

王缢于芊尹申亥氏，申亥以其二女殉而葬之。(《左传·昭公十三年》)
天子杀殉，众者数百，寡者数十。(《墨子·节葬下》)

这些人为什么而死？为了跟随死人而死。"殉"的语源是"徇"，也就是遵从，是自愿的还是被迫的？两种情况都会有。到后来，为了某种目的献出生命都叫"殉"。

梁惠王以土地之故，糜烂其民而战之，大败；将复之，恐不能胜，故驱其所爱子弟以殉之。(《孟子·尽心下》)

这是被迫的。

今世俗之君子，多危身弃生以殉物。(《庄子·让王》)

这是自愿的。

古代的人殉很可怕，商代就不用说了，直到战国时期，小小曾国的国君曾侯乙死了，随葬的15~24岁的年轻女子多达21人。

现在，为了某种目的、理想、情感自愿献出自己的生命都叫殉。

殉道是高人，殉职是英模，殉情是情种，殉物是笨蛋。生命可贵，有比生命更可贵的可以殉，为一点小情小事或外物就殉了，那就辜负了天地之造化与父母之养育。

"殉"字虽然不见于《说文》，但从字形上还能看出其与死有关。"殉"字如此常用，《说文》怎么没有？古文字用哪个字形记录这个词？可以从词汇中去找，也可以从文字中去找。

再讲一个我们现在经常使用但字面上完全看不出与死亡之间的联系的词——牺牲。

现在"牺牲"是褒义词，牺牲的人大都可以追封为烈士。什么是牺牲？"牺"的繁体字从羲声。

犧，宗庙之牲也。从牛羲声。贾侍中说：此非古字。（《说文》）

牲，牛完全。从牛生声。（《说文》）

《周礼·地官·牧人》："凡祭祀，共其牺牲。"郑玄注："牺牲，毛羽完具也。""牺牲"就是祭祀时供奉给祖先神灵的牛猪羊鸡鸭等动物祭品。这些动物为了人能够获得祖先神灵庇佑而献出了生命。

不是所有的动物都可以成为牺牲，而是要经过精挑细选，毛色、大小等都有讲究。在人类的眼里，让动物成为牺牲就是高抬它们了，动物哪能不愿意呢？这些动物为了人类所祈求的目的献出生命，高尚！

"二嘎子他爹牺牲了。""牺牲"的意思明白了吗？像那些用作祭品的动物一样，为了他人的利益，献出了自己的生命。

用于祭祀的人叫作"殉"，用于祭祀的动物叫作"牺"或"牲"，其共同的特点就是为了他人献出自己的生命。讲到这里，我们就明白了殉道、殉职与牺牲之间的联系了，都是为了某种目的献出自己的生命。

[**理论延伸与思考**]表意字的字形透露造字时代的词义信息。不同的字记录了一些语义相近的同义词,探索其细微差别有多种途径,追溯语源可以更多地理解其文化内涵,字形分析也能起到一定的作用。"牺牲"的本义、喻义与"殉"之间的联系都与字形相关。

## 第九十四讲

# 人死后去了哪里

[**本讲要点**] 人化为异物就是"異",是举手正面站立的鬼。人的最终归宿就是鬼,是跪坐着的鬼。

[**说解汉字**] 異、异、鬼

这个题目很有噱头,好像有谁知道人死后去了哪里。

现在很多人认为人死如灯灭,进了火葬炉,一缕白烟上青天。只相信当世,这让很多复杂的问题变得简单,死亡也就成了终极。韶华易逝,人生短暂,几十年如白驹过隙。抓紧时间做一些想做的和不想做的事情,就急急忙忙奔向死亡了。如此人生就像一根绳子,十米长是一根绳子,一米长也是一根绳子,放在广阔的时空背景下,长一点短一点其实没有多大差别。对未来没有了敬畏之心,也就容易失去自我约束。精神上彻底解放了,如放飞的杨花柳絮,轻灵得不知所以;幸福与不幸福的边界模糊,只能自己划定,自己又哪能划得定!于是满世界抬轿子的哼哼,坐轿子的也哼哼!人生无去处,多苦恼!怎么办呢?古人也很苦恼,但有走出苦恼的通路。

什么是生命?精神与肉体的结合。什么是死亡?精神与肉体的分离。死亡并不是真的没了,而是生命形态的一种转化。怎么转化的呢?古人有很多想象与论说,那得去读思想史、宗教史,这里我们仅通过汉字的构形去了解一点点。

死亡是生命体变成了异物,《史记·屈原贾生列传》:"化为异物兮,又何足患!"司马贞《索隐》:"谓死而形化为鬼,是为异物。"

古人并不认为异物就是简单地变成了尸体，我们看看古人想象的这个异物是什么样的。下面是怪异的"異"：

合 27349　　大盂鼎，集 2837　睡虎地·秦律十八种 65　《说文》小篆

"異"现在简化成了"异"，在《说文》中是另外一个字，我们可以暂时不管它。这里单说繁体的"異"字。

"異"字有胳膊有腿，双手举着，只是脑袋与正常人的不一样。这个形象让我想起了小时候的扮鬼游戏。脸上弄个鬼脸儿，或画、或贴、或戴，举起双手，嘴里发出吓人的声音，这就是鬼了。"異"字最早很可能表达的就是人变化为异物。

在古书里"異"的常用意义是不同、区别，现在也如此，古今一致，我们现在还常说"比较异同""差异"等，其中的"异"就是区别。

人死前与死后肯定不同，死亡就是化为异物。这个异物不是一具僵尸，而是换了一副面孔的另外一种"生命"，还能站着，还能举手，那区别在哪里呢？

换了一副什么面孔？人头变成了鬼头。我们看看"鬼"字的写法：

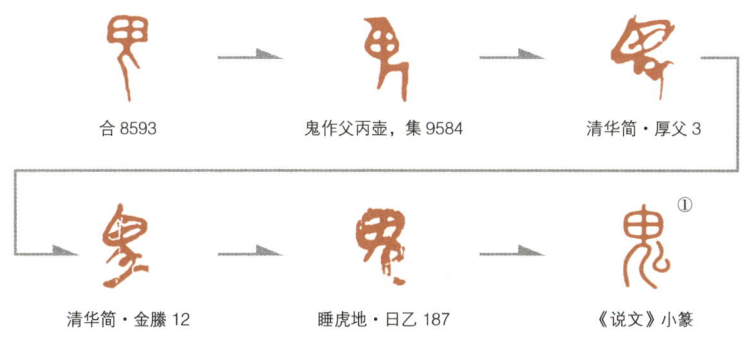

合 8593　　　　　　鬼作父丙壶，集 9584　　　　清华简·厚父 3

清华简·金縢 12　　　睡虎地·日乙 187　　　　《说文》小篆①

①立着的鬼与跪着的鬼用法不同：立着的是"畏"或"威"；跪着的是人鬼。

👁（合 17448）：贞，亚多鬼梦亡疾。

"鬼"是侧立着的人形上有颗鬼头，"異"是正面站立的人形上面有颗鬼头。现实生活中谁也没有见过鬼，但并不妨碍人们想象鬼、创造鬼。

傩是迎神驱鬼的古老礼俗，人们戴上各种鬼脸面具举行跳舞等活动。西南地区的博物馆有很多种鬼脸面具。在古人的想象中，人死后大概就变成这个样子了。

人死后去了哪里？化为异物，变成了鬼。古文字字形让我们看到了怪异的鬼的样子，语言的沉淀让我们进一步了解古人对生命的理解。

古人把生命分为不同的形态，在现世之外，给生命安排了多个去处。"異"表达的就是这种生命形态的变化，人死了，肉体留下来了，精神到另外的地方去了。逝世就是离开俗世，"殂"是到另外一个地方去。生命的本真并不是眼前可见的几十年，而是永恒的不灭。

鬼，人所归为鬼。从人，象鬼头。鬼阴气贼害，从厶。凡鬼之属皆从鬼。禮，古文从示。（《说文》）

"鬼"与"归"读音很近，古人认为人的归宿就是鬼。那鬼的归宿又在哪里？

人死精神升天，骸骨归土，故谓之鬼。鬼者，归也。（王充《论衡》）
精神离形，各归其真，故谓之鬼。（刘向《说苑·反质》）

空间分为天上、地下和人间。人只能住在人间。鬼是死后的人，人的眼睛看不见，获得不受形体拘束的自由，往来天地之间。最初的人鬼并没有那么可怕，天神、地祇、人鬼都是尊敬与祭祀的对象，后来就逐渐变成了自私而害人的厉鬼了。从《说文》对鬼的解释来看，汉代人对鬼的认识就是负面的，从厶，就是自私，阴气、贼害是鬼的品行。

我们从字谱可以看到，从甲骨文到战国文字，"鬼"字中都没有"厶"，这个"厶"是从哪里来的？我有一个想法。

"鬼"在甲骨文中有两种写法，上面的鬼头一样，区别是下面的人形，一个站着的"人"，一个跪着的"卩"：

合 8593　　　　　　　　合 14272

这两个字的用法也不一样，站着的是方国名"鬼方"，跪着的是人鬼。六国文字大都继承了站着的人形的写法。在秦文字中，出现了下面的写法：

睡虎地·日乙 187　　　　　里耶秦简 8-683 正

秦汉文字中"卩"可以这样写，例如印章的"印"：

睡虎地·法律答问 56　　　　里耶秦简 8-1823

去掉左下的一撇，就是从卩的"鬼"，那这一撇是从哪里来的？是从人的"鬼"的笔画，也就是说秦简中的"鬼"糅合了从人与从卩两种写法，后来把"卩"的一部分讹变成了"厶"。许慎就重造了理据。

这个推测我们会专门深入研究。

至于《说文》"異"字的字形与解说，都是讹变后的结果，《说文》：

，分也。从廾从畀。畀，予也。

用古文字一检验，是非一目了然，就用不着细说了。

[**理论延伸与思考**] 文字糅合是指两个读音相同或相近的文字糅合成一个字。例如"異"和"登"是两个字，糅合在一起就是"羿"。秦文字中的"鬼"字可能是站着的鬼与跪着的鬼的糅合。

第九十五讲

# "畏"字里竟然有可怕的鬼

[**本讲要点**] "畏"是举杖打人的鬼。"鬼"令人生畏。"威"是女人与兵器,兵器也令人生畏。立人"鬼"与"畏""威"读音相近,意义相同,出土文献中常见通用。

[**说解汉字**] 鬼、畏、威

我们讲过怪异的"鬼",今天讲可怕的"畏"。

"畏"的意思是畏惧、可怕,畏缩就是因害怕而退缩。什么最可怕?

畏,恶也。从甶,虎省。鬼头而虎爪,可畏也。鬼,古文省。(《说文》)

鬼头可怕,虎与虎爪可怕,说得都对,但鬼头可见,虎与虎爪在哪里呢?实在难以找到。

我们看一看"畏"字字形与历史演变:

合 14173 正　　大盂鼎, 集 2837　　王孙遗者钟, 集 261.2　　岳麓简·三 241　　《说文》小篆

清华简·皇门8

《玺汇》4030

从甲骨文来看,"畏"是鬼举着杖,好像戴着面具的恐怖分子。杖拄在下面是拐杖,三点支撑,辅助站稳;高高举起,那就是打人的工具了。鬼已经够可怕了,举起杖来更可怕。随着文字的演变,这个高举的杖慢慢下移,王孙遗者钟上"畏"就变成了弓腰驼背、拄着拐杖的一个老鬼,完全没有了可怕的样子,于是就给它加上了"支"。"支"最初就是举着一个杖。后来手与杖简化、讹变,离离合合,或变成了"匕",或变成了"止",小篆变得四不像,许慎就把它想象成"虎爪"了。

"畏"与"鬼"关系十分密切:

第一,"畏"中有鬼,鬼举着杖。

第二,"畏"与"鬼"古音非常接近,都是微部字,声也可通,影母与疑母通用的例子很多。

第三,"畏"与"鬼"语义相通,鬼很可怕,可怕就是畏。

这种字形相关、读音相近、意义相通的文字之间关系很复杂,起码是同源关系。"畏"不仅与"鬼"密切相关,也与"威"关系密切。

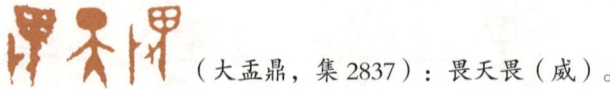

(大盂鼎,集2837):畏天畏(威)。

上面三个金文中,第一个读"畏",第三个读"威",就字形来说都是"畏"。

"鬼"也可以读为"威":

（清华简·厚父3）：知天之鬼（威）。

什么是"威"？让人感到震惊恐惧就是威。最让人恐惧的是什么？电影中的惊悚片有两大类——恶鬼和凶杀。我们再来看一看"畏"与"威"的字形：

畏
合 14173 正

威
瘋簋，集 4170.1

举杖的鬼，可以拍个惊悚的电影了；兵器与女人，是女杀手，还是杀女人？不论哪一种都让人害怕。

鬼威畏人，鬼让人畏，这是授受同辞。"鬼"施与人的是"威"，人接受过来的是"畏"。"鬼""畏""威"读音相近，意义相通，都是同源词。

先民最初是如何想象鬼的，我们不得而知。国家建立之后，统治者充分利用鬼神与刑罚来实行统治，鬼就成为一种统治愚民的手段。

《逸周书·命训》说："夫民生而恶死，无以畏之，能无恐乎？若恐而承教，则度至于极。"大致的意思是：民害怕死，就用死来吓唬他，让鬼降祸，用刑杀戮，你能不怕吗？你害怕了，也就听话了，治国的目的也就达到了。所以，信奉鬼神，有的人是真相信，有的人仅仅是为了让你相信。

老子看穿了这种把戏，说："民不畏死，奈何以死惧之！"一个不怕死的人，你用死来吓唬他有什么用？一个不怕鬼的人，你装神弄鬼就能弄出"威"来?

古人起名,常常叫无畏。

(《玺汇》1628):郑亡(无)巍(畏)。

(《玺汇》1695):高亡(无)魂(畏)。

看来古人也渴望不怕鬼。叫"无畏"是因为有太多的畏,就像叫有财是因为家里没有财。人如何用理性去除畏惧,从各种鬼的把控中解放出来,是一个大问题。

[理论延伸与思考]古人的生活习俗与思维习惯与我们不同。有些事物古人分别得很细致,字词都有表现,后来合并成了一个字。文字的分化可以更精确地记录语言,这方面学术界研究得很充分。文字的合并使得古人思维与语言的精细之处被忽略了。立鬼、跪鬼、畏、威之间的分与合有很丰富的文化内涵,需要专门探讨。

第九十六讲

# 魂魄与梦魇

[**本讲要点**] 古人认为精神与肉体分离就是死亡。精神可以分裂为阳气魂与阴气魄,魂升天,魄随尸体入地。人活着的时候,魂魄也可以与肉体分离到外面去见识,那就是梦和魇。所以"魂""魄""魇"都从鬼。

[**说解汉字**] 魂、魄、梦、魇（夢、寢、魘）

我们这几讲连续说鬼。由"鬼"和"異"可以见到鬼的形象,由"畏"可以见到鬼的可怕。原始宗教、祖先崇拜等的核心就是生命的形态,是精神与肉体的关系。精神可以脱离肉体而存在。这里说的"精神"专指精气与元神,不能做现代化理解。

圣人察阴阳之宜,辨万物之利,以便生,故精神安乎形,而年寿得长焉。（《吕氏春秋·尽数》）

精神是从哪里来的？是天地赋予的。人们观察男女雄雌,逐渐悟出一套阴阳理论,把万物都分了性别,最大的是天和地。天和地就像男和女,天地交合,万物生焉。父母交合生育子女,只是一个结果。进一步追问,母亲肚子里的孩子是从哪里来的？古人并不知道是精子与卵子结合,父母基因各占一半,而是根据经验,认为生命是父亲给的,母亲只是培育了生命,就像植物的种子与土地的关系,父精是种子,母血不过是一点肥料而已。再进一步追问,父精是从哪里来的？是天地阴阳之气结合而来的,这种阴阳之气还有专门的名称:魂与魄。

**魂**，阳气也。从鬼云声。（《说文》）

**魄**，阴神也。从鬼白声。（《说文》）

就字形而论，"魂"与"魄"就是两个形声字，一个从鬼、云声，一个从鬼、白声。这两个字出现得很晚，出土文献中到了秦汉才逐渐显现踪影。而且无论是传世文献还是出土文献中，"魄"字出现得比"魂"更晚一些，二者应该不是共生的概念，成为阴阳对立可能是逐渐演变的结果。

古人认为人身上聚集着阳气与阴气。

精气为物，游魂为变。（《周易·系辞上》）

魂气归于天，形魄归于地。（《礼记·郊特牲》）

天气为魂，地气为魄。（《淮南子》）

总之，天地阴阳二气聚合在人体之内就是精神。人死了，首先是精神与肉体的分离，断气了，炯炯有神的眼睛也黯然无光了。精神也出现了分离，阳气成魂升天，阴气成魄随着肉体入地。发展出阴气魄的概念，大概是为了为尸体厚葬提供理由。

《礼记·檀弓下》记载，延陵季子出差回来，长子已经死亡且下葬。季子到了墓地绕着封土边走边号："骨肉归复于土，命也；若魂气，则无不之也！无不之也！"白发人送黑发人，既有人世的悲哀，又有解读生命的达观。

魂气一旦离开肉体，肉体就成了臭皮囊。要想活着，就得留住魂。人昏死过去有时还能醒过来，这就更坚定了人们对魂魄的信仰。魂魄走了，肉体还在，有本事的巫师、阴阳先生说不定还能把魂招呼回来，于是就有了招魂、叫魂等仪式。一番折腾，人苏醒过来，那就是魂回来了。

鬼神魂魄都是古人想象出来的，但想象也会有现实的依据，比如"梦魇"。

我们都经历过做梦，梦见过现实中从来没有见过的景象与事物。现代科学怎么解释我不知道，古人与不研究科学的人就只有直观的认识：有两个我，一个躺在这里睡觉，另一个脱离肉体出去溜达了。甲骨文对梦的描画挺现实：

合 12780 反

合 17450

躺在床上做梦，躺着的人特别画出了眉毛，"眉"兼表读音。繁体字"夢"上面那一部分就是长着眉毛的人，下面是"夕"，是做梦的时间。《说文》中有"夢"和"寱"两个字：

，不明也。从夕，瞢省声。

，寐而有觉也。从宀从疒，夢声。《周礼》："以日月星辰占六寱之吉凶：一曰正寱，二曰咢寱，三曰思寱，四曰悟寱，五曰喜寱，六曰惧寱。"凡寱之属皆从寱。

"梦"的演变很复杂，《说文》有问题。我认为这两个字就是同一个字，你能证实或证伪吗？不妨试试看。

此外，表示做梦的字还有"魇"：

**魘**，梦惊也。从鬼厌声。（《说文》）

"魇"是恶梦，现在还常说"魇着了"，下面从鬼。梦魇是什么？躺着睡觉是条件，在这种条件下，精神、魂魄、灵魂等等（不论给个什么名称，实质都一样）可以脱离肉体而独立活动，升天入地，无不之也。灵魂到外面溜达，遇到了恶鬼，那就吓着了、魇着了。

睡眠是短暂的入静，安静这么一会儿魂就出窍了；死亡是永远的入静，魂也就永远离开了。魂离开了得有个去处，各种宗教在这里做足了文章，有天堂、地狱、人世轮回等各种说法。如果人死如灯灭，这一切就都不存在了。究竟我们生活的这个世界是幻觉，还是想象的那个世界是幻觉？究竟是肉体最值得珍视，还是灵魂最值得守护？这已经让人迷惑得不行了。

据说现代生命科学也在研究灵魂。我无缘宗教，也不懂科学，只能讲一讲对古人魂魄观念的理解。

人真的有魂魄吗？这个问题得去问上帝！

[理论延伸与思考] 原始宗教中有各种鬼神。中国的人鬼文化源远流长，系统而周密，汉字构形只是表现出一鳞半爪。从传统文化的角度解读汉字，对其构形会有更深入的理解，功效明显。从汉字的角度探索传统文化，有时也有一定的功效，但更多的时候或不着边际，或画蛇添足，或可有可无，不能夸大汉字个体在解读中国文化中的作用。

第九十七讲

# 一国之君为什么叫"元首"

[**本讲要点**] 古文字中有繁简不同的两个"首"。"首"和"元"是同义词。把社会比喻成人体,最高处就是元首。

[**说解汉字**] 首、头、元、天、页(百、頭)

假如你就是造字的仓颉,让你造一个"头"字,你会有几种方案?

第一,设置记号,比如点一个点是"头",点两个点是"腿",点三个点儿是"脚"……理论上可以这么造,但实际上不能这么造。一堆点儿放在一起,混沌一片,就没法记忆了。人文创造都带有理据性,都有个所以然,这样不仅是为了有文化,也是为了帮助记忆。用记号给"头"造字肯定不是首选。

第二,"头"有读音,就像现在的汉语拼音方案一样,用表音符号 tóu 记录"头"这个词。这种方法首先得对语音系统有精确的分析,然后才能造出相应的表音文字来。造字要比分析语音早得多,远古造字初期造不出音素文字。

第三,画一个头来表示"头"这个词,这是最直观、最方便的选择。所以很多学者就说文字起源于图画。但是"头"有人头、有兽头,人头有带头发的有不带头发的,有单独的一颗头,也有附带连身体画出的头,究竟怎么画? 表意字带有任意性和多样性。假如让十个人同时造"头"的表意字,恐怕每个人所造的都不完全相同,古人也确实给我们留下了各种各样的"头"。

头顶带着头发的"首"字,就是"首先"的"首"。

合 6032 正　　　王任簋,集 4341　　　《说文》

从甲骨文到小篆,基本上能够看出来是颗脑袋。"首"是先秦时期的常用词,现在的常用词变成了"头"。"头"的繁体字"頭"左边是"豆",表音,右面是"页",表意,与常见的左形右声相反。《左传》中就有用例,有人"生疡于头",也就是头上长疮。字形最早见于战国:

蔡侯申鼎,集 2223　　　睡虎地·日甲 72 背

"头"与"首"的上古读音很接近,意义也相同,是前后相承的同源词,也就是说,"头"的读音和意义是承袭"首"而来的。

简化字"头"是从草书演变来的:

《说文》小篆　　　孔龢碑　　　《汉代简牍草字编》第 180 页

到了草书的"头",完全找不到表音、表意的成分,就成了记号字了。把"首"上面的头发去掉,就是省去了头发的"百",写法是比"百万"的"百"多一横。这个字古书中不见使用,但在古文字中很常见:

包山简 273　　　曾 3

《说文》说"百"和"首"的读音、意义都一致,确实如此。这个没有头发的"百"在构字中不陌生,比如页码的"页"的繁体字"頁"、夏天的"夏"、忧愁的"忧"的繁体字"憂",还有古代的一种兽——夒。

頁　　夏　　憂　　夒

脑袋很重要。和"首"连在一起的一个常用词是"元首",国家元首就是国家最高领导人。为什么叫"元首"?"首"是脑袋,"元"也是脑袋,脑袋在人体的最顶端,国家元首在社会的最顶端,下层社会群体把他们的最高领导叫"头儿","头儿"是"头"的儿化,也是脑袋。"元"的"脑袋"之义在古书中很常见。孟子说:"志士不忘在沟壑,勇士不忘丧其元。"志士与勇士都随时做好舍生取义的准备,害怕掉脑袋,那还叫什么勇士?

"元"的古文字就是人上顶着一颗头。

合 19790　　　　狼元作父戊卣,集 5278.1

"元"的下部是侧立的人形,头就是一个圆圆的轮廓。这个字到汉代就和我们今天的写法一样了,许慎根据当时所见,就说上面是"一",下面是"兀"①。对于小篆来说,这种说法能够自圆其说,但放在历史的链条里,就不是那么回事儿了。我们后面会详细说解"元"字。

突出脑袋的还有一个"天"字。"天"的下部是抻胳膊劈腿的人形。"天"也可以当"头"讲。《山海经》里有一个叫"刑天"的勇士,被砍掉了头还反抗。"刑天"的意思就是"断头"。

①《说文》:"元,始也。从一从兀。"

在汉字构形中，有"页"这一部件的字，意义都与头部有关，例如："硕士"的"硕"，本义是脑袋大，"硕士"就是大脑袋里装着大学问的读书人；几颗珠子的"颗"，本义是脑袋小，所以凡是以"颗"为量词的东西都圆而小。古文字中的"页"，就是跪着的人形上面顶着一个头，是另外一个字，因为和头有关系，在构形中就表达与头相关的意义了。

合 22215

把"元""天""页"三个字放在一起比较一下：

"首""百""頭"三个字繁简不同，但古代的读音相同或极其相近，记录的是同一个词，从记录语言的角度可以说最初是同一个字，后来分化为三个字。"頭"字晚出，是增加音符、变换意符的形声字。"页"的表意重点不在首，而是与首相关的动作，以后再详细说。

先秦的"首"已经被"头"取代了，今天"首"不能单独使用，"磕破了首"不像话，别人听不懂，得说"磕破了头"或"磕破了脑袋"。"脑袋"是近代产生的词语，就是装脑子的口袋，很形象，也顺应汉语双音化的潮流，正在与常用词"头"争夺地盘，将来鹿死谁手不好说，我们拭目以待！

[**理论延伸与思考**] 表意字是表意系统的基础。因为词义的丰富性和形体的多样性，表意字很容易造出异体字，在文字发展早期尤其如此。记录语言完全相同的异体字大部分经过选择淘汰，还有少量遗存，例如《说文》中的"首"与"百"。有同源关系，但音或义不完全相同的文字不能算是异体字，例如"首"与"頭"。仅有部分意义相同，形、音、义都有区别的文字更不是异体字，例如"元"和"天"。

## 第九十八讲

# 倒过来的头与高高悬起的头

[**本讲要点**] "县"最早的本义是倒悬的首或倒悬。"县"是"縣"的截除式省略,"縣"是"櫐"的截除式省略。"县"与"悬"的变化与交替主要受使用频率的制约。

[**说解汉字**] 县、悬、県、縣、懸

郡县的"县"的简化字最早是倒过来的人头,繁体字"縣"是悬挂着的人头,是悬挂的"悬"的本字,加上心的"懸"字出现很晚,简化字"悬"清末才开始出现,交替的过程很复杂。通过对"县""悬"等字的梳理,我们要思考解决下列几个问题:

1. 文字构形中的倒首。
2. 简化字"县"与繁体字"縣"《说文》中都有,彼此是什么关系?
3. 县长的"县"与悬挂的"悬"是什么关系?二者是怎么交替的?

下面首先来思考一下倒首——倒过来的脑袋。

人的头什么时候倒过来?为什么要倒悬人头?汉字里面有没有为悬挂人头造的专字?

头顶天,脚立地,短发向上,或长发侧飘,这都是正常状态。头也有倒过来的时候,你能想到几种情况?首先,人来到这个世界的时候就是倒着出来。脑袋冲下叫顺产,脑袋向上就是逆产,前面我们讲"毓""流"等字时已经讲过倒过来的"子",不仅头倒过来,身子也倒过来,就是《说文》中的"云"。日常生活中也有头倒过来的时候,那就是用盆洗头洗脸的时候。

鲁伯愈父盘，集 10113

左上角是一个倒过来的"首"，下面是水和盛水器，这个字就是洗头洗脸的"䛃"。

倒悬人头的第三种情况就是人落难被抓，让人给倒挂起来。孟子说："当今之时，万乘之国行仁政，民之悦之，犹解倒悬也。"意思是说当今实力强大的国家实行仁政，也就是爱民之政，百姓感恩戴德，就像把倒着悬挂的人放下来一样。为什么要把人倒悬起来？为了惩罚。这种情景我们在电影或电视剧里看到过，一定很痛苦。

第四种情况最惨，就是脑袋被砍下来，挂起来示众。

每一种倒过来的脑袋都可能有相对应的字，我们今天单讲最后一种。

《说文》里有一个字，只见于字书，古书里并不实际应用：

，到首也。贾侍中说：此断首到縣䥫字。

许慎说这就是倒过来的"首"，后代的注音是古尧切，与现在的"枭"读音相近。汉代的学者就认识到这是砍下来倒着的"首"。简化字"县"就是从这里来的。

悬挂起来的"首"就是繁体字的"縣"，先看一下下面的金文字形：

县妃簋，集 4269

叔尸钟，集 273.2

左面是"木"，可以是木杆，也可以是大树；右面是一根绳子一端连挂在树枝上，另一端系着一颗侧倒或全倒过来的脑袋。这就像悬挂脑袋的平面图画，整体表达的就是树上挂着一颗头，如果隶定就是"檰"，省去"木"就是"縣"，它记录了哪一个词？悬？挂？示众？都有可能，但学者一致认为"縣"就是"悬挂"的"悬"。为什么？

第一，古书里"縣"的常用义就是悬挂。

不狩不猎，胡瞻尔庭有縣貆兮？（《诗经·魏风·伐檀》）

聂翁壹乃还，诈斩死罪囚，縣其头马邑城，示单于使者为信。（《史记·韩长孺列传》）

第二，字书里的注音就是"悬"。

第三，从文字构形上说，悬其头于树上与悬挂之间意义联系很明显。

第四，枭首示众，把头悬挂起来，自古以来就是威吓众人的手段，从历史文化上也容易理解。

宋代初年的徐铉就很明白繁体"縣"字的本义：

此本是縣挂之縣，借为州縣之縣。今俗加心，别作懸，义无所取。（大徐本《说文》）

徐铉认识到悬挂的"縣"很早就被假借作州县的"县"，也告诉我们当时就普遍使用加"心"的俗字"懸"了。从表意的角度说确实"义无所取"，从符号的区别角度说就有必要。"悬"与"县"都是常用词，同用一个字形就会发生冲突，双方较量，"县"比"悬"更常用，鹊巢鸠占，这个"縣"就成了州县的"县"的专字，"悬"只好另谋出路，加个心旁别开分店去了。

从目前的材料可以做出这样的推断：

1. "縣"字最早见到，字形中有倒过来的"首"，整体表达悬挂的"悬"。

2. "县"是"縣"的简化字，古代并没有通行，在现代起死回生。

3. "懸"字在汉代以后出现,是一种分化方式。

4. "懸"字晚出,但先秦古书中有不少。那是后代的转写。就像现在简化字版的《左传》,不能因现在写作"传"就认为先秦也有简化字"传"了。

综上所述,"縣""県""懸"造字时可能都是悬挂的"悬"。

简化字"县"是怎么来的?由小篆或楷书正字都无法简化成现在的简化字"县"和"悬",它们是从哪里来的?看一下汉代的草书就明白了:

《汉代简牍草字编》第182页

繁体的"縣"字左面的偏旁,汉代的行草写得与简化字相同,截取了这一部分代替全字。明代才出现"县"这个简化字。现代简化字"悬挂"的"悬"是类推简化。

[理论延伸与思考] 一个字因词义引申或语音假借常常记录不同的词义,为了区别不同的词义在该字上加上区别部件构成新字,专门表达其中的某个意义,就是区别字。"縣"的本义是悬挂,被假借为郡县的"縣",在"縣"下加上心,表示倒悬的"縣","懸"区别于"縣",就是区别字。这时的"心"旁不是意符或音符,只是区别字形的部件。"心"旁用作区别部件很罕见,可能还有其他原因。

## 第九十九讲

# 枭首示众为什么是斩首示众

[**本讲要点**] "枭"上面的鸟是倒首"鼎"的讹变,"鼎""縣""梟"三个字都是从木上悬挂倒首的图形表意字上面截除下来的,最初是繁简不同的异体。枭首的准确释义应当是"悬首"。

[**说解汉字**] 枭、县、悬（梟、縣、懸）

这一讲接着说倒过来的头。

枭首示众,这个词的意思大家都知道,词典的解释是:斩首悬示于众。古人对"枭首"早就有精确的把握。《史记·秦始皇本纪》中说"二十人皆枭首",裴骃解释说:"悬首于木上曰枭。"但字书中说"枭"的本义是猫头鹰,斩首、悬首于木上与猫头鹰有什么关系呢?汉代的学者很早就给出了答案。《说文》:

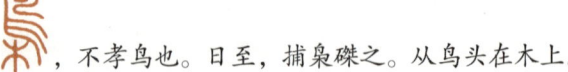,不孝鸟也。日至,捕枭磔之。从鸟头在木上。

段玉裁引经据典,十分博学,说猫头鹰连自己的母亲都吃,是不孝鸟,黄帝就捕杀它做肉羹,用作祭祀。"枭"就是鸟头在木上,这个鸟是不孝之鸟。说得好像很有文化,但仔细想一想,哪一点靠得住?

谁见过猫头鹰吃自己的母亲?

谁见过用猫头鹰烧汤做羹?

谁见过树上挂着一颗猫头鹰的脑袋示众?

虽然我们去古已远，不能"以今律古"，认为今天见不到的古代就一定不会有，但是如果是既没有证据又不合情理的说法，我们就不能轻易相信。

古人很早就注意到倒首的"県"与枭首的"枭"之间的关系。《广韵》记载汉代的夷三族酷刑："令先黥、劓，斩左右趾，县首，菹其骨，谓之具五刑。"其中"县首"就是我们现在所说的"枭首"。《六书正讹》说倒首"県"是本字，不孝鸟"枭"是俗字。

现在的古文字知识告诉我们：所谓"枭"，本来就是"悬挂"的"悬"字；所谓"枭首示众"，就是"悬首示众"。我们先看古文字中的"枭"：

楚帛书·丙篇 7.3

《说文》小篆

"木"的上面就是一颗倒过来的头，头发朝下耷拉着。倒首怎么就变成鸟了呢？先看楚文字的"鸟"与鸟部件：

上博简·容成氏 21

上博简·孔子诗论 21

包山简 194

再看古文字中的倒首：

，来源于 的偏旁。

"鸟"的写法与倒首很相近。对于写字的人来说，熟悉什么就写什么，倒首罕见，鸟头常见，干脆就把它替换了。使用文字的人给研究文字的人挖了个坑，研究文字的果然就噼里啪啦掉下去了。

邵斃钟，集 235

上一讲说过金文中的 ，把头悬挂在木上，悬挂义非常形象。"枭"就是这个字的简化与讹变。

县妃簋，集 4269

联系木与倒首的绳子被省略掉了，倒首变成了鸟，移位到了树顶，悬着的头变成了树上的鸟。这么大的变化，我们凭什么相信？

第一，旧说不靠谱，这是思考问题的出发点。

第二，枭首就是悬首，古书中有例证。

第三，"縣"变成"枭"有文字学的证据。

"枭"假借作"鸮"，楚帛书中的"枭"已经是猫头鹰了：

曰仓：不可以川囗，大不顺于邦，有枭入于上下。（《楚帛书》丙篇）

意思是说在仓月（即七月）不能做某件事情，如果做了，就会出现严重后果，其中之一就是猫头鹰进宅。

猫头鹰在古代叫作鸱鸮，又可以单称"鸮"。《诗经·陈风·墓门》："墓门有梅，有鸮萃止。"《毛传》："鸮，恶声之鸟也。"

"鸮"与"枭"的读音相同，是同一个词。"枭"字中的鸟头，从字形来源上说是因为字形与倒首相近而讹变，从演变的动机上说是因为有鸮的用法而"变形义化"。

枭首就是悬首，说"枭"是"縣"的讹变，在字形演变与训诂上都很顺畅，但是读音上还需要进一步落实。"枭"与"縣"声母相通没有问题，韵部距离比较远，究竟是一字多音还是方音的影响，可以深入研究。①

现在我们再看一看"县""縣""枭"三个字之间的关系。

它们的祖宗是金文里的 ，脑袋挂在木上，是整体象形，不可分割，就像一幅图画。省掉"木"，倒首移位到左部，就是繁体字的"縣"。字体省掉"系"，倒首移位到木的上部，就是"枭"。"縣"进一步简化就是"県（县）"。这四个字应当是一字分化。

可以悬挂的东西很多，为什么用挂人头表示悬挂？这在我们今天

---

① 縣、懸，匣母元部。県、枭，见母宵部。

看来，太血腥，太野蛮！但古人的观念和我们不同。"国之大事，在祀与戎"，勇士不怕丢掉脑袋，也会尽量多地斩获敌人的脑袋。把敌人的脑袋挂起来，既是对自己战功的炫耀，也是对敌人的威慑。厨房里挂一颗猪头也是悬，但这样就失去这些文化意义了。

明白了枭首就是悬首，词典中"枭首示众"的解释"斩首悬示于众"也可以改一改了，"悬首警示于众"似乎更好一些。

[**理论延伸与思考**]文字讹变与理据重构同步。所谓的"变形义化"就是有意改变字形重构理据的过程。"枭"本来是"縣"的异体，假借作"鸮"，因为鸟与倒首相近，就把倒首改写成鸟头。从来源上说是"縣"的讹变，从目的上说，是变形义化。

第一百讲

# 变化多端的"元"

[**本讲要点**]"兀""万""丏"都是"元"的变形分化。
[**说解汉字**]元、兀、万、丏、宾（賓、㝏）

我们讲过"元"的本义就是人的脑袋，这是充分证明了的确切知识。汉代的许慎就没弄明白，他说："元，始也。从一从兀。"说"元"的本义是初始，我们好像也能理解，元旦就是新年的开始。但"从一从兀"，"突兀"的"兀"比"元"少一横，怎么就是开始了呢？我经常强调，读不懂的时候不要以为古人高深、自己无知，更多的时候是古人糊涂，本来就没说明白。古文字到了汉代就是专门的学问了，汉代学者所见古文字不会比我们多，他们没有见过甲骨文，没有见过这么多的西周金文。许慎以为是仓颉造的古文，其实就是战国文字，这样的例子在今天层出不穷。虽然汉代比我们早了两千多年，但我们比他们更具备研究先秦古文字的条件。

许慎说得不对，但保留了重要的信息。第一，关于"元"字的写法，秦汉小篆就这样写；第二，"元"的字形中有"兀"是确实的；第三，"元"有"始"的意义，当时确实就是这么用的。我们把许慎所说与古文字材料结合起来观察，就会看到一个变化多端的"元"。

许慎说"兀"是"高而上平"，上面一横确实是上平，但现实中什么时候人的头部变成了"上平"呢？没见过。"元"与"兀"本来就是一个字，清代的学者已经根据字形与字音之间的关系猜到了，但很多学者不敢相信，因为没有足够的证据。清华大学收藏了一批战国竹简，叫"清华简"，其中有一部史书叫《系年》。我曾经主持过国家社科基金重大项目"清华简《系年》与古史新探"，对《系年》做过一番研究。《系年》中的"元年"都写成"兀年"，这就证实了"元""兀"确实是同一个字。

回头再看字形。"元"的上部是个圆圆的墨丁，墨丁逐渐变成了一横，就变成了"兀"，"天"字也是如此，这叫线条化。古人认为起首笔画是横，上部太空阔，不好看，就增加一短横。大家看一下图片：

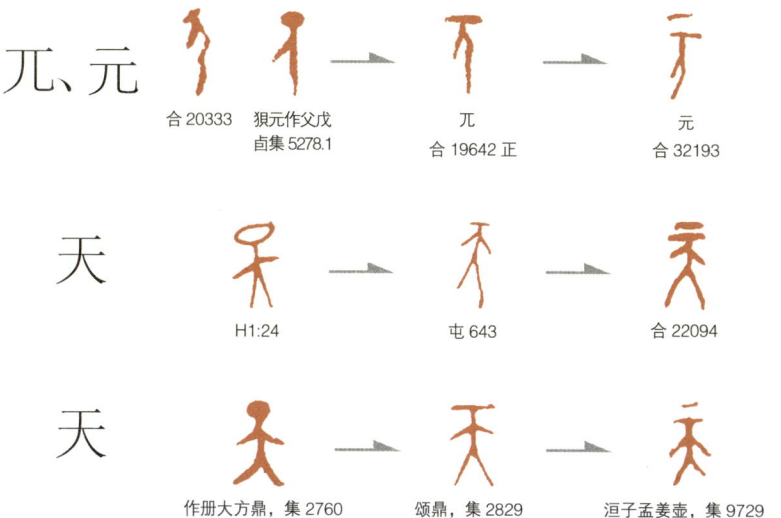

圆形的脑袋线条化就成了"兀"，上面加饰笔就成了"元"。"兀"与"元"在今天读音相差很远，但上古音很接近，①战国时期它们还是异体字。"天"上面也是圆形的脑袋，在这里留意一下它与"元"相同的演变过程。圆形的脑袋线条化就是"天"，上面也可以加短横形成异体字，但后来加短横的异体被淘汰了，为什么？因为横画太多了。对字形的选择不仅要考虑意义和读音，还要考虑字形之美。

下面再说由"元"变成"万"字。大家都知道，"万"是简化字，繁体写作"萬"。有的简化字非常古老，如"万"字在战国时期就出现

①元，疑母元部。兀，疑母物部。

了。"万"是很大的数,"一"可以画一道儿,"二"可以画两道儿,"三"可以画三道儿……"万"字万万不能画一万道儿,怎么办?找个读音相近的字假借。最早借了一个蝎子形状的"萬",但字形有点复杂,写起来比较费事儿。如果不常用,使用的人就忍了;如果经常用,大家就会追求更简单的写法。既然读音相同就可以假借,为什么不选择一个简单的呢?"兀"字简单,只有三笔,当时与"万"的读音也很近①,战国人就借"兀"作"万"了。下面的图片是战国时期的两方古玺,刻的是吉祥语"千万""日入千万":

《玺汇》4472

《玺汇》4890

大家看一下"万"字,"丿"上面一横,其实就是"兀"字。"千"也是大数,最初也是借读音相近的"人"表达,后来在"人"上加一横区别。"万"是"兀"的变形,根本上还是"兀"。

最后讨论一下不常用的"丏(miǎn)"②字,增加一点难度。大家认识这个字,大概是因为知道民国时期的文化名人夏丏尊。会写繁体字的朋友知道面粉、面条的"麵"有时写作"麪",右侧就是"丏"。

这个字古人很少单独使用,汉代学者已经弄不明白它的结构,也不知其来源。许慎说它的意义是"不见",象"壅蔽"之形:

丏,不见也。象壅蔽之形。凡丏之属皆从丏。(《说文》)

"凡丏之属皆从丏"是一句空话,因为部中只此一字,并没有所从的字。字形上看不出壅蔽的形状,文献中亦没有"不见"的用例。因为弄不清结构,《说文》没有办法将其归到某一部中去,就单独为

①万,明母元部。
②注意:不是乞丐的"丐"。

它立了一部，这就是所谓的独字部。《说文》540个部首中有36个是独字部，"丏"就是其中之一。

不论是说字、释义还是归部，都不能让人信服。为了说明白这个字，我们还得把"宾客"的"宾"牵扯进来。

，所敬也。从贝丏声。，古文。（《说文》）

"宾"的繁体字"賓"下面是"贝"，因为宾客来了得带礼物，走时主人得回礼，财物是不能少的，"贝"就表示财物，很好理解；上面是宝盖加"丏"。《说文》中也有这个"宀"字，从宀、丏声，是"宾"字的读音。古文字中的"宾"是这样写的：

合32正　　　　戲钟，集88　　　　保卣，集5415.1　　　叔宾父盨，集4377

中间显然就是"兀"，也就是"万"。"万"字怎么就变成了"丏"？什么时候变形的？问题永远不会完结。

"元""兀""万""丏"都是由一个字变化来的，为什么会这样？

一方面，一个字可以表达多个意义，古今一样。翻开《现代汉语词典》，"打击"的"打"释义多达24个，古代这种一字多义的情况也普遍存在。另一方面，古人写字比较随便，同一个音义有很多不同的异体字。聪明的古人把两者结合起来，用形体略有不同的字分别对应不同的意义，于是一个字就变成了几个字。随着语言文字的发展，彼此之间读音的差别越来越大，距离越来越远，关系也越来越模糊。后人不知，便会做种种误解。

[**理论延伸与思考**] 表层结构与深层结构都使用"一字"或"同一个字"这些概念,但内涵不同,表述中有时也不甚区别。例如"鵝"与"鵞",表层结构可以区分为两个字,深层结构都是从鸟、我声,音义相同,记录的是同一个词,是"一个字"。"一字异体""一字分化"等表述中的"一字",大都是从记录语言和深层结构的角度判断,有时也仅仅是表层结构之间的变化。说"元""兀""丌""丙"四字是"一字分化",主要是指"元"字音义的变化导致"元"字表层结构种种变化的固化。

第一百零一讲

# 宇宙的脑袋——天

[**本讲要点**]"元"是人的头,"天"最初可能是神的头,隐喻为宇宙之巅。"天"是表意字,是人体的隐喻;"天"也是形声字,从大丁声。

[**说解汉字**]元、天、颠、顶

古人对天的认识很直观,也很神秘。天高高在上、至大无边,日月运行、星汉灿烂、电闪雷鸣、云行雨施,而这一切都与人类的生存息息相关。风调雨顺则万物繁茂,有吃有喝;水旱不时就是祸从天降,发生饥饿战乱。这一切由谁来掌管?商代人认为是上帝①。周代人最初沿袭商人的观念:上帝住在天上,率领着百神、周人的祖先管理天地间的一切,其后逐渐淡化上帝,把天奉为最高神,天派他的儿子——天子降至人间,掌管一切。在周人眼里,"天"有性别,有住处,有职责。这个天、地、人的宇宙系统是逐渐建构起来的,我们可以通过研读各类文献获知。古人最初是怎么获得这些知识的?是如何表达的?为解答这个问题,我们今天可以利用的最早的、最直接的材料就是"天"这个字形。

"天"字有多种写法,其中有一种写法,在商代甲骨文、西周甲骨文、西周金文中一脉相承:

商代甲骨文
合 20975

西周甲骨文
H1:96

西周金文
作册大方鼎,集 2760

① 此"上帝"非基督教之上帝。

甲骨文中"大"的上面是个空心的圆圈，金文中"大"的上面是个填实的圆圈，我们把它叫作"圆丁"。这个字像什么？我们比较一下"元首"的"元"、歪头的"夨"（这个字现在已经不使用了）和"天"这三个字就知道个大概了。大家看一下字形：

这三个字共同的特点是上面都顶着个脑袋。侧立的人形上面顶着一个圆形的头就是"元"，"元"的意义就是人头，我们已经在前几讲中说过；"夨"所从的人虽然正立，但脖子歪着，上面顶着一个头，表达的就是倾斜不正，这个字也可能读"顷"；"天"则是端端正正的人形上顶着一颗头，最初表达的意思也是人头，也就是人的顶端。

先秦古籍中有一部神奇的书——《山海经》，记录了古代的地理和许多神神怪怪，鲁迅小时候很爱读。其中有个神叫"刑天"，居然敢与帝抗争，结果被帝砍了头，但他还不罢休，用两个乳头做眼睛，用肚脐眼做嘴巴，继续挥舞兵器反抗。①

古书里有插图，就是这么个没有脑袋的样子：

①《山海经·海外西经》："刑天与帝争神，帝断其首，葬之常羊之山，乃以乳为目，以脐为口，操干戚以舞。"

刑天为什么叫"刑天"？"刑"字从刀，本义就是用刀砍割，"天"就是脑袋，"刑天"就是砍割掉脑袋，这与前面图片中刑天的形象和"天"的字形释义完全吻合。

甲骨文中曾经占卜"弗疾朕天"[①]，学者认为就是问一问脑袋会不会出毛病。最早系统阐释汉字的许慎也说"天，颠也"（《说文》），"颠"就是头顶。从字形和词例上我们都可以确定，"天"最早和元首的"元"一样，都可以表示人头。

"天"很早就表示神格的"天"和自然的"天"了，用许慎的话说就是"至高无上"。古人是怎么把这个人头与至高无上的"天"联系起来的？或者说，这个"天"字中蕴含了古人对天的哪些认识？我们一起来分析。

上面是一颗人头，位于人体的最高处。古人把宇宙想象成与人相似的样子，上面是天，中间是人，下面是地。人立在地上，上面顶着的就是天。

正立的人形顶着一颗脑袋，既可以表达人的脑袋，也可以表达宇宙的脑袋。脑袋是人的最高处，天是宇宙的最高处，二者之间有相似性。人头是圆的，天也是圆的，这是另外一层相似性。天圆地方，这是古人的认识。我原来不太理解"天圆"观念的来源，后来一个偶然的机会，躺在蒙古高原上仰望天空，看到了半圆形的天，真正理解了"天似穹庐"的意境。想看圆天，就得躺在辽阔的平地上。在大都市，只能看见像狗牙一样的天。

西周金文中"天"上面的圆圈为什么成了填实的墨丁？这个墨丁就是古文字的"丁"字，甲乙丙丁的"丁"。"天"与颠顶的"颠"、头顶的"顶"不仅意义相近，古代读音也相近，是同源词。我们有很多证据可以证明它们音近义通，这里不详细说了。大家需要知道的是，填实的墨丁在"天"字中既表示圆脑袋，也表示读音，这是"天"与"丁"之间的相关性。

元首的"元"和刑天的"天"都是一个人形顶着一个脑袋，为什么"元"

①合20975：庚辰卜，王，弗疾朕天。

不表示天帝，而只有"天"可以表示天帝？这得从脑袋下面的人形的区别来说。"元"字的下部是"人"字，是双脚并拢侧立的人形，人上面有颗头自然是人头了；"天"的下部是正面站立、伸展四肢的人形，这个人形记录的是语言中的"大"。大小的"大"无形可象，没法画出来，伸展四肢的人比敛肩并腿的人要大，所以就用来表示抽象的"大"了。而"天"的特点正是大，大得无边无际，大得超越我们的想象。在古人的观念里，"天"本来就是一个像人一样的神，或许"天"就是天神的形象吧，这里面又通过和语言中脑袋、大、丁等音义要素相联系，形成一个复杂的认知系统。

从语言的角度说，天地的"天"、颠顶的"颠"、头顶的"顶"与元首的"元"、首脑的"首"、头发的"头"这两组字虽然都可以表示人头，但还是有意义上的差别。山头与山顶不同，头部与头顶不同，"首""头"等都是表示整个头，"天"与"顶"则是特指头部顶端的一部分，是名副其实的至高无上，用来表示至高无上的天更加贴切。

"天"最初可以表示人头，也可以表示神格的"天"，这个字形与上天之间有许多相似性和相关性。把前面讲的归拢归拢，总结一下：

第一，人头在人的顶端，天是宇宙的顶端，也就是宇宙的头，二者相似。

第二，人头是圆的，天也是圆的，这是又一层相似性。

第三，人撑开四肢就是大，天最大，所以"天"字从大。

第四，"天"字像伸展四肢的人形，或许这就是古人所想象的神格天的形象。

第五，"天"是舌音真部，"丁"是舌音耕部，真、耕古音关系密切；把圆形的头填实就是古代的"丁"字，"天"就变成了"从大丁声"的形声字，而原来的象形意味并没有丧失。

第六，"天"与顶端的"顶"音义更接近，用来表示至高无上更贴切。

说到这里，有的朋友可能会说："原来水这么深啊，有意思！"有的可能就说了："古人哪里会想这么多，都是现在的人想当专家，吃饱了瞎猜！"因为我们不能起死人而问之，无法对质，但我们不能因此就不思考与研究。我们想一想每个人的姓名中蕴含的文化就不难理解，比如叫"雪松"的人不少，这名在身份证上就是人彼此区别的一个代号，但分析一下，这个人名的背后有文化可说：他们大部分是北方人，尤其以东北人为多；大部分出生在冬季；起名人大都知道"岁寒，然后知松柏之后凋也""大雪压青松，青松挺且直"之类的文化内涵，大都寄托着对这个孩子美丽、坚韧、刚强之类的期望。正如人的代号与起名过程中的文化因素是两码事，"天"字对于其记录的语言来说，就是一个符号，但对于造"天"这个字的人来说，会尽量把对天的认识通过字形表达得全面一些，这一点是确定的。我们要做的就是把这些蕴藏其中的文化发掘出来，与大家共享。

至于"天"字上部圆形的头或"丁"何时变成了一横，为什么这么变，这是纯文字学的问题，我们将来有机会再说。

[**理论延伸与思考**]每个事物我们都能认知到许多特征，认知到的特征就是语言的意义。造表意字时既可以表达其中的一个特征，也可以和多个特征相联系。"天"有高高在上、圆似穹庐、巨大无边等认知意义，其字形与这些意义都有联系。

## 第一百零二讲

# 这些字都与脖子有关

[**本讲要点**] 现代汉语表达颈部有两个常用词，书面语是"颈"，口语是"脖"（脖儿、脖子）。古代对脖子有详细的区分："领"是脖子整体，"项"是脖子的后部，"颈"是脖子的前部。"脖"表达颈部的用法出现很晚，来源不明。

[**说解汉字**] 领、颈、项、胆、亢、脖

脖子是头部与身躯之间的过渡。今天把头部和颈部分为人体的两个部分，从汉字的构形系统来看，古人最初没有分得那么细致，似乎是把脖子当成了头部的一部分。"领""颈""项"都可以指称脖子，字都从页。"页"与头部相关。

脖子的特点：第一，连接头与躯干；第二，人体的关键部位，冷兵器时代攻击的要害，现在的口语里面用一个"脖子"就概括了，古人分得却很细致；第三，脖子的形态是直的，挺与弯决定头部的仰与俯。

下面我们依次讲讲"领""项""颈""胆""亢""脖"等与脖子有关的几个字。

"领"是人体部位。

领如蝤蛴，齿如瓠犀。（《诗经·卫风·硕人》）

这是形容美人之美，描写到了脖子，"领"的意义相当于今天的脖子。领带就是系在脖子上的带子，近现代意译外来词还这么用。

"领"的另一个常用意义就是衣服上绕着脖子的部位。

若挈裘领，诎五指而顿之，顺者不可胜数也。（《荀子·劝学》）

臣闻举网提纲，振裘持领，纲领既理，毛目自张。（《南齐书·高逸传·顾欢》）

"领"处于衣的上端，是拿衣服、挂衣服的关键，"纲领""要领"中的"领"都是隐喻重要。现代汉语中的"领袖"是偏义复词，与"窗户"一样，只用领的意义。

"项"是脖子的后部，现代汉语做词素，常说的是项链。①

，头后也。从页工声。（《说文》）

"项"的语源可能是"杠"。杠是直的木头，可用作独木桥。《孟子·离娄下》："岁十一月，徒杠成；十二月，舆梁成，民未病涉也。"

古书说刚正不畏强暴是"强项"。在强势暴力面前，挺直脖子，昂首，那就是不畏不服。方言里把倔强的人称作"杠头"，也是描写的直脖子。

"颈"也是脖子，有时与"项"对应，专指脖子的前部，例如"刎颈自杀"不能说成"刎项自杀"。

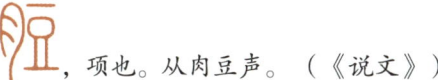，头茎也。从页巠声。（《说文》）

许慎用"茎"释"颈"，是声训溯源。从"巠"得声的字大都有"直"的意义，例如"经"与"纬"相对应，分别指纵与横的丝线。"茎""径""胫"等字也大都表达"直"的意义。许慎用"茎"释"颈"，是因为二者有相似之处：第一，直，"茎""颈"都是直的；第二，连接作用，茎连接籽实与根部，颈连接头部与躯干。

"脰"也是脖子，大概因为与食器"豆"相似。

，项也。从肉豆声。（《说文》）

①"项目"更常用，现代才产生，很可能是个外来词。

《左传·襄公十八年》:"射殖绰,中肩,两矢夹脰。"《史记·田单列传》里有"绝脰而死"。

青铜礼器"豆"中间细,形状像脖子:

马承源《中国青铜器》

哀成叔豆,《中国青铜器全集》第7卷

再说一下"亢"字。这个字现在还出现在"亢直""亢奋"等词中。

亢,人颈也。从大省,象颈脉形。凡亢之属皆从亢。頏,亢或从頁。(《说文》)

《尔雅·释鸟》又说"亢,鸟咙",《集韵》说"吭,或作颃亢","引吭高歌"就是伸长脖子高声唱歌。

"亢"的意思是喉咙。《史记·刘敬叔孙通列传》:"夫与人斗,不搤(扼)其亢,拊其背,未能全其胜也。"裴骃《集解》引张晏曰:"亢,喉咙也。"喉咙就在脖子上。

古书中的"亢"确实可以当脖子讲,但说"亢"就是脖子的象形字,怎么看也不像。古文字中有"亢"字:

合 20318

合 18070

亚高作父癸簋,集 3655

效作且辛尊,集 5943

"亢"最初一定不是颈部或喉咙，从构形上看，应该是胯部。语言文字的变化，有的我们能够解释，有的莫名其妙。为什么用表示胯部的"亢"指称脖子？从意义方面想不通就从读音方面去想。"亢"与"项"古代读音比较近，可能就是假借。

　　"脖"字不见于《说文》，被后代的《玉篇》等书收录。古书里很少使用，医书里偶尔能够见到，是指人体部位——肚脐，或靠近肚脐的一个穴位。到了近代才用作脖子。《汉语大词典》给出的最早词例是清末文康的《儿女英雄传》。"脖"这个用法与《玉篇》的"脖"字之间没有联系，语源上也难以解释，难道是满语？不知道！为什么用"脖"取代"领""颈"等？也不懂！这就涉及更多的问题，需要请教近代汉语专家了。

　　[**理论延伸与思考**] 语音是语言的物质外壳，是听觉能够感受到的现实；文字是语言的视觉形式，突破了语音的时空限制。从总体上看，文字为记录语言而创造，文字需要适应语言。失去音义的文字，就是文字中的僵尸。从记录语言的方式和记录语言的过程的角度研究文字才有活力。即使是表意字，也要多从语音上思考问题。"亢"与"项"读音相近，意义相同，应该是同源词，"亢"用作"项"也可能就是假借。不论怎么解释，都比把"亢"解释为表意象形字好。

## 第一百零三讲

# 心脑并用才有思想吗

[**本讲要点**]"思(恖)"就是一个形声字,上部的"囟"与"脑"没有关系。"脑"的来源与构形不明。

[**说解汉字**]心、囟、思、脑(匘、腦)

古人认为思维的器官是心脏,所以"思想""记忆""怀念"等字都从心。在文字构形中,"心"主要有三种写法:写在下面和中间时大部分不变,例如"意志"及"爱"与"庆"的繁体字"愛"与"慶";写在侧面时变成了"竖心儿",例如"性情""懒惰"等。写法不同完全是因为位置不同时,为了结构的匀称而发生的变化,有时可以互换,例如"恪"字又可写作"愘"。

"慕""添""舔"等字中,有个比"小"多一点的部件,有些人不知道是什么,其实也是"心"的变形。

现代医学告诉我们,思维的器官是脑。心理学要研究脑的结构与功能。"心脑并用才有思想"既不是古人的想法,也不是现代科学研究的结果,当然也不会是我的创见。这是编辑给我定的一个题目,想让我脑洞大开,沟通古今,可惜我没有那么大本事,只能顾左右而言他,从文字构形方面梳理一下编辑这个想法的来源与思路。

我们看下面这几个字:思、囟、脑(匘)。先看下字形。

第一,"思"字的结构中有心、有囟。

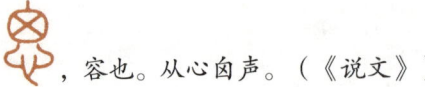,容也。从心囟声。(《说文》)

，谋思也。从思虍声。（《说文》）

第二，"囟"是脑盖。

，头会，脑盖也。象形。凡囟之属皆从囟。，或从肉、宰。，古文囟字。（《说文》）

囟门子合上了就是"囟"，没合上的就是"兒（儿）"的头。

，孺子也。从儿，象小儿头囟未合。（《说文》）

第三，"脑"与"囟"有关。"脑"的繁体字是"腦"，小篆作""，隶定作"𦚢"：

，头髓也。从匕；匕，相匕著也。巛象发，囟象脑形。（《说文》）

由以上字形看，"思"字字形上面是脑，下面是心，意义是思想，所以说"心脑并用才有思想"。

有道理吗？有。第一，有证据，《说文》有相关解释；第二，有学理，汉字阐释就是沟通字形与意义之间的联系。

有问题吗？有。

第一，古人对脑的认识非常少。宋代的大型类书《太平御览》分类汇聚各种论述,关于脑的记载不足十条,大都是就物质形态的脑浆而言,只有汉代的谶纬书《春秋元命苞》曰"脑之为言在也,人精在脑"。这不足以证明古人已经认识到脑的思维功能。

第二,"脑"字的构形目前还没有善解。

古书里有好多种"脑"字的写法:

《墨子》　　《说文》　　《广韵》　　《玉篇》　　《集韵》

出土文献中最早见于秦汉:

睡虎地·封诊式 57

马王堆·五十二病方 246

出土文献中的"脑"字中没有"囟",构形理据我们不能确知。我们可以知道的是,《墨子》《玉篇》《集韵》等书中那些"脑"的怪字都与秦汉的"脑"字有关。"脑"是否与"囟"有直接关系也不好说。

第三,许慎说"思"从心囟声,"囟"只有表音功能,并没有说它具有表意功能。

把这些信息综合到一起,可以说"心脑并用才有思想"是我们想多了,是对汉字的过度阐释。

怎么才能不过度?"度"就是标准,标准是什么?

第一,有系统的理论。

第二,有充分的证据。

第三,论证合乎逻辑。

很多汉字阐释,乍一看引经据典极有学问,仔细一推敲,全都靠不住。如果我们认为汉字文化阐释是学术的一部分,就不能任意作为。

汉字里表现出的古人对思维器官的认识只有如下几点:

第一,古人认为思想出自心脏,心脏是知识与智慧的容器,所以常说要多一点心眼,要虚心。

第二,脑只与生命相关,古人还没有认识到它的思维功能。

第三,"脑"字有很多异体,其构形不是很清楚。

第四,"思"字的构形,按照许慎的解释就足够了,从心,囟声,是一个形声字。古文字中"囟"确实可以读与"思"相同的读音,用作"使"。例如:

(清华简·系年34):我后果入,囟(使)君涉河,至于梁城。

[**理论延伸与思考**]我们所使用的常用字只有一部分的结构、用法、理据都明确无疑,相当一部分理据不明或存疑。文字构形理据有的很复杂,文化内涵丰富,可以充分阐释;有的就是形声字,不能过度解读;有的线索不够,材料不足,不能深层阐释。要根据具体情况区别对待,实事求是。"思"就是一个形声字,"脑"字的来源与构形还无法做出合理可信的阐释。

## 第一百零四讲

# 面子就是一张皮

[**本讲要点**] "面"是脸部表皮的象形字,"颜"与"面"同义,金文"颜"是在"面"上加音符构成的分化字。面食的"面"本作"麪"或"麵",是同音假借,来源完全不同。

[**说解汉字**] 面、颜、脸(麪、麵)

国人很讲面子,颜面尽失,那还了得?什么是面子?家里穷得揭不开锅,却在门头上放着一块肉皮,出门时蹭一蹭嘴,满嘴油光,这是为了面子;请客吃饭,不论客人吃与不吃,一定要大盘大碗层层叠起,这是面子。面子重要,语言里就分得细致。我们现在笼统地讲叫作"脸",古人也有这样笼统的称谓,那就是"面"。《战国策》中的赵太后说,谁再说让我老儿子出国去当人质,"老妇必唾其面",往人脸上吐口水,真不给面子。①

现在单说"面",是阳春面、炸酱面等食物。"我要面"与"我要面子"完全不同。其实,"面"最初与你想吃的面没有关系,是面子。

,颜前也。从百,象人面形。(《说文》)

里面一个"百",外面是不封口的边框,哪个地方像人面?如果是边框,这脸也太大了,把头都包起来了!古文字就形象得多:

①《战国策·赵策》:"赵太后新用事,秦急攻之。赵氏求救于齐,齐曰:'必以长安君为质,兵乃出。'太后不肯,大臣强谏。太后明谓左右:'有复言令长安君为质者,老妇必唾其面。'"

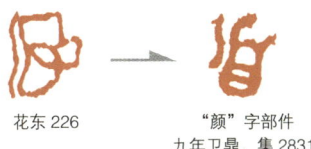

花东 226　　　　　"颜"字部件
　　　　　　　　九年卫鼎，集 2831

郭店简·唐虞之道 25

北大秦简·算书丙

"面"是"首"的一部分，"首"有带头发的，有不带头发的，"面"中的"首"是不带头发的"百"。沿着"百"的面部曲线画了一条曲线，告诉我们这就是面子。学过"六书"的人可能就会纠缠这是象形字还是指事字，各有各的道理。有些问题说得越细致就会越糊涂，没有必要过度纠缠。

从甲骨文到西周金文，我们看得很清楚，"面"就是脸面，就是一张皮。随着时代的发展、政权的分裂，战国文字的地域特点越来越明显。楚国文字中"面"的字形是面皮与"首"之间用许多短线连接起来，好像生怕掉了面子。秦文字中的"面"变成了小篆的那种写法，面皮扩大到几乎包裹头部。

面子也可以叫作"颜"，如"三军过后尽开颜"。"颜面"是同义词素连用，"颜"就是"面"。

颜，眉目之间也。（《说文》）

许慎把"颜"的部位定得非常小，眉目之间只有眼皮了。这样一来，古书中的"颜"具体所指就说不清了。

《史记》记载汉高祖刘邦的长相是"隆准而龙颜",隆准是高鼻子,龙颜是什么样子?具体指什么部位?有人说是脑门隆起,有人说是眉骨隆起,究竟是什么部位,各说各的。从文字构形的角度看,"颜"就是"面":

九年卫鼎,集2831

这是我们最早见到的"颜"。字不从"页",从的就是"面"。"颜"与"面"的读音也相近,都是元部字。"颜"和"面"最早可能就是一码事,是在"面"的表意字上加注音符"产",这是形声字构成的重要途径。

把"颜"与"面"细加分别,可能有方言依据,也可能是文字学家的想象,不一定是语言事实。

《素问》:"心热病者颜先赤。"旧注说:"颜,额也。"这违背生活经验,发烧大都是脸蛋先红起来,因为毛细血管发达,哪有脑门先变红的!这里的"颜"就应该是面部,不能是额部。

那汉高祖的龙颜到底是什么样?龙都没见过,哪里知道龙颜是什么样。想象之词就是让你想象的,纠缠起来没意义。用通俗的话来说,刘邦就是高鼻梁、长脸盘,没那么神秘。

现在我们既不叫"面",更不叫"颜",而是叫"脸"。"脸"字后起,最初专指脸蛋,是女性涂胭脂的地方。美女化了妆是"红脸桃花色",卸了妆是"眉销残黛脸销红"。脸蛋是两面对称的,所以可以说是双脸:"还似妖姬长年后,酒酣双脸却微红。"这里的双脸之美与两面派、双面人之恶成鲜明对比,前者描写美女的容貌,后者是说人的品性,不能混为一谈。"脸"最初很少用于男人,男人的脸——脸蛋没那么重要。大约宋代以后,"脸"就泛滥了,逐渐取代了"面",

要脸不要脸、脸蛋、脸皮、脸面等构词也多了。取代的原因是什么，这得问研究常用词的专家。

需要留意的是，面条的"面"与面子的"面"在《说文》中原本不同：

麪，麦末也。从麦丏声。（《说文》）

前面讲"元"字的变形时讲到过"麪"这个字的音符，从麦、丏[①]声。后来又产生了从麦、面声的"麵"。"麪""麵"现在都简化合并成"面"，面条的"面"与面子的"面"就同形了。字形相同，来源不同，意义不同，这就是同形字或同形部件。如果弄不清"面"字的发展，弄不清繁简关系，用繁体字写出"他很有麵子"，就闹笑话丢面子了。

最后提一个与"颜"字相关的问题：生产的"产"的简化字最早表达的音义是什么？与"颜"有什么关系？

[**理论延伸与思考**]表意字的分类是个难题。"六书"分为象形、指事、会意等，界划并不清晰。甲骨文的 ，如果认为曲线是面皮的象形，"首"是附加表意，其构形就与 （眉）一样，是象形；如果认为是指事符号，与雁（膺）一样，就是指事符号。这类问题没有必要纠缠，不存在非此即彼的绝对是非。深层结构的理据是古人造字的思维，古人造字时究竟怎么想我们并不能确知。

---

[①] "丏（miǎn）"认识的人不多，大部分人将其误作乞丐的"丐"，要注意区分。

第一百零五讲

# "页"原来是磕头

[**本讲要点**] "页"的本义是跪着磕头,《说文》作"𩒹",古书中多假借"稽"。"𩒹"的读音与页码的"页"的读者比较接近,是假借。"页"的本义消失后,在构形中表达与头相关的意义。

[**说解汉字**] 页、𩒹、凤、叶(𩒹、鳳、葉)

页码的"页"在现代汉语中是个单义词,在古代汉语中也是,除了用作"书页",没有其他用法,这种字罕见。许慎对"页"的解释是"头也"。《说文》中从页的字有93个,例如"頭""顶""额""颊"等,意义都和头部有关,所以学者大都认为"页"就是"首"。如果"页"就是"首",与书页的"页"是什么关系?如果说是假借,它们语音之间没有联系;如果说是引申,它们语义之间没有联系。一个简单的"页"字令古今学者陷入困惑。《说文》:

,头也。从百从儿。古文𩒹首如此。

"古文"就是汉代学者见到的古文字,主要是战国文字。"𩒹首"是古代的一种礼仪,简单地说,大致相当于现在的磕头。许慎说"古文𩒹首如此",究竟是"𩒹"字如此,"首"字如此,还是"𩒹首"如此?意思不很明白。段玉裁认为"页"是"𩒹"的本字,还有的学者认为是"首"字,他们说的都有道理,又都证据不足,谁也说服不了谁。

后来"首"字说成了主流意见,但 yè 这个读音从何而来,还是不容易理解。

古文字给我们提供了新信息。先来看字形:

合 22215

卯簋盖,集 4327

《说文》小篆

从甲骨文到西周金文,早期文字中"页"的下面不是一个站立的人形(儿),而是一个跪着的人形,即《说文》中的"卩"。古文字中的"跪"与"坐"同字,都从卩。自古及今,跪这种体态都表示下对上的敬意。小篆下的"儿(即人)"是讹变所致。

𩒻首的"𩒻",古文字中极常见,基本上都从页:

不㝬方鼎,集 2736

大克鼎,集 2836

下面再来看用法。

卯拜手𩒻(页—𩒻)𠂇(手—首),敢对扬荣白(伯)休,用乍(作)宝障(尊)簋。(卯簋,集 4327)

"拜手𩒻首"是金文中习见的套语,根据文意,文例中"页手"即读为"𩒻首"。"手"与"首"古音双声叠韵,传世文献中常见二字通假。这应该就是许慎所说的"古文𩒻首如此"。

趞(遣)中(仲)令𡧗𣪊(总)嗣(司)奠(甸)田,𡧗拜𩒻(页—𩒻)首……(𡧗鼎,集 2755)

"拜𩒻首"在金文中亦常见。根据这些词例,我们可以确定"页"读作"𩒻"。这就证明许慎所说有依据,也说明段玉裁的说法是正确的。

卯簋,集 4327

𡧗鼎,集 2755

至此,"页"是"稽首"的"稽"的本字,形、音、义都可以得到落实。

从构形上说,"页"突出头部和人跪着两个特点,稽首礼正是跪着把头慢慢触到地上。

从形声字的产生过程来说,"页"是"稽首"之"稽"的象形字,后来加了音符"旨",这是形声字产生的重要途径之一。例如"凤凰"的"凤"最初就是一个象形字,后来加了一个音符"凡":

合 34036　　　　　合 21019　　　　　加音符"凡",合 28673

由于有了音符起区别作用,原本象形的凤鸟便简化成一般的"鸟"。之后又将音符"凡"稍加变化写在上部,"鸟"写在下部,从而有了常见的"鳳"字。

从意义上说,已经有卯簋、宁鼎用作"稽"的例证。

从读音上说,由"页"变为"稽",可以解释。稽,溪母脂部。页,匣母质部。溪、匣为牙喉音,脂、质阴入对转。"页",《广韵》注为"胡结切",段玉裁说是"音转",应该是可信的。如果"页"是"首"字,今天"书页"的"页"的读音就不知是从哪里来的了。

我们给段玉裁的推测做了补充,确信段氏的说法是正确的。

"页"字《说文》作"稽":

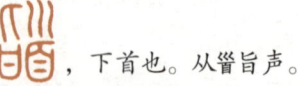,下首也。从𩠐旨声。

作为"稽"的本字,"页"被义符"首"取代,成了一个纯粹的形声字,后来又假借"稽"字,"页"的本义逐渐湮灭。

书页的"页"和表示稽首的"页"有什么关系呢?"书页"的"页"

最初写作"树叶"的"棻"（简化字作"叶"）。唐末诗人裴说《喜友人再面》中有："静坐将茶试，闲书把叶翻。"显然是翻书页。这时的书已经有了可以翻页的装订形式，一片一片如树叶，所以就叫作"叶"。因为与表示"稽首"的"页"读音相同或相近，就假借来表示"书页"的"页"了。到了唐代，稽首礼早已消亡，"页"在文献里也不见使用，"页"就是"稽首"的"䭫"这样的知识早已模糊不清，就剩下一个有字形和读音、躺在字典里的死字。有人废物利用，用它表示"书页"的"页"，避免了与"树叶"的"叶"用同一个字形，大家都接受了。

用"页"做偏旁的字很多，但没有做音符的。因为"页"很早就被形声字"䭫"取代了，它的读音靠口耳相传保存下来，变得模糊而飘忽，所以造字的人就避开了它。

"页"还有另外的来源，例如"憂"字所从的"页"与稽首的"页"肯定不是一码事。

"页"字涉及的问题比较多，详细的解说发表在《中国文字》上[①]，如果有兴趣可以看一看。

[**理论延伸与思考**] 表意字的形声化是汉字演变的规律。表意字用团块或线条构成与现实事物相关联的"图画"，区别度小，书写复杂。加上音符构成形声字，区别特征增加。成为意符的表意字，其区别特征已经不是必须，就逐渐类化为大家熟悉的义符或记号，其本形与本义就湮灭了。"页"是"䭫"的初文，描画的是磕头的人。加上音符"旨"形成形声字，"页"表示与"首"相关的义类，进一步简化为"首"。"页"的本形讹变成了下部从人的"页"，本义也被误解成了"首"。

① 李守奎：《说"页"、"见"》，《中国文字》2019年夏季号（总第1期）。

第一百零六讲

## 微妙的"微"与头发有什么关系

[**本讲要点**] "微"字中间的"耑"汉代就失传了,是飘着长发的美人形象。"耑"与从"耑"的字大都读为"美"。

[**说解汉字**] 微(散、耑、嫩)

古文字中,"長""髟""微""徵"形体相近,考释过程十分曲折,有些问题至今没有定论。谁对古文字有兴趣,可以梳理出一篇论文来。我们这里仅仅拿出与头发有关的一小部分来说一说。

"微"字里有个人,许慎还知道。

微,隐行也。从彳散声。《春秋传》曰:"白公其徒微之。"(《说文》)

散,妙也。从人从攴,豈省声。(《说文》)

"豈"的出现比"散"晚得多,"散"不可能是"豈省声"。"散"字在古文字里很早就出现了。

甲骨文中有"耑"字:

合 4593

合 36777

"𢁭"在卜辞中用作人名和南方风名。这个字在战国文字中还在使用,郭店简作 𢁭,词例为"𢁭与亞(亚)",即"美与恶"。

由于从甲骨文到战国文字的演变有缺环,所以有些学者还怀疑它们之间是否有直接联系。

"𢁭"的构字能力不一般。"微"字所从的"敚"是"𢁭"上加了个"攵",演变谱系十分清晰:

郭店简·老子乙4

合 17942　　　史墙盘,集 10175　　　牧师父簋,集 4068.1　　　《说文》小篆

"敚"在甲骨文、金文中大都用作人名、地名,在楚简中用作"美":

(郭店简·老子甲15):天下皆知敚(美)之为美也。

楚简中从𢁭构成的字大都用作"美":

(上博简·缁衣18):大其丑(美)而小其恶。

(郭店简·缁衣35):大其丑(美)而小其恶。

(郭店简·老子丙7):弗丑(美)也。

有意思的是，甲骨文、西周金文中的"兑"头发都飘向人的后面，楚文字中"兑"字头发都飘向人的前面。"兑"与从"兑"构成的"散""頮""娔"都表达美，这个"兑"与"美"是什么关系？

长发飘飘之美。楚简中，"兑"加上"页"，特别表明与头部有关，头发当然与头有关；"兑"加上"女"，表明是女性之美，直到今天，特别关注头发之美的还是以女性居多。男人秃就秃了，女性一是不秃，二是绝不能任其秃。"兑"大概是"美"字的另外一种写法。

比较甲骨文中的"髦""兑""老"：

髦　　　　　兑　　　　　老
合3105　　　合4593　　　合20280

正立的大人长发浓密，有对称下垂之美，有学者说这不是"美"，是"髦"，这就成了男性之美。古书中的"髦俊""髦彦""髦英"，都是指男性精英。"老"字中的头发就像草了。

侧立女子长发飘飘之美是"娔"。

娔：重文作娔。从女从散。散，少也。一曰少女也。（《六书统》）

商代人对头发的审美是什么？我们可以从一些雕刻图像见其大概。在文字中，编着长长的辫子的是表示奴隶"奚"，飘着长发的是"兑（美）"。

奚　　　　　兑
合644　　　合4593

甲骨文是成熟的文字，很多字的来源肯定会更加古老。在造字之初，我们祖先的审美到底是什么？羊大为"美"，头发飘飘扬扬为"岜（美）"。

这里面不存在低俗与高雅之分。美食家知味道之美，时尚界追求发型与纹饰之美。在远古时代，人们没有完全被僵化的礼制束缚，发现自然之美，发现自身之美，发现人文之美，这就有了"美"，有了"嬎"，也有了文化。

微妙与美妙都很妙！

[**理论延伸与思考**]省声字指形声字的音符形体省略，古今都有，例如简化字"标"就是"標"的省声。但是，在《说文》中有一些是"假省声"。许慎所见战国文字有限，一些被秦始皇废除的文字没有传承下来，《说文》不可能收录。在文字构形中一旦出现这种文字构成的音符，许慎就会寻找一个包含其中的熟知的构件，解释为"省声"。如散本从"岜"声，因为"岜"字失收，"散"就被解释为"豈"省声。对省声现象要具体问题具体分析。

另外再思考一个问题：区分甲骨文"美"和"髦"的依据是什么？

第一百零七讲

# 眉毛赋予眼睛的无限可能

[**本讲要点**] "睫"又写作"䀹",语源是"夹",上下夹着眼睛的是睫毛。"眉"的语源可能是美,眉眼美丽就是"媚"。

[**说解汉字**] 睫、眉、媚(䀹)

这个题目一看就知道不是男人想到的,对于大部分男人来说,眉毛除了给眼睛挡挡汗水、雨水,还能有什么功能?想象不出。女性就不一样了,有修眉刀,有画眉笔,经过一番修饰,不仅赋予眼睛无限的可能性,或许也赋予生活无限的可能性吧!

人头多个部位有毛发,上面顶着的是发,下面垂着的是须,眼睛周边是睫,眼睛上面是眉。

睫毛的"睫"本来写作"䀹":

,目旁毛也。从目夹声。(《说文》)

"夹"表音兼表意,夹着眼睛的就是上下睫毛。

眼前的就是最近的,迫在眉睫,眉睫离眼睛近是确实的。眉毛比睫毛距眼睛稍远,但更醒目,西周金文中有个"眉"很象形:

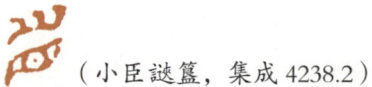(小臣謎簋,集成 4238.2)

从字形上看，与睫毛没有关系，肯定是"眉"。再看甲骨文中的"眉"：

这些字上面的毛长在眼睛上，为什么不是"睫"？

第一，睫上下都有，眉只在上部，这一点符合眉的特征。

第二，古文字中带有这个形体的字，读音的声母都与"眉"相关：

从用法上看，甲骨文中的文例除了人名、地名外，"眉日"读成"昧日"，也能说得通。释作"眉"大家都相信。

小篆的"眉"发生了讹变，《说文》：

，目上毛也。从目，象眉之形，上象额理也。

许慎认为，为了表示"眉"，脑门上的皱纹还被画出来了。但所谓的"额理"，实际上是眉毛的变形而已，列出字谱就看清楚了：

合 19165　　　　　　小臣謎簋，集 4238.2　　　　　　《说文》小篆

眉毛关乎女性的美丽，比睫毛更胜。武则天又称武媚娘，一定很媚，杨贵妃也很媚："回眸一笑百媚生，六宫粉黛无颜色。"（唐·白居易《长恨歌》）这个"媚"在哪里？《说文》有"媚"。

，说也。从女眉声。

"说"读为"悦"，这是"媚"的结果。

古文字学家找到了最古老的"媚"：

合 14792　　　　　　　　　子媚爵，集 8078

下面是"女"，上面是突出眉毛的眼睛，眉毛吸引人，眼睛会说话，古今美女大都如此。秃眉瞎眼，无论如何都媚不起来。"眉"兼表读音。

"眉"与"美"古今读音都很近。把"媚"和"燅"两个字放在一起，追溯到古文字的象形初文，就知道古人对毛发的重视了。美不美，看头发，看眉毛。所以人是不能有"毛病"的。

历史上关于眉毛有美丽的故事：

敞无威仪……又为妇画眉，长安中传张京兆眉怃。有司以奏敞。上问之，对曰："臣闻闺房之内，夫妇之私，有过于画眉者。"（《汉书·张敞传》）

为爱妻画画眉，竟然被人上告！张敞的回答十分有理。此后画眉就成了夫妻和谐浪漫的标志了。唐代朱庆余《近试上张水部》诗："妆罢低声问夫婿，画眉深浅入时无？"

这眉，不论是丈夫给画的还是自己画的，都楚楚动人。这份可爱一定会为她带来幸福与美好。

[**理论延伸与思考**] 最早的形声字大都是造表意字时有意选择表音的形体，使得表意字的某一部分带有表音的功能。例如金文中的"天""媚"等是没有部件化的图形，虽然"丁""眉"可以表音，但并没有与整体分离。随着部件化，表意字大部分演变为形体相分离的形声字。

## 第一百零八讲

# 剃头也算刑罚吗

[**本讲要点**] "鬓""髦"等字上部的"髟"与毛发相关。"髡"是一种剃除头发的刑罚,剃下来的头发可以做成假发。剃发和假发都有专字。这些字因为书写复杂,后来都被逐渐取代了。

[**说解汉字**] 髡、兀(髟、髡、鬍、髹、髶、髦、髭)

头发事关重大,美丽与头发同在,刑罚也与头发有关。

先说离我们近的。清代男性的发型很特别,前面剃掉,一根不留;后面留着,永远不剃。这就成了一半是秃子、一半是辫子的特殊造型。这对于"身体发肤受之父母,不敢毁伤"的中原人来说,当然得反抗。但清政府态度很强硬,留发不留头,留头不留发,不少人为了头发而掉了脑袋。结果,前面翘胡子、后面拖辫子就成了外国人眼中中国人的标准造型。

读过《三国演义》的人大概都知道"割发代首"一节。曹操马入麦田,按照军令应当处以极刑,他便割去自己的头发代替首级。曹操这么做是有道理的。

去掉头发的刑罚叫作"髡":

髡,鬍发也。从髟兀声。髡,或从元。(《说文》)

这个字由两部分构成:"髟"与"兀"。甲骨文中有字形如下:

合 4559 反

合 14294

学者释为"髟",意思是长发飘飘。头发是飘起来了,手挡在面部不知干什么,形象很怪异。在文字构形中,"髟"与头发相关是可以确定的。"鬈""髮""鬚"都与毛发相关,写起来太复杂,后来大都简化了。

"兀"与"元"是一字,我们已经讲过。"髡"字的或体就是从元。"元"是脑袋,"髟"是头发,合在一起应该是头上长着发,怎么就成了髡——去掉脑袋上的头发?可能许慎觉得别扭,就把"兀"当成了音符。"兀"是音符了,那从元的"髡"该怎么办呢?

"兀"本来是"元",读音与"元"相同或相近才对。"兀"与"髡"的读音相近,我很怀疑它的读音和意义就是从"髡"字得来的:"髡"字中的"兀"本来是表意的,被误作音符,就赋予它与"髡"相近的读音,所谓的"高而上平"大概是髡刑的结果。

《周礼·秋官·掌戮》:"髡者使守积。"据古人注释,髡刑主要是为了让贵族们肢体齐全。直到晋代,刑律中还有"髡钳五岁刑"。

在青铜器、铁器都高度发达的时代,髡刑就是去掉头发而已,不像其他肉刑那么残酷。但如果这种刑罚很早,剃头的工具不够锋利,想一想也很可怕。既然头发和脑袋一样重要,古人对剃发就格外重视,文字里也有反映,造了专字"鬄"和"髴":

, 剃发也。从髟从刀,易声。(《说文》)

, 鬄发也。从髟弟声。大人曰髡,小人曰髴,尽及身毛曰鬄。臣铉等曰:今俗别作剃,非是。(《说文》)

根据人的身份和剃除的部位，剃毛发居然有不同的称谓。古书里并没有这种区别，字书里的话不能太过相信，我们也不必强做区分。这两个字很早就被"剃"取代了。

在人人必须蓄发的时代，没有头发的光头就是罪人的标志，这种文化沿袭很久。犯人一进监狱，先剃了头再说，过去都是这样。现在讲人权了，这种肢体标志该淡化了吧。

一方面是犯了罪的人要剃发，另一方面是有人为了美发需要剃下头发。剃下来的头发做什么？用来做假发。古代的假发也有专名专字："鬄""髢""髲"。

，髲也。从髟易声。 ，鬄或从也声。（《说文》）

，鬄也。从髟皮声。（《说文》）

"鬄"与"髢"表音的基本单位都是"易"，按照《说文》，好像从"剔"的是动词，从"易"的是名词，其实并没有如此严格的区别，这是典型的名动相因。这就像学习的内容是"学问"，学习的过程也是"学问"一样，剃发叫作"鬄"，剃下的头发也叫"鬄"，字写得复杂一点写成"髲"，"剔"不仅表音，也表达意义。

上面说了"髡""鬀""鬄""髢"，单靠听觉就像绕口令，完全乱套了。

下面再讲一个因头发而送命的故事：

冬十月，晋复伐卫，入其郛。将入城，简子曰："止。叔向有言曰：'怙乱灭国者无后。'"卫人出庄公而与晋平。晋立襄公之孙般师而还。十一月，卫侯自鄄入，般师出。初，公登城以望，见戎州。问之，以告。公曰："我，姬姓也，何戎之有焉？"翦之。公使匠久。公欲逐石圃，未及而难作。辛巳，石圃因匠氏攻公，公阖门而请，弗许。逾于北方而队，折股。戎州人攻之，大子疾、公子青逾从公，戎州人杀之。公入于戎州己氏。初，公自城上见己氏之妻发美，使髡之，以为吕姜髢。既入焉，而示之璧，曰："活我，吾与女璧。"己氏曰："杀女，璧其焉往？"遂杀之，而取其璧。卫人复公孙般师而立之。（《左传·哀公十七年》）

卫庄公看到别人的妻子头发漂亮，剃头取发，给自己的老婆做假发，霸道至极。后来遇难落到人家手里，最终把命丢了，算得上是为了别人的头发付出了生命的代价。女人因为头发漂亮而受了髡刑，国君因为强取别人的头发而丢命。可见，头发真的很重要！

**[理论延伸与思考]** 正确使用材料是学术研究的基础。《说文》中有一部分字的音义与出土文献不合，来源复杂，不能根据后代的韵书简单归部。例如"兀"字在先秦就是"元"字的异体。《说文》："兀，高而上平也。从一在人上。读若夐。茂陵有兀桑里。"不仅有注音"读若夐"，而且举证了地名用例。宋代徐铉又加上反切注音"五忽切"，古音学家根据反切定为疑母物部。许慎所说的"夐"在韵书中有两个读音，渠营切在群母耕部，许县切在晓母元部。"兀"在汉代应归为元部。宋人所加反切不可信，据此归入物部也不可信。

第一百零九讲

# 从汉字里看古人对头发的重视

[**本讲要点**] 男性头发浓密而整齐就是"髦",甲骨文描绘了这种时尚的发型。甲骨文中的"若"指跪坐的人正在梳理头发,意义是顺、善。《说文》中的"叒"与"若"都是从这个形体演变而来的,与植物无关,都与头发有关。

[**说解汉字**] 髦、若、叒

上一讲讲到头发的重要,这一讲说说美发的价值。先说时髦的"髦"。时髦就是时尚,可时尚与"髦"有什么关系?"髦"是什么?

,发也。从髟从毛。(《说文》)

"髦"是什么样的发型?

合3105　　　　　　合3107反

长长的头发,整齐对称地垂下来。这个字很长时间被认为是"美"字,现在则认为其是特殊发型的美少年。

我们再来读一读《诗经·鄘风·柏舟》,就知道"髦"有多酷了:
泛彼柏舟,在彼中河。髧彼两髦,实维我仪。之死矢靡它。母也天只!

不谅人只!

泛彼柏舟,在彼河侧。髧彼两髦,实维我特。之死矢靡慝。母也天只!不谅人只!

这是一首情歌,"髧彼两髦"的小伙子被姑娘死心塌地地爱上了,爱到发誓至死不渝,爱到对母亲也有所抱怨了。"髧"是头发垂下,"髦"就是垂下来的头发,描写的就是甲骨文字形中的发型。

美男子在少女眼里是人才,在社会上就是髦士才俊:

攸介攸介,烝我髦士。(《诗经·小雅·甫田》)《毛传》:"髦,俊也。"

凡今取才,必率英髦。(宋·王禹偁《赠别鲍秀才序》)

"髦士""英髦"都是有才华的人。

"髦"的字形由甲骨文到小篆,变化很大。甲骨文中的"髦"是怎么认出来的?它通过什么途径就变成了小篆的"髦"?这留给大家去思考。

说假若的"若"与头发有关,简直令人难以置信,但这确实是真的。《说文》里有个"叒":

,日初出东方汤谷,所登榑桑,叒木也。象形。凡叒之属皆从叒。,籀文。

"叒"在古书里不见使用,但有"若木"。"若木"就是这个"榑桑",是东方神木。这是把"若"字头与"桑"字头弄混了导致的折中之说。

,蚕所食叶木。从叒、木。(《说文》)

《说文》中还有一个"若":

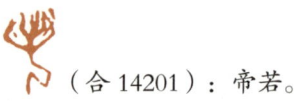,择菜也。从艸、右。右,手也。一曰杜若,香艸。

"叒"字的字形古书里不用,"若"字的字义古书里没有。这就出问题了,我们往前找找证据,看看能不能解决。

下面是甲骨文中的"若":

（合 14201）：帝若。

（合 14206 正）：帝弗若。

一个跪着的人,举起双手梳理自己的头发,贞卜的事情是帝能不能保佑随顺我的心愿。

古书中的"若"有"顺"的意义：

不若于道者,天绝之也。(《穀梁传·庄公元年》)

故民入川泽山林,不逢不若,魑魅罔两,莫能逢之。(《左传·宣公三年》)

学者认为,"若"的本义就是梳理头发,使其顺畅,引申为顺、美、善等意义。后来加个"口",就变成了《说文》中籀文的写法。

"若"字的字谱：

比较一下西周金文中的"若"与《说文》籀文中的"若":

双手梳理头发变成了三个"又",跪着的人形与上体分离,"口"变得像个倒三角。尽管变化很大,但还是能够看清变化的痕迹。

我们再比较秦文字与小篆的"若":

上曾大子鼎,集 2750　　　睡虎地·法律答问 36　　　《说文》小篆

古文字中两个又的"友(叒)"写得和"艹"非常接近。秦文字"若"中上部的"艹"和"又"实际上也是双手梳理头发的讹变,只是下面的人形被省略了。

至于《说文》所说的香草杜若的"若",古文字里也有,从艹,若声:

清华简·周公之琴舞 9

[**理论延伸与思考**] 讹变是指文字演变过程中逐渐失去本来的形体和功能,变成另外一个与音义无关的部件。早期表意字大都经历了这个讹变的过程而成为记号。讹变可以导致不同来源的形体同形,也可以导致同一来源的形体不同形。古文字中"桑"字上部像桑树的枝,"叒"与"若"上部像双手整理头发之形,后来都讹变成了三个又的"叒"。"叒"的籀文与"若"本来是同一个字,后来"叒"被写作三个又,"若"被误解为艹和右。"叒"被理解为榑桑,是因为字形与桑相近而导致的意义混讹。

第一百一十讲

# 美髯公的胡须美在哪里

[本讲要点] 古人对面部的毛发很重视，不同部位有不同的专名：下巴上的叫须，嘴唇上的叫髭，面部的叫髯。"须"与"髯"在古文字中都有象形字。胡子的称谓是后起的，是由胡人多胡须而来的。

[说解汉字] 须、髭、髯、颜、颊、髯

胡须是男人成熟的标志。我年轻的时候听一位老同事说起他们家乡过去关于胡须的礼俗：第一，父亲没有留胡子，儿子绝对不能留，不能装得比爹还尊大，那叫僭越；第二，儿子娶了媳妇，老子必须蓄须，不然会有勾引儿媳的嫌疑。当时听过也就一笑了之，没有做进一步的调查。现在轮到讲胡须了，发现古人对胡须的重视超过我们的想象。我们现在将面部的毛发都叫作胡子，古人却有很细致的区分。

必须的"须"，是胡须的"须"的本字。

合 816 反

合补 6167

口的下部就是下巴，下巴上的毛就是须。

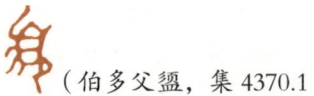
（伯多父盨，集 4370.1）

西周时期把不成字的"乂"换成了"页",胡须也移到了脸部,而且与"页"紧密连在一起。到了小篆,"须"字已经变成下面的样子:

,面毛也。从页从彡。(《说文》)

字形的讹变我们看得很清楚,胡子与"页"分离,就误以为是"彡"了。

许慎解释"须"说是"面毛",段玉裁不相信,经过一番考证,改为"颐下毛",也就是下巴上的毛,这与甲骨文完全相合。他是怎么做到的?好好去看《说文解字注》。

"须"是个部首,从须的字都与胡须有关,如"頿""髯":

,口上须也。从须此声。臣铉等曰:今俗别作髭,非是。(《说文》)

頿位于鼻子下面、嘴的上面。这个字后来把"须"换成了表示毛发的"髟",徐铉说是后起的俗字,现在成了通行字。鲁迅的"一"字须,准确地说应该是"一"字髭。

关于"髭"有灵异故事相传。《左传·昭公二十六年》王子朝说周灵王"生而有髭",这就成了"王甚神圣"的吉兆。生下来就带着一撮毛,这种可能性是有的。

段玉裁之所以不相信"须"是面毛,是因为面毛别有他字:頯、䫇、䯂。

,颊须也。从须从丹,丹亦声。臣铉等曰:今俗别作髯,非是。(《说文》)

"髯"是胡须,怎么能从表示头发的"髟"?从构形理据上说,徐铉的批评很对。但就文字应用而言,谁管这种区别呢!

古文字中有个口边长满胡子的字,有学者释为"頾":

合 27740

焚鼎,集 1033

但这形象不像美髯公的"髯",更像张飞、李逵的胡子,是"须"还是"髯"?

"髯"字所从的"冉"见于金文:

师寰簋,集 4314

冉钲鋮,集 428.2

形状是对称垂下来的毛。

,毛冉冉也。象形。凡冉之属皆从冉。(《说文》)

说这个像关公的胡子,我信。对称而下,飘飘扬扬。古人也是这么想象关羽的美髯的。这个"冄"后来变成了"冉",很可能这是"髯"的本字:

冄 → 頾 → 髥 → 髯

最后讲一讲胡子。

"胡"字从肉，古声，本来是动物脖子下面下垂的皮肉，在南北朝时期已经有了胡子的用法。

帝纣垂胡，长尺四寸，手格猛兽。（南朝·梁元帝《金楼子·箴戒》）

唐诗有"明明复夜夜，胡子即成翁"，这里的"胡子"就是长胡子的男人。

游牧民族的人与汉人人种不同，一个重要的体表特征就是面部的毛发非常发达，满脸胡须，把他们叫作胡人大概与此相关。与胡人相对应的就是汉人。

汉儿尽作胡儿语，却向城头骂汉人。（唐·司空图《河湟有感》）

这是一时的胡化现象，最终逐渐被汉化。

胡人有发达的胡子，元代以后造专字"鬍"，现在简化成了"胡"，绕了一圈又回去了。

[**理论延伸与思考**] 语言文字对事物区分的详略程度受制于现实的需求。汉字中艸部字、木部字非常多，是由于农耕民族对植物辨别的需要。毛发胡须的详细区别，专词专字，是因为有特别的文化意义。现在体毛被"发""胡""毛"三个字构成的词囊括了，不是认识没有古人精细了，而是繁琐的区分在现实生活中已经没有意义了。

## 第一百一十一讲

# 美目盼兮——"眼"与"睛"

[**本讲要点**] 古人对眼睛的观察很细致:"目"是象形字,像蒙古人种的眼睛,后来叫作"眼";上下眼皮名"睑",黑眼珠名"睛",瞳孔名"眸"或"瞳",眼睛黑白分明名"盼"。

[**说解汉字**] 目、眼、睑、睛、眸、瞳、盼

《诗经》中多有对美女的描写,《卫风·硕人》"巧笑倩兮,美目盼兮"中黑白分明的眼睛很传神。文学家说"眼睛是心灵的窗户",老百姓也懂,说得更朴实:"一看那眼神,就知道是能够想点事儿的人。"这是我的同学对人的评价,几十年过去了,事实证明确实如此。文学作品里对眼睛的经典描写很多,我们这里讲文字,就看看文字怎么表现眼睛。

"目"字虽然现在不单独使用了,但我们都知道它就是眼睛,"目光炯炯""獐头鼠目"等词中的"目"大概无人不知。

"目"字很象形:

合 6194　　　合 6946 正　　　目爵,集 7493　　　𦆅目父癸爵,集 8964

郭沫若敏锐地发现,这是蒙古人种的眼睛,在靠近鼻梁的内侧,上眼睑包着下眼睑,形成一个独特的眼角。我们的眼睛本来就是平长

在脸上,古人造字的时候如实反映。平的眼睛与竖起来的眼睛表意也不相同。平的就是"目",竖起来就是"臣",表示各种特殊角度或特殊状态的眼睛,例如"望""卧""监""临"等等,这些字的繁体中都有个"臣",就是竖起来的眼睛。

"眼"字比"目"字晚出:

,目也。从目艮声。(《说文》)

"艮"从目,战国文字中已经出现,是"眼"字的音符,不排除最初就是"眼"字的初文,但目前还没有充分的证据。"眼"取代"目"成为常用词,经历了漫长的过程,这里不再细说。

眼睛的构成很复杂,有上下眼皮,名曰"睑":

,目上下睑也。从目佥声。(《说文》)

睑上长着毛,名曰"睫",睑与睫共同保护眼球。生活中我们看不到完整的眼球,只能看到眼皮开启后的那部分,分为黑、白两部分。黑的部分很重要,圆圆的,在眼睛的中部,我们的直观感受是它可以上下左右移动,这就是"睛"。睛者,精也,精华在此。黑眼珠的正中还有圆孔,光线可以进去,眼神从此显现,有神无神全在于此,这就是"瞳仁"。

《说文》新附字有"眸":

,目童子也。从目牟声。

孟子说："存乎人者，莫良于眸子。眸子不能掩其恶。胸中正，则眸子瞭焉；胸中不正，则眸子眊焉。"

"眸"又可以称作"童子"。《汉书·项籍传赞》："舜盖重童子，项羽又重童子。"颜师古注："童子，目之眸子。"为什么叫"童子"？你照着镜子观察，眼睛的正中间有个小小的你，你是大人，眼睛里的大概就是"童子"了，后来为童子造了一个专字：瞳。瞳孔随着光线的强弱可以调整大小。光线强，瞳孔缩小；光线弱，瞳孔放大。假如手电筒强光照射，放大的瞳孔却收不回去，模糊了边界，那就意味着这个人要完了。

"睛"是晚出的字，从目，青声，《说文》未收。"青"不仅表音，也表意，青黑色，精气的凝聚。古医书上说："其精阳气上走于目而为睛。""睛"的两侧就是眼白。

明白了眼睛分为黑白两部分，就知道什么叫作"美目盼兮"了。"盼"字从"分"声，"分"也表意。"盼"就是眼睛黑白分明。黑白清澈，顾盼生情，与老眼浑浊相比，当然是美目了。

眼睛的黑白也有故事。眼白多了就叫作白眼，《易·说卦》："其于人也，为寡发，为广颡，为多白眼。"眸子多了叫作"青眼"。"竹林七贤"之一的阮籍"能为青白眼，见礼俗之士，以白眼对之"。我们任何人都会青白眼，只是做不做而已。什么时候是青眼，什么时候是白眼？对着镜子观察，你笑的时候眼睑把大部分眼白遮住，眼睛大部分是青眼，所以青眼就是笑着看人，当然就是喜欢别人了。唐代杜甫《短歌行赠王郎司直》："仲宣楼头春色深，青眼高歌望吾子。"

现在还说"青睐"，就是青眼相看。反过来就是白眼，什么时候眼白多？第一，发怒时，双目圆睁，眼白凸显。第二，对人不屑，眼珠上翻，眼白多。魏晋时期的阮籍真性情，见了不喜欢的人就翻白眼，白眼是看不见人的，也就是瞅都不瞅人一眼。（《晋书·阮籍传》）技术上没有难度，但精神上得与你面对的人乃至世界对立，这需要勇气。还是尽量收起白眼，多用青眼看人好。

美目盼兮，那黑白分明、清澈的美目！

[**理论延伸与思考**]表意字形符的方向有时表示意义，有时不表示意义。例如甲骨文中的"人""马"等左右方向不同但记录的词相同，"𠂇（左）"与"又（右）"方向不同，记录的词也不同。"目"与"臣"也是方向不同，记录的词也不同。

在楷书系统中，为了结构匀称，大部分目竖立起来，只有"還"等字保持横写。

形符的方向成为文字区别特征的限制性条件需要进一步探讨。

第一百一十二讲

# 古人最初认真观察的是什么——"相"与"省"

[**本讲要点**] "相"是仔细观察木本植物,"省"是仔细观察草本植物,这可能是采摘与农耕社会生活的反映。"省""眚"本来是一字异体,讹变分化为两个字。

[**说解汉字**] 相、省、眚

"相"的常用义是认真观察、仔细地看,如相宅、相马、相人,都是先仔细看,然后得出个好坏的结论来。"相"字构形很简单,但仔细想起来,却又不那么简单。

𣊫,省视也。从目从木。《易》曰:"地可观者,莫可观于木。"《诗》曰:"相鼠有皮。"(《说文》)

许慎肯定也问过自己,为什么要仔细观察木呢?他找到了文献证据,大意是地上可观察的没有比得过木的,为什么呀?

作册旅尊,集6002

相父乙卣,集5147

早期金文中"目"字大都横写,也有个别为了字形结构匀称而倾斜的,但写成标准的"臣"形很罕见。我们说过,竖起来的眼睛表达特殊的观察。

一只眼睛专注地观察木,为什么?这是不是人类对祖先采摘生活的记忆?在农耕发展起来之前,人类以采摘与狩猎为生,最需要细致观察的是什么树上的果实或嫩叶可以吃,什么样的野兽可以捕捉。"相"是观察树木,"审(審)"与观察动物的踪迹相关。"相"的语义隐含着观察结果的判断:相宅,吉凶;相马,好坏;相人,善恶贫富穷达……目标都指向是否可用。最初的相木,也是指向可否利用。

下面再说"省"字。

"省"有多个读音,在"省视""省察"等中都读为"xíng",意思是仔细观察。对外可以仔细观察——省察,对内可以自省。"吾日三省吾身",这些都是古书中的常用义,意义的核心就是仔细观察。那在造字的时代,古人观察的是什么?

合 5112 正

屯 272

戍甬鼎,集 2694

臣卿鼎,集 2595

这些字,大家公认就是"省",下面是眼睛,上面是"屮","屮"就是草。当人类从树上来到地面,逐渐发展起农耕文化时,观察的主要对象就不再是树木,而是哪些植物可以栽培为庄稼了。

到了战国时期,"屮"变成了"生","生"可以表示读音。

(清华简·皇门4):百眚(姓)万民。

(上博简·缁衣7):百眚(姓)。

"生"有繁简两种写法，加一横的简单写法变成了"省"。

屯 272　　戍䵼鼎，集 2694　　清华简·皇门 4　　睡虎地·秦律杂抄 22　　《说文》小篆

小篆只是把"生"下面的一横变得弯曲了而已。

**省**，视也。从眉省，从屮。**𥄙**，古文从少从囧。（《说文》）

前面讲过的"眉"字，许慎以为是多出了额头上的皱纹，"省"字中又多出了眉形，这些都是根据讹变字形的想当然之说。许慎没有我们见的材料多，也就不能苛求了。

"生"加两横的繁体写法就成了"眚"：

上博简·缁衣 7　　　　　　　　《说文》小篆

"省"与"眚"最初是一字异体，后来意义各有所当，读音也发生了变化，就分化成两个字了，这就是"异体分化"。

**眚**，目病生翳也。从目生声。（《说文》）

君子不以一眚掩大德，"眚"的意义就是小毛病。

总结一下：

第一，早期文字中的"省"从屮、从目，与"相"构意相同，都是仔细观察植物。

第二，演变的过程中，"屮"下多出一横，变成了战国古文中的"生"，就由意符变成了音符。秦文字中一横变成一撇，逐渐丧失理据，导致《说文》谬解。

第三，战国文字中"屮"变成了"生"，变形音化，成了"眚"。"眚"与"省"是一字分化。

结合人类社会的发展，我们对"相"与"省"的理解可能容易一些。

[理论延伸与思考] 甲骨文是我们今天能够见到的成熟的表意文字系统，在此之前，文字已经经过漫长的发展时期。汉字究竟可以早到什么时候，目前还无法准确推断。甲骨文等古文字保留了不少远古文化信息，从侧面也可以传达出"汉字非常古老"的信息，例如"为""尾"以及这里说到的"相"与"省"等。

## 第一百一十三讲

# 顾盼生情的眼神

[**本讲要点**] "看"是表意字,是以手遮蔽光线凝视远望,词义扩大后变为通称。希望的"希"本义是稀疏,假借为远望,本字是"睎",本字废而假借字通行,"希"与"望"是同义词素并用。"詹"字从厃,舎声,"厃"是人站在崖顶远望。

[**说解汉字**] 看、睎、督、临、监、詹、瞻、觊觎、盼、眈(希)

眼睛让我们看到大千世界,也让我们看到人生百态。生而能视,这是本能,因为是本能,所以就不当回事儿了。珍惜眼睛,要做到两个方面:一是好好保养,让眼睛健康;二是好好利用,多看看世上的美好。

《说文》目部字113个、见部字45个,把眼睛的形状、功能、眼神等表现得淋漓尽致,可以说有你想不到的,没有汉字表达不了的,比如双方眼神彼此挑逗的"瞹",多白眼的"瓣(眅)",等等。这些我们想不到,也用不着。下面讲一讲我们还在使用的字所表达的不同的看。

### 1. 远看

口语里一个"看"几乎解决了视觉的大部分问题。

看,睎也。从手下目。 䏻,看或从𠂇。(《说文》)

看,目上一只手,最初是表示远望。阳光下瞭望远处,把一只手放在齐眉的位置，遮挡住上面的强光，聚敛起自己的目光，这样可以看得远一点。我深深感受过这样的看姿与眼神。几十年前，姐姐假期结束回农村教书，姐姐已经走远了，母亲还站在高台，举手遥望。

"希望"是我们现在的常用词，"希"与"望"最初都是指远看。"希"①是"睎"的假借字：

，望也。（《说文》）

对事物的近处观察是为了分辨，向远处眺望，甚至远到看不见了还在看，那就是希望——想看到的渴望。

"看""睎""望"都是往远处看。后来"看"词义扩大，成了万能的"看"，"睎"被常用字"希"替代。表达往远处看的词少了，又增补了一个"眺"，"眺望"现在还经常使用。

**2. 近处仔细地看**

我们已经讲过"相"与"省"，指近处观察植物，分辨能不能食用。还有一个"督"，从目叔声：

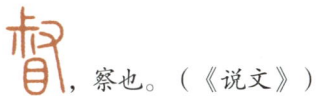，察也。（《说文》）

"督"也是仔细看，看的目的是加强管理。学校里的"督学"，军队里的"督军"，巡查管理，前提是得到课堂、到连队仔细看。

**3. 自高处看**

从高处往下看是"临""监"，我们在前面说过这种看的姿势，再复习一下：

①古文字中的秦文字里有"希"字，《说文》失存，但"稀""郗"等字从希声。"希"的本义是稀疏。

临
屯 2080　　大盂鼎，集 2837

监
合 27742　　屯 779　　雁监甗，集 883　　颂鼎，集 2827

"光临"是敬语，是对别人的抬举。自己在低处，姿态低，别人看自己就得"临"。"监督"是上级从上往下看。千万别闹出"我光临你家"的笑话。

我们再看一下"高瞻远瞩"的"瞻"：

瞻，临视也。从目詹声。（《说文》）

"瞻"是站在高处往远看。前面讲"跪"字时讲到过人站在悬崖边上的"厂（危）"。第一是高，站得真高，危乎高哉！第二是危险，站得高，摔得惨。应当还有第三，站得那么高干什么呢？看得远。《说文》对"詹"字的分析有问题：

詹，多言也。从言从八从厂。

根据古文字知识，这个字从厂，訇声，很可能就是瞻望的"瞻"的本字。《诗经·鲁颂·閟宫》："泰山岩岩，鲁邦所詹。"朱熹《集传》："詹，与瞻同。"

此外，还有各种眼神。

回头看：眷、顾，眷顾。

偷看、斜眼看：瞟。

一只眼看：瞄、眇。

惊讶地看：瞠目结舌，瞪。

炯炯有神：眈。

心怀欲望地看：觊觎。

每一种眼神后面都有学识，都有故事；每一个字都可以追根溯源，左右联系，形成一个知识的网络。我在这里只讲了近看、远看、从高处看，还有那么多不同的看，大家可以自己追溯。

[**理论延伸与思考**] 肢体表达的信息比语言还要真实，也是重要的信息交流手段。表达信息最丰富的肢体器官是手和眼，语言文字对"手"和"目"区别细致，对其各种动作有详细的区别和描写，相应的从目与从手的文字也非常多。为适应以单音词为主的古代汉语，以"目""臣""见""卧""𠂆"等为意符的文字大量产生，从构形上可以大致分别眼睛的各种形态、动作、表情等。文字的反作用进一步丰富了语言表达。

第一百一十四讲

# 涕泗横流是一种怎样的体验

[**本讲要点**] 哭泣与眼泪彼此相因，早期"泣"的表意字是目下淌着泪水，这个字后来被形声字"泣"取代，导致音义不明。表达哭泣和眼泪的还有"涕"，后来词义转移为鼻液。表示鼻液的是"泗"，作为词，它已经消失了。

[**说解汉字**] 泪、涕、泣、泗（罙、㒵）

七窍中自上而下的五窍都能分泌或排出液体，眼睛分泌泪水，鼻子分泌鼻涕，嘴巴分泌唾液。唾液，我们在前面已经说过了，今天说泪水和鼻涕。

"泪"这个字造得好，简单而形象，目旁边有水，不是泪水能是什么？但"泪"字出现得很晚，明代的字书才开始收录。古书里写作"涙"，从水，戾声，这个字也不古，《说文》中没有。那先秦古人的眼泪去了哪里？《礼记·杂记下》："唯父母之丧，不辟涕泣而见人。"涕泣表达了这个意思。

，泣也。从水弟声。（《说文》）

，无声出涕曰泣。从水立声。（《说文》）

哭泣与眼泪不可分离,哭而无泪会被人讥为干打雷不下雨,虚伪。所以"涕"与"泣"既指哭泣这个动作,也指流出来的眼泪。

《易·离卦》:"出涕沱若,戚嗟若。"这里的"涕"和鼻涕没有关系,是眼泪。

"涕"与"泣"都是形声字,形声字一般都是晚出的。流泪哭泣是人类最常见的情感表达方式,难道我们的祖先就不能造出一个眼睛淌泪的字来?造出来了,但被后人给误解了。

《说文》中有两个怪字:眔、𥀬。

,目相及也。从目,从隶省。

,眔词与也。从眔自声。《虞书》曰:"𥀬咎繇。"

,古文𥀬。

上面的"眔"古书中不见使用,但参与造字,《唐韵》徒合切。"𥀬"用作连词,所引《尚书》写作"暨",《唐韵》其冀切。

过去的文字学家沿着许慎的思路在古书里找证据大说特说,却都不得要领,越说越乱。但古文字中出现了"眔",还经常出现:

(克罍,《考古》1990年第1期):克宅燕,入土眔厥司,用作宝尊彝。

（永盂，集10322）：厥眔公出厥命。

（裘卫盉，集9456）：乃令参有司：司徒微邑、司马单旟、司工邑人服眔受田。

先看字形。上面是眼睛，下面不就是泪水吗？从构形上看应该与哭泣相关，但表达哭泣的有"哭""泣""涕"等等，这个字与哪一个对应？

从词例上看，这个字大部分是动词"及"或并列连词"及"，而上古汉语中并列连词的"及"十分常见。

六月食郁及薁，七月烹葵及菽。（《诗经·豳风·七月》）

"及"与"泣"古音都是牙音缉部字，读音非常近。《说文》说"目相及也"，许慎喜欢用声训，就是用音同或音近的字做注释，他很可能见过这个字读作"及"的用法。"㴊"的其冀切读音，与"及""泣"等就更加接近了。

把这些信息综合起来看，"眔"就是"泣"的象形初文，"㴊"就是"眔"的讹变。

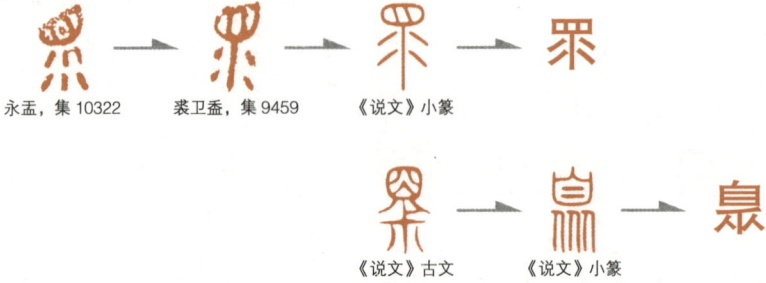

古文的上部显然不是"自"，而是三晋文字的"目"，下面的眼

泪发生了讹变,发展到小篆,上面整齐化就成了"自",下面是三个人了。从意义上看,"眔"与"息"都是并列连词;从读音上看,它们与"泣"上古音很近。

一个非常直观的"泣"的表意字几经辗转,就变成了来源不明的几个字。

今天的鼻涕在古代叫作"泗"。《诗经·陈风·泽陂》:"寤寐无为,涕泗滂沱。"《毛传》:"自目曰涕,自鼻曰泗。"涕泗滂沱,涕泗横飞,这是何等景象?

眼睛与鼻腔之间有通道,哭的时候常常是眼泪与鼻涕同出没,所谓"一把鼻涕,一把眼泪",这时候鼻涕是清的,主要成分是眼泪。古人不管那么多,眼睛出来的就是"涕",鼻子出来的就是"泗"。

古文字中有一个字,好像与鼻涕相关:

合 2354

合 3449

息鼎,集 1225

这个字大多用作人名或族名,有的学者释为"息"。如果词例不能证明,仅凭看图说字,为什么不是"泗"的表意字呢?

鼻子下面的液体就是鼻涕,就是"泗"。"自"不仅表意,也表音,"自"与"泗"都是齿音质部字。从构形上说这样理解更合理,但文字是记录语言的符号,没有词例证明,这种猜测没有太大意义。

现在"泣""涕"让位给了"哭"与"泪",而且"涕"的语义也由眼泪转变成鼻涕,至于鼻涕"泗",就被取代消失了。

[理论延伸与思考] 汉字的发展经历过平面构图式表意字被改造或被取代的过程,被改造的大都变成了记号字,被取代的有些还保留在字书中,但大都不知其来源。《说文》不是一部实用的识字字典,而是学

术著作，收录了很多秦汉时代已经不使用的古文字。这些古文字有相当一部分作为字头出现。受材料限制，许慎对这些字的解释可能有种种错误，但能够保存下来就已功莫大焉。《说文》对"眔""鼻"二字虽然阐释不当，但为解读西周金文提供了必要的线索。

## 第一百一十五讲

# 和鼻子有关的字

[**本讲要点**] "自"的本义是鼻子,甲骨文可以证明。"鼻"是增加音符"畀"构成的形声字。"息"的本义是出气,其意义由出气到停止经过曲折的演变。

[**说解汉字**] 自、鼻、息

鼻子有什么功能?呼吸,闻味儿,淌鼻涕。先从鼻子的形状说起。商代的时候,"自"就是鼻子。

合 11506 正　　　　　合 33036　　　　　合 35816

这个大头鼻子不太像,究竟是人鼻子还是狗鼻子,无法深究。但它的意义用法与"自"完全吻合,如果没有这些词例,我们也不敢说它像鼻子。

（合 11506 正）：贞,有疒自,隹有害。（鼻子）

（合 33036）：王自正（征）刀方。（自己）

（合 35816）：自武丁至于武乙。（介词）

上面三例，除了第一例"自"当鼻子讲我们不熟悉外，其他都是"自"的常用义。

《说文》说"自"是鼻子的象形字：

"自"当鼻子讲，古书里从来没有这么使用过，但在甲骨文中得到了证实，"疒自"就是贞问一下鼻子是否生病。许慎没有看过甲骨文，小篆的"自"也看不出是鼻子，他是怎么知道的？

许慎的意思是鼻子是用来引气自给。我们把"鼻"字及其构成字符的读音先列出来：自，从母质部；鼻，并母质部；畀，帮母质部。

第一，"鼻"字就是一个形声字，从自，畀声。许慎说成是会意字，这是受汉代养生观念的影响。

第二，商代的"自"，当鼻子讲的应当读"鼻"，当自己或介词讲的读"自"。根据现在的古音研究，"鼻"与"自"上古韵部相同，但声母差得很远。有两种解释：一种是那个时代从母和并母可以通用；另一种是当时这个字就是多音字，有不同的读音。不研究古文字的人不知道这里的差异有多大。这对古文字考释、汉字阐释的影响极大，在这里没法展开！

鼻子一般不会动,偶尔有人抽搐鼻子表达情感,那面目就很狰狞了。其功能比较少,所以构字能力也有限。不过甲骨文中有不少从自的字,我们都不认识。

淌鼻涕的事情上一讲已经说过,闻气味的功能下一讲再说。这里说一说呼吸功能。

《说文》有"息"字:

,喘也。从心从自,自亦声。

喘息:喘,大口急促出气;息,缓缓出气。

武气绝,半日复息。(《汉书·苏武传》)

喘气是"息",呼出的气也叫"息",现在还说"气息"。

野马也,尘埃也,生物之以息相吹也。(《庄子·逍遥游》)

呼吸用鼻子。鼻腔是个长长的通道,前面布满鼻毛,挡住尘埃病毒,空气经过调节变得不冷不热。不用鼻子呼吸的后果:口干舌燥,容易感冒,牙也成了龅牙。"息"字从自,告诫人们出气用鼻子,很对!

战国古文字中,"息"已经很常见了:

清华简·周公之琴舞 12　　　中山王方壶,集 9735.2A

"息"现在还常用。"息气""气息""息息相通"中的"息"是鼻子出来的气。而休息与出气是什么关系?"我喘口气!"这是累了,要休息一下。休息就是躺在树荫下轻松地呼吸。以此类推,也就明白了"作息""安息"等词的意义了。

"休""息"连用,"息"逐渐就有了"休"的意义,引申出"停止"来:息兵、息事宁人;又分化出"熄"字来:熄灯、熄灭、熄火。

最后提一个与上面所讲没有直接关系的问题:利息的"息"与儿媳的"媳"是什么意义?彼此有关系吗?

[**理论延伸与思考**] 早期汉字存在一字多音义的现象。造字时用一个字表达意义相关的两个词的可能性是存在的,不一定都是语音通转的关系。"自"既有"鼻"的读音,也有"自"的读音,甲骨文记录了两个词,增加音符分化,记录语言更加准确。

## 第一百一十六讲

# 这里有你前所未闻的气味

[**本讲要点**] 狗的嗅觉灵敏，汉字"臭"就是犬和鼻子的组合，本义是嗅和嗅到的气味，后来词义缩小成不好的气味。

[**说解汉字**] 臭、嗅（齅、殠、髊）

鼻子是嗅觉器官，闻味儿是其主要功能。狗的嗅觉好，古人很早就知道。我们现在夸某人嗅觉好还说：比狗鼻子还灵。

合 4651

合 10093

甲骨文字形的上面是一个鼻子，下面是一只犬，从结构上看就是"臭"。什么意思？这个字在甲骨文中是个专名，专指何物我们无从判断。此后很长时间，这个字隐没不见了，直到秦汉时代才出现。

（睡虎地·日甲 82 正）：女子爱而口臭。

（马王堆·五十二病方 441）：令毋臭。

在这时，"臭"的意义与今天一致。狗鼻子怎么会臭？在"臭"字的阐释上，许慎做得很精到，古文字只能起一点补充佐证作用。

，禽走，臭而知其迹者，犬也。从犬从自。臣铉等曰：自，古鼻字。犬走以鼻知臭，故从自。（《说文》）

狗是打猎时的辅助工具，其功能主要有三：一是通过辨识动物留下的气味发现猎物，二是凭借其锋利的牙齿在捕猎的过程中充当帮手，三是在猎物坠入草丛时去寻获猎物。人类在生产实践中发现了狗鼻子的特殊功能，也充分利用了狗鼻子，所以文字中也就造出了"臭"。"臭"最初不是专指臭味，而是嗅气味与嗅到的气味，现在还有两个读音分别指代其意。

臭之而嗛于鼻，尝之而甘于口。（《荀子·荣辱》）

"臭"在这里的音义就是嗅。韩非子是荀子的学生，他对老师的话继承又创新：食之则甘，嗅之则香。（见《韩非子·外储说左下》）

"臭"前加了一个"口"，就成了动词闻气味的专字。"口"与闻气味有什么关系？如果没关系也不必硬扯。加"口"区别，是文字分化的常例，"不"与"否"即如此区别。这个"嗅"字字书收录得比较晚，但不一定出现得就晚。

（郭店简·穷达以时 13）：嗅而不芳。

简文中的意思就是"嗅"，但字形从口、从畀，说不通。"畀"很有可能是"鼻"的省略，应当是一个俗字。

《说文》中有"齅"字：

，以鼻就臭也。从鼻从臭，臭亦声。读若畜牲之畜。

《说文》的理据非常充足。但"齅"比"嗅"复杂难写,没有竞争过"嗅",现在"嗅"行而"齅"废。

口之于味也,目之于色也,耳之于声也,鼻之于臭也,四肢之于安佚也,性也。(《孟子·尽心下》)

鼻子不是专为闻臭味而设,《孟子》里的"臭"是指气味。气味有好有坏。

《周易·系辞上》:"同心之言,其臭如兰。"这是香味。

《孔子家语·六本》:"与不善人居,如入鲍鱼之肆,久而不闻其臭。"这是臭味。

《醒世恒言》中有一段话:

这二位官人,为官也都清正,因此臭味相投,每遇公事之暇,或谈诗,或弈棋,或在花前竹下,开樽小饮,彼来此往,十分款洽。

古人的"臭味相投"是说志趣相同,并无恶意。其中的"臭味"只能读成"xiù味",雅致得很!

古人为了区分不同的"臭",往往在其前加上限定,如《礼记·大学》:"如恶恶臭,如好好色。"

臭味比香味霸道,我们可能不追逐香气,但一定会躲避臭味。

古人为臭味造了两个专字:"殠"和"臱"。

,腐气也。从歹臭声。(《说文》)

,俗臭字。(《玉篇》)

臭就罢了,还是腐尸的尸臭,太恶心了。谁愿意写这种字!古书里很少使用,逐渐被淘汰了。被谁淘汰了?"臭"!"臭"的词义逐渐缩小,最后只剩下了臭味。

关于嗅觉与气味的表达,古今差异就像"乾坤大挪移"。

我们理一理：

第一，"臭"最初表示动词"嗅"和气味"臭（xiù）"，意义很宽泛。

第二，"臭"的动词意义很早就通过增加部件给分化出去了。

第三，"臭"的气味的意义缩小成臭味。

第四，专表嗅觉的"嗅"被表示听觉的"闻"给取代了。现在说"闻味儿"，谁都懂；说"嗅味儿"，听不懂，即使别人听懂了，也会认为你是从古代穿越来的。嗅觉和耳朵没有关系，怎么会改用"闻"了呢？感觉还能如此转移！

最后讲一点另类解字。

自大一点儿就是"臭"。上面是"自"，下面是"大"，旁边还多了一点。人要谦虚，哪怕自大一点儿也会臭了名声。警世的用意很好，想象力也很棒，有才！这种文字游戏与文字学无关。该游戏的游戏，该研究的研究，不要把游戏当真，也不要误把研究当游戏。

[理论延伸与思考] 训诂学上的"反训"是指一个词有正反两个词义，如"乱"有理和乱两义，"臭"有香和臭两义。这是词义正反相因现象或词义演变的结果，有各种条件限制，不是单纯一种训诂的方法。"臭"的词义演变有很多研究成果，涉及的问题比较多，要之，上位概念可以指称不同的下位概念。

## 第一百一十七讲

# 与肉刑有关的表意字

（原题｜没有鼻子的人）

[**本讲要点**] 古代有多种肉刑，割鼻子是"劓"，割耳朵是"刵"，割生殖器是"剢"，锯掉腿脚是"刖"，面上刺青是"黥"，等等。

[**说解汉字**] 劓、刵、剢、黥、豕（劓、劓）

因为什么没有鼻子？有的因为爱美，高高兴兴地把鼻子割掉；有的因为犯法，痛苦地被人把鼻子割掉。据古书记载，越人不仅断发纹身，而且割鼻子，这是他们的风俗，是独特的文化；在中原文化中，割鼻子是一种刑罚。

《尚书·吕刑》中有各种肉刑，其中有"劓""刵""椓""黥"。"劓"就是把鼻子割掉。《说文》正篆写作"劓"：

，刑鼻也。从刀臬①声。《易》曰："天且劓。" ，臬或从鼻。

正篆"劓"是形声字，是地道的秦文字。

（睡虎地·法律答问 120）：当黥劓。

或体"劓"是表意字，现在通行，源头很古，可追溯到甲骨文。

① "臬""劓"，疑母月部，读音与"刈"很相近。

合 5994

德瑞荷比藏甲骨 121

割掉鼻子死不了人,这种刑罚的目的是什么?有学者认为是源自越俗。被俘获的越人自然就成了奴隶。对人惩罚,割掉鼻子,不齿同类。

除了割鼻子,肉刑还有很多,砍头是"伐",锯腿是"刖",等等。《吕刑》所说的另外三种虐刑——耵、椓、黥,在古文字中都得到了证实。

### 1. 断耳之刑

,断耳也。从刀从耳。(《说文》)

德瑞荷比藏甲骨 121

### 2. 去阴之刑

"椓",古人注释得很清楚,就是去阴,也就是割去生殖器官。

合 525

左侧是男性生殖器,右侧是刀。这个字反映的就是《吕刑》中的"椓"。甲骨文中还有两个字:

合 22137　　　　　　合 11230

前一个生殖器长在身上，就是"豭"，雄性的猪。后一个生殖器与身体分离，就是"豕"，被阉割的猪。甲骨文中的那个十分形象的表意字消失了，取代它的是一些形声字。"刻"是表意最接近的会意兼形声字。

动物去掉生殖器，是为了不让它发情生育，从而保持肉味鲜美，甲骨文中有专字。人为什么要去掉生殖器？一是惩罚；二是职业需要，去了阴才能当宦官。

### 3. 去腿脚之刑

古代有一种刑罚叫作"刖"。

刖，绝也。从刀月声。（《说文》）

词典上说是"砍掉脚或脚趾"。

合 581　　　合 6007　　　合 861　　　合 6001 正

甲骨文告诉我们，商代的刖刑不仅砍掉脚或脚趾，而且锯掉腿。

### 4. 墨面之刑

上面三种刑罚都是截除人体器官，"黥"则是在脸上涂墨。

黥，墨刑在面也。从黑京声。　　黥或从刀。（《说文》）

"黥"又称"墨"。《尚书·吕刑》："墨辟疑赦，其罚百锾，阅实其罪。"蔡沈《集传》："墨，刻其颡而涅之也。"墨刑类似刺青。"墨"与"黑"同字。古书中的"黑要"[1]，清华简就写作"墨要"。

墉伯𣪘簋，集 4169

铸子叔黑叵簋，集 4570.1

"黑"是正立的人顶着一颗头，面部多了一些点。这些点可能就是涂上去的墨。

《说文》中"黥"的或体"剠"与"劓""刵"等字一样，都由肉刑的工具与受刑的人体部位组成，来源应该更早。墨刑与劓刑大概都起源于蛮夷的民俗。脸上刺青求美，在原始人群中常见。这些人一旦被征服成为俘虏，就成为地位最低下的人。华夏族群有谁犯了相应的罪，就给他脸上刺青，地位等同于那些俘虏。读《水浒传》，还可以看到在犯人脸上刺字，就是这种刑罚的延续。

[理论延伸与思考]早期表意字都非常形象。表达肉刑的表意字构意大都相同，都是刑具朝向受刑的部位。这些表意字后来大都演变成形声字，或被其他字取代。

由𠛎字联想到"且"字的构形。学者多以为"且"是男性生殖器的象形，若此，"剢"这个词写成"𠛎"即可。那"且"究竟像什么？与"祖"、与生殖崇拜还有关系吗？

[1] 据《左传》记载，黑要是连尹襄老之子，父亲死后，他把继母据为己有。

第一百一十八讲

# 能把人绕迷糊的"关联"
（原题|最早的有线电话）

[**本讲要点**]甲骨文中的"联"字是丝线联于耳，战国文字中的"丝"变成了双丝相连的"絲"，表音兼表意。《说文》篆文又把"絲"简化成"丝"。繁体字"聯"是用"關"的音符做了替换。因为"關"字的简化，"联"也随着简化，"关"与"联"字形上产生了更加密切的关系。

[**说解汉字**]联、关（耳丶、聅、絲、聠、聪、聯、關、关）

这一讲说一说与耳朵有关系的"关联"。

喜马拉雅的编辑大概是看过古玺中的这个字：

《玺汇》2389

耳朵两侧有丝线，就想到了有线电话，就把题目修改成了"最早的有线电话"。这是吸引听众的手段。最早的有线电话在哪里？这得去问科技史专家，搞古文字的肯定说不出，说出来的一定是瞎说。古文字中耳朵与线或绳有关系的是"联"，仅仅是线与耳朵而已。

"联"是一个很特别的字，在简化字、繁体字、小篆、古文字等各种字形中，结构各不相同，用法也特别。

耴 聅 聠 聪 聯 联

线或绳子的主要功用之一就是联结。绳子断了还能连上，物与物之间要想连接，最常用的也是绳子或丝线。

🐚（甲骨文，合 32176）：其联雨。不联雨。

"联雨"就是连阴雨，连绵不绝的雨。金文中也有"联"字：

考母壶，集 9527.2

在耳朵的内侧有丝线相连，为什么就是"联"？

"聏"是断耳，"联"是把耳朵连上，难道古人有如此高明的外科手术？又想多了！古人可能认为五官中耳朵凸出，特别需要连着，就加了一个表示联系的丝线表意。

"联"字在战国时期就写成了上面所说的 😊。"絲"是两束丝缕，上面一横联着两头的丝，"緣"就是"联"的表意字。上述甲骨文和金文中的表意字"聏""聨"就变成了从耳、緣声的形声字。这个战国文字在比较规范的秦汉文字中还有所保留。

岳麓简·为吏 12

《秦代印风》83

在秦文字俗体字中，丝线不再与耳朵相连，成了一个左形右声的形声字。

在汉印和《说文》小篆中，"耳"与"丝"就成了标准字形了。

《增订汉印文字征》第 538 页

，连也。从耳，耳连于颊也；从丝（絲），丝连不绝也。（《说文》）

根据《说文》，"联"应该隶定成"�"，但它的繁体字"聯"并不这样写，差别在哪里？

聪　　　聯

繁体字中的"绺"从哪里来的？——關。

，以木横持门户也。从门絑声。（《说文》）

"關"字也很复杂，战国文字从门、从串。"關"中间的"絑"更复杂，简单说，结论就是上面是"絲（联）"，下面是"丱"，读音相近，合在一起还表示读音。汉代草书将"關"字简化成了"关"，南朝梁时的《玉篇》又把繁体和草书结合起来，造出一个"関"。

造繁体字"聯"与简化字"联"的人都非常有学问。

繁体"聯"是把小篆表意的"丝"换成了"關"字的音符，成为形声字。造简化字"联"的人，知道"关"与"關"之间的关系，也知道"关"与"联"之间的关系。

# 關 关 | 聯 联

上面说的是"联"字字形方面的问题。"关"与"联"不仅字形上有着千丝万缕的联系，意义上关系更加密切。关，联也，同义组成"关联"。

《说文》对"联"字的解释是："连也。从耳，耳连于颊也。""连"与"联"同义。"联系""连接"中的"联"与"连"，读音与意义完全相同，但写法不同，该怎么区分？

"连"从车，最初是一种人力车，假借作"联"，二字均常用，没有分好工。

"联"与"连"本来有区分，后来表示连接没区分，今天想要强区分，难呢！

[理论延伸与思考] 字形的演变很复杂，文字总的演变方向是越来越简单，但有些文字却越来越复杂。"联"字从甲骨文、战国文字、秦汉文字、魏晋以后的楷书文字一路发展下来，越来越复杂。其过程很曲折，我们可以描写这种现象，但不好解释这种变化的动力。

"关"与"联"的构形太复杂，这一讲不一定能说得清。我讲不清楚的地方请你继续深入研究。

第一百一十九讲

# 嘴巴和耳朵，
# 打开新世界大门的钥匙

[**本讲要点**] 简化字"听"与"聽"没有关系，"圣"与"聖"没有关系。古文字中"聽"与"聖"最初就是一个字，善听之人就是圣人。"聽"与"聖"都是从"耵"分化而来的。

[**说解汉字**] 听（斤）、圣（耵、廰、聽、聖、壬）

甲骨文中有一个"耵"字——由耳朵与嘴巴组合成的字：

合 8669

合 4525

耳朵旁边有个嘴巴，或者嘴巴旁边有个耳朵，有多少种可能性？说、听、告诉、听到的声音等等，都有可能。古文字研究告诉我们这是"听"，为什么？

第一，看词例。

丁卯卜，王耵（听）：唯有害？（合 5306）

奔走不耵（听）命。（中山王礜鼎，集 2840）

第二，看构形中的读音。

（甲骨文，屯 2276）：王其享于宕（廰）。

甲骨文中的"㕔"就是厅堂的"厅",繁体字作"廳","耴"表示读音,与"听"同音。

在明确了字形结构与音义的前提下,嘴巴和耳朵的关系才能确定——耳朵听口说。

为什么要听人说?

在文字没有创造之前,各种信息除了亲眼所见之外,主要依靠的就是亲耳所闻。"听"是知识的来源,是是非判断的必要前提。有的人善于听,有的人不善于听。听爷爷讲故事,善于听的人不仅记住了故事,能够给别人接着讲,还能悟出其中的道理,讲得更好。两人争执起来了,谁能断是非?善听的人。听讼断狱,就是由这样的人来完成的。

这种既有知识又能办事的善听之人就是最初的"圣人"。

《玺汇》4511

"耴"字下面还可以加上一个"人",起初人只与耳相连,不与口连。"耴""䎽""聖"最初就是同一个字,互为异体,并没有分化。

| | 听 | 圣 |
|---|---|---|
| 耴 | (共父癸爵,集 8669)……方无听 | (马王堆·老子乙72):是以耴(圣)人被褐而怀玉 |
| 䎽 | (癲钟,集成 246):凤夕圣(听)趣 | (史墙盘,集 10175):宪圣成王 |

|  | 听 | 圣 |
|---|---|---|
| 圣 | ![](竈乎簋，集成 4158.2）：用听夙夜　　（包山简 130）：圣（听）命于柊 | ![](师望鼎，集成 2812）：圣人之后　　（郭店简·老子甲 3）：圣人之在民前也 |

下面讲一下"圣"的产生与发展。

合 14295

人顶着个大耳朵，听什么？听人说。这个字理据比"耵"更加清晰，强调了主体器官是耳。

井人妄钟，集 109.2

人下加一横，人站得更稳，字形结构更加匀称。

再加一横，人下就成了挺立的"挺"——壬。"壬"与"聖""聽"都是舌音耕部字，就变成了表音成分。

，通也。从耳呈声。（《说文》）

这可以解释一部分形声字的由来——由表意字逐渐变化而来。

繁体的"聽"字见于秦文字：

睡虎地·法律答问 107　　　　岳麓简·三 181

，聆也。从耳、悳，壬声。（《说文》）

这好像是为了表达儒家思想而造的字。"悳"是"德"的本字。儒家主张以德服人，听政以德是他们的理想，于是用"悳"替换了"口"。这个字的背后一定有政治文化背景。

但如果这是秦人造的字就不好理解了。秦人讨厌儒家口口声声称圣人，更反对德治。或许是秦人就听讼而言的吧：用耳听，用心思考，以正直为标准。秦人改"辠"为"罪"有记载，或许也曾经改"聖"为"聽"吧。

现在的简化字"听"与"圣"，《说文》都有，本来与"聽"与"聖"没有关系：

听，笑皃。从口斤声。

最初可能是前后鼻音不分的方言区人们的借用。现在如果还认为"听"是个形声字，就成了学习普通话的陷阱。

圣，汝颍之间谓致力于地曰圣。从土从又。读若兔窟。（《说文》）

"聖"与"圣"之间毫无关系，怎么就把"圣"变成了读音和意义完全不同的另外一个字呢？匪夷所思，我们只能感叹文字使用者的创造力了！

[**理论延伸与思考**] 汉字表达文化观念与作为记录语言的符号实际应用彼此矛盾。文化表达追求清晰、充分，字形会繁复；实际应用追求书写快捷便于区别，字形会简化。随着文字应用范围的扩大，文字演变的总趋势是向着简便的方向发展，简便的结果就是表意字的记号化，去理据化。把"聽"与"聖"简化为"听"与"圣"，从文字学的角度看没有道理，但这种"不讲道理"在实际应用中并没有构成妨碍，是受应用支配的另外的道理。

## 第一百二十讲

# 耳朵听到的美妙音乐——声

[本讲要点]"磬"是古老的石制敲击乐器,最初的表意字就是敲击磬——殸。"声"是耳朵听到磬发出来的声音——聲。宋代俗体字把"聲"简化为"声"。"声"本来是"殸"的象形。

[说解汉字]磬、声、圣(殸、聽、聲、聖、耴)

上一讲讲了"听",这一讲说一说"声"。什么声音最动听?音乐。最早的音乐是什么?敲打石头发出有节奏的声音。石头经过加工就成了磬。这种古老的乐器,呈曲尺形,上部有一穿孔,系绳悬挂。下面图片中就是磬,由粗糙到精致:

二里头文化,石磬,国家博物馆　　　　战国石磬,新郑市博物馆

,乐石也。从石、殸。象县(悬)虡之形。殳,击之也。

古者母句氏作磬。,籀文省。　,古文从巠。(《说文》)

"磬"字是层级结构，可以一层层分析：

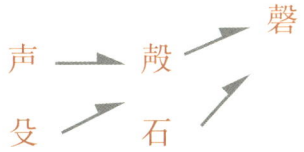

"声"和"殳"组合成"殸"，"殸"与"石"组合成"磬"。甲骨文"殸"字很形象：

左侧就是"殸"的象形，石上有悬，右侧是手拿磬锤，合起来应当是叮叮当当击磬发声。许慎说"殸"是"磬"的籀文，从甲骨文到秦文字确实如此：

（《秦文字编》第1492页）：允和有灵殸。

"殸"字中的"殳"与兵器没有关系，是打击乐器的小锤——枹。"殸"还有构字功能，可用作音符，如馨香的"馨"、罄竹难书的"罄"等。

加上石的"磬"字大概晚到汉代才成为专字。不是籀文"殸"从"磬"省略而来，而是小篆"磬"由"殸"繁化而来。

甲骨文中有下面一字：

合 32926

屯 3551

上面是击磬,下面是"耵(听)",学者释为"声"。字形复杂,关系也复杂,表意的可能性很多,可以是"磬",可以是"听",可以是"声",可以是"乐"……为什么是"声"?声的繁体作"聲",《说文》:

,音也。从耳殸声。殸,籀文磬。

按照《说文》的理解,"聲"与"磬"读音相近,但事实上二者声母差距很远。

甲骨文"磬"从殸、从耵,耵亦声,理据合理得多。声音是敲击乐器发出来的,声音是听的。"听"与"声"语义相关,读音相近。甲骨文的"磬"变成秦文字的"聲",省掉了"耵"的"口",就成了会意字:

屯 3551

《秦代印风》66

《说文》小篆

用耳朵听敲击磬发出的声音,秦篆还保留了"殸"的形状,到了《说文》篆文,已经是面目全非。许慎已经不知道是"磬"的象形,误以为是"悬虡",后人解释就越来越附会了。①

"耵"是"听",是"聖"。甲骨文中的"聲"字是个奇妙的组合:听击磬的声音。从表意的角度看,有听,有击磬;从表音的角度说,

① 参看段玉裁《说文解字注》第451页。

有音符"耴"。理据十分充分。①

"耴"是"聖"的初文,"聲"与"聖"古今读音都很接近,甲骨文"聲"字中包含"耴(聖)"。在楚文字中,干脆就用"聖"代替了"聲":

(郭店简·老子甲16):音聖之相和也。

这是一个讹变和简化的过程。

简化字"声"是截除式省略:

$$聲 \longrightarrow 声$$

把耳朵和磬锤全部省略,就剩下了磬的象形部分"声"。宋代俗字里就这么简化了。不过造这个简化字的人并不一定知道这么多,就像现在用"习"代替"習"一样,追求的就是简单而已。

[理论延伸与思考] 文字分析不能仅仅根据字形,更重要的是依据其所记录的语言。甲骨文中"聽""聲"二字字形之间联系密切,读音相近,意义也密切关联,古文字学家根据其与后代字形之间的联系将其分为两个字,但理由并不充分。所谓的"聲"字词例不明,并不能证明。"礐"字既可以是在"殸"上加意符"耴"表示听到的声音,也可以是在"耴"上加意符"殸",还表示"听"。目前的材料还不能判断"礐"和"耴"是一字异体还是已经分化。

根据已有的知识可以认识没有见过的文字。我们明白了"聲"字的来龙去脉,现在试着认一个你没见过的字:

①对"聲"字构形的分析,与我在喜马拉雅所讲的有所不同。"聲"是个会意字,"殸"不是音符。

豳钟，《近出》第51页

词例：批者礏①硁，吹者长竽。

分析字形：第一个字上面是"石"，下面是"圣"。第二个字上面是"声"，下面是"圣"，根据词例判断一下会是什么字。

① "礏"的意义是大。

第一百二十一讲

# 多功能的大器官——口

[**本讲要点**]五官中的"口"非常重要,功能非常多,在文字构形中表意非常丰富。口腔构成复杂,大都有专字,古人认为"唇""吻""齿""舌""嗌"都是口腔的组成部分,都与口相关。

[**说解汉字**]口、脣、唇、吻、齿、舌、嗌

人体五官到底是哪五官,自来说法不一。如果闭上嘴,面部就只剩下眼、耳、鼻、口四官;如果张开嘴,就多出了牙齿、舌头、咽喉,比五又多了。古人是怎么想的,今人是怎么分的,各有各的道理,人为规定,没有是非,深究没有太大意义。口这个器官外面简单,里面非常复杂,功能多样,十分重要。

先说"十分重要"。

口首先是个进食器官,嘴张不开了,不能吃了,生命也就到了尽头。现代医学可以通过各种手段将生命延续一段,但终究是痛苦和无奈。所以"吃""喝"从口,对的!

口是呼吸的器官,一旦堵塞,人死得比不吃不喝还快!"呼""吸""喘""叹""吹""嘘"等很多字,都是口部运气。

口是语言器官。人类与动物的一个重要区分标志就是人的口能说出复杂的话来表达十分复杂的思想与情感,其他动物只能通过叫声传达简单的信息,即使鹦鹉能学舌,也不能与思维相联系。说话是从嘴唇到喉咙各种器官协调运作的结果。"叫""喊""告""命"都是

用口传达信息。

口中的舌头是五大感觉器官之一，没了舌头就没有了味觉，人生得少了多少乐趣！

由上可见，口确实是一个多功能的大器官。

再说"非常复杂"。

医院里看病得分出口腔科、牙科、喉科，我们按照从外往内的顺序，看看汉字是怎么表达的。

最外面的是嘴唇。《说文》中有"从肉辰声"的"脣"。

，口耑也。从肉辰声。 ，古文脣从页。

另外还有一个"唇"：

，惊也。从口辰声。

这个字读"震"，震惊？这个音义古书中都不用，就用它取代"脣"字，多少也简化了一笔。

"吻"是现代汉语常用词，用嘴唇接触以示爱。这是西方的示爱方式，我们的古人肯定也会，但偷偷摸摸，语言中也没有反映。汉语中"吻"作为示爱的动词很晚才出现，现代汉语中才有用例。"吻"最初是名词，与"脣"同义，脣吻就是嘴唇：

，口边也。从口勿声。 ，吻或从肉从昏。（《说文》）

紧贴着嘴唇的就是牙齿。

合 3523

口中门齿，很象形。至于"牙"与"齿"的区别，后面专门讲。

口腔中最灵活的器官就是舌头，可以自由伸缩翻转，吞咽、说话、品尝味道都离不开它，但都只能在口腔内暗地里进行，暴露在外很是不雅。老牛舐犊很美好，母亲舔孩子就很可怕，吃饭舔盘子就很可鄙。动物的舌头功能更强大：狗的舌头可以散热，蛇的舌头可以探测各种信息。

合 5760 正

合 15155

我一直怀疑我们的祖先创造"舌"字是"远取诸物"，而不是"近取诸身"，画的是蛇的舌而不是人的舌。原因如下：

第一，字形像蛇的舌，顶端分叉。

第二，从观察的角度来说，蛇的舌头在外面是常态，一旦不吐舌就死了。人的舌头不能吐出来，吐出来就成了吊死鬼。

第三，"舌"与"蛇"的读音相近，声母相通，韵部阴阳对转。

"舌"字谱：

合 5760 正

→

合 23527

→

睡虎地·封诊式 66

竖上加横，是汉字演变的普遍规律，比如"矢""萬"等，后面讲"告"字时还会讲到。

《说文》对"舌"字构形的解释还不如不解释：

舌，在口，所以言也、别味也。从干从口，干亦声。凡舌之属皆从舌。

功能说得对，字形分析让人难以理解。

语音学上把舌头分为舌尖、舌面、舌根三部分。舌根的上方还有一个小舌，汉语里面用不上，我们的语言文字也就没有反映。再往下，就是咽喉了。

咽喉是个非常巧妙的器官。从口腔向下，就是食道与气管两个岔道，咽喉管控着这个三岔路口，可以自由开闭，或者留下非常狭小的孔道，控制气流。食物来了进食道，空气来了进气管，唱歌时还可以控制气流的大小，等等。这个地方叫作"嗌"：

嗌，咽也。从口益声。　，籀文嗌上象口，下象颈脉理也。（《说文》）

咽喉叫作"嗌"，狭窄的通道叫作"隘"，现在还说"狭隘"，"隘"字小篆写作"𨹺"。

[理论延伸与思考] 表意字的取象是日常最容易观察到的事物和现象。人的舌一般不会外露，人吐舌是不常见的现象，蛇吐舌更常见，画出蛇舌表达"舌"这个词可能更符合古人的思维习惯。

问两个问题：

第一，"嗌"与"隘"音义之间有什么联系？

第二，小篆"𨹺"该怎么分析？

# 第一百二十二讲

# 汉字中的大嘴巴是谁

[**本讲要点**]从甲骨文到六国文字,"去"字都是由"大""口"组成的,上下结构,只有秦文字中写作"去",对"去"的阐释涉及文字学中义符构形的产生时代等重大问题。

[**说解汉字**]去（呿、凵、谷）

"大"与"口"组合起来是什么字？段玉裁也不知道。如果没有学习过古文字,谁也不知道。古文字中有一个上面是"大"、下面是"口"的字：

吞（中山王䚻鼎,集2840）：是以寡人委任之邦,而去之游,无慊惕之虑。

（郭店简·老子乙4）：美与恶,相去何若?

这些"大口"——吞,毫无疑问都得读成"去"。大量先秦古文字材料都证明此字就是来去的"去"。来与去表示的是位置移动,汉字中经常用"辶"——道路与脚表示位移,"去"也加上"辶"就是"迲"；

（《玺汇》2153）：邢达疾。

"达疾"就是"去疾"，与"去病"一样，指去除疾病，古人常常将其用作人名以祈求无灾无病。霍去病、辛弃疾等等，都是一样的心思。

古文字中的"去"字落实了，是"大口"，也就是我们题目中所说的"大嘴巴"。问题来了：

第一，为什么"大口"是"去"？

第二，如何与小篆以来的"去"字对接？

先来看第一个问题。"大"与"口"组合关系会有多少种可能？

表意字："大"是迈开腿的人，"口"是门口，表示离去，是形符组成的图画式会意字。这不能说不是一个想法。

形声字：从大，口声。"去"与"口"声母都是牙音，韵部分别是鱼、侯，找通转的证据也不是找不到。

裘锡圭先生对这个字做过深入的研究，认为这个字就是张大嘴巴。①

古书中有一个"呿"字，《庄子·秋水》："公孙龙口呿而不合。"公孙龙惊讶得合不上嘴。这个"呿"见于字书，《玉篇》："张口貌。"《集韵》："启口谓之呿。"

"呿"字由"口"与"去"构成。"去"不正是"大口"吗？是"大"与"口"两个义符组合成的会意字。字形讹变之后，加上意符"口"构成一个形声字，完全符合汉字的发展规律。这个"去"字见于甲骨文：

（合5239）：贞，王勿去束。

---

① 裘锡圭：《说"去""今"》，《裘锡圭学术文集·金文及其他古文字卷》，复旦大学出版社，2012年，第418—421页。

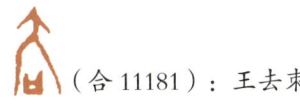（合 11181）：王去束。

甲骨文中的"去"已经用作离去的"去"了。

这就提出一个文字学中的大问题：这种把两个字符的意义组合起来的表意字出现的时代大大提前了。

第二个问题，《说文》小篆"去"并不从口。

，人相违也。从大凵声。

《说文》的字形不是自己臆造的，秦汉文字确实这样写：

《珍秦斋藏印》秦印 34　　　　马王堆·阴甲 102

秦文字把"呑"写成"去"，似乎是一个突变，为什么写成这个样子？从文字自身的发展来说，只能归于简化，还有没有其他社会原因？

许慎对这个字形加以解释，说这个字从"凵"声。这个"凵"是什么东西？

，凵卢，饭器，以柳为之。象形。凡凵之属皆从凵。

，凵或从竹去声。（《说文》）

这个字在古书、古文字里面从来没有出现过，《说文》虽然把它当作一个部首，但是个光杆司令，并没有部属。这个"凵"是从哪里来的？我认为很可能是为了解释"去"字，从"去"字中分割下来的，现实的文字应用中并不存在。这就是"去"字涉及的第三个大问题：《说文》中的一部分字，可能是通过分解字形而来，并不是现实中使用过的文字。

讲到这里，这个张大嘴巴的"去"字已经涉及一系列的重大问题了。事情还不止于此，《说文》中还有一个"𠘧"字，是"却"的繁体字"卻"的音符，与"谷"很像，但不是"谷"：

𠘧，口上阿也。从口，上象其理。凡𠘧之属皆从𠘧。嗀，𠘧或如此。臄，或从肉从豦。（《说文》）

过去一直不知这个部首的来源，现在知道了，就是战国文字中"去"的变体。涉及的问题更复杂，这里就不展开说了。

[**理论延伸与思考**] 秦文字直接继承两周文字，与六国文字形成鲜明的差别。由于战国时期的两周文字很少，因此有一些秦文字找不到源头。战国时期晋、楚、齐等国都用从大口的"去"，与甲骨文相合。秦文字的"去"是继承周人的写法还是秦人独创，还需要等待材料证明。

## 第一百二十三讲

# 汉字里那些多嘴的家伙们

[**本讲要点**] 三口相连表示一个人说话多。"严"字在甲骨文中写作一个人有连在一起的三张口,本义是说话多,后来加了音符"敢"成为形声字。甲骨文"𣦵"省掉人就成了"品"。《说文》中的两个"品"是同一个字的简化。四口表示说话声音大,如"叫(朋)""嚣"。

[**说解汉字**] 严、杲、噪、叫、嚣、嚴、品、譶、朋

一个人话说多了,就是多嘴多舌,招人嫌。汉字中还真有这么个多嘴的家伙,《说文》:

品,多言也。从品相连。《春秋传》曰:"次于品北。"读与聂同。

"品"与"聂"汉代读音相同,从"聂"声的字表示多言:
譶,多言也。从言聂声。河东有狐譶县。(《说文》)
嗫嚅,多言也。(《玉篇》)

"品""譶""嗫"是同源字,都表示多嘴多言。古书中很少用这几个字,今天更不用,但是,如果不知道,就没有办法理解古今都常用的"严"字。

"严"的繁体字是"嚴",简化字是个地道的记号,只能说说简

化的过程,其他就没法说了。"严"的繁体字是小篆的隶定,小篆的字形许慎还能解释:

,教命急也。从叩厰声。,古文。(《说文》)

许慎的解说很生僻,我们也不太懂。《说文》中古文的字形见于古文字:

瘋钟,集249　　　　　　　井人妄钟,集112

仔细看看,不是许慎说的那么一回事。"敢"的上部,是一个人顶着连在一起的三个口,这个字见于甲骨文:

合 17599 反

一个人顶着三张口,真是一个多嘴的家伙。这个字就是金文"敢"旁上部的那一部分。原来"嚴(严①)"字的发展过程是这样的:

丫,表意字。一个人有多张嘴,这些口连起来,意思是同一个人的口,表示多嘴多言。

嚴,形声字。表意字上加个音符"敢",本义与"譶"等同源,指喋喋不休、多言。

嚴,规范了的讹变字形。简化为两个"口",与人分离,"人"讹变并被规范为"厂"。《说文》对这个规范的字形重构理据。

①简化字"严"较"嚴"词义发生变化,是假借义。

严，简化字。这个简化字来源比较特别，可参看《字源》。[①]

《说文》的"岊"显然是表意字"夒（㚔）"的省形，省掉了人体的部分，下面不是"山"。

《说文》卷九山部还有一个从山的"嵒"：

，山岩也。从山、品。读若吟。臣铉等曰：从品，象岩厓连属之形。

读了《说文》长学问——知道有两个"嵒"；超越《说文》会进一步知道，这其实是同一个字的讹变。如果一定要讲出一些道理来，岊也可以称作"变形义化"。古文字中有的"山"字已经简化得与岊的下部相同了。多言的"嵒"的下部变成山，就可以理解为"巖"的简化字了。这个从山、嵒省声的字并没有流行开来，表意字"岩"取代了生僻的"嵒"和繁难的"巖"。

上面讲的是多嘴。下面是嘴多，先从噪音的"噪"说起。

群鸟落在树上是"集"：

，群鸟在木上也。从雥从木。，雧或省。（《说文》）

这种场面我们见过，一群麻雀聚集在一棵树上，这是"集"。集在一起的鸟会叽叽喳喳地聒噪，那就是"喿"：

，鸟群鸣也。从品在木上。（《说文》）

[①] 李学勤主编：《字源》，天津古籍出版社、辽宁人民出版社，2012年，第100页。亦可参裘锡圭：《说"嵒""嚴"》，《裘锡圭学术文集·甲骨文卷》，复旦大学出版社，2012年，第155—159页。

后来加了个"口"就成了今天常用的"噪",聒噪、噪音。

四个口表示大声叫。《说文》有㗊部:

㗊,高声也。一曰大呼也。从㗊丩声。《春秋公羊传》曰:"鲁昭公叫然而哭。"(《说文》)

嚻,声也。气出头上。从㗊从页。页,首也。㗊,嚻或省。(《说文》)
在陈而嚻,合而加嚻。(《左传·成公十六年》)

"㗊""嚻"合在一起就是我们现在还说的"叫嚻"。四个口的"叫",让人受不了。叫嚻、叫唤,都不是表扬你的嗓门高。

[理论延伸与思考] 字形讹变是文字演变的正常现象,字际关系需要追溯历史渊源。同一个字常常讹变成不同的形体,如果不知其来源,就会产生错误的阐释。例如,甲骨文的"㗊",在《说文》小篆中讹变为卷二的"㗊"和卷九的"㗊"。

# 第一百二十四讲

# 舌头所能尝出的美味——甜

[**本讲要点**] "甘"的构形是口含美味。"函"与"甘"构形都是包含着东西,读音相近,意义相通。"厌"的《说文》小篆中有"甘",应该是汉代产生的"口"的讹变。

[**说解汉字**] 甜、甘、函、甚、厌（䛭、厭、猒、肰）

舌头是味觉器官,五味酸甜苦辣咸中只有"甜"字中有"舌",在小篆中写作"䛭","舌"与"甘"的位置与现在通行文字正好相反。

䛭,美也。从甘从舌。舌,知甘者。（《说文》）

这就是题目所说的舌头所能尝到的美味。

现在经常说"甘甜","甘"与"甜"是什么关系？段玉裁注："五味之可口皆曰甘。"

甘丹[①]上库戈,集11039

"甘"字构形是口中有一短横。如果单纯从文字符号的角度说,短横是区别符号,加在里面是"甘",加在外面是"曰"：

[①] 器铭中的"甘丹",就是地名邯郸。

合 20898　　　　　　　合 6081

这样解释简单明了。但汉字是表意字，人们总是不甘心就这么简单，总还想追问为什么短横写在里面就是"甘"，写在外面就是"曰"。许慎说：

，美也。从口含一。一，道也。（《说文》）

许慎认为这个短横是"一"，意义特别深刻。"一"是道，为什么是"道"？

惟初太始，道立于一，造分天地，化成万物。（《说文》）

嘴里品味什么才是美味？是道，是思想，是哲学。这就太强人所难了。造字的是圣人，学字的也得是圣徒才能理解。我们不同意把汉字阐释经学化，但也并不等于汉字中没有文化。

为什么口中加短横表示"甘"？下面几点还是可以考虑的。

单看字形，"甘"字像口中含着某种东西，巧的是"甘"与"含"古音非常近。而"含"这个字在战国文字中并不表示含着东西的"含"，只是"今"字的异体字，所以不排除"甘"最早也表示口中含着东西的意思。

"甘"有包含意也有旁证。"函"字本义也是包含、容纳。下面是古文字中的"函"[①]：

合 28068　　　　函皇父匜，集 10225

---

[①]《说文》：圅，舌也。象形。舌体弓。从弓，弓亦声。肣，俗圅从肉、今。

构形是箭囊中包含着箭矢。

"函"的读音、意义与"含"很相近,把"甘"理解为"含"的本字,文字的构意与"函"相同:"函"是口袋里包含着箭矢,"甘"是嘴里含着食物。

什么样的食物我们会经常含在口中?糖块,含在口中慢慢品味;汤药,迅速吞下,绝不含着。美味会含在口中,含在口中的是美味。"甘"很有可能最初既可以表示动词"含",又可以表示名词"美味",还可以表示形容词"美味"。味觉中感觉最强烈的美味就是甜味儿;"甘"可以专指甜味,如甘甜、甘蔗,这是词义缩小了。

《说文》从甘的字不多,大部分现在还常用。除了"甜"字外,还有"甚""猒"等,这些古老的字形情况都比较复杂,很多问题都还没有完全弄明白。

,尤安乐也。从甘,从匹耦也。　　,古文甚。(《说文》)

"甚"字见于西周金文,确实从甘,下面是什么说不清,但绝对不是"匹"。

晋侯对盨,新收 853

这个字构形不明,我们在《被误以为与两性有关的字》中已经讲过了。

"厌"的繁体字是"厭",最初可能是"压"的本字,我曾经讨论过,在这里就不展开了。"厭"里面的"猒",《说文》认为是讨厌的"厌"的本字:

，饱也。从甘从肰。，猒或从目。

"肰"是狗肉，美味的狗肉能让人吃饱，吃到想吐？许慎可能是这么想的。

这个字见于古文字，并不从甘：

沈子它簋盖，集 4330　　毛公鼎，集 2841　　上博简·缁衣 24　　马王堆·缪和 34

从西周一直到西汉，这个字都不从甘，而是从口，最初可能是个会意字。犬、口、肉三个部件的关系可能是犬张口吃肉，会饱意。直到东汉，口里才多出一横。《说文》中的这个小篆可能是汉代隶书的写法，并不是秦篆。

"甘"字不难，但涉及的问题挺难。

[理论延伸与思考]构形理据是根据已知的字形和词义之间的联系，逆推古人的造字思维，会有多种可能性，也应当允许各种可能性存在。每一种可能性的证据越多，可信度就越高。讨论"甘"是动词"含"的本字还是形容词"甘"的本字，都需要更多的证据证明。在材料不足证的情况下，可以两说并存，甚至三说并存——古人一字多音义。

## 第一百二十五讲

# 为什么皇帝的命令叫圣旨

[**本讲要点**] "旨"的字形还有说不清楚的地方。最早可能是从口，从匕，匕亦声，表示往口中送美食。演变成从甘的"旨"，可能是变形义化现象。"旨"从美食到圣意是层层引申的结果。

[**说解汉字**] 旨、匕

皇帝的命令叫作圣旨，现在宫廷剧看多了，不用读古书都能知道。为什么叫圣旨，我们往往就未必知道得那么真切了。"圣"好理解，指聪慧通达，如大圣、至圣、神圣、圣人、圣母、圣徒。"旨"是什么？读古书看训诂，甚至翻翻词典就大致可以明白。

夫君子之居丧，食旨不甘，闻乐不乐。（《论语·阳货》）何晏《集解》："孔曰：旨，美也。"

"食旨不甘"中的"旨"是美味的食物。

虽有嘉肴，弗食，不知其旨也。（《礼记·学记》）

这里的"旨"是佳肴之味美。

妙达此旨，始可言文。（《宋书·谢灵运传论》）

这里的"旨"是文义，是美意。

今承旨而杀之，是逆天心，顺府意也。（《后汉书·曹褒传》）

这里的"旨"就是上司的命令或指示了。礼制社会中下级对上级的恭敬是必需的，"旨"只能用于上级或敬语，不能用在自己的身上。皇帝是社会至尊，他的想法、他的命令不仅美好，而且神圣，所以是"圣旨"，这并不难理解。①

① "指"也有旨意的意义。《尚书·盘庚上》："王播告之修，不匿厥指。"可以肯定地说，商人写的时候不会是"指"，那个时候，手很少参与构形。

"旨"由美味到美意,再到上级的命令,词义引申的途径很清楚。"旨"的本义是美味,应当是靠谱的。

,美也。从甘匕声。凡旨之属皆从旨。 ,古文旨。(《说文》)

"甘"是美味,"匕"的古音与"旨"确实也不远,许慎的解说似乎有理。讲到这里,"旨"和"圣旨"好像都说完了,但我们一旦列出古文字中"旨"的字谱,问题就来了:

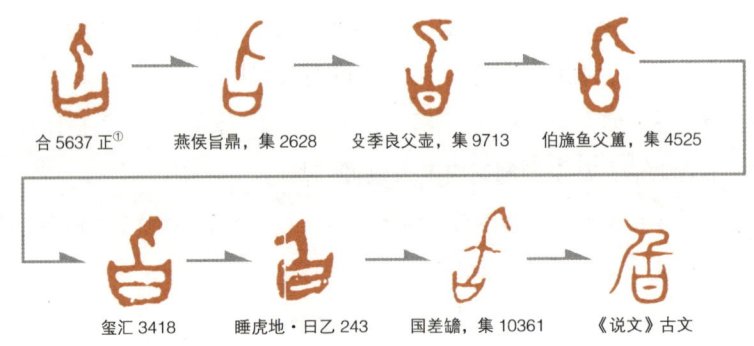

在比较古老的古文字中,"旨"也是上下两部分,下面不是"甘",是"口",上面也不能肯定是"匕"。尤其是《说文》"旨"的古文,上面分明就是"千",与国差𦉢的"旨"相合。如果说其是同一个字,"匕"形如何演变成"千"形,还需要文字学上的解释。"从甘匕声"这个对小篆合理的阐释对先秦古文字就不完全合适了。这就得重新思考,有多种可能性。

第一种可能,从口的字形不是"旨"。甲骨文的词例确实不能读定[2]。西周早期金文是人名,也不能确定。但是"尝(嘗)"字所从的

[1]甲骨文"旨"是类推,词例还不能证明。
[2]庚子卜,争贞:西使旨亡忧。(合5637正)

旨，大部分是从口。

第二种可能，如果从口的字是"旨"，上面可能是尸，可能是人，可能是匕，本义不一定是美味，可以做各种猜想。

第三种可能，如果从口的字是"旨"，本义也是美味，那该怎么阐释呢？我个人倾向于许慎所说，字形上面是匕，下面是口，"匕"在甲骨文里的字形与"人"特别接近，容易相混，说成是"匕"形是没有问题的。"匕"是取食器，与我们吃饭用的"勺"很接近，用匕盛上食物，送入口中，正是"尝（嚐）"字所从的"旨"的意思。送入口中的是美味，最起码人们希望它是美味。所以，上面从匕，下面从口，可以理解成会意字。同时，如许慎所说，"匕"在这里表示读音，这么讲，大概也能够说得过去。"口"演变为"甘"，古文字中也有例证，上一讲说到的"厌"的繁体"厭"即是，应该是一种变形义化的现象。

出土的战国时期的曾侯乙匕

下面从甘的"旨"字最早见于西周晚期，所记录的意义就是我们所说的"美味"。

（殳季良父壶，集9713）：用盛旨酒。

"旨酒"就是美酒。这个字形一直延续到后来的小篆，甚至直到现在我们都是这么写的。

[**理论延伸与思考**]对于汉字阐释来说，需要理解汉字阐释本身带有不确定性。当材料不足、证据不够时，说一定是某某无疑，这样的话一定不要相信。一个字有很多种阐释，不可能每种阐释都是对的。可能有一种是对的，其他的都不对，得学会去判断、取舍。也有可能几种说法都对，但它们是从不同的角度说同一个事物的不同侧面。还有一种可能是全都不对。所以，汉字理据的阐释是具有不确定性的。对于这种不确定性，我们不论是学习还是研究，都要正确对待。

如何正确对待？你认为"旨"的构形该如何解释呢？

第一百二十六讲

# 动物的嘴巴

[**本讲要点**] "口"象人口,也可以表示动物的口。"嘴"最早专指鸟嘴,后来词义扩大,可以表达人的口,并作为常用词取代了"口"。"嘴"与"口"相比没有优势,能够取代"口"是因为文字的演变不仅受文字自身演变规律的制约,更受语言的制约。

[**说解汉字**] 口、嘴、咮、杲

"口"不仅常用,而且功能强大,《说文》中口部字就有180个,另外,"叩""品""唱""告""言""舌""曰""甘"等许多部首中都有口,还有如"叩""扣""釦"等表音的口,合在一起构成一个非常庞大的家族。这其中大部分比较好理解,例如:

口腔器官的部位:置喙、口吻、喉咙;

口部动作:呼吸、吹嘘、呻吟、吃喝、咀嚼、吞吐、言、曰;

口中发出的声音:呱呱、喤喤、叽里呱啦。

从字形来看,"口"字像人口,上面出头的部分是嘴角,"耳""目""口""鼻"这些象形字都是"近取诸身"。从口的字大部分表示人的器官或与其有关的行为,但也可以表示动物的嘴和器物的口。《说文》口部字的最后有一部分动物的"口":

吠,犬鸣也。从犬、口。

鸣,鸟声也。从鸟从口。

唬,虎声也。从口从虎。读若暠。

咩咩,羊声。

口
合 22269

呦呦，鹿声。

喔喔，鸡声。

另外，"咆哮""噪"等都是动物发出的声音。

这些"口"在这里不再是人口的象形，而是表示各类动物的嘴巴，从形符到义符，这并不难理解。

下面说一说鸟嘴怎么就变成了人口。

鸟嘴是尖的，与人口在外形上有很大的差别。《说文》中有表示鸟嘴的专字——咪：

咪，鸟口也。从口朱声。

此外，古文中还有"喙"。

维鹈在梁，不濡其咮。（《诗经·曹风·候人》）《毛传》："咮，喙也。"

咮，鸟喙也。（《玉篇》）

"咮""喙"这两个字在后世都不太流行，逐渐被"嘴"给取代了。"嘴"字晚出，起初专指鸟嘴，"尖嘴猴腮"中的"嘴"用的还是本义。"嘴"字经历了下面的演变过程。

**1. 借用"觜"**

觜，鸱旧头上角觜也。一曰觜觿也。从角此声。（《说文》）

猫头鹰头上的毛角是尖的，与鸟嘴相似。相似性可以比喻引申，于是就用"觜"表达鸟嘴。

穿皮啄朽觜欲秃，苦饥始得食一虫。（唐·杜甫《杜鹃行》）

### 2. 造专字——嘴

"觜"加"口",就成了嘴的专字。唐宋时期就有了,是指鸟的尖嘴,或者像鸟嘴的东西,例如壶嘴、山嘴。最初不能指称人的口,尖嘴猴腮、嘴脸都是骂人的。

### 3. "嘴"词义扩大,不仅可以指人的口,而且在口语中取代了"口",成为现在通用的常用字,"口"几乎沦落为不能独立使用的词素了

常用字的更替是个很有意思的问题。"口"有那么大的势力,为什么就衰败了呢?这里面涉及语言与文字等多个方面。从文字方面思考,更是不可思议。"口"构形简洁明了,"嘴"构形曲折,字形繁复,虽然年轻,但并不比古老的更好。文字得服从语言,语言中"嘴"取代"口","口"字再好,也得退居二线了。

和鸟嘴有关系的还有一个"喿(噪)"字,前面我们讲过:巢——喿。这么一讲好像已经懂了。从理论上说,"喿"是表意字的哪种类型?是形符构成的图画式结构吗?

[理论延伸与思考] 形符与义符是文字学中经常使用的概念。典型的形符是早期平面图画式的字符,不仅表达意义,而且参与构图,例如甲骨文"𤊲(牢,合29580)""𡨄(宿,合29351)"等字。义符是字符所记录的意义组合表意,例如"孬"。但是有些字符是义符,构成的文字却是图画式平面结构。

"集"与"喿"都是平面构图结构,依靠形体表意。但是"喿"中的三个口,从形体来说,是人口,并不像鸟嘴,是用"口"的意义表意,而不是形体表意,应该是义符。但"喿"字整体又是形体表意,是形符。形符与义符有时候也不容易区分。人文学科中依靠归纳得出的概念,很难周严到无例外,只能特殊情况特殊对待。

"喿"字就是如此,"嚣"字该如何分析呢?

## 第一百二十七讲

# 谷是山谷吗

[**本讲要点**]"谷"可能是山谷的"谷"的本字,也可能是欲望的"欲"的本字。战国文字中"欲"所从的"次"可能是"㳄"。比"谷"少两点的"𠔿"可能是"㳄"的本字。

[**说解汉字**]谷、涧、欲、沿、羨(㳄、榖、𠔿)

首先我们要区分山谷的"谷"与穀物的"穀"。简化字中,这两个字是同一个形体,《说文》中则区分为差别很大的两个字:

🙵,续也。百谷之总名。从禾㱿声。

🙶,泉出通川为谷。从水半见,出于口。凡谷之属皆从谷。

我们这里先剔除穀物的"穀",专讲山谷的"谷"。
高山深谷,两山对峙,中间有水,我们很容易想到"涧"。

🙷,山夹水也。从水间声。(《说文》)

古文字表意字写作:

《陶文图录》3·350·4

山谷是什么样？与"涧"有什么区别？许慎的分析挺复杂，口是谷口，垂下来的是泉水，上面的两笔是水"半见"。上面叫"半见"不太懂，字面意思就是半现，谷为什么要"半见"？挺难理解。换一换思路可能好一些。

"谷"的古文字写法高度一致：

合 8395　　启卣，集 5410.1　　上博简·王居 6　　睡虎地·日书乙 189　　马王堆·老子乙 177

《说文》中"谷"的篆文的写法见于汉印，是美术字，即所谓的缪篆，变形很严重。

泉出通川，那就是水流，但汉字中水流写作 川 等形体，构形中写成一个流线形，不会写成点状。点状大都是特殊的液体，如甲骨文"毓""次"。

合 10157

毓
合 22663

次
合 21181

词例可以提供一些线索。在古文字中，"谷"经常用作"欲"：

（上博简·王居 6）：王谓："虐（吾）谷（欲）速。"

很怀疑"谷"就是欲望的"欲"的本字。

"欲"以"谷"为音符,读音没有问题。就字形分析而言,"口"上面是口水。口水表达欲望,我们讲"次"和"羡"的时候就讲过。

🦬,贪欲也。从欠谷声。(《说文》)

"欠"是张口或者打哈欠,只能是厌烦,怎么能够表达贪欲的意义?楚简中"欲"大部分写作:

🦬(上博简·鲁邦大旱4):如天不雨,石将焦,木将死,其欲雨,或甚于我。

🦬(上博简·容成氏30):舜乃欲会天地之气而听用之。

上面两个字形右侧一般理解为"次"。楚文字中"欠"经常写作"次",为什么呢?在"欲"字中,"次""欠"都讲不通,如果是"次",就非常好理解了。这种可能性是非常高的。

"🦬"字中不是"次",是"次"。

"🦬"字中的两点"冫"可以看作借笔省形,既是"谷"的笔画,又是"次"的笔画。在"欲"字中,"欠"可以多两点,影响到其他从欠的字,也经常这么写。这是一个大胆假设,可以作为旁证的还有一个"谷"字。可以猜想到"沿""铅"等字的右半部分是表音的,但没见过单独使用。《说文》口部中有:

，山间陷泥地。从口，从水败皃。读若沇州之沇。九州之渥地也，故以沇名焉。，古文㕣。

《说文》所说的"山间陷泥地"的意义，古书里从来没有使用过。我怀疑"㕣"是"次"的异体，简化了而已。理由如下：

第一，从字形上看，"口"上两点表示口水。

第二，"㕣"与"涎"的读音十分接近，可能在古代某些地方就是同音。

第三，"㕣"用少的水滴表示口水，"谷"用多的口水表示欲望。

"口"上的水多到成了水流，就是另外一个字："沓"。

合 28982

屯 2579

语多沓沓，滔滔不绝，侃侃而谈。沓沓、滔滔、侃侃都表示善于说，里面都有"水"。

[**理论延伸与思考**] 这一讲的内容大都是探讨性的，所谓知识点也不能成为确切的知识。请你补充更多的证据，验证这种说法的可信与可疑。

第一百二十八讲

# 张着嘴说大话——唐

[**本讲要点**] "唐""夸（誇）""诞"的意义都是说大话。"唐"字从口、庚声，本义可能是大言，也可能"口"只是区别符号，是地名用字。

[**说解汉字**] 唐、诞（夸、誇）

多言，喋喋不休，早有专字，而且是表意字。大言不惭，大言，汉语中也有单音词：誇——夸夸其谈。荒诞，"诞"就是说大话，大话就是背离现实的夸张，当然是不可信的、荒唐的。

问题来了，荒唐的"唐"是什么意思？

虽然"唐"是个常用字，但除了姓氏和朝代名、地名之外，现在构词能力很低，除了"唐突""荒唐"等少数几个词外，其他地方很少现身。但这个字很古老，甲骨文中就有：

（合300）：贞，御自唐、太甲、太丁、祖乙百羌百牢。

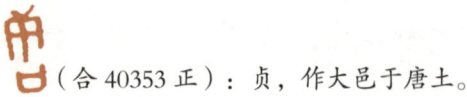（合40353正）：贞，作大邑于唐土。

第一例中的"唐"就是商汤，第二例中的"唐"是地名。这个字最初表达的是什么意义？许慎认为"唐"最早就是指说大话：

，大言也。从口庚声。，古文唐从口、易。（《说文》）

语言中也有词例：

以谬悠之说，荒唐之言，无端崖之辞，时恣纵而不傥，不以觭见之也。（《庄子·天下》）成玄英疏："荒唐，广大也。"

就小篆和古文来说，证据还算得上充分。

第一，不论是小篆还是古文，字形中有"口"，"口"可以表示说话，例如："嗑"，多言；"叱"，大声斥责。

第二，有词例"荒唐"证明。

这样，这个阐释是不是就可以说没问题了？也不尽然。

第一，在古书和出土文献中，"唐"大都是国名、地名、人名，没有单独表示大言的用法。

第二，"口"不一定都与口部或者语言有关系。例如与"唐"相类似的"周"，用作国名、地名、人名，最初没有"口"，"口"是后来才加上的区别符号或者装饰性部件。不排除"唐"也是如此构形。

第三，"唐"有大和空旷义，与"荡"音义都很接近，叠音"唐唐"与"荡荡"也很接近。

无偏无党，王道荡荡。（《尚书·洪范》）

上配道德，下及神明，沦唐唐，含冥冥，驰天地，骋阴阳。（汉·严遵《道德指归论·江海》）

"荒唐"不一定要理解为"大的大言"，而是同义并列。"荒"是大，"唐"也是大，"荒唐"还是大。这样理解"谬悠之说，荒唐之言"更合乎语法。荒唐之言就是吹牛皮。

如果"唐"最早的意思就是吹牛，一般就不会用作人名了。"喋""夸（誇）""诞"这些字人名中就不见使用。商汤是何许人也，取个有吹牛意义的字做名，也不太合适。

**[理论延伸与思考]** "唐"字许慎说得挺好,为什么还怀疑,还提出新的假说?

学习有两种方式。一种是把听到的看到的都当作知识,这些知识可以用来应试、布道,最不济也可以用来侃大山。另一种方式是知识积累到一定程度就寻隙找茬,从怀疑开始,逐渐搜集证据,理清思路,形成自己的想法。这就进入研究的境地了,有可能创新。知识不是力量,知识的知识才是力量!这是对读书人的期望。

第一百二十九讲

# 伸着舌头面向酒坛的"饮"

[**本讲要点**]"吃""喝"二字在《说文》中与吃喝的行为无关,古人称其为"食""饮"。在甲骨文中"食"与"饮"都是表意字,其中"饮"经历了复杂的变化,由平面图画式分解为部件,变成形声字"歆"和"酓"。

[**说解汉字**]饮、食、吃、喝(歆、歠、酓)

人的一生,每天都必须做的事情不多,吃与喝就是其中的两件。吃是进食补充能量,喝是进液体补充水分。"吃""喝"二字《说文》都有,但最初都与吃喝没有关系,"吃"是口吃说话不利索,"喝"[1]是大声吆喝吓唬人。那时的吃与喝分别叫作"食"与"饮"。

"食"的古文字很形象:

合 20791

合 11483 正

食器里有食物,上面是一张倒过来的口,冲着食物,表达食物与进食等多个意义,前面讲倒口时讲过。

"饮"字有繁体字"飲",左边是食,右边是欠,张开嘴冲着食物,那应该是吃的意思才对,怎么会是"饮"呢?

这个繁体字其实不古。古人造字的时候确实想得更精细,表达得更真切:

[1]《说文》:"吃,言蹇难也。从口气声。"又"嗬,潵也。从口曷声"。

合 10405 反

合 10137 正

字形下面是酒坛子等容器，上方是一个人俯下身子，冲着液体伸出舌头，与"食"的构意十分接近。这个字就是《说文》中的"猷"：

，歠也。从欠酓声。凡猷之属皆从猷。　　，古文猷从今、

水。，古文猷从今、食。

下面深入一下，讲四个与"猷"相关的问题。
第一，从甲骨文到小篆发生了什么变化？

合 10405 反　　　《说文》小篆

酒还在原来的位置，俯身垂舌的人分解为两部分："今"和"欠"。"欠"表示张开嘴，"今"表示读音。这个变化过程我们可以称为"表意字的部件化"。早期表意字有不少平面图画结构，各组成成分之间没有明确的界限。文字的发展趋势是图画性越来越弱，复杂的表意字逐渐分解为大家熟悉的构字部件，重构理据或直接变成记号。甲骨文"猷"字中垂舌的人体分成了两个部件——"今"和"欠"，倒舌变成形体接近的"今"，表示读音，俯身的人形变成了"欠"，倒口应该是共用部件。
第二，饮的姿势。
假如你养过狗，就会对甲骨文"猷"字中所表现的饮的样子很熟悉——低下头用舌头喝水。人什么时候用这种姿势喝水饮酒呢？没有见过。人类还不会制造取水器的时候得这么喝水，造字的时候喝的都是酒了，哪里还能像其他动物那样用舌头舔取？汉字中所蕴含的文化得逐层剥离，这要么是远古文化的记忆，要么表达的是神灵从上而来饮酒，反正不像文明人的饮酒。

第三，《说文》部首的设立。

"歙"是《说文》540个部首之一。按照许慎的理解，"歙"是由表意和表音两个部件构成，为什么他不将其归入欠部？

歙部一共就两个字，另外一个就是"歠"：

，歙也。从歙省，叕声。（《说文》）

许慎自有他的道理。如果不设置歙部，"歠"字不好安置。《说文》部首是表意部首，现在字书的部首是用来检字的，检字部首用不着"歙"。

第四，小徐本"畲"字哪里来的？

畲，酒味苦也，从酉，今声。（小徐本《说文》）

大徐本《说文》中没有这个字，段玉裁认为是传抄中脱漏了。古文字中确实有这个字：

合 22139　　合 28097

字从倒口，从酉，与食构意相同。

（楚王畲审盂，新收1809）：畲审（楚共王名叫熊审）。

（楚王酓章镈，集85）：酓章（楚惠王名叫熊章）。

在战国文字中，"歈"普遍部件化为"酓"、"欠（或次）"两部分：

中山王䯲方壶，集 9735.2B　　　　上博简·三德 12

甲骨文中"酓"所从的倒口，战国文字音化为"今"；甲骨文"歈"字中的倒口与倒舌也音化为"今"。战国文字"歈"省去了欠就是"酓"，这很容易让人理解为"酓"是"歈"的简化字。这两个字渊源有自，彼此大概不会是繁简异体关系。《说文》所谓"酒味苦"的用法虽然从来没有见过，但楚人用作楚王称号用字，有专门的用途，可能别有文化内涵，可以进一步探寻。

小徐本所收录的"酓"，应该是一个古文。

[理论延伸与思考] 形声字的来源很复杂，其中一部分是由表意字改造而来的。把表意字的一部分改造成形体相近的音符，文字学上称之为"变形音化"。"酓"与"歈"本来是一个表意字，并无表音成分，把倒口和倒舌改造为"今"就是变形音化。

第一百三十讲

# 哪些乐器有许多嘴

[**本讲要点**] 甲骨文中"龠"的构形是管乐或口吹管乐,"樂"是弦乐的表意字,"龠"与"樂"意义相近,语音相通。文字构形中"龠"大都做意符,"龢龤"即和谐,是音乐的基本要求;"乐"大都做音符,"砾""栎"等今天还用。

[**说解汉字**] 竽、乐(龠、樂、龢、龤)

宋欧阳修有《采桑子》词:"返照波间,水阔风高扬管弦。"其中的"管"是管乐,"弦"是弦乐。古代的管乐是什么样的?

马王堆汉墓出土的竽,《马王堆汉墓》第 105 页

"滥竽充数"这个成语大家都很熟悉。这种笙、竽类管乐出现得很早,据学者考证,甲骨文中就有记载:

合 16242　　　合 22912

像吗?我不敢相信自己的眼睛。上面除了"竽"之外,还有一个统称管乐的"龠"字,甲骨文中有繁简不同的异体。

合 22730

这是"龠"字,把竹管捆在一起,上面的"口"表明竹管有通道,竹子与口是连在一起的。把竹管捆绑在一起是"龠",与"册"没有关系,是用嘴吹的。

合 4720

管乐上面有一个倒过来的冲着乐器的口,这更清楚地表明这个乐器是用口吹的。这个字只能分析成倒口和"皿"两部分。《说文》中有这个字:

龠,乐之竹管,三孔,以和众声也。从品、侖。侖,理也。

"龠"从甲骨文到小篆发生了什么变化?

第一,倒口变形,许慎认为是"亼"。

第二，管乐的竹子与口分离，上面成了三个口，下面成了"册"。

第三，许慎对这个字进行了理据重构，把三口当成了"品"，把"亼"与"册"组合成"侖"，"品侖"是龠，莫名其妙。

许慎知道这是管乐，没有违背语言事实。上一讲说"歞"字时谈到表意字的部件化，小篆"龠"也是部件化了的表意字，最初的表意字上面不是"品"，下面也不是"册"，更不能把"亼"与"册"解读成"侖"。

管乐是用嘴吹的乐器，最初用竹管做成；弦乐是用手弹奏的乐器，最初是在木器上装上丝弦，瑟、琴等都是弦乐。弦乐很早就有了，甲骨文中也有记载：

合 33153

合 36556

木头上面有丝线，这就是音乐的"乐（樂）"。

🎵，五声八音总名。象鼓鞞。木，虡也。（《说文》）

"龠"是管乐，"乐"是弦乐，都是音乐，巧的是它们的读音也非常接近，直到今天，两个字还同音。最初即使不是同一个词，也是同源词。

认识了"龠"，下面的字就明白了：

歞，"欠"表示张口出气，吹。

籥，从龠炊声，吹。

两个吹，从龠表意更加贴切，但都被"吹"取代了。原因就是"吹"字形简单，书写方便。

龢龤，即和谐。声音和谐那是音乐，不和谐就是噪音。和谐最初是就音乐而言，后来扩大到人际关系等其他领域。复杂的"龢龤"很少有人使用。

附录几个从"龠"的字：

龠，音律管埙之乐也。从龠炊声。（《说文》）

龢，调也。从龠禾声。读与和同。（《说文》）

龤，乐和龤也。从龠皆声。《虞书》曰："八音克龤。"（《说文》）

[理论延伸与思考]文字考释需要表层结构清楚，所记录的语言明确，构形理据合理，文字演变符合规律。甲骨文 釋读为"竽"的依据是什么？简化字"于"的源头在哪里？你试着探索一下。

# 第一百三十一讲

# 与音义无关的"口"

[**本讲要点**]"口"有时既不表意,也不表音,只是一个区别符号。"强"字去除右下的"虫",剩下的"弘"就是强劲的"强"的本字,《说文》讹变为"强",肢解出"弘",后人附会出与"肱"相近的读音。

[**说解汉字**]强、弘(彊、強)

今天通过"强"字讲一讲与音义无关的"口"。

对于只会写简化字的人来说,分析强大的"强",只能得出这样的结论:左右结构,左弓右虽。从识字教学来说,这样教学生简单而有效。但如果问为什么这样写,就没法解释了。"强"字涉及许多文字学的问题,我们一层一层地说。

其一,《说文》中"强"的本义与强大没有关系,"彊"才是强大的意思。

,弓有力也。从弓畺声。

这才是强大的"强",边疆的"疆"以此为音符,古书里也假借"强"为"彊"。简化字把这两个字合并成了"强"。

其二,"强"与"虽"音义没有任何联系。

"虽"是繁体字"雖"的截除式省略。《说文》中"强"与"雖"都在虫部,去掉"虫",剩下的部分都是表音的,二字最初的意义都是爬虫类动物。

,似蜥蜴而大。从虫唯声。（《说文》）

"虽"是两个没有直接关系的部件的组合。

其三，《说文》"强"字中的"弘"是讹变部件。

,蚚也。从虫弘声。 ,籀文强从蚰从彊。

秦汉文字中都写成"强"，"虫"的上面都是"口"。

睡虎地·日乙 195　　秦峄山刻石　　《增订汉印文字征》第 595 页

《说文》小篆 隶定之后就是"强"，许慎说从弘声，南唐的徐锴就说："弘与强声不相近，秦刻石文从口。"段玉裁古音研究非常有成就，他也知道"弘"与"强"韵部不同，就用"合韵"的理论勉强解释。《说文》这个字形是从哪里来的？如果说是许慎杜撰就过了。

字书里面没有"弘"，但其在秦汉文字中很常见。"弘"字本来写作"弘"，汉代逐渐把"口"写成三角形：

马王堆·五行篇 346　　东汉·孔彪碑

"口"变成了三角形，逐渐就分化出一个"弘"字来。

"强"可能是汉代偶尔把口写成三角形的时候产生的，但也是讹变的生僻写法，许慎为什么选择这么一个字形作为正篆？为了字形解释方便？但解释得并不高明，连徐锴都看不过去。

"弘"变成"弘"以后，又附会出与"肱"相同的读音来。

，弓声也。从弓厶声。厶，古文肱字。（《说文》）

其四，"弘"非常古老，就是强大的"强"的本字：

合7594　　合21895　　盟弘卣，集5257　　曾7　　清华简·系年50

其五，在"弘"字中，"口"起什么作用？
甲骨文中下列三个字有"口"：

强　　　　　吉　　　　古（固）
合7594　　合5247反　　合6153

强弓劲弩，"强"的本义是弓强劲有力；吉金，是指箭镞等金属兵器坚固锋利；"古"是坚固的"固"的本字，上面是盾形，本义是坚固。"口"并没有坚固义，这些字中的"口"是区别符号，与"口"的音义都没有关系。

梳理一下"强"字的来龙去脉：

甲骨文作上下结构的，或左右结构的，表示弓有力，西周出现形声字"彊"，二字并行，一直延续使用。战国时期出现从虫、弘声的"强"，可以表示"彊"。汉代"强"发生讹变，许慎误以为从弘声。现在"强""強""彊"三个形体合并为一个"强"。

[**理论延伸与思考**]《说文》中有很多汉代才出现的讹变字形，许慎据以阐释汉字构形本义，牵强附会。《说文》中有一部分字的读音来自文字的误解。"弘"本来是"弜"的讹变异体，因为讹变为"厶"而附会读音。汉字中有多少这样将错就错的事例，值得全面搜集。

第一百三十二讲

# 被误解了的"告"

[**本讲要点**] "告"是从口、屮（艸）声的形声字，"屮"加饰笔讹变成"牛"。《说文》告部的"嚳"所从的"告"是音符，在今天看来，《说文》告部的设立不合理。

[**说解汉字**] 告、草、嚳（楅、屮、艸）

今天通过"告"字看一看汉字的阐释是如何逐渐向更可信的方向推进的。

"告"在《说文》中是个部首，部中一共就两个字：告和嚳。

按照小篆来看，"告"是由"牛"和"口"两部分构成的。许慎是这样解释的：

𠂤，牛触人，角箸横木，所以告人也。从口从牛。《易》曰："僮牛之告。"凡告之属皆从告。（《说文》）

在牛的角上绑上横木，可以防范牛角触伤人。这个横木还有一个专名"楅"，又叫"楅衡"，文献里面记载得很明确。但是这与"告"有什么关系呢？如此阐释文字，下面的字都可以是"告"：

牢，牛角触人，关入牢中，所以告人也。

吠，犬咬人，防其口，所以告人也。

唬,虎口可畏,所以告人也。

……

牵强附会,无所不能。从字形上看,是"牛"在"口"上,没有"角箸横木",牛下的口是说话人的口还是牛口?还是给牛角安装横木之人的口?把这个字当作表意字,无论如何难让人信服。许慎为什么会如此脑洞大开呢?可能是由古书里"僮牛之告"产生的联想。

段玉裁给《说文》作注,所见到的先秦、秦汉文字材料不会比许慎多,理论上也基本是"六书"。从总体上看,他的目的是想弄明白许慎到底说的是什么,一般不会直接批评许慎。但对于"告"字的阐释和告部的设立,段玉裁实在忍不住了,在指出诸多不合理之后批评说:"此许因僮牛之告而曲为之说,非字意。"他重新解释为:

此字当入口部,从口,牛声。牛可入声读玉也。《广韵》:告上曰告,发下曰诰。①

段玉裁的贡献在于指出《说文》的不可信,提出了从语音上解决问题的思路,说明白了"口"的功能。但问题是"牛"与"告"古音分部井然,"牛"是之部字,"告"是觉部的入声,包括段玉裁在内的古音学家都没有异议,区分得很明白,怎么"牛可入声"就"读玉"了呢?也讲不通。

古文字为我们解读这个"告"字提供了新的线索,包括三方面的知识。

一是"告"字更古老的形体。

甲骨文中"告"有两种写法:

合 1472

合 1859

两种形体用法一致,第一种上面是"屮",出现的频率更高一些。
二是"屮"的读音。

① 《说文解字注》,第 53 页。

字书中"屮"的读音不是它的真实读音,战国文字证明它就是"艸","屮""艸""卉"都是艸,读音也一样。

(郭店简·六德12):屮(草)茅之中。

"草茅"是成词的,"屮"就是"艸(草)"的象形。

三是文字演变的共性。

为了追求汉字字形的美观,人们常常在竖笔上面加短横,比如"十"最初就是一竖,后来加上了短横。古文字中两个又的"友",《说文》古文写作"",弯曲的笔画写直了,又加上短横:

郭店简·语丛三62　　　　　　　信阳二·19

有了这三方面的知识再来阐释"告"的构形和演变,就更加可信了:

告,从口,屮(艸)声。"艸"与"告"二字,在段玉裁的《六书音韵表》中同列第三部,声母也可以找到相通的一些线索。"告"是人口的动作,"口"表示人口是理所当然的。

"屮"的竖画上加一横,符合义字演变的规律,但与"牛"形体相近,混讹同形了。后人不知这个"牛"的来源,从表意的角度解释不对,从表音的角度解释也不正确。

至于段玉裁批评许慎告部设置不当,现在看来也是正确的。"告"字从口,与牛无关。再来看部中的另一个字"嚳":

[印章图] ，急告之甚也。从告，学省声。(《说文》)

"嚳"与"急告"从来就没有关系。按照段玉裁的说法，其音义与"酷"相同，"告"是个音符。这是个双音符字，说是"从告、学省声"可以，说是"从学省、告声"也可以。"告"归口部，"嚳"归学部，问题也不是不能解决。为了安置一个"嚳"专设一个没什么道理的部首，没必要。

现在的古文字字书大都是按照《说文》的部首和部序排列，不是我们完全认同《说文》，而是大家都熟悉《说文》，阅读和检索起来方便。尽管告部设置得不合理，但仍沿袭下来，至今各种古文字字编类工具书还是这么用的。

[理论延伸与思考]《说文》是一部思维缜密的著作，处处表现出精心安排，540个部首的选定与排序便构成一个自足的解释体系，但这并不能说明《说文》的部首都是合理的。540个部首是为了字形释义而设，以此为标准，告部的设置与其标准相违。文字学家明知《说文》部首有很多问题，但很多工具书还是遵从《说文》，是思想保守、观念陈旧吗？

关于"造"字中的"告"，陈剑先生做了很深入的研究，结论无疑。①"祝告"的"告"的源头在哪里呢？我们怀疑，"告"的源头可能也是"草"，是异体分化。有这种可能吗？

---

①陈剑：《释造》，《出土文献与古文字研究(第一辑)》，复旦大学出版社，2006年12月，第55—100页。

第一百三十三讲

# "牙"与"齿"有什么不同

[**本讲要点**]"牙"与"齿"有区别。"齿"字最初是门齿的象形,"牙"是犬齿的象形。"与"与"牙"是一字分化。

[**说解汉字**]牙、齿、与(與)

齿与口有关系,齿长在口中,甲骨文很形象,画的就是门齿。行不露足,笑不露齿,这个"齿"也只能是门齿,"齿"的意义古今没有异议。

齿,口断骨也。象口齿之形,止声。凡齿之属皆从齿。 ,古文齿字。(《说文》)

"齿"字谱如下:

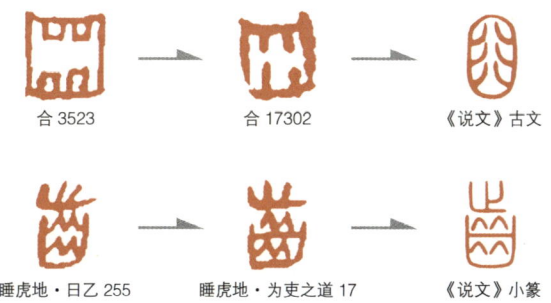

中山王𰻞方壶，集 9735.3A　　　郭店简·语丛四 19

"齿"是象形字，加音符"止"成了形声字。六国古文把"齿"的象形部分类化成了"臼"。《说文》小篆取了秦文字讹变的形体，许慎释义把中间那一横当成了骨头，略显迂曲，但基本上是正确的。

"牙"就没有"齿"这么简单了。

，牡齿也。象上下相错之形。凡牙之属皆从牙。　，古文牙。（《说文》）

什么是牡齿？古人把它理解为大牙臼齿。音韵学有五音：唇、舌、齿、牙、喉，按照辅音的发音部位由外向内排列。体会一下 bp、dt、zc、gk、h 的发音：zc 是齿音，舌头与门齿有接触；gk 古书上就是牙音，舌头紧张的部位对应的就是臼齿，也就是古人所说的大牙。

在这里"齿"与"牙"分别得非常严格，齿音、牙音成为术语，绝不相混。段玉裁也相信这种说法，为此还把牙的释义"牡齿"改为"壮齿"。

学者深入研究，发现后人误解、曲解了许慎。《说文》所说的牡齿，应当就是我们现在所说的"犬齿"，是紧邻着门牙的那两颗大牙，俗称虎牙。

我们先看古文字字形：

十三年痶壶，集 9723.1　　　师克盨，集 4467.1

这丝毫看不出是白齿的形状。把这个字放平了，是上下交错的尖牙形状。有个成语叫"犬牙交错"，说的是狗牙的形状，上下尖牙交错。还有一个成语叫作"犬牙鹰爪"，犬科、猫科等食肉类动物，在门齿两侧有几颗尖尖的大牙，用以捕猎撕咬。犬的牙、鹰的爪都很锋利，是捕猎的重要器官。鹰与犬作为人类的捕猎工具，简称"爪牙"。从这些用法来看，"牙"不会是咀嚼工具。

人类逐渐脱离了茹毛饮血的生活，用于捕猎和撕咬的大牙也逐渐退化，但犬齿依旧存在，比一般的牙要坚固。有的人返祖突出，会长出两颗尖尖的犬齿，俗称"虎牙"。

造字的时代，人类的牙已经不用于捕猎了。我很怀疑，最初造字的时候，"牙"与"舌"一样，并不是人牙的象形，而是描绘了交错的狗牙或虎狼之牙，因为狗牙经常露在外面容易观察，而且功能强大。

现代汉语没有必要通过字形区分"齿"与"牙"了，因为通过构词区分要清晰得多，切齿、犬齿、白齿等等，肯定不会混淆。

最后讲一个与"牙"关系密切的常用字"与"。

现代汉字"与"是"與"的简化字，《说文》分为两个：

与，赐予也。一勺为与。此与与同。

與，党与也。从舁从与。𦥔，古文与。

可以确定，繁体字中的部件"与"就是简化字中的"与"。

再看一下古文字中的"與"字：

黏镈，集271B

中山王䪣方壶，集9735.3B

通过观察字形发现了什么？其中的"与"和我们上面讲过的"牙"字形是一样的，与《说文》所说的勺子没有关系。"与"确实就是从"牙"分化出来的。

[**理论延伸与思考**] 文字分化不仅要有字形上的证据，还需要符合语音、应用等多方面条件。说"与"是"牙"的分化，除了上面所说的字形相似之外，还有什么条件符合？

# 第一百三十四讲

# 你所不知道的"舌"

[**本讲要点**]"舌"在文字构形中有多个来源：在"舔""舐"等字中是意符"舌"，在"话""刮""括""活"中是音符"昏"，在"适""敌"中是音符"啻"。形体虽然都是"舌"，但来源、音义等完全不同。

[**说解汉字**]舌、话、适、啻（昏、適）

舌头的"舌"，前面我们已经讲过，是味觉器官。甜，从舌好懂；"舔"和老牛舐犊的"舐"都是舌头的特有动作，从舌表意，都很好理解。下面这些字中的"舌"，有的你以为理解了，其实根本不是那么回事，有的根本就不能理解。

"话"字常用，用舌头说话，从舌，从言，简单明了，这么教孩子识字肯定有效。但从文字学上来说，这个字与舌头没有关系：

，合会（會）善言也。从言昏声。《传》曰："告之话言。"

，籀文话从会（會）。（《说文》）

字从"昏"声，不是"舌"。你可能会问，是不是《说文》弄错了？可以怀疑，但判断要有证据。查完证据的结论是《说文》没有错。

（郭店简·缁衣30）：慎尔出话，敬尔威仪。

这个"话"字与古书相对应，确定无疑，右侧所从肯定不是"舌"，这形体就是"昏"，隶变后都写成了"舌"。

前面讲过古代的肉刑用字，"劓"是割去鼻子，"刵"是割去耳朵，以此类推，"刮"岂不就是割去舌头？错！

刮，掊把也。从刀昏声。（《说文》）

"刮"本是从刀、昏声，"舌"是隶定的结果。"括""活""聒"等现在还常用的字中的"舌"都是表音的"昏"，是形声字，千万别往表意的方向歪想。

最麻烦的是我们今天的常用字"适"，这个字有两个来源，都在《说文》的辵部：

适，疾也。从辵昏声。读与括同。

这个"适"与那位著名的纸上谈兵的赵括的"括"读音相同。另外一个是"適"字的简化。

適，之也。从辵啻声。適，宋鲁语。

"啻"与"昏"字形完全不同，音义也完全没有关系，怎么就把"適"简化成"适"了呢？研究简化字的专家说这是"现代群众创造的简化字"。在现代汉语的语音里，"舌"与"適"的读音比较接近，"啻"一变形，不知道是什么，知道了也不能表音，群众就把它替换了。不符合传统，只便于实用，群众确实厉害！"敌"字繁体作"敵"，也从啻声，顺便类推也简化成了"舌",弄得人们想起了舌战群儒,以为"敌"就是打嘴仗呢。

还有一个"舍",很容易被分析成从人、舌声。《汉语大字典》检字表中,"舍"就在舌部二画里。这个字与"舌"更是一点关系也没有。

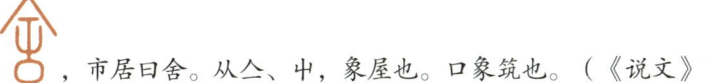,市居曰舍。从亼、屮,象屋也。口象筑也。(《说文》)

许慎虽然说得不对,但知道这里没有"舌"。现在我们知道上面是"余"的省形,这里就不细说了。

我也不知道变成"舌"的"昏"是什么。《说文》中有解释:

昏(guā),塞口也,从口,氒省声。氒音厥。

一方面,"氒"与"昏"的读音相差比较大;另一方面,以段玉裁的博学,也没有找到一个用例。从字形和读音的方向去理解,"昏"字下面有口,读音与"括"相近。"括"是结扎捆束的意思,今天括号的"括"就是从这个意思来的。许慎大概是看到括从昏声,想到了括的意义,就把"昏"理解为括口,换个同义词就是塞口了。但这只是通过字面想到的意义,并不一定是现实中存在的词义。许慎说的尽管不可信,但他的思路我们还是可以理解的。问题是古文字材料出来了,找到了"昏",却更不明白了。许慎说"话"从昏声,"昏"从氒声,可郭店简"话"中的"昏"肯定不从氒。这个形体与古文字中的"乇"是一致的,如"厇(宅)"字写作:

包山简 190　　　　郭店简·成之闻之 33

现在知道,《说文》所说的"昏",口的上部与"氒"根本没有关系,就是宅的古文"厇"中的"乇"。古音学家把"话"归入月部就需要重新考虑了。

讲到这里已经乱套了，形、音、义都出问题了。不怕有问题，即使解决不了，也可以挂在脑子里，说不定什么时候就豁然开朗了。

[**理论延伸与思考**] 同形字与同形部件是古文字中的常见现象，现代汉字中同形部件尤其多。追寻同形字的历史源头是探求汉字深层结构的必要前提。"舌"这个形体在文字构形中有多个来源，需要遵循历史演变的规律，仔细甄别。

比较一下郭店简"话"中所谓的"㝊"与"尾"中的"毛"，二者完全相同。甲骨文中有"舌"字：

合 27578

合 32047

从口，毛声，根据楚简，这是不是就该是"话"的本字呢？楚简从言、舌声的"话"是累增意符"言"。从文字学上来讲可通，关键是语言的证据。大胆假设，小心求证！

# 第一百三十五讲

# 君子动手也动口——右①

[**本讲要点**] "手"象五指,早期古文字书写复杂,很少参与文字构形。简化成三指的左手"ナ"与右手"又",依靠手指的方向区分为左、右,为了文字的美化在空位上加"口"或"工"。现代汉字"左""右"中左手、右手都简化为"ナ","口"与"工"成了区别符号。

[**说解汉字**] 左、右、又(ナ、叔)

从这一讲开始进入"手"的说解。

四肢的彻底分工,使人的上肢从行走奔跑中完全解放出来,可以自由进行各种活动,创造力大增,这在动物界是独一无二的。双手灵活,功能超强,语言分辨细致,表述丰富,文字也得跟上。汉字中与手相关的文字特别多,《说文》540个部首中,就有38部牵涉不同层次、各种形状的手,其中单手部就多达265字。"手"是五指手的象形,没有方位的区别,早期表意字中很少用到,形声字大量出现之后,"手"作为义符才发达起来,一骑超尘。古文字中功能更加强大的是更加具体的不同方位的手。

双手区分为左手和右手:

,ナ手也。象形。(《说文》)

① 这一讲的题目是喜马拉雅音频节目编辑所改。

，手也。象形。三指者，手之列多略不过三也。(《说文》)

下面谈谈左右手字形涉及的几个基本问题。

第一，左右手为什么是三指？

"ナ"与"又"是举起来的左手、右手的象形，都只有三指，并不是五指。你可千万不要据此得出我们的祖先是三指外星人的结论。表意字是字，不是画，能够达意即可，它还受到文字自身构形规律的制约。许慎说得已经很明白了，五指的就是手：

，拳也。象形。凡手之属皆从手。　　，古文手。(《说文》)

大概因为古文字中"手"书写繁复，很少构字，区别左右也不用五指的手。

第二，三指的"ナ"与"又"构形能力很强。

"ナ"与"又"一凑就成了"収"，双手拱起：

，竦手也。从ナ从又。凡廾之属皆从廾。　　杨雄说：廾从两手。(《说文》)

"収（廾）"再与其他字符构成"共""彝""奉""戒"等等。杨雄所说的两手的"廾"见过，就是"拜"字，与"廾"大概不是一码事儿。"廾"的构形能力也很强，以后有机会再说。

第三，左右方向区别意义。

熟悉古文字的人都知道，绝大部分文字的左右方向不构成表意的对立。翻开甲骨文字典，"人""女""马""虎"等都有面向左和面向右的异体，但都不区别音义。用左手和右手的方向对立区分左右成为特例。正因为是特例，所以可以区分左右方向。

第四，"ナ""又"虽然是左手、右手的象形，但在语言中并不表示左手和右手。"又"表示方位"右"、动词"有"、保佑的"佑"、副词"又"等等，这些意义在当时的使用频率都很高，后来逐渐分化出许多字来。

第五，《说文》中收录了两个"右"。

 ，助也。从口从又。徐锴曰：言不足以左，复手助之。（卷二"口部"）

 ，手口相助也。从又从口。臣铉等曰：今俗别作佑。（卷三"又部"）

字形、读音、意义没有区别，为什么重出了？放在口部、又部都合适，许慎是这样理解的，段玉裁等文字学家也没有异议。题目"君子动手也动口"大概也是就此立说的。如果这成为通例，字头中会有很多重出。

第六，"右"最初是"君子动手不动口"。

现在"左"与"右"的区分凭借的是右下的"工"和"口"。古文字中完全不是这样。下面列出"左""右"的古文字字形：

|  | ナ | 又 |
|---|---|---|
| 加"口" | 班簋，集 4341B | 利鼎，集 2804 |
| 加"工" | 师袁簋，集 4313.2 | 右使车工鼎，集 2089 |
| 加异形"工" | 曾 31 | 曾 1 正 |

"左"与"右"都有"口"，或者"左"与"右"都有"工"。"口"与"工"在两个字中的功能是一样的，什么功能？装饰！补上空位，让字形饱满匀称。如果"口"是表意的，那"工"该怎么解释呢？古文字中"右"几乎把"又"的所有功能都继承过来了，最初也不一定是为了分化，是受表层结构演变的规律制约的。

手口相助，哑语吗？声援与动手一起吗？都想得太多了。汉字的表意性不能如此机械理解。

[理论延伸与思考] 文字符号是一个区别系统。在不同的共时系统中，彼此的区别特征不一样。古文字中"左"与"右"依靠手指的方向彼此区别，隶楷文字中选取不同的饰符作为区别符号。对于这些文字的阐释，不能在一个静态的系统中完成，必须从动态的历史演变中观察。

第一百三十六讲

# 人的左右手有哪些不同

[**本讲要点**] 左手与右手有主、从的功能差异，从左的字常常表示差一等。"佐"与"佑"都有辅助的意义，"用佐楚王"与"天佑下民"中的"佐"与"佑"不能互换。"友"字是两个人的右手，表示二人彼此帮助。

[**说解汉字**] 差、卑、佐、佑、祐、友

人的左右手有哪些不同？首先是方位不同，一在左，一在右，上一讲已经讲过。第二是功能不同。人左右两侧的运动并不均衡，大部分人习惯以右侧为主，左侧为辅。为主的一侧肢体更发达。仔细观察自己的双手和双脚，你会发现一侧大一侧小，连腿也是一侧粗一侧细，不是对等的，干体力活的人差别尤其明显。我们干活的时候，一只手能干的就用右手，一只手干不了时就用左手辅助一下。这种行为特征映射到社会生活的各个方面，语言文字也有有趣的表达。

与左右相关地位的尊卑源自左右手的功能差异。文字中从"𠂇"或"左"的字不是差就是卑。

职官副手为左，加"亻"为"佐"，"大佐"即使大，也是副官，出土文献中写作"差"。

𢀩，贰也。差不相值也。从左从𠂺。𢀩，籀文差从二。（《说文》）

（王子午鼎，集 2811.2）：余不畏不差。

（国差𦉜，集 10361）：国差（佐）立事岁。

"差"本来也是左手，比右手差一等，后来转变为不好的、差等品，与"优"相对，进一步就是错误了，如王子午说自己"不畏不差"。

再看卑贱的"卑"：

，贱也。执事也。从ナ、甲。（《说文》）

古文字确实从"ナ"，左手比右手地位低。古人以右为尊，以左为卑，文化的渊源也是左右手功能的不同。

新郪虎符，集成 12108：甲兵之符，右在王，左在新郪

官场上右迁是升官，左迁是贬职。

"左右"或"佐佑"都有帮助的意思，也可以分开来说，但有所不同。

（合 248 正）：贞咸允ナ王。

（虢季子白盘，集 10173）：是用左王。

这里的"ナ""左"现在都写作"佐"，都是辅助的意思，用于下对上，只能像左手辅助右手一样，所以大都用"佐"，像齐景公请求晏子"夫子以佐佑寡人"、中山王请求权臣"左右寡人"等等，都是敬语、谦卑之词。

"灵威神佑""天佑下民"，神与天对人的帮助就是"佑"，不能说成"天佐"，因为"佐"是副手对主人的帮助。后来还专门造了个从示的"祐"，更加神圣了。

最后讲一讲古人是如何理解朋友的。

同门为朋，同志为友。造字的人是怎么理解的？

，同志为友。从二又。相交友也。，古文友。，亦古文友。（《说文》）

"友"的两个古文见于战国文字，加饰笔或讹变后像"羽"。

（信阳二·19）：一友咒膚。

（清华简·尹诰2）：我克协我友。

（上博简·天子建州甲10）：朋友不语分。

《说文》篆文是上下结构，战国文字是在左右结构上加饰笔，或变形为两个"尤"再加饰符。《说文》古文就是从清华简那种形体进一步讹变而来的。

一个人只有一只右手，两个"又"是两个人的右手。两个人的右手为什么就是"友"？可以从两个方面简单地理解：第一，"友"是两个人彼此为友，所以是两只右手；第二，"又"兼表读音。如果我们全面考虑到"又"和"友"的意义，其中的文化可能不仅这些。

"又"有佑助的意义，友之间，不仅要同志，还得该出手时就出手，互相帮助。另外，古代很早就有握手表示亲切的行为语言。

援素与述同乡里，相善，以为至当握手迎如平生。（《东观汉记·马援传》）

现在握手是一种礼节，即使你是左撇子，也得伸出右手，不然就失礼了。如果有人蓄意用左手握住别人的右手，挥起右手打人行暴，那被握住右手的人亏可就吃大了。礼节规定好的，防人之心不可无，握手得用右手。

［理论延伸与思考］《说文》中附录的古文绝大部分是被秦始皇废除的战国六国文字。汉代发现、搜集、整理了一定数量的古文文献，

《说文》收录了一部分与小篆不同的古文,有两种方式,一种是作为重文异体附录于后,一种是作为字头与小篆相混。许慎为什么在字头中收录不是小篆的古文?

## 第一百三十七讲

# "史"与"尹"手里拿的是什么

[**本讲要点**] "史"是右手举着某种东西,不是"中",具体是什么目前还难以确知。"尹"是右手提着某种东西,有可能是笔,但也不能确定。

[**说解汉字**] 史、中、尹、聿

中国有发达的史官制度和完备的历史记载,当朝有实录,左史记行,右史记言。朝代灭了,新朝会为前朝修史,"二十四史"延绵近2000年没有间断,这在世界文化史上是独一无二的。

"史"非常重要,研究历史文化的人就特别希望能够对"史"字的文化内涵准确解读,也就有很多学者纷纷来解读,所以自古及今就有了非常丰富的文化堆积。我们所见首先阐释"史"字的还是许慎:

,记事者也。从又持中。中,正也。(《说文》)

对于字形,许慎认为上面是"中"。"中"是儒家的一个核心概念,中正也是史官修史应当遵守的原则。手里拿的是一种观念,玄了一点。如果真是"中",许慎解说的"秉持中正"虽然玄了一点,也不能说没有道理。

甲骨文中有"史"字:

第一百三十七讲 "史"与"尹"手里拿的是什么 | 599

合 20088　　　　　　　合 5944

王国维敏锐地感觉到"史"手里所拿的应当是一种与史官有密切关系的实物。所以他凭借自己渊博的知识，努力证明"中"就是史官所使用的某一种用具。如果没有古文字材料，你不得不信，但他被《说文》"中"的小篆给误导了。我们列出"中"与"史"的字谱，结论你自己都会归纳：

|   | 甲骨文 | 西周金文 | 战国文字 | 秦文字 | 汉代文字 |
|---|---|---|---|---|---|
| 中 | 合 1064 | 仲师父盉，集 9410 | 郭店简·语丛一 19 | 睡虎地·秦律十八种 197 | 张家山汉简·二年律令 107 |
| 史 | 合 20088 | 趞簋，集 4266 | 包山简 168 | 睡虎地·秦律十八种 175 | 张家山汉简·二年律令 117 |

从甲骨文到汉代文字，"中"的中间都是○，就没有从口的写法。相反，"史"的上面全部是口，没有○。也就是说，中与中是两个不同的字，前者是"中"，后者才是"史"字手中所拿的东西，与"中"没有关系。王国维论证的"史"就是"中"的结论就立不住了。

，内也。从口。｜，上下通。　，古文中。　，籀文中。

(《说文》)

《说文》"中"的小篆从哪里来的？小篆、古文、籀文都有问题，这是不是段玉裁所说的"浅人所改"？

结论："史"手里拿的与"中"没有关系。王国维如果知道这些，就不用绕那么大的圈子去讨论"史"与"中"的关系了。

"史"上面不是"中"，那是什么呢？目前只有否定旧说的充分证据，但建立新说的证据还不够充分。像什么？一般的思路都是往文具方面去想，但什么文具会是这个样子，或许还不是文具呢？"史"与官吏的"吏"最早是一个字，谁知道他们会拿什么！作为学术研究，探讨到这里就应该暂停了，再多说不仅无益，而且有害。脱离证据的汉字阐释是画蛇添足，过犹不及。

下面说一下与之类似的"尹"字。"尹"既是治事的官，又是官治事，名词、动词的用法都很常见。

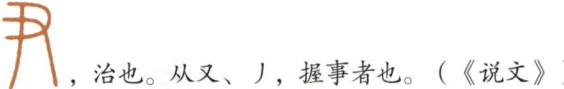，治也。从又、丿，握事者也。（《说文》）

"又"表示握持没问题，"丿"怎么就是"事"了呢？我们无法理解。造字的时候大概不会如此虚幻。

甲骨文中也有"尹"字：

合 9790 正            合 5612

① 《说文》："聿，所以书也。楚谓之聿，吴谓之不律，燕谓之弗。从聿一声。"古文字中是象形字。

手里拿着一根棍，这是什么呢？当官的手里应该拿点什么呢？可以是打人的权杖？写字的笔？学者找到"尹"和"聿"读音相近的证据，"聿"①就是笔，于是就更相信"尹"手里拿的是笔了。这是有证据的推断。中国传统文化提倡文治反对暴力，如果是笔，就更符合儒家正统思想了。但手拿一支笔，带笔头的就是笔，不带笔头的就是官吏，为什么？依旧说不清。

[**理论延伸与思考**] 汉字阐释的主体是造字的本义，就是表意字如何通过字形与意义之间的联系记录语言，究其实质，是通过今天已知的线索，逆推古人的造字思维。不是所有的汉字都能得到完全的阐释。当材料不足，线索中断，曲折通幽只能走向黑暗，没有意义。

"史"与"尹"手里拿的究竟是什么？不知为不知，是知也！

## 第一百三十八讲

# 他们用手在干什么——叔、叟、叚

[**本讲要点**]甲骨文"叔"字像人手持木橛子之类的工具挖掘，本义是拾取，是个平面结构的表意字。"叟"像人手持火把进房子里搜索，是"搜"的本字。"叚"像人手持刀在石头上磨，可能是磨刀石"碫"。

[**说解汉字**]叔，叟、蒐（叚、朩、宨、碫）

今天讲几个理据深藏的从又的汉字。

现在"叔"字除了用于称谓"叔叔"和"小叔子"之外，没有其他用法。这个"叔"的意义来自伯仲叔季的排行顺序，金文里很常见，但都写成"弔"。"叔"和"弔"都是假借字，"叔"字从又，与手相关，古书里有拾取的意义：

九月叔苴。采荼薪樗。（《诗经·豳风·七月》）毛传："叔，拾也。"

《说文》就以此义作为本义：

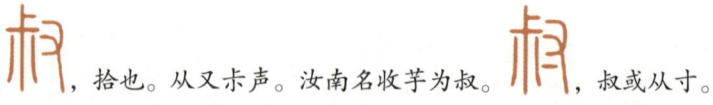，拾也。从又朩声。汝南名收芋为叔。，叔或从寸。

其中有非常丰富的信息，为甲骨文的解读提供了重要的线索。芋头埋在土中，收取的程序是先用工具把芋挖掘出来，然后再拾取。

第一百三十八讲　他们用手在干什么——叔、叟、叚 | 603

叔簋，集 4133.2　　《说文》小篆

这个字谱简单明了至极，"未"上部从弋，"弋"就是木橛子，和掘土的工具类似，那些小点可能就是掘起的土块。用手掘土和收芋联系起来，比较好理解。

大克鼎，集 2836

大克鼎有"叔"字，所从的"未"比较特殊，弋的中间是空心的，学者沿着这个线索找到了甲骨文中的"未"：

合 7932

从形象上看，这是下面尖锐便于挖掘的工具。甲骨文中有一个字写作：

屯 2064

这个字也释为"叔"，双手持工具掘根茎的意思更明显了。
《说文》把"未"理解为豆类植物：

未，豆也。象未豆生之形也。凡未之属皆从未。

甲骨文"未"的读音是什么并不能确知。"叔"本来是平面图画式的表意字，不一定有表音成分。"未"可能是从"叔"字中割裂下来，并赋予"叔"的读音。根据古文字材料，"未"是掘土的工具，"叔"是掘土收取地下植物的块根，可以假借为同音豆类植物，后来"叔"上加上草字头——菽，就成了豆类植物的专字。

"叔"字在俗体字中的演变让人眼花缭乱：

睡虎地·秦律十八种43　　马王堆·牌三　　熹平石经　　《汉印文字征》卷三

这种讹变的俗体草书不仅成了规范的隶书，而且刻印章的还把它变成了篆书——有些篆书是从隶书变化来的。不论怎么变，"叔"最初的构形是手里拿着掘土工具。

许慎对于自己解释不了的就阙疑，下面两个字就阙了，他也不知道手里拿的是什么东西。

童叟无欺的"叟"，我们都知道是老人的意思。《说文》：

叜，老也。从又从灾。阙。叜，籀文从寸。傁，叜或从人。

与小篆对应就是"叜"，后来隶变成了"叟"。

"灾"和"又"怎么会是老人呢？许慎彻底懵了，干脆就不说了，这个态度非常好。甲骨文有这个字：

合 4634 反

合 18174

中间不是火,是火把,而且是手里拿着火把。一个人手拿火把进了房子,是搜查的"搜"的本字,用作老人的意义是假借。

这个"叜"怎么就变成了"叟"呢?

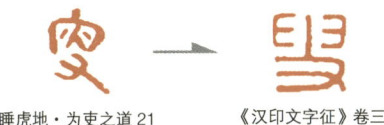

睡虎地·为吏之道 21　　《汉印文字征》卷三

俗体讹书变成了篆书,幸亏许慎没有把汉印这种"假篆书"当作正体。

下面再来看一个许慎阙疑的字。

请假的"假"、晚霞的"霞"、闲暇的"暇"等字中都有一个"叚"。"叚"构字能力挺强,字形是怎么回事,自来就不明白。

,借也。阙。　,古文叚。　,谭长说:叚如此。(《说文》)

古文字中有个字经常出现:

叚
禹鼎,集 2833

这是什么字？众说纷纭，自来没有定论。直到清华简《系年》出来，才尘埃落定：

（清华简·系年58）：叚（假）路于宋。

词例卡死了就是"叚"。知道了是"叚"再分析字形，就容易一些了。

左侧是石，右侧是刀或右手持刀，这个构形与"借"大概没有直接联系。如果说是在磨刀石上磨刀，比较好理解。有一个生僻字"碬"，就是磨石的意思，有可能就是这个字吧。表示借的意义，就是文字学上所说的"假借"。

古文字中还有好多手里拿着不知是什么东西的字，我们慢慢识别、慢慢理解吧。

[**理论延伸与思考**] 早期表意字中手持特定的工具作用于某一特定的对象，表达的意义非常具体。比如古文字中的 （刖）、 （樴）、 （叔）、 （叟）、 （叚），等等，这些字在演变中大都发生剧烈的变化，或被取代，或者讹变得不知所以。这些理据清晰、表意明确、字形也不复杂的文字为什么会发生剧烈的变化？汉字的演变总体上看是渐变的过程，但是在某一个特定的历史时期也存在突变，秦代小篆与隶书取代六国文字，现在简体字取代繁体字，都是这种突变。商周之际也存在这种变化的可能，目前研究还不够充分。

刖
合6007

樴
合17283反

叔
屯2064

叟
合8185反

## 第一百三十九讲

# 有所获得——有、获、得

[**本讲要点**] 手中拿着某种特定的东西，表示特定的意义。手里拿着肉是"有"，手里拿着贝是"得"，手里拿着鸟是"获"。获得即富有，需要用手去劳作、去把持，所以字都从又。

[**说解汉字**] 有、得、获（獲、穫、蒦、寻）

我们接着讲用手持物构成的表意字，讲"有所获得"四个字中除去"所"之外的三个字：有、获、得。

先说"有"。关于"有"，过去我曾经专门写过小文章，回答了相关的问题，这里简单地说一说。《说文》小篆字形讹变，误把"肉"当成了"月"，所以就弄出个非常迂曲的解释来：

，不宜有也。《春秋传》曰："日月有食之。"

古文字里很清楚：

虘父鼎，集 2671　　大盂鼎，集 2837

这分明是手里拿着肉。《诗经·小雅·鱼丽》："君子有酒，旨且有。"这里的"有"就是充足、富有。对于农耕民族来说，吃肉是奢侈的事情。

"朱门酒肉臭,路有冻死骨",有酒有肉,就是富有的标志。"富"是房子里有个酒坛子,"有"是手里拿着一块肉。有酒有肉,还有什么不满足!造字的古人很务实。

手持肉是"有",手持贝呢?

合 508　　　　　　合 8907

贝是货币,是钱财,手里拿到了宝贝,那就是有所"得"了。

求之不得,寤寐思服。(《诗经·国风·周南·关雎》)

这里想得到的是美女。直到今天,还常用"宝贝儿"做美女的爱称。

得到的是什么?是好东西,是利益,是修养。

博习辩智如孔墨,孔墨不耕耨,则国何得焉?(《韩非子·八说》)

这里的"得"与知识思想对立,指实实在在的物质财富——粮食。

及其老也,血气既衰,戒之在得。(《论语·季氏》)

这是经典名言。手里攥着贝,老了还不松手;心里有贪欲,老了还惦记,没救了!

德者,得也。物得其所谓之德。(《论语注疏》)

这里"得"简直就是天理了。

以手拿着贝表示获得与利益,合乎人情事理,很顺畅。许慎没见过甲骨文,凭借讹变的字形阐释,其结果就可想而知了。

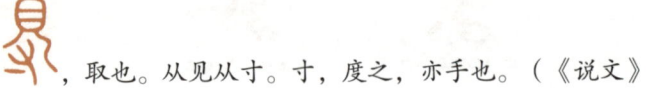,取也。从见从寸。寸,度之,亦手也。(《说文》)

"见"是"贝"的讹变,"寸"是"又"的繁化。"见"与"寸"合在一起是"寻",怎么就是"取"呢?许慎的意思大概是获取要有分寸,

合乎法度才去取，所谓"君子爱财，取之有道"，这是努力往"戒之在得"上靠，真是辛苦了！这个"䙷"字还作为古文在"得"字后重出：

，行有所得也。从彳䙷声。，古文省彳。（《说文》）

秦文字中并不使用"䙷"，这就说明《说文》字头并不都是秦篆，有一些是古文。秦人实际使用的文字到不了九千。让学童学九千字，要累死人的。关于《说文》中的古文问题，以后有机会会专门讨论。

手持肉、手持贝都知道了，手持鸟是什么？

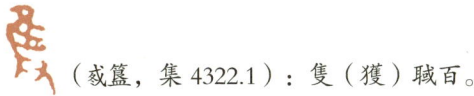（戍簋，集 4322.1）：隻（獲）馘百。

（楚王酓忎鼎，集 2794.2）：战隻（獲）兵铜。

其中的"隻"就是手持一只鸟，从词例上看，一定是收获的"获"。我们把这个"获"字理一理，有好多有趣的知识。

第一，繁体字中有"獲"与"穫"，从犬的指打猎的收获，获得的是飞禽走兽；从禾的指种植庄稼的收获，获得的是黍稷稻粱。简化字合并成了"获"——一草二犬，全包括了。

，猎所获也。从犬蒦声。（《说文》）

**穫**，刈谷也。从禾蒦声。（《说文》）

第二，"獲"与"穫"表音部分都是"蒦"，手里抓着一只长着毛角的鸟。天上飞的、地上跑的都是捕猎的对象，抓住了鸟，不论是长尾的、短尾的，还是长毛角的、不长毛角的，都是获得，所以手持鸟的"隻"表示"获"很合理。如果你会写繁体字，就会提出问题了："隻"分明是一只鸡、两只鸭中"只"的繁体字，读音和意义与"获"没有联系，这个读成"只"的"隻"是从哪里来的？与"隻（获）"是什么关系？

**隻**，鸟一枚也。从又持隹。持一隹曰隻，二隹曰雙①。（《说文》）

比较一下"雙"和"隻"这两个字就会知道，"雙"是手里拿着两只鸟，成双成对；"隻"是手里拿着一只鸟，形单影隻（只）。这是根据"双"的繁体字"雙"造出来的一个字，与过去的"隻（获）"仅仅是字形相同而已。用"隻"表"只"，既不是借用读音，也不是意义引申，只是借用字形与"雙"形成对比而已。

手里拿着一只鸟，表达"获"很合适，表达"只"也很合适。形体完全相同，音义完全不同，这有一点乱套，得分别。分别的方式就是把"隻"表示获的音义废除，专门去表达"只"这个意义。秦始皇统一文字，不仅统一字形，也规范了用法。现在我们把"隻""雙""蒦""獲""穫"等全部废除，用"只""双""获"这个区别系统取代，如果不纠缠历史，简洁明了得很！

手里拿着肉是"有"，手里拿着贝是"得"，手里拿着鸟是"获"，

---

① 为便于理解，此引文中"隻""雙"不改简体。

收获的都是好东西。

[**理论延伸与思考**] "隻"本来是表意字"获",受"雙"字形的影响产生了单数意义的"隻(只)"。"双"本来是用两只右手表示朋友的"友",因为是两只手而产生了"双"的意义并最终取代了"雙"。这种复杂的语言文字现象如何从理论上加以概括和解释?

第一百四十讲

# 鱼与熊掌或许可以兼得

[**本讲要点**] "秉"与"兼"是手持一禾与二禾的差别,许慎分析得很到位。"并"是二人相并,"夹"是以手夹箭,变化复杂。

[**说解汉字**] 秉、兼、并、夹

本讲接着讲手里拿东西构成的文字。我在这里说解文字,总是先把《说文》的说法列出来,再在此基础上往前走。读不明白的地方,多找些材料努力去理解;许慎说对了,欣然接受;许慎因受材料的限制讲得不合构形本义的,就根据新材料、新理论重新解释。我们不是以《说文》为靶子,更不是以指出古人的不足显示自己的高明。搞学术研究,既不能趴在古人脚下看古人,更不能骑在先哲头上蔑视先哲,我们是站在前人的肩膀上看世界。所见广阔一些,首先要感谢前人的不懈努力。

"秉""兼"两个字,从古到今都没有太大的变化。

"秉"字谱:

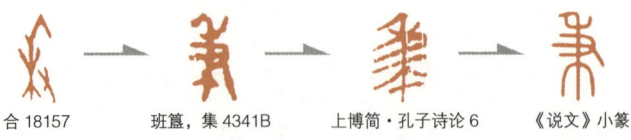

合 18157　　班簋,集 4341B　　上博简·孔子诗论 6　　《说文》小篆

"兼"字谱:

徐王子旆钟,集 182.2　　　曾 11　　　《说文》小篆

《说文》不仅正确解释了构形,而且指出了二者之间的关系:

,禾束也。从又持禾。

秉,并也。从又持秝。兼持二禾,秉持一禾。

手里抓着一个禾是"秉",秉是带秆的成熟谷物的计量单位。

彼有遗秉,此有滞穗。(《诗经·小雅·大田》)

抓住、拿着也是"秉":秉剑而前,秉烛夜游。

我们讲过手中持物的许多字,如"有""得""隻"等等,为什么"有"不可以是抓住的意义?禾也是财富,为什么"秉"不是有所得?"叔"是拾取块根,"秉"也可以是拾取麦穗,为什么"叔"就是拾取,"秉"就是秉持?字形构意与所记录词义之间的联系不是必然的,造字的人当时就是这么想的。为什么这么想?这受到当时生活状况、社会文化和个人思考习惯等的制约,也带有一定的偶然性。我们可以做一个测试,请十个人为同一个词造表意字,比如造一个杀敌的"杀",其结果可能会有重复,但绝对不会全部相同。另外,不论是表意还是表音,都带有符号性,也就是任意性。汉字阐释不能抬杠,但因为有词义的制约,我们的思路才有了方向。我们只是顺着古人的思路想,不能去和死人抬杠。

"兼"与"并"是同义词,"兼并"是同义词连用。① "并"字是

---

① 《说文》中有"并""併""並"三个字,古书中都使用,简化字都合并为"并",读古书时要注意区分。

两个人的中间画两道，表示合并到一起了。

合 6056　　　合 37519　　　上博简·曹沫之陈 4

，相从也。从从，开声。一曰从持二为并。（《说文》）

从字形的演变来看，"开声"显然是不对的。"兼"也有这种写法：

上博简·曹沫之陈 4

我们可以说是简化，但简化也不是任意的。"兼"中的"又"简化为两横，应该是受"并"的类化而成。

关于"秉"与"兼"，《说文》说得很好，这里所补充的可能是画蛇添足。

下面说一个许慎说不清的"疌"。

快捷的"捷"的声旁——疌，许慎认为就是快捷的"捷"的本字：

，疾也。从止从又。又，手也。屮声。（《说文》）

凡是遇到这种莫名其妙的解释，就应该另外寻找解决的途径。

"疌"的构字能力挺强。古文字中有"疌"吗？在哪里呢？这可是一个高难度的问题。《说文》中的"夹"都弄不明白，古文字中的就更难破译了。这块硬骨头是陈剑教授啃下来的。①

合 35273

令鼎，集 2803　　　曾 67

这些字有些看着像"兼"，就假设为"兼"了。"兼"是手秉双禾，这个字分明是手秉双矢，矢可以正写，也可以倒写，与"兼"并不一样。陈剑教授经过艰苦的论证，证明这就是"夹"的初文，本义是用手夹持箭矢，与"挟"音近义同。以此为基础破解相关文字的释读，解决了出土文献中一系列疑难问题。但是由手持双矢变成夹，过分离奇曲折，使得一些学者还不敢轻易相信。

清华简《越公其事》中有这个字：

（清华简·越公其事3）：夹（挟）弳秉枹。

这句话与《国语》对得上，《国语》中与夹相对应的字就是"挟"，字形是手持倒矢的变形，这就充分证明了陈剑教授所释的"夹"是正确的。在没有文献可以对读的时候就认出古文字中的"夹"，解决了文献的释读，纠正了《说文》的构形阐释，这是真学问、大学问！

"鱼与熊掌不可兼得，舍鱼而取熊掌也"也可以用来比喻做学问。有的学者即使可以鱼与熊掌兼得，也只取熊掌，那是顶级食物链上的捕猎高手、学问大家。有的人熊掌和鱼能弄到什么就弄什么，单等着

① 陈剑：《释"夹"及相关诸字》，《出土文献与古文字研究》（第五辑），上海古籍出版社，2013年。

熊掌就饿死了,兼得不是贪婪,而是为了不拘大小能有所得。大部分人无缘熊掌,抓住鱼就不错了,还得弄点谷物蔬菜充饥,这也是一种生存状态。学术界的老虎毕竟是少数,大部分是杂食。人类就是因为杂食才能适应各种环境,补充多种营养,成了万物之灵。兼得也算不上是毛病!

[理论延伸与思考]从本质上讲表意字也是符号,是具有理据性的特殊符号。"秉"是手中拿着一把禾,表示的意义可以是秉持,也可以是拾取,还可以是得到、收获、丰收……,和哪一个意义发生联系都合乎"理据"。即使意义限定为秉持,与"秉""持""拿"中的哪个字对应也不能确定。这个字形与秉的音义结合具有约定性。探讨表意字的构形不能只从表意中寻找趣味,更要关注文字的符号性。符号是文字的本质。符号是文字的共性,表意是表意字的特性。

## 第一百四十一讲

# 手握大笔——"笔"与"书"

[**本讲要点**]"聿"是手握笔的象形字,古文字"书"从聿、者声。"箸"从竹者声,也可以表示"书",应该是"书"字的异体。大书与大著的意义其实一样。"箸"表示筷子的意义是后起的。

[**说解汉字**]画、书、笔、聿、箸、著、筆、着

书写是大事。书写工具是笔,书写载体多样,最常用的是竹,书写的结果现在称作书籍或著作等。

手里拿着笔干什么?除了写就是画。我们先看"笔",观察一个非常象形的金文:

子䵼簋,集 3074

这是"画"的初文,象形字,上部很形象,手里拿着的笔的笔杆、笔头一目了然,肯定是毛笔。

甲骨文、金文中的毛状笔头写得夸张了一些,像个锅刷子:

合 22063       执卣,集 5391.1

手抓着的是笔，这就是"聿"。

𦘒，所以书也。楚谓之聿，吴谓之不律，燕谓之弗。（《说文》）

比较一下"笔"的繁体字和简化字：

筆　　笔

"筆"是在表意初文上再加个意符"竹"构成形声字，"竹"是笔杆，初文表意也表音。简化字"笔"是后起的表意字，上面是一根竹子，下面是毛，除了笔还真想不出其他东西来。创造笔的主要目的就是书写，"写"是后来的说法，先秦把书写通称"书"。甲骨文中还没有见到"书"字，从西周金文到小篆构形简单而明了，从聿，者声。

趞鼎，集 2815

書，箸也。从聿者声。（《说文》）

"聿"是笔，"者"是读音，是个形声字。繁体字"書"已经看不出音符"者"了，简化字"书"源自草书，是典型的记号字。"书"可以表达书写、书写出来的字、书写出来的作品等等，这些都离不开笔，这些字的构形也都不难理解。

古文字中还用另外一个字表达书——箸，楚简中"书"都写作"箸"。

「箸」（郭店简·性自命出15）：诗箸（书）礼乐。

「箸」（上博简·武王践阼2）：在丹箸（书）。

从文字构形上看，"書"从聿者声，"箸"从竹者声，二者音符一致。"聿"是书写的工具，"竹"是书的载体，表意都很合适。根据词例和构形，说是异体字很合理。

《说文》中有"箸"，是筷子。

「箸」，饭攲也。从竹者声。

一方面，用"箸"训释"书"，说明许慎看见过"箸"用作"书"的古书材料；另一方面，"箸"确实也有当筷子讲的，如《荀子·解蔽》："从山下望木者，十仞之木若箸。"后来的"金杯玉箸"等说法就更常见了。

书写与筷子没有关系。"箸"记录了两个同音词，形体相同，但二者音义来源不同，构形都能合理解释，这与我们前面讲过的"隻"既是"获"又是"只"一样，都是同形字。

书写又叫作"著"，写出来的叫"著作"，常把别人写的书叫"大著"。这个"著"是晚出的，从哪里来的？是从"书"这个意义来的。现代汉语中使用频率非常高的"着、了、过"的"着"从哪里来的？是"著"的进一步简化，追根溯源，都是从"箸"来的，过程复杂。提示一下：

# 箸 → 著 → 着

把这些字的字谱和用法列出，相信大家会有所知。

[理论延伸与思考]"书""箸""著""着"关系密切，它们之间是什么关系？字形如何演变？职能如何分工？先对材料加以描述，再总结一下规律，看看能够得出什么结论。

第一百四十二讲

# 规划出美好世界——画

[**本讲要点**] 古文字中"画"有多种写法。甲骨文中"画"指两种绘画工具:"聿"与"规"。金文中"画"从聿、从周,"周"是雕刻的"雕"的本字。《说文》小篆依据的是美术化的汉篆,是汉篆的进一步规范化。简化字"画"是小篆形体截除省略而来的。

[**说解汉字**] 画、划、周、雕、琱、彫、劃

"画"字牵涉的问题非常多。我们还是先从《说文》讲起。

,界也。象田四界。聿,所以画之。凡画之属皆从画。

,古文画省。 ,亦古文画。

先说简单的。这个小篆字形是从哪里来的?秦文字不论篆还是隶,都没见到这种写法,该字形最早见于西汉后期。许慎确实有所依据,但这个依据有点晚:

建昭雁足灯

许慎根据这个字形所做的解说很智慧,田地四周的分界是画出来的。

简化字"画"是怎么来的?从《说文》小篆截除来的。把上面的"聿"截除掉,将剩下的部分加以规整就是"画"了。这是以《说文》小篆为起点的阐释。

下面开始探讨一些复杂的问题。

先看看金文中的"画"字:

字形上面是"聿",没有问题,下面肯定不是许慎所说的"田四周有疆界"。先说说上面的,这个字形的变化如下:

① 李守奎:《释楚简中的"规"——兼说"攴"亦"规"之表意初文》,《复旦学报》(社会科学版),2016 年第 3 期。

② "划"字晚出,音义与"劃"都不相同,是划船的"划"。

大多数学者认为这个字是"画"的初文。画画也是用毛笔,上面是"聿"古今没有异议。下面是什么?所画的花纹?画画用的工具?目前意见不一。我现在倾向于是工具圆规,并写有文章专门讨论过。①笔和规都是用来画的。"规划②"繁体写作"規劃","劃"是"画"的繁体。古文字中"劃"还有另外一种写法:

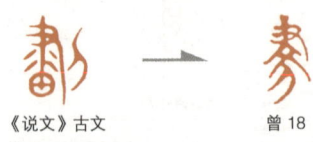

战国曾侯乙墓竹简上面就有"画"的初文,把"刀"写在下面。去掉"刀"就是 ◆。"聿"下的笔头与乂形讹变成了"文"。

下面再讨论字形 ◆ 下面的部分——周。

"周"字在金文中很常见:

德方鼎,集2661    免簠,集4240    大克鼎,集2836

字形的中间既不是"田",又不是"用",上下出头,最初中间空隙中还有小点。"周"最早表达的是什么,没有办法说定。其中的一种说法用来理解"画"很合适,那就是"周"是雕刻的"雕"的本字。雕刻的"雕"本来写作"琱""彫"等,"玉"是雕刻的对象,"彡"是雕①刻的花纹。"雕"的上古读音与"周"很近。绘画与雕刻都是形象艺术。" ◆ "这个字形所表现的很可能是在玉器之类的器物上雕刻花纹。雕刻与绘画同源。

古文字"画"牵涉圆规的"规"、雕刻的"雕"等等,这里泛泛而谈,你有兴趣可以继续深入。

下面再谈另外一个复杂的问题——《说文》篆文的来源。把材料摆在这里,你会得出什么结论?

秦篆      秦隶      汉篆      汉篆
《秦印文字汇编》第58页   关沮秦简134   建昭雁足灯   《说文》小篆

秦篆的上部与西周文字一脉相承,是表意初文,但下部"周"讹

① "雕"的本义是一种猛禽。

变为"田"和一横。汉篆是秦篆的讹变和美化,《说文》篆文是汉篆的规范化。

归纳一下,"画"字从古到今牵涉多少文字学问题?这显然不是小篇幅就能够说清楚的。这里讲的都是提示性的,只是提供一些思考的线索,供大家继续思考。

[理论延伸与思考]小篆来源复杂。战国时期秦人使用的大篆与小篆已经非常接近,秦始皇让李斯等对秦人使用的大篆进行整理和规范,就成为"秦书八体"之一的小篆。汉代在特定的场合使用小篆,其与秦篆有很多不同,称为"汉篆"。《说文》所收录的"篆文",除了秦篆、汉篆外,还有一部分是战国文字的小篆化,汉代隶书、草书的小篆化等等。

第一百四十三讲

# 手拿棍棒，教人改过

[**本讲要点**] 现代汉字中的反文"攵"，古文字中作"攴"，最初就像手举棍棒。从攴的字可以表示通过暴力工具改变不合规范的行为，"教""改""更""政"等都是此构意。"攸"的甲骨文字形从人、从攴，可能是修正的"修"的本字，与"教"的构意相同，都是通过鞭扑暴力使人改正。

[**说解汉字**] 攵、扑、教、改、更、政、放、牧、攸（攴、孚、敩、汝）

古书上说"扑"是惩罚的工具：
鞭作官刑，扑作教刑，金作赎刑。（《尚书·舜典》）
履至尊而制六合，执敲扑而鞭笞天下。（贾谊《过秦论》）
上面的"扑"都指教化臣民时对不听话的人进行惩罚的工具和手段，教小孩子同样适用。"扑"是晚出的文字，《说文》中没有，但有一个读音和意义都一致的"攴"：

，小击也。从又卜声。凡攴之属皆从攴。

"扑"与"攴"应当互为异体字。"手"与"又"都是手，作为意符可以通用。音符相同，都是卜声。

这个"扑"是什么样子的？甲骨文给出了形象：

英 1330

手里举着一根棍子。

教学的"教"右侧的反文"攵"就是这个"攴"。这个字和《尚书》所说的"教刑"让我们想到老师手中的教鞭。教鞭最初的功能不只是在黑板上指给你看,而是用来体罚的,我们讲过古人"棍棒之下出孝子"的教育理念。明白了"攴"是什么,再看从攴的文字,就容易理解了。

如何教小孩子?

,上所施下所效也。从攴从孝。(《说文》)

"教"字谱:

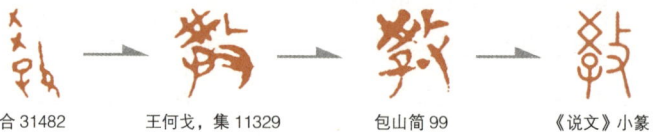

合 31482　　　王何戈,集 11329　　　包山简 99　　　《说文》小篆

从"教"字的演变过程看,应当是从攴子、爻声的形声字。"孝"①是"教"的截除式省略,战国文字中的就是"教"的简化字。

教养是通过教育培育起来的,只管衣食不管教育,孩子就会缺教养。古人对"养"有不同的理解。

,供养也。从食羊声。　　,古文养。(《说文》)

① "孝"不是"孝"。《说文》卷十四有"孝"。

篆文"养"重在以食供养,古文"羖"重在用攴教育。

犯了错误，如何让他改正？

改，更也。从攴、己。（《说文》）

"改"①字谱：

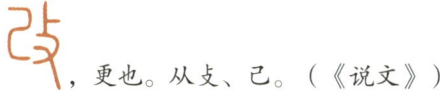

合 39466　　清华简·系年 104　　礼器碑

"更改"是同义词连用，"更"也得用棍棒：

更，改也。从攴丙声。（《说文》）

"更"字谱：

合 10951　　曶鼎，集 2838　　岳麓简·三 66　　《说文》小篆

为政也离不开棍棒。如何为"政"？

政，正也。从攴从正，正亦声。（《说文》）

从字形反映出来的为政思想与儒家传统很不相同。用棍棒的力量

① 《说文》攴部有"改"和"攺"两个字，古文字材料证明它们是音符不同的异体字。

才能使人归于正,所谓的"正"就是统治者的意志、社会的规范,所谓的"政"就是用国家的力量实现统治者的意志。造字远在儒家思想产生之前,"政"字反映的是更加古朴的政治思想。

改正不了的怎么办?放逐到边远地区。

🯄,逐也。从攴方声。(《说文》)

古代地广人稀,把犯了罪的人投放到边远地区就是惩罚。"攴"是惩罚工具。

至于牛羊,就更离不开鞭扑了。鞭扑是为了什么?为了牧养:

🯄,养牛人也。从攴从牛。《诗》曰:"牧人乃梦。"(《说文》)

下面讲讲稍微复杂一点的"攸"。我们先列出字谱:

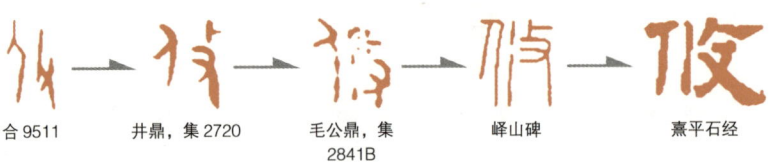

合9511　　　井鼎,集2720　　　毛公鼎,集2841B　　　峄山碑　　　熹平石经

🯄,行水也。从攴从人,水省。🯄,秦刻石峄山文攸字如此。(《说文》)

从早期的字形看，"攸"从人、攴会意，像以攴击人。修正、修改、修理、修整等词语中的"修"，古书中也可以写作"脩"，都是从"攸"声。"修"与"教"的意义有相似性，都指通过外力手段让孩子或大人变得更好。从汉字构形的系统性来看，从攴的字可以表达使人改过，"攸"最初很可能表示的就是修正的"修"。比较一下"攸"与"教"的构形：

"教"去掉表音的爻，就是"攴"与"子"。大人是修正的对象，孩子是教育的对象，都离不开棒子。

金文中"攸"或从三滴水，许慎见过这种字形，所以说"行水也"。这个字可能是从水、伇声，是悠长、悠久的"悠"的本字。后来讹变为"攸"，又分化出"修""悠"等等。峄山碑的"汥"应当是个省声字。

关于"攸"字构形的阐释，不一定正确，供大家批评。

[理论延伸与思考] 甲骨文中"牡""牝""牢"等字都既可以从牛，也可以从羊，表达刍类家畜字形完全可以互换构成异体字。如果以此规律类推，就会得出"牧"与"敉"也是一字异体的结论。但"牧"与"敉"却是完全不同的两个字：它们产生的时代不同，音义与文化内涵不同，深层结构类型不同，"牧"是表意字，"敉"是形声字。文字构形中几乎没有例外的周严"规律"，需要具体问题具体分析。

## 第一百四十四讲

# 揪头发打脸——鬥（斗）

[本讲要点] 简化字"斗"来自汉代的草书，合并了来源完全不同的食器"斗"和斗争的"鬥"。《说文》小篆"斗"和"鬥"都是讹变字形，变化过程可以描述。

[说解汉字] 斗（鬥、鬧、鬮）

一百五十讲接近尾声，对于汉字的学习与研究，如何步步追问，层层深入，于无声处听惊雷？

学术思考不是幻想，是有根据的思考。你知道的越多，发现的问题就越多，解决问题的思路也就越多。今天以"斗"为例，讲一讲学习时需要注意的一些问题。

"斗地主"与"斗争"中的"斗"，虽然字形与音义是约定关系，但读音相同，意义相同，我们很容易理解。

"斗地主"与"北斗星"中的"斗"，字形相同，读音不同，意义不同。为什么是这样？查一查字典就知道，原来是来源不同的两个字：

斗（鬥，dòu），斗地主。

，两士相对，兵杖在后，象鬥之形。凡鬥之属皆从鬥。（反切：都豆切）。（《说文》）

斗（dǒu），北斗星。

，十升也。象形，有柄。（反切：当口切）。（《说文》）

本来就是不同的字，字形不同，读音不完全相同，意义完全不同。

简化字方法之一就是同音或音近字合并，把两个以上来源不同的文字合并成一个字形，多音多义。这是同形字形成的途径之一。

许慎说解"鬥"和"斗"，读音和意义都没有问题，但他所说的字形与意义之间的联系难以看出，我们没有这么强的想象力。段玉裁就不相信"两士相对，兵杖在后，象鬥之形"。他认为这话不是许慎说的，应该是"鬥，争也。两舁相对，象形"。许慎与段玉裁谁说得对？我们需要判断和取舍。判断与取舍的依据是什么？得审核证据，首先看字形，追溯源头看看有没有更接近造字时代的字形，《说文》小篆经过近两千年的传抄刊刻，是否有误？段玉裁的推理有没有事实根据？

甲骨文中有两人相斗的"鬥"：

合 152 正　　　　　合 19236

甲骨文很象形，两个人揪头发纠缠厮打。这是儒家坚决反对的。孔子就曾告诫我们"及其壮也，血气方刚，戒之在鬥"（《论语·季氏》）。最初的表意字都很有个性，发展到后来，表意字部件化、规范化，就是段玉裁说的"两舁相对，象形"。

段玉裁所说更接近事实，但也不完全对。《说文》的解说不论是谁说的，都远离事实。读书、听讲时对于不同的意见能够判断和取舍就是一大进步。

《说文》里还有一个读音和意义与"鬥"完全相同的"鬭"：

，遇也。从鬥斳声。

"鬥"与"鬭"是什么关系？我们得用记录语言的事实来验证。查字书、查古书、查出土文献，"鬭"的读音和意义与"鬥"没有区别。

在俗体字中，"鬥"与"門（门）"形体相近，很容易混讹，"鬥"加个音符"斳"，就与"門"彻底区分开了，区别度增加，讹变成"门"也不影响二者的区分了：

睡虎地·法律答问 80　　　　张家山汉简·奏谳书 146

"鬥"与"鬭"就是一字异体。

《说文》所说的"鬭，遇也"错了吗？

"鬭"与"遇"的古音很接近，二人相斗，首先得二人相遇，许慎是想借此探究"鬥"的语源。"遇"是"鬥"的认知特征之一，"鬭，遇也"是从另外一个角度的认识。这就涉及读书的另外一个问题——融通。是与非是相对的，是中有非，非中有是。读书忌讳以自己的一己之见为标准，对别人有价值的地方却视而不见。

斗地主的"鬥"基本上理清了。北斗星的"斗"，从《说文》小篆完全看不出象形来。斗是什么样的？

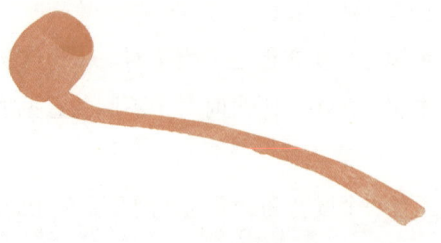

青铜斗，《中国青铜器全集》三

北斗是什么样的?

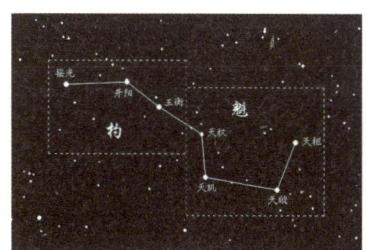
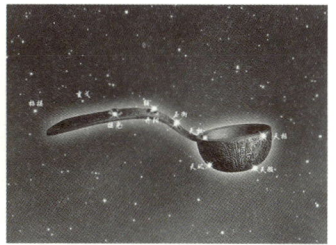

北斗示意图(以上图片来源于网络)

"斗"字是什么样的?

秦公簋，集4315.3(摹本)

去掉斗柄上的那一横，转换方向，就与器物"斗"联系起来了，是象形字。《说文》篆文大都是秦文字，怎么会成为四不像？现在的"斗"字又是怎么来的？

睡虎地·秦律十八种74　　　　《说文》小篆

斗魁①给分成了两笔，为了美观，和柄上的饰笔一起规整化就成了这种不象形的"象形字"。草书进一步简化，草书楷化就成了现在的"斗"。你还能说这是一个象形字吗？

在俗字中，有个从鬥、斗声的"鬪"。如果简化字是从这个字而来，就不是同音假借，而是截除式省略了。

①指北斗七星之第一至第四星。

从一个"斗"字探进去，你会发现简化方式、同形字形成过程、表意字部件化、讹变字形规范化等一系列问题，每一种问题都有进一步深入探讨的空间。

[**理论延伸与思考**] 搜集整理材料、发现问题、描述现象、分析解释、建设理论是学术研究的几个阶段。搜集整理资料是基础。带着问题读书，就是在搜集资料；不指向问题地读书，除了应试就是自娱自乐。这部书的目标不是简单地描述一些文字现象，陈述一些通识常识，而是和大家共同探索，期望发现一些新现象，并加以解释。其中有些说法并不是定论，有些说法也没有充分展开，期待大家共同深入讨论。

# 第一百四十五讲

# "拯救"与"奉承"相去有多远

[**本讲要点**]"丞"是"拯"的本字,"承"是承接,文字构形中双手的位置和方向不同,"丞"是双手在上把人拯救出来,"承"是双手在下把人捧着。

[**说解汉字**] 丞、拯、承(凵)

人的手非常灵活,有各种方位、各种活动。表意字中手的不同方位构成不同的字。前面讲过举起来的左右手,"又"的构形功能非常强,我们只讲了很少的一点点。下面再讲几个从不同方向用力的手形。

我们先看一个甲骨文:

合 10349

一只鹿掉进了坑里,学者认为这个字就是陷阱的"陷"。挖陷阱就是为了捕猎,掉进一只鹿,成功了。但如果自己人不小心掉进了陷阱,那该怎么办?看看下面的甲骨文:

合 2279 正

字形是一个人落在陷阱里,上面是方向冲着人的两只手。干什么呢?拯救。

民以为将拯己于水火之中也。(《孟子·梁惠王下》)

至其溺也,则捽其发而拯。(《淮南子·泛论训》)

掉进坑里,落到水里,都需要拯救。但这个字形与"拯"的差别太大,我们一层一层把它剥离出来。

"拯"去掉提手,右侧是丞相的"丞"。秦汉文字中的"丞"如下:

秦诏权　　　　　　　　池阳宫行灯

与甲骨文相比,依旧有卩、凵、双手,只是双手的方向移了位。

这个"丞"就是甲骨文的,就是拯救的"拯"的本字,人掉坑落难,从上面用力去挽救,把人捞出来。

与"丞"读音相同的"承",古文字中作:

合4094　　　　　　　　小臣簋,集4239.2

双手捧着一个人。

意义的核心是双手捧着。双手捧着有两种情况,一是捧着东西敬献供奉,二是恭敬地接受。给尊贵的人要双手递上,尊贵的人给你,你得双手接着,这是古今通例。"承"是贡献还是接受?二者都有,授受同辞,但用于接受更多一些。现在"继承""传承"等词语中的"承",都是接住的意思。上面往下传,下面有人接着才能传承下去。

问题是捧着一个人干什么？是供奉给鬼神尊长的礼物，还是从鬼神尊长那里接受过来？综合考察所记录的音义与文献中的用法，"承"似乎与供奉神灵的人牲没有关系。如果是接受一个人，这个人是从哪里来的？过去夫妇不育，到娘娘庙去祈求，一旦有了孩子，这孩子就是神灵所赐。"承"造字时是不是有类似的文化内涵，可以进一步考察。

《说文》在下面的空隙处又加了一只手就成了"承"：

，奉也。受也。从手从卩从収。

"承"与"丞"古今都同音，十分难得。它们的相同之处都是对一个人发生作用，但一个从上面用力拉起，是"丞"；一个从下面用力托起，是"承"：这是两个不同的动作。

双手捧着个大人的景象不容易看到，捧着个孩子就常见了：

弄
包山简 245

这也是"承"字。

古书中"丞"与"承"有分别，但也通用。古文字中过去把两个字误当成一个，现在认识得很清楚了。

上面讲了"承"与"丞"的区别，下面讲一讲《说文》"丞"字字形的问题。

"丞"在秦代是十分重要的职官，使用频率非常高。秦文字中的"丞"有三种写法：

从"凵"　《秦文字编》第 400 页　　从"一"　《秦文字编》第 408 页　　从"山"　《秦文字编》第 404 页

"凵"是正确的传承,"一"是"凵"曲笔拉直的简化,"山"是"卩"的竖与"凵"连在一起的讹变。

《说文》选择从"山"的讹变形体立说:

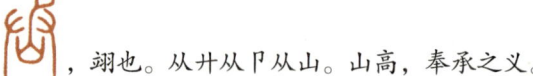

,翊也。从廾从卩从山。山高,奉承之义。

阐释得乱七八糟是必然。

许慎当年见到的文字材料一定有很多时代不同、形体不同的异体,《说文》是怎么取舍的?这又是一个有趣的问题。现在搞篆刻的艺术家,字形以《说文》小篆为标准,当然没有错,即便是错了也是许慎的错。许慎都能错,我为什么不能错!但优秀的书法家提倡直接从秦汉印章入手,从文字学的角度来说我完全赞同。许慎当年取舍可能就有问题,再经过近两千年的传抄刊刻,很多都与秦汉时期的实际情况不符。秦汉印章不仅古趣盎然,而且文字构形更靠谱。

[理论延伸与思考] 方向与位置是形符的重要表意手段。同是左右双手,在上部或中部是"臼",在下部是"廾",方向相反是"癶",都有不同的音义,在构形中具有不同的功能。随着文字的记号化、字符的部件化,表意功能消失。在"丞""舆""樊"等字中,不同方位的手已经无从知晓,但并不影响文字的识读使用。对表意字的认识不能过度强调其表意性,符号的区别特征比表意性更加重要。

第一百四十六讲

# "受"字的变化与启示

[**本讲要点**] 古文字中的"受",上面一只手表示授予,下面一只手表示接受,是典型的"授受同辞"。中间的"舟"既是授受的物品,同时也表示读音,这是早期形声字产生的一种类型。

[**说解汉字**] 受、授

一个人的两只手会做各种动作,一个字中出现两个人的手,那就表示人际关系了,比如"友""受""兴(興)"等等。为了和同一个人的两只手"廾""臼"等相区别,不同人的手一般不用左右结构,而是上下结构。不同人的两只手表示的大都是人际关系,例如授受关系——受,争夺关系——争,友好关系——友,救援关系——爰,等等。今天我们集中力量看一看"受"字的变化。

对于学习古文字的人来说,"受"字很简单,甲骨文、金文结构非常清晰:

合 22247

史墙盘,集 10175

字形分析为:受,从受,从舟,舟亦声。中间的"舟",是一种可以授受的物品。上面一只手交付给予,下面一只手接受。

这个简单的文字中包含很多非常重要的语言文字现象。

第一，形声字的产生。

形声字是由意符和音符构成的，从逻辑上说，形声字应该是有了表意字、表音字之后才可能产生。事实上古人造字时，在造表意字的时候就兼顾表音了。世上可授受的东西很多，为什么选择的就是"舟"呢？授受一个水果、一件日常用品在生活中更加常见，再说一只手哪能拿得起一条小船？这样的问题从表意的角度无法解释，从表音的角度却涣然冰释。"舟"在这里兼表读音。许慎把它当作一个纯粹的形声字理解起来更加简便：

，相付也。从受，舟省声。（《说文》）

我们的理解是，最早的形声字是造表意字的时候有意选择可以表音的意符构成的。会意兼形声是最早的形声字。

第二，文字的省声。

省声就是音符简化，用《说文》系统说就是省略声旁。比较一下毛公鼎与《说文》篆文的"受"字：

毛公鼎，集 2841B　　《说文》篆文

中间的"舟"表示读音，但在《说文》小篆中省略成"冖"，什么也不能表达了，只能起区别作用。汉字的发展演变从总体上看，意符的简化是系统性的，除了"一""人"等个别极简单的文字之外，意符大都经过不同程度的简化，但音符简化的几率要小得多。要么与原文字保持一致，要么替换成一个更切合读音的。"舟"如果是一个纯粹的音符，简化的几率会小得多。

第三，《说文》篆文。

一般来说，小篆是秦文字的代表。但事实上很多《说文》篆文根本就不是秦人小篆。不同时代人们会造出一些"小篆"来。汉代人也造了一些，《说文》就吸收进来了。

《说文》篆文最少包括三部分：秦以前的古文字、秦代小篆、汉代创造或改造的篆文。把"受"字的字谱列出来你就会发现，《说文》"受"字的篆文就是汉代人写的一个简化字，可能晚到东汉：

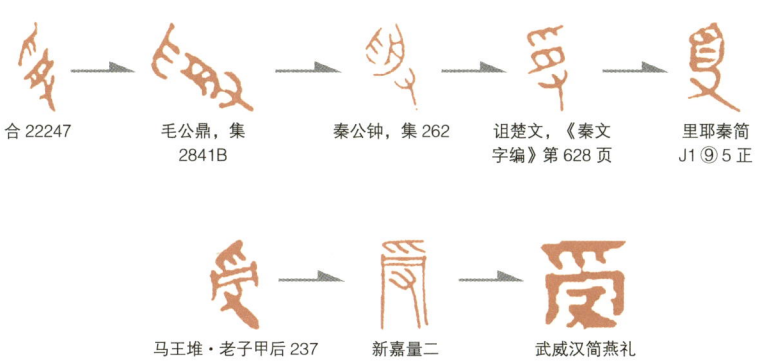

第四，授受同辞与文字的分化。

受与授是一个完整的过程，就像"受"字所表现的那样，从给予的角度就是"授"，从接受的角度就是"受"，语言里是同一个词，文字是同一个字，后来才区别分化，加了个手旁分开"授""受"。语言文字中这种现象很常见，例如买卖、教学等。有的从始至终就没有分化，例如表示买卖意义的"贾""鬻"等。

如果我们全面搜集资料，认真思考，从每一个字中都会发现很多问题，深入研究，都会有所收获。比如，我们发现了《说文》中有汉代的篆书，继续深究，到底有多少？现在秦文字、汉代文字的研究都取得巨大的进步，讨论这些问题的条件也日益成熟，完全可以做一个很好的研究。这个问题解决之后，我们就可以进一步探讨许慎选择字头的标准与创作《说文》的目的了。

由上下手"爰"构成的文字还有一些，例如"爱""争""𤔔"等等，这些文字中的问题都比"受"字复杂，有些似是而非，并没有解决。

[理论延伸与思考]文字考释或文字阐释都需要证据充分，证据不充分就是一种假说。例如各种工具书都把甲骨文中的 ᠄（合 7320）释为"争"，证据是什么？古文字中从词例上可以确定的"争"在楚简里已经多次出现，字谱贯通不起来。如果确是"争"字，最初的构形与意义是什么？

"𤔔"是"乱"的初文，因乱而治理，治理而乱定，乱与治有因果关系。"𤔔"的构形特征、词义特征、文字分化、字际关系是什么？

"每一个字都是一部文化史"不是一句虚话，需要扎扎实实去考察。

## 第一百四十七讲

# 双手举起的是什么

[**本讲要点**] 拱手持物可以表达敬意。古文字构形中,"尊"是双手捧起酒器,"具"是双手捧起盛肉器,"彝"是双手捧起牺牲,这些东西都是供奉给神灵的。"兵"与"戒"是双手捧着兵器,表示警戒。

[**说解汉字**] 廾、尊、具、彝、兵、戒

"廾"是"拱"的初文:

, 竦手也。从ナ从又。凡廾之属皆从廾。 ,杨雄说:廾从两手。(《说文》)

拱起双手,作揖是恭敬,拿东西也是恭敬。

在一些社交场合,人们还互送名片,双手递上。一张名片用一只手拿不动吗?当然不是,双手捧物是为了表达尊敬。对谁的尊敬?那得看捧起的是什么东西,捧着东西干什么。

**1. 举起器物:尊、具、共**

尊
合 15806

尊
作父辛方鼎,集 2322

双手举起酒坛子,酒坛子里面当然是酒了。酒器叫作"尊"。

引自马承源《中国青铜器》

献上酒表达敬意叫作"尊",尊敬、尊奉。被尊的对象是谁?神灵、祖先、宾客等等。

有酒还得有肉,鼎是盛肉的食器,双手捧着一个鼎是"具"。

具  
合 22153

具  
函皇父簋,集 4141.1

盛上牲肉,供奉神灵,招待宾客,与"尊"的构意相同。具备,就是备齐了。

### 2. 举起牺牲:彝

"彝"字的讹变简直让人匪夷所思。

,宗庙常器也。从糸;糸,綦也。廾持米,器中宝也。彑声。此与爵相似。《周礼》:"六彝:鸡彝、鸟彝、黄彝、虎彝、虫彝、斝彝。以待祼将之礼。" 皆古文彝。(《说文》)

我们不要再纠缠许慎文字构形分析的错误了,要多着眼于许慎给我们提供了哪些有价值的信息。

第一,留下一个与秦篆接近的字形及战国文字字形,对古文字考释很有价值。

第二,"宗庙常器"的解释有文献依据。用出土文献验证,"尊彝"就是礼器的代称。

第三,还有文献学等其他方面的价值。

因为条件的限制许慎没有做到的,我们努力做好就是了。古文字中的"彝"是这样的:

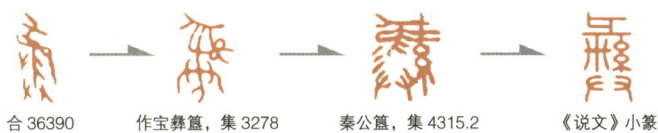
合 36390　　作宝彝簋,集 3278　　秦公簋,集 4315.2　　《说文》小篆

清华简·封许之命 6　　《说文》古文

楚王酓章镈,集 85

清华简·周公之琴舞 10

双手举起一个活物,或人或鸟,反缚双手或双翅,这显然是进献牺牲。看看人类学著作就知道,这类血淋淋的敬意,人类社会早期普遍存在。

### 3. 举起兵器：兵、戒

兵　　　　　戒
合 7204　　合 20253

双手捧着武器。这种长柄兵器，作战时就得用双手。兵者，凶器，警戒之物，不可轻举妄动。

从上得出结论：从廾的字可以表达恭敬、警戒的意义。

但也有反证。祭祀需要恭敬，"祭"就是一只手拿着一块肉，难道就不敬了吗？双手持物表示恭敬，可"弄"是拿了一块玉玩弄，"弈"是下棋，难道玩弄和下棋也要恭恭敬敬吗？

或许玉即便是弄，也与玩儿两钢球不同，花十来万买个玉镯子戴着，不得敬戒小心吗？

人文思想不是在实验室里产生的。我们强调人文科学，但人文哪里又能完全科学？汉字阐释中反证常常会出现，可以从另外的角度阐释，不能以个别否定一般。

[理论延伸与思考]"尊"字有两个字符：酉和廾。"酉"是酒器，也可以表示酒，"廾"是双手拱持，从构形上分析，虽然有多种表意的可能，但最初当以表达"捧酒以示尊敬"义最有可能。"尊"可以用作一种特定的酒器，也可以用作礼器的通称。"彝"也有两个字符：某种牺牲与廾，其构形本义也当是进奉牺牲以示敬意。《诗经·大雅·烝民》"民之秉彝，好是懿德"中的"彝"可能就指敬意。"彝"的字形本来与礼器没有任何关系，后来可以用作某种礼器的专称，也可以是礼器的通称。这种远离构形本义的转换机制是什么？枢纽在哪里？

第一百四十八讲

# 除了记录语言，汉字还能用来做什么

[**本讲要点**] 汉字不是单纯的记录语言的工具。除了记录语言的工具性之外，汉字还有艺术性、文化性、学术性等多重属性。评价汉字的好坏要兼顾汉字的全部属性与功能。

从这一讲开始，呼应开头的四讲，从宏观上对汉字与汉字阐释做一些总结与概括。

"文字是记录语言的符号"，这是所有文字的共性。汉字作为表意文字的代表，还有其特性，还有记录语言之外的其他功能。发展演变了几千年的汉字，经过淘汰、选择、规范，不仅形成一个完备的文字系统，而且每一个汉字都有独特的个性，具有多重属性，可说的实在太多。笼统地说，有应用属性、艺术属性、文化属性和学术属性。

人类创造产品，都是为了满足自己的需求，造锅是为了吃饭，造水泥是为了盖房，这都是为了满足实用需求；画一幅画是为了欣赏，唱一首歌是为了抒情，艺术创造是为了满足人们的精神需求。二者有区别，但可以统一。比如说穿衣，最初主要是为了取暖遮羞，是现实需求，现在既要具备基本的实用功能，更要彰显美，所以服装是不仅具有实用性还具有艺术性的产品。从总体上人类的日常用品都在向这个方向努力，所以我们越来越舒适，自身与环境也越来越漂亮。汉字这种产品很特殊，但也是既具有实用性又具有艺术性的文化产品。

先说应用属性。

记录语言是文字的本质属性,也是文字最主要的应用属性。这是我们最熟悉的,也是掌握得最好的,幼儿园就开始逐渐掌握了。汉字要求三会:会读,会写,会用。小时候经常听写、造句,随后在阅读中逐渐积累,我们不仅能用汉字记录下我们所说的话——口语,还能创造出比口语更精确的话——书面语。这是汉字的本质属性,一般来说,掌握了这些,就算认识字了。讲授这部分属性的主要是幼儿园老师、中小学老师、对外汉语教师,受众是全国人民和全世界学汉语的外国朋友。

再说艺术属性。

汉字的线条、结构有无穷的变化,形成独特的艺术。除了汉字,世界上再没有哪一种文字会变成一种独立的艺术门类,书法是艺术,是艺术化了的汉字。

今天的书法家名利双收,书法爱好者熙熙攘攘,但既懂汉字又精于书法的艺术家是有数的,擅长书法的学者也是有数的。艺术有艺术的评判标准,圈外人不懂。但每个人都有权利对艺术作品表达自己的喜欢与厌恶。看一下下面的两幅作品:

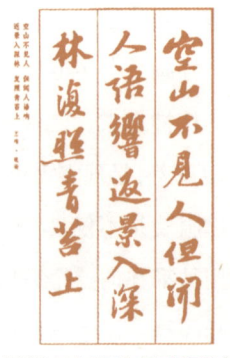

苏轼的行书(图片来源于网络)

张旭的草书《肚痛帖》(图片来源于网络)

张旭的书法,目的不是让你很容易知道他写的什么字,是艺术表达,我写我高兴！不认识活该！

这是部分大学的校徽，都用篆书书写校名，是艺术性与实用性的结合。

汉字是艺术。

再说汉字的文化属性。

任何文字都是文化高度发达的产物，汉字也是如此，它是文明的标志，是中华文明的载体。汉字作为表意字的代表，所蕴含的文化特别丰富，一点一画皆有可说，把它们发掘出来就是汉字阐释。讲汉字文化的是专家学者，受众是广大的汉字文化爱好者。

汉字文化的另外一面就是从宏观的角度看汉字，理解它在中华文化中的位置与作用。

汉字是民族凝聚的力量。

中华民族是一个由不同民族逐渐融合而成的文化共同体。

汉字可以超越古今，超越方言，成为民族认同的文化核心。

最后说汉字的学术属性。

任何一种现象，不论是自然的、社会的，只要人类意识到它的存在，就会研究，就都有学术研究的价值。为什么我这里特别强调汉字的研究价值、学术价值？西方词汇学发达，中国文字学发达，为什么？如果文字就是记录语言的视觉符号，英文只有 26 个字母，怎么研究还是 26 个字母，不可能成就一个学科。汉字历史悠久，数量庞大，变化多端，作为研究对象，复杂而重要，研究成果不计其数。无论是其本体还是理论汉字都有很多疑难问题，都需要深入研究。当今的学术体系中，汉字的位置很模糊。提升汉字的学术性，不单纯关系到学者的研究水平，而且是关系文化自信的大事。大学有汉字学、古文字学等课程，讲授者是专家，听众是大学生、研究生。每年都有各种学术讨论会，百家争鸣，宣讲者是专家，听众也是专家。

左侧图片中有新发现的古文字，其中的弜、爭等字许慎也没有见过，任何字书都没有收录过，是什么字？认识这些字是古文字研究者的责任，把研究的结果用通俗的语言告诉大家，也是古文字学家的责任。这是学术属性的一个方面。

对于大部分人来说，掌握了第一属性——应用属性之后，其他就可以高高挂起、不闻不问了。我个人认为，汉字的其他属性也可以有所了解，根据自己的兴趣爱好可以进一步深入。书法，那是有艺术细胞的人的事儿；研究，那是专家学者的事儿。这确实不是每个人都有能力达到的高度，但把字写得好看一些，对汉字认识得全面一些，是完全可行的。

了解汉字文化，只要你掌握一定量的汉字，只要你有追求文化的品位，只要你坚持听听看看，就会日有所得，不断增进，了解得越来越多。

[理论延伸与思考]作为工具，越简单越好。如果汉字是单纯的记录语言的工具，走向拼音化是其发展的必然。但汉字的功能不限于记录语言，应当对汉字有全面的了解。你除了会正确使用汉字，还想了解汉字的什么？掌握汉字的什么？从哪里做起？

清华简·郑武夫人规孺子

# 第一百四十九讲

# 我们为什么不"戏说"汉字

[**本讲要点**]汉字阐释有不同的目的,戏说汉字易行而"利"多,学术的通俗普及难做而"过"多。本书一百五十讲说解汉字,不是戏说,是用通俗的形式展现汉字阐释的学术成果与作者的学术见解。

[**说解汉字**]日

一百五十讲,一共讲了多少个字,我没有详细统计,每个字都没有走"戏说"的道路,坚持住了学术的底线,代价就是让没有一定汉字学基础的朋友听得很累。今天讲一讲我对"戏说"汉字的几点意见。

识字、古文字考释、汉字阐释是各不相同又彼此联系的几件事儿。识字有法可依,记住、会用就行。古文字考释目标明确,把不认识的变成认识的,能够读通文献就行。汉字阐释干什么?从认识的字里弄出一堆不认识的东西来。

从古到今,人们都爱用汉字说事儿,从春秋时期楚庄王的"止戈为武",到现在的学人把表示太阳的"日"解释成女性生殖器,有点儿文化的就想说,而且还都能说。书店里有好多说汉字的书,很是热闹。但我们把这些说汉字的书拿来读一读就会发现,同一个字,众说纷纭,有的有证据,有的没有证据;证据也五花八门,各不相同,各说各话。谁是谁非?是与非的标准是什么?过去的标准就是《说文》。现在的标准是什么?不很清楚。现在"戏说"很流行,戏说也是一种文化,也是一种需求,关键是把戏说当真,把臆测当学术,这就有问题了。对汉字文化的探求属于雅文化,是高品位,一旦流入"戏说",

就成了俗文化。我们没有任何贬低俗文化的意思,但如果把《三国演义》当作三国史、把戏说汉字当作学术研究,从讲的人来说是坑人,从听的人来说,有知比无知还可怕!

我的意见是汉字文化不仅不能戏说,也不能臆说。

我们先来看一看为什么人们要阐释汉字。

第一,表达需求。

据《左传》记载,鲁宣公十二年,晋、楚两国爆发邲之战,最终楚国获胜。有人建议楚庄王筑京观以耀武,楚庄王回答:"夫文,止戈为武。……夫武,禁暴、戢兵、保大、定功、安民、和众、丰财者也。……武非吾功也。"

这是目前所知最早的借汉字阐释表达思想的例证。"武"的价值是禁兵,也就是阻止战争,保障和平,这是非常重要的军事思想,但"武"字的本义却不会是这种思想。楚庄王借题发挥,表达是成功的,思想是卓越的,但汉字阐释不符合我们所知道的文字学证据。

韩非子在他的《五蠹》篇中说:"自环者谓之私,背私谓之公。"当今段子手借"主"字说"民主":民主少一点就是民王!这些都很有智慧,同样都是借题发挥。

汉字古老,有权威性,通过汉字阐释为自己的观点加强证据。

第二,学术需求。

文字是社会发展到一定阶段的产物。汉字延续使用数千年,至今还在使用,其重要性不言而喻,追根溯源,从各个角度深入研究是必然之理。约两千年前,许慎就很好地建立起一套学术体系,用"六书"文字理论去阐释汉字。此后学者不断努力,每一个字都积累了大量的阐释成果。以简单的"日"字为例:

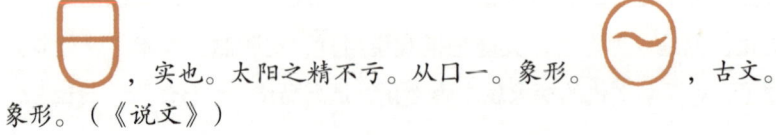,实也。太阳之精不亏。从口一。象形。　　,古文。象形。(《说文》)

这里有声训，有对"日"中一横的理解：太阳之精。"太阳之精"是什么东西？那是汉代文化背景下的时人想象。

按照现在的古文字构形理论，"乘隙加点"是文字构形的通例。圆圈像太阳，里面太空阔，加一点字体饱满，点后来变成横，这是文字演变的通例，与"太阳之精"没有关系。

我曾经审读过一篇讨论"日"字的文章，说像女性生殖器，还举出"日他娘"等词例为证，天文地理，古今钩沉，博引旁征，看着很有"文化"。

不论是非对错，汉字阐释各有各的目的。

古文字考释也需要汉字的阐释，合理阐释是古文字考释的终点。

古文字考释有多个层次，其核心是弄清文字所记录的音义，读通文献。但即使知道它的音义，如果不能对其构形做出合理的阐释也算不得"完全释字"。我曾以楚简中的"贼"字为例，说明这个问题。

郭店简·老子甲 1

根据文献对读，知道它是盗贼之"贼"。这个字形为什么是"贼"？还应该有文字学上的解释。这个问题早已解决，在此不再赘言。对于古文字考释来说，即使明确了读音、意义和用法，文字构形的合理阐释也是必要的，可以说是其考释的终点。学者都是把汉字阐释当作学术研究，努力发覆解谜。汉字阐释属于学术研究，自然就有学术的方法和规范。

第三，教学需求。

例如，教西方人汉字，说"早"是太阳在教堂顶上的十字架上，是早晨。这是为了识字编造的理据。"早"字产生时中国还没有教堂，但不妨碍它成为西方人学习汉字的有效方法。

第四，满足大众的文化需求。

大众对其所熟知的事物中蕴含的知识会产生一定的兴趣。汉字中所蕴含的种种知识对大众具有一定的吸引力，通俗易懂的汉字阐释可以满足部分有兴趣之人的文化需求。应当给予求知的人正确的知识。

第五，名利等商业需求。

因为看到需求，就会想方设法满足需求，这是商业经济的特点。对于非学术的汉字知识需求，好奇是原动力，满足好奇就成了目的。脱离学术，炮制惊世骇俗的"奇文"，容易获得市场，也就容易获得名利。

汉字阐释大部分是拿汉字说事儿，目的不同，标准不同，方法不同，结果不同。同一个汉字，各说各话，彼此互不认同。我们把上述满足不同需求的汉字阐释概括为两条道路：借题发挥自我表述与从材料出发的汉字本体研究。除了学术需求之外，其他四个都可以借题发挥，并不求真，都可以在一定程度上"戏说"。

借题发挥就是借汉字阐释表达自己的思想或达到自己的其他目的。仅凭对汉字表意性和字符组合的粗浅认识，脱离文字学的材料与理论，脱离文字记录语言的事实，脱离历史文化背景，为了自己的不同需求任意阐释。汉字阐释在这条道路上走得最久远，现在也最有市场。

另外，政治家、大学者也未必专精汉字研究，有时解说汉字也脱离实际，起到推波助澜的作用。

脱离学术的"通俗化"，自然就流于庸俗化。

第二条道路，通过汉字本体研究建构汉字阐释的理论，用理论去分析汉字、阐释汉字，通过正确的汉字阐释达到其他学术目的。

这两条道路哪一条容易，哪一条难？一目了然！

我选择了比较难的。既然有很多人对汉字有兴趣，想了解汉字中蕴含的种种奥秘，研究汉字的学者能不能放下身段，接接地气，给大家一些符合实际的汉字文化知识，让汉字阐释既能进入学术的殿堂，又能走进大众的心里。

我在不同的场合多次强调，要想做好汉字阐释，学者必须有两个态度：第一是学术的态度，第二是普及学术的态度。

言之易而行之难！我这里可能是纸上谈兵，但我相信，经过一批学者的共同努力，我们会走出汉字阐释的低谷，迎来汉字阐释的真实繁荣！

[理论延伸与思考] 江山代有才人出，各领风骚数百年！约一千九百年前，许慎创造了一部《说文解字》。二百多年前，段玉裁写出《说文解字注》，在古音学、训诂学、文献学等方面集大成。今天全面阐释汉字的材料、成果、理论等的内部条件日趋成熟，谁能埋头十几年完成一部《新说文解字》？

现实的问题是：博士毕业才能开始这项工作，再坐十年冷板凳，还有饭吃吗？有饭吃了的教授忙各种事儿，有时间专心去做吗？

向那些真正是和将来要是的真正的学者致敬！

第一百五十讲

# 汉字未来会怎样

在讲汉字的未来之前，我们先梳理一下汉字的过去与现在。

汉字是中华文明的曙光。

汉字本身就是文化高度发展的产物，是文明的显性标志。

汉字是汉民族、中华民族形成、发展与稳定的凝聚力，是中华文化的基因。

### 一、汉字一度被认为是落后的文字

汉字难认、难记、难写，落后，需要改革。

从语言文字理论上说是"词或音节——语素文字"，与音素文字有很大的不同。

从实用上说，为了更快、更方便地识字，也要改变汉字。

### 二、汉字被重新认识

在否定汉字为主流的时代，有一部分中外学者从汉字的功能角度出发，对汉字充分肯定，但被湮没在否定的洪流中。

20世纪80年代，更多的学者开始反思汉字与语文政策。

难不难？难，难到什么程度？不是五六千与二三十之间的差距比例。

创造表音文字需要对语音系统有明确的分析和准确的把握。中国人很早就有能力造出表音文字，但我们一直传承使用汉字，是我们保守吗？不仅我们几千年不变，就连使用汉字的邻国也部分保留，为什么？

汉字不仅是记录语言的工具，更重要的是民族凝聚的力量，是中华民族文化的载体,是中华文化的根脉。中华民族历史悠久、地域辽阔、方言分歧、文化多样,但汉字成为我们彼此认同与沟通的文化符号。

汉字是全世界使用人口最多的文字。

汉字记录语言虽然有其不足,但也有其独特的优势,特别适合文化共同体的民族。

**三、我们不使用汉字可能产生的后果是什么**

有利有弊。

从利的角度看:记录语言更加简单。形体符号由几千字到几十个字母。记录语言更加准确,可以由音节到音素。学习与书写可能会更方便一些。

从弊的角度看:大量的同音词无法区别,有些词的书写比汉字还复杂。例如"大众"写成汉语拼音 dà zhòng。这些不利通过技术的提高或许还可以改进,但造成历史联系的隔断、民族文化的淡化或消失、中华民族的分裂等后果,难以逆转。

**四、汉字的未来会是怎样的**

第一,汉字是最好的文字吗?这是一个幼稚的问题。汉字就是最适合中国国情的文字。中华民族是一个文化共同体,汉字是中华文化的基因。只要中国是一个辽阔而统一的多民族国家,汉字就会发挥其巨大的凝聚力量。

第二,汉字会阻碍我们与世界的融合吗?这是一个丧失了自信心的问题。我们要改革开放,融入世界,但不能丧失自我。历史证明,汉字没有阻碍科学技术与经济的发展,科学技术与经济的发展促使世界重新认识汉字。科学技术落后曾经让我们文化自卑,国家的强大会增强文化自信。我们与世界融合,世界也会和我们融合。

第三,什么时候汉字会消亡?表音文字最适应语言统一的单一民族或语言高度统一的国家。中华民族是一个具有多样性和包容性的文化共同体。汉字可以满足中华民族的弹性需求。中华不灭，汉字不亡；语言不统一，不能拼音化。

第四，繁体字与简化字哪个好？各有利弊！

繁体字之利：与历史文献的联系更加直接，构形更有理据，结构更加匀称美观。读古书、讲汉字文化、书法创作等，当然是繁体字好。

简化字之利：书写简便。

为了提高书写效率，当然是简化字好！

简化字与繁体字双轨并行，明确规定各自的应用范围，充分发挥汉字的多种功能，有利无弊。研究英国史可以不会繁体字，但必须通英语；研究中国的古代史就必须会繁体字，研究先秦史还得学习古文字。凡事不可一概而论。

第五，繁体字可以取代简化字吗？不可以。简化字不是人为杜撰的，是历史演变结果的进一步规范，有其优势。各个时代的"正字"都是大众选择与国家规范共同作用的结果，简化字也是如此。简化字的一些不足，通过双体制得以补充。

双体制：简化字与繁体字并用。

规范体是简化字，为了记录语言使用。

繁体字也可以在一定范围内使用：古籍、书法等等。

第六，汉字还会简化吗？简化字不会再简化了，原因是继续简化会导致汉字的识别度、区别度降低，结构更加不稳定。此外，书写手段发生了革命性的变化，电脑键盘打字占绝对优势，新的"书写"便利与否与汉字自身的笔画多少已经没有关系了。

# 附录一：字形材料出处简称表

《说文解字》——《说文》

《甲骨文合集》——《合》

《小屯南地甲骨》——《屯》

《怀特氏等收藏甲骨文集》——《怀》

《英国所藏甲骨集》——《英》

《殷墟花园庄东地甲骨》——《花东》

《殷契粹编》——《粹》

《殷周金文集成》——《集》

《近出殷周金文集录》——《近出》

《近出殷周金文集录二编》——《近出二》

《金文总集》——《总集》

《商周青铜器铭文选》——《铭文选》

《新收殷周青铜器铭文暨器影汇编》——《新收》

《包山楚简》——《包山简》

《郭店楚墓竹简》——《郭店简》

《上海博物馆藏战国楚竹书》——《上博简》

《清华大学藏战国竹简》——《清华简》

《曾侯乙墓》——《曾》

《信阳楚墓》（遣策简）——《信阳二》

《望山楚简》——《望山简》

《子弹库帛书》——《楚帛书》

《古玺汇编》——《玺汇》

《睡虎地秦墓竹简》——《睡虎地》

《岳麓书院藏秦简》——《岳麓简》

《北京大学藏秦代简牍书迹选粹》——《北大秦简》

《马王堆汉墓帛书》——《马王堆》

《北京大学藏西汉竹书》——《北大简》

《淅川下寺春秋楚墓》——《淅川》

《居延汉简甲编》——《居甲》

《古陶文汇编》——《陶汇》

# 附录二：音序检字表

A

ān

安 ……… 181/192

áng

昂 ……… 157

B

bāo

勹 ……… 92/330

包 ……… 330

胞 ……… 330

bǎo

保 ……… 372

bào

勺 ……… 330

bēi

卑 ……… 593

běi

北 ……… 33

bèi

背 ……… 33

bī

楅 ……… 577

bí

鼻 ……… 509

bǐ

匕 ……… 551

笔 ……… 617

筆 ……… 617

bì

髲 ……… 480

biāo

髟⋯⋯⋯480

bīn
宾⋯⋯⋯446
賓⋯⋯⋯446
宀⋯⋯⋯446

bīng
兵⋯⋯⋯643

bǐng
秉⋯⋯⋯612

bìng
並⋯⋯⋯96
病⋯⋯⋯390
并⋯⋯⋯612

bó
脖⋯⋯⋯456

C

cǎo
草⋯⋯⋯577
屮⋯⋯⋯577
艸⋯⋯⋯577

cè
夨⋯⋯⋯123

chà
差⋯⋯⋯593

chán

屚⋯⋯⋯364
潺⋯⋯⋯364

cháng
长⋯⋯⋯403

chè
屮⋯⋯⋯577

chén
尘⋯⋯⋯137
塵⋯⋯⋯137
臣⋯⋯⋯256

chéng
乘⋯⋯⋯302
椉⋯⋯⋯302
奞⋯⋯⋯302
呈⋯⋯⋯269
丞⋯⋯⋯635
承⋯⋯⋯635

chī
吃⋯⋯⋯565

chǐ
齿⋯⋯⋯535/581

chì
赤⋯⋯⋯5/132
音⋯⋯⋯585

chōng
充⋯⋯⋯347

chǒu
丑⋯⋯⋯213

chòu
臭⋯⋯⋯513
殠⋯⋯⋯513
殠⋯⋯⋯513

chù
亍⋯⋯⋯22
豖⋯⋯⋯517

chuān
川⋯⋯⋯11/381

chuán
传⋯⋯⋯17
傳⋯⋯⋯17

chuǎn
喘⋯⋯⋯278
舛⋯⋯⋯296

chuī
吹⋯⋯⋯278

chún
屑⋯⋯⋯535
唇⋯⋯⋯535

chuò
歠⋯⋯⋯565

cóng
从⋯⋯⋯33/127

從⋯⋯⋯33

cuàn
爨⋯⋯⋯22

D

dà
大⋯⋯⋯33/96/103/114/132

dài
逮⋯⋯⋯234
隶⋯⋯⋯234
戴⋯⋯⋯315

dān
媅⋯⋯⋯181
妉⋯⋯⋯181
眈⋯⋯⋯500

dàn
诞⋯⋯⋯562

dào
到⋯⋯⋯127
倒⋯⋯⋯127
盗⋯⋯⋯283
盜⋯⋯⋯283

dé
得⋯⋯⋯607
㝵⋯⋯⋯607

dì

鬄⋯⋯⋯480

髢⋯⋯⋯480

diān

颠⋯⋯⋯83/88/451

diàn

殿⋯⋯⋯252

diāo

雕⋯⋯⋯621

琱⋯⋯⋯621

彫⋯⋯⋯621

dǐng

顶⋯⋯⋯451

dǒu

斗⋯⋯⋯630

dòu

斗⋯⋯⋯319/630

鬥⋯⋯⋯319/630

鬭⋯⋯⋯319/630

鬪⋯⋯⋯319

閗⋯⋯⋯319

鬮⋯⋯⋯319

鬦⋯⋯⋯319/630

脰⋯⋯⋯456

dū

督⋯⋯⋯500

dù

妒⋯⋯⋯209

duī

𠂤⋯⋯⋯252

dūn

蹲⋯⋯⋯222

E

è

歺⋯⋯⋯411

ér

儿⋯⋯⋯49

兒⋯⋯⋯49

èr

聑⋯⋯⋯517

F

fá

伐⋯⋯⋯55/137

fáng

妨⋯⋯⋯209

fàng

放⋯⋯⋯625

fēi

飞⋯⋯⋯49

非⋯⋯⋯49

飛⋯⋯⋯49

fèn
粪……385
糞……385
fèng
凤……468
鳳……468
fū
夫……103/296
fú
伏……92
匐……92
fù
阜……83
妇……198
婦……198

# G

gá
尜……132
gà
尬……119
gǎi
改……625
gān
尴……119
甘……547

gào
告……577
gē
戈……55
哥……68
歌……68/278
gēng
更……625
gǒng
廾……643
収……589
gū
姑……217
gǔ
古……217
谷……558
榖……558
guā
昏……585
guān
关……521
關……521
関……521
guī
归……198
歸……198

guǐ
妫·········201

guǐ
姽·········181

鬼·········420/425

guì
跪·········148

guó
虢·········186

H

hài
亥·········355

hán
寒·········59
函·········547

hǎo
好·········181/205

hē
诃·········68
喝·········565

hé
何·········64
荷·········64
龢·········569

hēi
黑·········5

hóng
弘·········573

hū
呼·········278
嘑·········278

huà
化·········78
七·········83
婳·········181
话·········585
画·········617/621
划·········621
劃·········621

huān
欢·········278

huáng
黄·········394

hūn
婚·········189

hún
魂·········429

huǒ
火·········132

huò
获·········607
獲·········607

穫⋯⋯⋯607
蔓⋯⋯⋯607

## J

**jī**
姬⋯⋯⋯201

**jí**
集⋯⋯⋯41
及⋯⋯⋯59
急⋯⋯⋯59
皂⋯⋯⋯165
即⋯⋯⋯165
疾⋯⋯⋯390

**jǐ**
庀⋯⋯⋯153
卂⋯⋯⋯327

**jì**
既⋯⋯⋯165
嫉⋯⋯⋯209
覬⋯⋯⋯500
息⋯⋯⋯504

**jiā**
夹⋯⋯⋯100

**jiǎ**
叚⋯⋯⋯602

**jià**
嫁⋯⋯⋯198

**jiān**
尖⋯⋯⋯132
姦⋯⋯⋯209
奸⋯⋯⋯213
监⋯⋯⋯260/500
兼⋯⋯⋯612

**jiǎn**
睑⋯⋯⋯492

**jiàn**
鉴⋯⋯⋯260
鑑⋯⋯⋯260
鋻⋯⋯⋯260
见⋯⋯⋯274
涧⋯⋯⋯558

**jiāng**
姜⋯⋯⋯201

**jiāo**
鼎⋯⋯⋯438

**jiào**
教⋯⋯⋯376/625
敎⋯⋯⋯376
效⋯⋯⋯376
斅⋯⋯⋯376/625
斆⋯⋯⋯376
嚳⋯⋯⋯376

敦⋯⋯⋯376
叫⋯⋯⋯543
𠱠⋯⋯⋯543

jié
卩⋯⋯⋯142/148/165
𠲒⋯⋯⋯153
聿⋯⋯⋯612
睫⋯⋯⋯476
𥆞⋯⋯⋯476

jiè
戒⋯⋯⋯643

jīn
今⋯⋯⋯278

jīng
睛⋯⋯⋯492

jǐng
颈⋯⋯⋯399/456

jìng
镜⋯⋯⋯260

jū
居⋯⋯⋯226
臼⋯⋯⋯376

jù
聚⋯⋯⋯41
具⋯⋯⋯643
踞⋯⋯⋯222/226

倨⋯⋯⋯226

jué
绝⋯⋯⋯161
𢇍⋯⋯⋯161
合⋯⋯⋯539

K

kài
欬⋯⋯⋯278

kǎn
凵⋯⋯⋯635

kàn
看⋯⋯⋯500

kàng
亢⋯⋯⋯114/456

kǎo
考⋯⋯⋯407

ké
咳⋯⋯⋯278

kě
可⋯⋯⋯68

kǒu
口⋯⋯⋯535/555

kòu
寇⋯⋯⋯11

kù

誉⋯⋯⋯577

kuā
夸⋯⋯⋯114/562
誇⋯⋯⋯562

kuà
胯⋯⋯⋯114
跨⋯⋯⋯114

kuí
奎⋯⋯⋯114

kuì
媿⋯⋯⋯213

kūn
髡⋯⋯⋯480
髠⋯⋯⋯480

## L

lán
婪⋯⋯⋯209

lǎn
嬾⋯⋯⋯209

lǎo
老⋯⋯⋯381/403/407

lèi
泪⋯⋯⋯504

lěi
磊⋯⋯⋯41

lì
立⋯⋯⋯96
隶⋯⋯⋯234
隸⋯⋯⋯234
隷⋯⋯⋯234

lián
联⋯⋯⋯359/521
聯⋯⋯⋯359/521
䏈⋯⋯⋯359/521
耴⋯⋯⋯521
聀⋯⋯⋯521
聰⋯⋯⋯521
聛⋯⋯⋯521

liǎn
脸⋯⋯⋯464

liào
尥⋯⋯⋯119

lín
临⋯⋯⋯500

lǐng
领⋯⋯⋯456

lìng
令⋯⋯⋯169

liú
流⋯⋯⋯347
㐬⋯⋯⋯347

luán

孪……359

戀……359

luàn

亂……359

# M

máo

毛……230

髦……484

mǎo

卯……142/172

mào

冃……1

冒……1

méi

媒……189

眉……476

měi

美……205

媄……205

媺……205/472

姚……205

敚……205/472

嬍……205/472

每……339

mèi

媚……476

mèng

梦……429

夢……429

癝……429

mián

宀……351

miǎn

冕……1

免……351

娩……351

挽……351

丏……446

miàn

面……464

麪……464

麵……464

miào

妙……181

mìng

命……169

mò

墨……5

móu

眸……492

mǔ

母⋯⋯⋯339

mù

目⋯⋯⋯492

牧⋯⋯⋯625

# N

nán

男⋯⋯⋯11

nàng

齉⋯⋯⋯1/22

nāo

孬⋯⋯⋯132

nǎo

嫐⋯⋯⋯209

脑⋯⋯⋯460

𦜝⋯⋯⋯460

臑⋯⋯⋯460

nè

讷⋯⋯⋯390

nì

屰⋯⋯⋯127

逆⋯⋯⋯127

溺⋯⋯⋯243

niǎo

嬲⋯⋯⋯181

嬲⋯⋯⋯181

niào

尿⋯⋯⋯243

niè

幸⋯⋯⋯327

聶⋯⋯⋯543

嚞⋯⋯⋯543

níng

宁⋯⋯⋯192

寍⋯⋯⋯192

寧⋯⋯⋯192

甯⋯⋯⋯192

nìng

佞⋯⋯⋯209

nuán

奻⋯⋯⋯209

nǚ

女⋯⋯⋯11/339

# O

ōu

欧⋯⋯⋯278

# P

pā

趴⋯⋯⋯92

pá
爬⋯⋯⋯92

pàn
盼⋯⋯⋯492/500

pò
魄⋯⋯⋯429

pó
婆⋯⋯⋯181

pū
攵⋯⋯⋯625
攴⋯⋯⋯625
扑⋯⋯⋯625

pú
匍⋯⋯⋯92

pǔ
普⋯⋯⋯96

## Q

qī
妻⋯⋯⋯186

qǐ
企⋯⋯⋯73
啓⋯⋯⋯468
啟⋯⋯⋯468

qì
弃⋯⋯⋯385

棄⋯⋯⋯385
泣⋯⋯⋯504

qiān
千⋯⋯⋯323

qiàn
欠⋯⋯⋯68/278

qiáng
強⋯⋯⋯573
彊⋯⋯⋯573
强⋯⋯⋯573

qiè
妾⋯⋯⋯213

qīng
卿⋯⋯⋯172/176

qíng
黥⋯⋯⋯517
剠⋯⋯⋯517

qìng
磬⋯⋯⋯530
殸⋯⋯⋯530

qiú
裘⋯⋯⋯28

qū
屈⋯⋯⋯238
屆⋯⋯⋯238

呿⋯⋯⋯539

| 囗............539 | rǔ |
| qǔ | 乳............368 |
| 取............186 | ruò |
| 娶............186 | 若............181/484 |
| qù | 弱............243 |
| 去............539 | 叒............484 |

## R

rán

冄............488

冉............488

𠕒............488

肰............547

ráng

瓤............22

ráo

嬈............205

rén

人............33/49

壬............269

rěn

忍............1

rì

日............651

rú

如............181

## S

sài

塞............59

sāng

喪............411

sè

色............161

sēn

森............41

shā

沙............103

shǎn

陝............100

夾............100

shàn

汕............1

shǎo

少............103

shé

舌⋯⋯⋯535/585

shēn

身⋯⋯⋯335

shèn

甚⋯⋯⋯355/547

shēng

生⋯⋯⋯78/372

声⋯⋯⋯530

殸⋯⋯⋯530

聲⋯⋯⋯530

牲⋯⋯⋯416

shěng

眚⋯⋯⋯496

shèng

聖⋯⋯⋯269/291/525/530

圣⋯⋯⋯291/525/530

耴⋯⋯⋯291/525

shī

尸⋯⋯⋯222

屍⋯⋯⋯222

shí

食⋯⋯⋯165/278/565

shǐ

矢⋯⋯⋯127/247

屎⋯⋯⋯247

菌⋯⋯⋯247

屎⋯⋯⋯247

史⋯⋯⋯598

shì

世⋯⋯⋯137

视⋯⋯⋯274

⋯⋯⋯274

适⋯⋯⋯585

適⋯⋯⋯585

shǒu

首⋯⋯⋯433

百⋯⋯⋯433

shòu

受⋯⋯⋯639

授⋯⋯⋯639

shū

疏⋯⋯⋯347

叔⋯⋯⋯602

尗⋯⋯⋯602

菽⋯⋯⋯602

书⋯⋯⋯617

shǔ

属⋯⋯⋯238

屬⋯⋯⋯238

shù

戍⋯⋯⋯55

树⋯⋯⋯310

樹⋯⋯310
shuí
誰⋯⋯252
shùn
順⋯⋯381
shuò
妁⋯⋯189
sī
思⋯⋯460
sǐ
死⋯⋯411
sì
姒⋯⋯201
肆⋯⋯234
隸⋯⋯234
巳⋯⋯330
泗⋯⋯504
sòng
送⋯⋯127
sōu
叟⋯⋯602
傁⋯⋯602
sòu
嗽⋯⋯278
sù
夙⋯⋯305

殀⋯⋯305
佰⋯⋯305
伍⋯⋯305
suō
娑⋯⋯181

**T**

tà
眔⋯⋯504
táng
唐⋯⋯562
tí
提⋯⋯119
趧⋯⋯119
tì
替⋯⋯96
鬀⋯⋯480
髢⋯⋯480
鬄⋯⋯480
涕⋯⋯504
tiān
天⋯⋯1/433/451
tián
甜⋯⋯547
甛⋯⋯547
tiǎn

殄……83

tīng

聽……269/291/525/530

听……291/525

聇……291/530

厅……525

廳……525

tíng

廷……269

tǐng

壬……269/525

tóng

瞳……492

tǒng

统……17

統……17

tóu

头……433

頭……433

tū

去……78/343

炛……347

tún

臀……252

臋……252

屍……252

脶……252

## W

wǎn

婉……181

wàn

万……446

wāng

尢……119

允……119

尫……119/394

wáng

亡……411

wàng

妄……209

望……264/269

朢……264

𡈼……264

wēi

产……148

危……148

微……205/472

威……217/425

wěi

尾……230/234/238

wèi

畏⋯⋯⋯425
wěn
吻⋯⋯⋯535
wò
卧⋯⋯⋯92/256
臥⋯⋯⋯256
wú
吴⋯⋯⋯123
无⋯⋯⋯296
無⋯⋯⋯296
橆⋯⋯⋯296
蕪⋯⋯⋯296
wǔ
舞⋯⋯⋯296
堥⋯⋯⋯296
翌⋯⋯⋯296
wù
兀⋯⋯⋯446/480

X

xī
牺⋯⋯⋯416
犧⋯⋯⋯416
希⋯⋯⋯500
睎⋯⋯⋯500
息⋯⋯⋯509

xiá
碬⋯⋯⋯602
xián
娴⋯⋯⋯181
涎⋯⋯⋯283
次⋯⋯⋯283/558
㳄⋯⋯⋯283
㳄⋯⋯⋯283
xiàn
羡⋯⋯⋯283
羨⋯⋯⋯283/558
县⋯⋯⋯438/442
縣⋯⋯⋯438/442
xiāng
镶⋯⋯⋯22
乡⋯⋯⋯176
鄉⋯⋯⋯176
xiǎng
饟⋯⋯⋯172/176
饗⋯⋯⋯172/176
xiàng
嚮⋯⋯⋯172/176
项⋯⋯⋯456
相⋯⋯⋯496
xiāo
枭⋯⋯⋯442

枭…………442

嚣…………543

xiǎo

小…………103

xiào

孝…………381

xiē

歇…………278

xié

挟…………100

携…………119

攜…………119

劦…………209

龤…………569

xiōng

兄…………287

xīn

鑫…………41

欣…………278

心…………460

xìn

囟…………460

xǐng

省…………496

xiù

臭…………513

嗅…………513

齅…………513

xū

戌…………217

须…………488

xuán

悬…………438/442

懸…………438/442

xué

学…………376

學…………376

斅…………376

敩…………376

xùn

讯…………323

誶…………323

卂…………323

殉…………416

Y

yá

牙…………581

yà

乙…………368

yān

嫣…………181

yán

颜……464

严……543

嚴……543

喦……543

沿……558

yǎn

魇……429

魘……429

眼……492

兖……558

yàn

晏……399

厌……547

厭……547

猒……547

yǎng

卬……157

仰……157

敩……625

yāo

妖……205

yáo

姚……201

爻……376

yě

也……355

yè

叶……73/137/468

葉……73/137/468

枼……137

夜……109

腋……109

液……109

页……433/468

yī

一……1

衣……28

yí

彝……643

yì

亦……109

抑……153/157

归……153/157

肆……234

艺……310

埶……310

藝……310

藝……310

异……315/420

異……315/420

劓……517

剢…………517

嗌…………535

yīn

姻…………189

yín

婬…………213

yǐn

饮…………278/565

歙…………278/565

酓…………565

尹…………598

yìn

印…………153

yīng

婴…………399

yíng

迎…………127/157

嬴…………201

yǐng

孆…………399

yōu

攸…………625

汥…………625

yǒu

友…………593

有…………607

yòu

又…………589

右…………589

佑…………593

祐…………593

yú

娱…………181

覦…………500

竽…………569

yǔ

与…………581

與…………581

yù

育…………78/343

毓…………78/343

欲…………558

聿…………598/617

yuán

元…………433/446/451

yuē

曰…………278

yuè

刖…………11

龠…………569

乐…………569

樂…………569

yùn
孕 ………… 335

## Z

zāi
灾 ………… 381

zàng
葬 ………… 411

zào
皁 ………… 543/555
噪 ………… 543

zè
仄 ………… 123
昃 ………… 123

zhān
詹 ………… 500
瞻 ………… 500

zhàn
偡 ………… 364

zhāng
丬 ………… 153

zhǎng
长 ………… 403/407

zhǎo
爪 ………… 153

zhe
着 ………… 617

zhēn
真 ………… 83/88
珍 ………… 88

zhěng
拯 ………… 635

zhèng
政 ………… 625

zhí
执 ………… 327
執 ………… 327

zhǐ
旨 ………… 551

zhì
至 ………… 127

zhōng
中 ………… 598

zhòng
众 ………… 41
眾 ………… 41
衆 ………… 41
伀 ………… 41
乑 ………… 41

zhōu
周 ………… 621

zhòu

咒……287

呪……287

咮……555

zhù

祝……287

著……617

箸……617

zhuān

嫥……181

zhuǎn

孨……364

zhuāng

妆……181

zhuó

剢……517

zī

髭……488

頿……488

zǐ

子……78/381/403

zì

自……509

字……351

zuǐ

嘴……555

zuǒ

左……589

ナ……589

佐……593

zuò

坐……142

zūn

尊……643

注：1.本表所标的页码为该字所在之某讲首页。

# 后 记

流行的套话"理想很丰满,现实很骨感"确实很有概括力!很多事情想得很好,动手一做就力不从心。"大处着眼,小处着手","讲好每一个汉字故事"这种话大概谁都会说,轮到具体用一部书去落实,一个字一个字地讲,就不那么简单了。大处说,眼界是否开阔,目标是否明确,理论是否周密,方法是否可行,表述是否得当,结论是否可信,编次是否合理;小处看,讲了几个汉字故事?每一讲能否给读者正确的知识或启迪?每一个观点是否有证据支撑?尽力未必能够尽如人意,大也好,小也罢,只能由读者一一衡量,提出批评,以期改正了。书页边栏留下空白,一方面是必要的知识补充,更重要的是留给读者作批注,纠正我们的错误,这是我、永昌和玉肖共同的心愿。

很早就有学者根据汉字的表意特点进行自然分类,人体、动物、植物、器物、建筑、天象、地理……这其中,人体与人体部位构成的汉字特别多,表意手段也最丰富。在"汉字与中国文化"的课上,我曾经用了将近一学期的时间讲授与人体相关的汉字故事,可以称之为"从头到脚说汉字"。这150讲是其中的一部分,从各种人体简笔画讲到人体部位,人体部位从上到下讲到了手。手的形状最多样,表意最灵活,构形最丰富,《说文》中与手相关的部首还有爪、寸、受、殳、支、史、臼、廾、廾等等,这些部首又构成更多的合体字,我们只讲了与手相关的一小部分,至于胸部以下的部位与相关的汉字,几乎没有涉及。

汉字阐释几乎就是一个开放性课题，人体之外，舟车器物，宫室建筑，天文地理，山川草木，鸟兽虫鱼，等等，可以陆续说下去，我们这里只是开了一个头。期望今后能有更多的同道参与其事，把汉字阐释推向一个新高度、新局面。

最近两三年，由于种种机缘，我在汉字阐释、汉字知识普及等方面做了一点事情。王中忱教授对汉字文化的教学予以多方鼓励。黄德宽教授多次当面肯定这些工作的价值，并于百忙之中赐序。秦曰龙教授（编审）一直关心支持我进行汉字理论探索，对把汉字理论应用到汉字阐释的工作也多有支持。在此我向支持我们的每一位师友致以深深的谢意！

为了保证少出错，付玉肖责编建议样书出来后，请专业人员从不同的角度审读讨论。我们请了程頫、赵相荣、侯瑞华、韩建诸位审核样书，于 8 月 21 日召开审稿会议，对书稿中存在的各种问题进行了全面的审订。书后的索引和引用文献简称表由王永昌博士完成。谢谢诸位同人的大力支持！

2021 年 8 月 21 日